U0513743

图书在版编目(CIP)数据

安禄山服散考 / 沈睿文著.—上海：上海古籍出版社，2016.6(2023.3重印）
ISBN 978-7-5325-8057-6

Ⅰ.①安… Ⅱ.①沈… Ⅲ.①安禄山(? ～757)—人物研究②唐玄宗(685～762)—人物研究③中国历史—史料—唐代 Ⅳ.①K827＝422②K242.07

中国版本图书馆 CIP 数据核字(2016)第 075385 号

安禄山服散考

沈睿文　著

上海世纪出版股份有限公司
上 海 古 籍 出 版 社 　出版
（上海市闵行区号景路159弄1-5号A座5F　邮政编码201101）
（1）网址:www. guji. com. cn
（2）E-mail:guji1@guji. com. cn
（3）易文网网址:www. ewen. co
上海世纪出版股份有限公司发行中心发行经销
常熟人民印刷有限公司印刷
开本 889×1194　1/32　印张 13.375　插页 5　字数 300,000
2016 年 6 月第 1 版　2023 年 3 月第 2 次印刷
印数:2,101 —2,900
ISBN 978-7-5325-8057-6
K·2192　定价：68.00 元
如有质量问题,请与承印公司联系

绪 言

"渔阳鼙鼓动地来，惊破霓裳羽衣曲。"天宝十四载（755）十一月，安禄山起兵叛唐，是为安史之乱。安史之乱历时八年，多被史家视为唐朝历史进程的转折点。对此，我们暂不讨论，但它及其余波成为唐代社会的一个加速度，在诸多方面产生深刻的影响是确凿无疑的。这也是安禄山及其发动的叛乱为后人瞩目的一个重要原因。

安禄山的出身与早年经历，史载语焉不详。天宝八载（749）所立《大唐博陵郡北岳恒山封安天王之铭》称安禄山以常乐为自家的郡望，邵说《代郭令公请雪安思顺表》则云安禄山"本实姓康"。禄山小名"轧荦山"（一作"阿荦山"），生父不详，其母为突厥阿史那德氏，为突厥族女巫。后因缘际会，其母得以嫁给"胡将军安波注兄延偃"。但是，从事态的发展来看，安禄山的郡望及"康"姓都是他为了提高自己的门第而刻意作伪的。

安禄山的童年是随母亲在突厥部落中度过的。从史料记载来看，安禄山的出生便充满了神奇色彩。他是其母阿史德氏向轧荦山神祈祷求子而得的，并于武则天长安三年癸卯正月一日（703年1月22日）出生。当晚，"赤光傍照，群兽四鸣，望气者见妖星芒炽落其穹庐，怪兆奇异不可悉数"，颇具圣贤降生之神话色彩。其母阿史那德氏以为神异,遂以"轧荦山"为名。"轧荦山"一词实为粟特语roxšan-(rwxsn-rwγšn)的音译,意为"光明、明亮"[1]。足见"轧荦山"、"禄山"皆为地地道道的粟特名字。

安禄山的出生神话,一方面掩盖了安禄山不明的生父,跟史书称安禄山为"营州杂种胡"恰可相互印证,说明安氏胡族寒族的出身。另一方面更是给安氏赋予生而有之的神性威权,这显然跟他属意号召、统领粟特胡人是密不可分的,甚而可视为其燕国的符瑞。安禄山母阿史那德氏曾为女巫的事实又为该符瑞的制造及可信度作了某种铺垫。

尽管如此,从安禄山的出生神话及其行状,仍可判断他身上所具更多的是粟特的种族文化特征。

安禄山自称为"光明之神"的化身,并亲自主持粟特聚落中群胡的祆教祭祀活动,使自己成为胡族百姓的宗教领袖。他利用宗教的力量团聚辖境内外民众,甚而因自己的种族身份,利用祆教"自神"号召胡族民众,以祆教团结、发动胡族百姓。遗憾的是,安禄山的寿命并不长。至德二年正月五日(757年1月29日),安禄山被杀,终年五十五岁。

有趣的是,安禄山的被杀跟他长期服散、服食丹药而致丹毒弥深有着重要的关系。这种行为使他常年饱受丹毒之苦,最终目盲、疽发、暴躁难以自控,而对手下、甚至亲信施暴,动用斧钺,其亲信严庄、李猪儿亦难堪其苦,在安庆绪的操控之下,合力将他杀死,不得善终。

---

[1] Edwin G. Pulleyblank, *The Background of the Rebellion of An Lu-shan*, London, Oxford University Press, 1955, pp.15–16.

　　安禄山因发动安史之乱兼之特殊身份与宗教信仰而为学界所重,一直受到中外学者的密切注意,相关研究极多,亦颇多发覆。《安禄山事迹》是研究安史之乱的重要文献,本书主要围绕此书,结合考古学资料,考察发生在安禄山、唐玄宗以及二人之间的物事,意在揭示有着宗教信仰的安禄山、唐玄宗的生态。

　　具体说来,本书分作如下十一章:

　　第一章,《身世》。本章结合人类学资料,考察只知生母、不知生父的安禄山实为非婚生子。他出生时的神话,实际上是其为所建的燕国营造符谶。

　　第二章,《斗战神》。安禄山"自神"是将自己装扮成祆教的斗战神。本章系统梳理考古材料所见祆教斗战神的图像,结合河北、山东地区唐墓资料,推断安禄山"自神"的形象最有可能是赫拉克利斯的形貌。这是跟他的种族文化相符的。

　　第三章,《金鸡帐与重床》。本章结合考古材料与史载,考察安禄山所用的金鸡帐及重床为何,指出此与安禄山的祆教信仰与政治身份相契。

　　第四章,《莨菪子》。安禄山曾以莨菪酒诱杀奚、契丹。莨菪子是一种致幻剂,唐代祆教祭祀多有幻术的环节,推测莨菪子、押不芦(曼陀罗)以及乌头之类的植物成为唐朝祆教徒的致幻剂。

　　第五章,《助情花香》。安禄山曾向唐玄宗进奉媚药助情花香,本章系统梳理了古代中国主要的媚药,进而考察历代帝王的居所以及房中,揭示其背后应与在静室中以房中术希冀长生有关。

　　第六章,《安禄山服散考》。根据史载中的相同描述,总结出安禄山长疮病疽、目昏不见物以及性情躁暴的病征。结合医书考辨上述病征为常年服丹违节失度所致。胡臣服散表明他们对汉文化的浸习。本章还系统梳理了唐代服散的官员。

第七章,《炼丹与服食》。1970年10月,西安南郊何家村窖藏的发现,给我们提供了唐代炼丹服食的重要资料。显然,出土地点是一个与炼丹有关的遗存,藉此可知唐代炼丹与服食的大致情况。

第八章,《善相的玄宗与禄山的痣》。崇奉并亲体力行的玄宗,作为道士的帝王,对道术深信不疑,他自己也深谙此道,本人便是一位善相之士。根据文献记载,他对安禄山、史思明都有关于相术方面的判语。或许正是这种判断,使得玄宗对安、史二人任之由之,良机一错再错。而安禄山两只脚底的痣在他的发迹史中也曾经充当着极为重要的角色。根据当时的相术,正是安氏两只脚底的痣使他得以在韩公张仁愿帐下从走使之吏脱颖而出,从而扶摇直上。

第九章,《厌胜禄山》。信仰道教的唐玄宗是如何亲自履践道教的信仰与修炼的?有唐一代,到了唐玄宗时代,不惟开创了"开元盛世",此刻道教信仰亦臻于顶峰。玄宗更是从一位政治家,逐渐变成一个亲身履践道教信仰和修炼的帝王道士。这不仅影响了王朝的政治运作,而且影响了王朝的宗教信仰格局与风尚。安禄山的服散不仅跟此风有关,很可能还跟宠信他的帝王道士玄宗有着不可厘清的关联,惜史载语焉不详。

毋庸赘言,唐玄宗是一位极其敏感、精明能干的政治家。但是,在处理安禄山的问题上却似乎大失水准。这是何故?作为道士的帝王,却时时想着用道术来压胜安禄山。这个事实在理解玄宗与安禄山微妙关系中的意义,一直没有引起足够的重视。本章尝试从几个事例来分析唐玄宗对待安禄山的权谋与策略,希冀由此展开的探索能让我们有另一个较为清晰的认识。

第十章，《赐浴华清池》。华清池，不仅是唐玄宗与杨贵妃情史中的一个为人熟知的场域，而且也是唐玄宗与安禄山君臣之间博弈的重要场所。不为人所熟知的是，华清池洗浴跟治散发愈疽疮也有着密切的关系。这可能是唐玄宗经常赐安禄山于华清池洗浴的一个原因。本章考察了华清池的营建历史，并借助华清池洗浴来展示服散、服丹之后如何处理散发的问题。

第十一章，《陵墓》。在这一章中，探讨史思明的陵寝以期对安禄山的陵寝建制有个大致认识。史思明是在安史之乱中，继安禄山之后的另一重要人物。《旧唐书》本传记载他先安禄山一天出生，即703年1月21日出生。他也是营州杂种胡，跟安禄山共乡里，少同游，长同事。史称两人"长相善"。所谓相善，想必也非铁板一块。在相同的大立场之下，在具体事务中存在不同意见和心态的微妙状况也是情理中事[1]。无论如何，在安史之乱中，安、史二人先后称帝，其政治身份相同，加之相同的种族文化，此二者使得安、史二人的陵寝建制可能存在很大的共性。安禄山的陵寝迄今无闻，所幸史思明的陵墓已经发掘，这给我们展示了安禄山陵寝形态的一种可能性。

附一，《章怀太子墓壁画与李守礼》。由于李贤及宗枝特殊的政治身份以及所处的敏感的政治环境，李守礼，作为李贤墓营造的具体主持者，因家国的影响，秉持老庄哲学的生活方式，这使得李守礼在敏感的政治环境中得以自保并终陪葬乾陵。同样，这也都影响了李贤墓的营建。从看似矛盾的李贤墓壁画中我们可以

---

[1]　相关研究可参李协民《试论安禄山和史思明的微妙关系》，《河北大学学报》1983年第3期，103—105、98页。

领略到其指导思想的内在连贯性，以及所体现的深刻的政治和社会因素。总之，李贤墓反映了李守礼宗奉老庄之道的生存哲学和道教信仰，它体现了一个具有特殊政治身份的人在政治漩涡中无奈而明智的抉择。由此也可反映出李贤一枝崇奉道教、居家炼丹的隐情。

附二，《唐章怀太子的两京宅邸》。本章是第七章以及附一的自然延伸，意在考察章怀太子两京宅邸的变迁与其家族政治生态的关系。

总之，本书可以说是一个杂色拼盘，将不同的碎片拼接在一起，意在表达安禄山种族文化及其服散的状态和陵寝的可能形态、帝王道士唐玄宗的宗教实践及在安史之乱中所起的作用。需要特别说明的是，本书的讨论撇开了大的政治事件，而将一些碎屑琐事置于重心位置，只是想讨论安禄山及唐玄宗生活与政治中的另一面相，并没有以偏概全的意思，读者阅读时内心自当明白、把握。

在中国，发动安史之乱的安禄山家喻户晓。同样的，他也引起我极大的兴趣。因为诸种机缘，2004年以来，我得以陆续围绕上述话题进行探讨。这也是长期萦绕在脑海里的一个问题：如何将考古材料融入到对个人或群体生命状态的研究之中？本书也许勉强称得上是一次尝试，或许学术研究的魅力和意义也正在于此。

在本书的写作过程中，承蒙齐东方、荣新江、罗丰、吴玉贵、孟宪实、朱玉麒、刘后滨、野云堂、杨哲峰、陈明、徐刚、党宝海、张小贵、史睿、李丹婕、陈昊、倪润安、张凌、裴雅静、李浪涛、李澜、曹静伟诸位先生给予不同形式的帮助。北京大学考古文博学院的郭桂豪、王东、卢亚辉、郁华良帮助核对资料。上海古籍出版社吕瑞锋先生细致入微的工作，这都是我要特别感谢的。

目　录

图表目录

郁郁南山树草繁，
还从幽处会婵娟。
知情只有闲鹦鹉，
莫向三叉路口言。

——仓央嘉措

第一章　身　世

　　长安三年癸卯正月一日（703年1月22日）[1]白天，安禄山出生；至德二年正月五日（757年1月29日），安禄山被其子安庆绪与阉侍李猪儿等人合谋弑杀，终年五十五岁[2]。奇怪的是，安禄山虽名扬古今中外，但关于他的身世与早年经历，史载却语焉不详[3]。

---

[1]　崔明德认为安禄山生于公元702年，详所撰《安禄山出生年代考》，《史学月刊》1986年第2期，117页。官桂铨认为崔氏的推算有误，安禄山应出生于公元703年，详所撰《安禄山出生于七〇三年》，《史学月刊》1986年第4期，39页。又可参任士英《安禄山生年小考》，《唐史论丛》第四辑，西安：三秦出版社，1988年，177—179页。按，官桂铨、任士英说当是。

[2]　〔唐〕姚汝能撰，曾贻芬点校《安禄山事迹》，《开元天宝遗事·安禄山事迹》，北京：中华书局，2006年，108页。按，关于安禄山的殁日，文献有三种不同记载：《安禄山事迹》卷下（108页）作"〔至德〕二年正月五日（757年1月29日）"；《旧唐书》卷一〇《肃宗本纪》（北京：中华书局点校本，1975年，245页）作"至德二载正月乙卯（757年2月1日）"，即至德二年正月六日，《新唐书》卷六《肃宗本纪》（北京：中华书局点校本，1975年，157页）同；《旧唐书》卷二〇〇上《安禄山传》（5371页）作"至德二载正月朔（757年1月25日）"，《新唐书》卷二二五上《安禄山传》（6421页）同。

[3]　关于安禄山种族与身世的研究状况，详荣新江《安禄山的种族与宗教信仰》，原载《第三届唐代学术研讨会论文集》，1997年；收入所撰《中古中国与外来文明》，北京：三联书店，2001年，222—223页；后增订以《安禄山叛乱的种族与宗教背景》为题，收入中国社会科学院历史所隋唐宋辽金元史研究室编《隋唐辽宋金元史论丛》第一辑，北京：紫禁城出版社，2011年，86—103页。此据增订本。

一　文　献　记　载

《新唐书》本传载：

> 安禄山，营州柳城胡也，本姓康。母阿史德，为觋，居突厥中，祷子于轧荦山，虏所谓斗战神者，既而妊。及生，有光照穹庐，野兽尽鸣，望气者言其祥，范阳节度使张仁愿遣搜庐帐，欲尽杀之，匿而免。母以神所命，遂字"轧荦山"。少孤，随母嫁虏将安延偃。开元初，偃携以归国，与将军安道买亡子偕来，得依其家，故道买子安节厚德偃，约两家子为兄弟，乃冒姓安，更名禄山。[1]

姚汝能[2]《安禄山事迹》（图1-1）的记载与此大同：

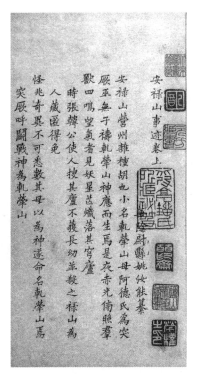

图1-1　《安禄山事迹》卷一（国图藏）

> 安禄山，营州杂种胡也，小名轧荦山。母阿史德氏，为突厥巫，无子，祷轧荦山神，应而生焉。是夜赤光傍照，群兽四鸣，望气者见妖星芒炽落其穹庐。时张韩公使人搜其庐，不获，长幼并杀之。禄山为人藏匿，得免。怪兆奇异不可悉

---

[1] 《新唐书》卷二二五上，6411页。

[2] 陈尚君考证姚汝能为唐会昌末乡贡进士，大中后为华阴尉，及与喻坦之游。《安禄山事迹》为其任华阴尉时撰，时距安史之乱已百年左右。详所撰《〈安禄山事迹〉的成书年代》，《中华文史论丛》2008年第2期，48页。

数，其母以为神，遂命名"轧荦山"焉。突厥呼"斗战神"为"轧荦
山"。少孤，随母在突厥中。母后嫁胡将军安波注兄延偃。史思
明令伪史官稷一谍（撰）《禄山墓志》云，祖讳逸偃，与此不同。[1]

《资治通鉴》则更为简略，说：

> 安禄山者，本营州杂胡，初名阿荦山。其母，巫也；父死，
> 母携之再适突厥安延偃。会其部落破散，与延偃兄子思顺俱
> 逃来，故冒姓安氏，名禄山。[2]

归纳起来，文献所载安禄山童年主要有如下三个方面的内容：

第一，从安禄山出生时范阳节度使张仁愿遣搜庐帐来看，推测
安禄山很可能便出生在营州柳城。这也应是文献称之为"营州杂
种胡"的缘故。唐人当时习称九姓胡为杂种胡。杂种之目非仅混
杂之通义，实专指某一类种族而言也[3]。具体言之，在唐代文献中
出现的带有"胡"字的名词，绝大多数应当是指粟特胡人[4]。据此
安禄山很可能是粟特胡。

---

[1]《安禄山事迹》，《开元天宝遗事·安禄山事迹》，73页。

[2]〔宋〕司马光《资治通鉴》卷二一四，开元二十四年"张守珪使平卢讨击使、
左骁卫将军安禄山讨奚、契丹判者"条，北京：中华书局，1956年，6816页。

[3] 陈寅恪《以杜诗证唐史所谓杂种胡之义》，所撰《陈寅恪集·金明馆丛稿二
编》，北京：三联书店，2001年，57—59页。

[4] 荣新江认为：广义的胡人是指西北地区的所有外蕃人，而狭义的胡人主要是
指伊朗系统的胡人，具体来说，狭义的胡人主要指的是操伊朗语的波斯胡、
粟特胡、西域胡（塔里木盆地绿洲王国之人），胡人更狭窄的意思才是指粟特
人。详所撰《何谓胡人——隋唐时期胡人族属的自认与他认》，载樊英峰主
编《乾陵文化研究》第4辑，西安：三秦出版社，2008年，3—4页。

　　第二，安禄山少孤，且不知生父何许人也。惟知禄山本姓康，即其生父当为康姓粟特人。其母为阿史德氏，突厥女巫。安禄山是其母阿史德氏向轧荦山神祈祷求子而得的，白天出生后，当夜有妖祥。"赤光傍照，群兽四鸣，望气者见妖星芒炽落其穹庐，怪兆奇异不可悉数"，颇具圣贤帝君降生之神话色彩。其母阿史德氏认为是神的授命，遂以"轧荦山"（或"阿荦山"）为名。"禄山"与"轧荦山"（或"阿荦山"）音同。之所以省去"阿"字，犹如"阿罗汉"仅称"罗汉"一般[1]。"轧荦山"一语实为粟特语roxšan-(rwxsn-rwγšn)的音译，意为"光明、明亮"[2]。现知"轧荦山"、"禄山"皆为地地道道的粟特名字，从波斯语转入粟特语，从贵族流向民间，其普遍与普通如同另一胡名"槃陁"一般[3]。因此，根据"光明、明亮"之义，我们只能说在某种程度上反映了安禄山的宗教色彩，如同我们从众多的名为"禄山"的胡人所能得到的判断一样[4]。

---

[1]　陈寅恪《三国志曹冲华佗传与佛教故事》，所撰《陈寅恪集·寒柳堂集》，北京：三联书店，2001年，179页。文献中也见有名叫"阿禄山"的粟特人。如，《华严经传记》所记调露二年（680）被冥道误追的雍州万年县人康阿禄山。《华严经传记》为出自康居的京兆崇福寺僧沙门法藏所集，此康阿禄山疑是康国人。详向达《唐代长安与西域文明》，北京：三联书店，1987年，16页。

[2]　其说引见Edwin G. Pulleyblank, *The Background of the Rebellion of An Lu-shan*, pp.15-16. 对"轧荦山"一词对音的讨论可见：王小甫《拜火教与突厥兴衰——以古代突厥斗战神研究为中心》，《历史研究》2007年第1期，24—40页；此据所撰《中国中古的族群凝聚》，北京：中华书局，2012年，11—29页。钟焓《安禄山等杂胡的内亚文化背景》，《中国史研究》2005年第1期，68—69页。

[3]　胡名"禄山"的复现率很高，蔡鸿生曾有梳理。详所撰《唐代九姓胡与突厥文化》，北京：中华书局，1998年，38—39页。

[4]　又如，史思明的本名"窣干"，应当和"轧荦山"一样，是粟特语的音译，其意或许就是玄宗改名的"思明"。吐鲁番出土摩尼教中古波斯文《沙卜拉干》残卷（M506、M7981）中，有Swc'gyn一词，意为"燃烧、发光"，很可能是"窣干"的原语。详荣新江《安禄山的种族与宗教信仰》，229页脚注〔2〕。

　　既如此，"轧荦山"一词为何又指"斗战神"呢？《安禄山事迹》有言"禄山醉卧，化为一黑猪而龙首"，又载唐玄宗曾"于御座东间为（禄山）设一大金鸡帐"[1]。公野猪为斗战神的化身之一[2]，金鸡应即斯劳沙（Sraosha）的圣禽[3]。由此可知安禄山确被视为斗战神，而这种印象的出现恐怕还是源自现实，即安禄山自比为斗战神。

　　在战争中，所谓"作战能力"、"战斗力"是最为主要的，自不待言。对于发动安史之乱的军队而言，尤为如此。安禄山为唐代胡化之河北地区的政教、军事领袖，其所辖胡人（化）集团多信奉祆教。从安禄山的发迹过程来看，他非常善于征战，因而有可能被该地区胡人（化）集团敬奉为"斗战神"（*wšpr(kr)*，即Weshparkar）。面对安史之乱前后之政治态势，安禄山虽曾利用各种宗教团结民众[4]，但以祆教"斗战神"化身自比号召所辖军队亦属自然之理。于是，随之就出现了将"roxšan-（rwxsn-rwγšn）"的意义转移集中于"斗战神"的情况，而非突厥语中"斗战神"的发音为"轧荦山"。正是"斗战神"与安禄山的紧密结合，使得"轧荦山"的词义衍生出"斗战神"之意，从而出现了将"roxšan-（rwxsn-rwγšn）"的意义转移为"斗战神"的情况，而恐非突厥语中"斗战神"一义的发音为"轧荦山"。"轧荦山"词义从"光明之神"到"斗战神"的转变，恐怕正是在现实中，安禄山被河北民众奉为"斗战神"、发动安史之乱益发加深强化该共识，而姚汝能不知其因

---

[1]　《安禄山事迹》，《开元天宝遗事·安禄山事迹》，77、78页。
[2]　参王小甫上揭文，29页。
[3]　详本书第三章《金鸡帐与重床》。
[4]　尤李《〈悯忠寺宝塔颂〉考释——兼论安禄山、史思明宗教信仰的多样性》，《文史》2009年第4期，107—132页。

而生的误解,即姚氏误将"轧荦山"与"斗战神"联系在一起所致。由此亦可见安史之乱及其发动者安禄山在该地区胡人(化)集团中的影响力之大。

至此,为何同样名为"禄山"的安禄山出生时却有"赤光傍照"、"妖星芒炽落其穹庐"之光明便可了然。这是因为在祆教中,所谓斗战神之火便是最高级的圣火[1],且斗战神在《阿维斯陀》中是"最璀璨的灵光"(Bahrâm Yast I.3)[2]。在斗战神颂歌《Bahrâm Yast》中,便对斗战神化身之一 Varaghna/Vareghna 鸟颂赞道:"斗战神就这样来了,带着马兹达创造的善惠灵光,那马兹达创造的光华。"(Bahrâm Yast VII.21)[3]这些跟安禄山出生时所具光明的妖祥恰可勘合[4]。

实际上,安禄山此举与东征的亚历山大帝及罗马皇帝自比为赫拉克利斯[5]如出一辙。赫拉克利斯为希腊神话世界中英雄之

---

[1] Mary Boyce, *Zoroastrians: Their Religious Beliefs and Practices*, London etc., Routledge and Kegan Paul, 1979, pp.64—65.参王小甫上揭文,23页。

[2] *The Zend-Avesta*, in *Sacred Books of The East, Part II*, Edited by Max Müller, Motilal Banarsidass, 1988, p.232.

[3] *The Zend-Avesta,* in *Sacred Books of The East, Part II*, pp.236—237.译文采自王小甫《历史研究》文,26页。Varaghna/Vareghna 鸟又可为灵光神的化身。详悉 Mary Boyce, *Textual Sources for the Studies of Zoroastrianism*, Edited and Translated by Mary Boyce, The University of Chicago Press, 1999, p.30.参王小甫上揭文,14—15页。

[4] 法源寺中歌颂安禄山的《无垢净光宝塔颂》碑,碑文全文为"御史大夫史思明奉为大唐光天大圣文武孝感皇帝敬无垢净光宝塔颂"。这也是同样意在突出安禄山的光明。

[5] 邢义田《赫拉克利斯(Heracles)在东方——其形象在古代中亚、印度与中国造型艺术中的流播与变形》,荣新江、李孝聪主编《中外关系史:新史料与新问题》,北京:科学出版社,2004年,19—22页;作者增订后收入所撰《画为心声:画像石、画像砖与壁画》,北京:中华书局,2011年,458—513页。本书据后者。

最，亦可谓极具战斗力之神祇。可见，安禄山自命为袄教斗战神之举实承自西土之传统，而该传统在安禄山身上得以体现则与其种族文化不可或分。因此，我们有理由推测安禄山不仅以斗战神自居，甚而戴狮虎皮头盔以斗战神的形貌示人[1]。

第三，在营州出生后，安禄山随母亲北归漠北，其童年是随母亲在突厥部落中度过的，邵说《代郭令公请雪安思顺表》径称之为"牧羊小丑"[2]。"六州胡儿六蕃语，十岁骑羊逐沙鼠。"[3]"牧羊小丑"一语虽有因政治立场而讥讽的成分在，但应与安禄山童年的实情相去不远。后阿史德氏嫁安延偃[4]将军，安禄山又随之进入安延偃的族落当中。这个"族落"，实即漠北突厥汗国中独立的"胡部"[5]。该胡部破散之后，轧荦山与胡将军安道买、安波注的子辈一起入唐。此后便冒姓安氏，名禄山，此即"安禄山"一名的由来。

何谓"冒姓"？《新唐书》卷一四五《元载传》载："元载字公辅，凤翔岐山人。父昇，本景氏。曹王明妃元氏赐田在扶风，昇主其租入，有劳，请于妃，冒为元氏。"[6]可知冒姓便是改易姓氏，则禄山生父断非姓"安"，与安延偃并无亲属血缘关系。而在粟特人中

[1] 唐代河北地区墓葬所出"赫拉克利斯"镇墓武士俑恐应即当时中土斗战神的形象。详本书第二章《斗战神》。
[2] 邵说《代郭令公请雪安思顺表》，〔宋〕李昉等编《文苑英华》六一九，北京：中华书局，1966年，3210页下栏。
[3] 〔唐〕李益《登夏州城观送行人赋得六州胡儿歌》，〔清〕董诰等编《全唐诗》卷二八二，北京：中华书局，1960年，3211页。
[4] "延"、"偃"二字音同。在粟特语中，"延"字作"礼物"解，兼有"荣典、庇佑"之义。详参蔡鸿生上揭书，39—40页。
[5] 〔日〕护雅夫《东突厥国家内部におけるソグド人》，载所撰《古代トルコ民族史研究Ⅰ》，东京：山川出版社，1967年，61—93页。承吴玉贵先生教示，有些突厥的同一部落同时存在于漠南、漠北。谨致谢忱！
[6] 《新唐书》，4711页。

间，孩童时的安禄山若仍被叫作"roxšan-（rwxsn-rwγšn）"[1]，即仅称小名"轧荦山"，而并不称"康"姓，则恐是禄山生父不明所致。

要之，安禄山为"营州杂种胡"，出身寒门，童年在突厥部落牧羊。但从他的粟特语名字，特别是他的出生神话来看，他身上更多的是粟特种族特征[2]，且可判断他信奉祆教。安禄山更自称为"斗战神"的化身，以"斗战神"的身份与形貌来号召胡族民众，使之成为安史叛乱的主要行动支柱。

二　非婚生子的习俗

不过，随之而来的也有几个疑问：

第一，便是女巫阿史德祷神得子的行为，与之相关联的便是安禄山生父的不明。但是否其生父确实不明呢？天宝八载（749），唐玄宗"赐铁券，封柳城郡公。又赠延偃范阳大都督，进禄山东平郡王"[3]。在可以给父亲封官晋爵的时候，安禄山并没将这些荣耀给自己的生父，而给了养父安延偃。此举跟为提高自己出身而追封宗枝前辈、先人的做法迥异，甚而有悖。事实上，正是因为安禄山并不清楚生身父亲具体是谁，故而自然也就无从追封了。换言之，这件事情恰说明安禄山真正的生父并不清楚。安禄山所言"胡家即知有母，不知有父也"[4]非虚。如此之大人物为何生父不明，且没有相关的任何记载？

---

[1]　荣新江《安禄山叛乱的种族与宗教背景》，90—91页。
[2]　荣新江《安禄山叛乱的种族与宗教背景》，89页。
[3]　《新唐书》卷二二五上，6414页。
[4]　〔唐〕郑綮撰，丁如明校点《开天传信记》，上海古籍出版社编《唐五代笔记小说大观》（下），上海古籍出版社，2000年，1227页。

显然,这跟安禄山营造的出生神话及其动机背道而驰。

第二,阿史德氏携子嫁人,而其新夫君安延偃将军却能不嫌弃。若依汉文化的常理,这种情况恐多难以作解。这里面究竟发生了什么事情? 其中是否有着特殊的民族和宗教文化内涵?

第三,其母阿史德氏为女巫,究竟从事何种宗教事务?

第四,女巫与将军在社会地位上迥异,则阿史德氏是因何机缘、在何场合得以接触、认识安延偃将军的?

此上都需要我们进一步来解答。

显而易见,安禄山的生父问题是解答众多疑问中的一个关键。这又必须从突厥族等游牧民族的婚姻制度谈起。这些游牧民族还保留着早期的群婚制[1],其中又以收继婚和婚前性自由导致非婚生子的婚俗最有特点。从文献记载来看,突厥族亦不例外。

突厥的婚姻制度,集中见于《隋书》和《北史》的本传。《隋书》载:

> 父兄死,子弟妻其群母及嫂。五月中,多杀羊马以祭天。男子好樗蒲,女子踏鞠,饮马酪取醉,歌呼相对。敬鬼神,信巫觋,重兵死而耻病终,大抵与匈奴同俗。[2]

又《北史》载:

---

[1] “群婚”,广义的概念指群内群婚和群外群婚两种形式。狭义的概念仅指群外群婚,即一个群体与另一群体之间的婚姻关系;而群内群婚则称之为杂婚和血缘婚。详郭宏珍《突厥语诸族社会组织研究》,北京:社会科学文献出版社,2008年,35页。

[2] 〔唐〕魏徵等撰《隋书》卷八四《突厥传》,北京:中华书局点校本,1973年,1864页。

> 是日也,男女咸盛服饰,会于葬所。男有悦爱于女者,归
> 即遣人娉问,其父母多不违也。父、兄、伯、叔死,子、弟及侄等
> 妻其后母、世叔母、嫂,唯尊者不得下淫。……〔可汗〕每岁率
> 诸贵人,祭其先窟。又以五月中旬,集他人水拜祭天神。[1]

文中所谓"父兄死,子弟妻其群母及嫂"、"父、兄、伯、叔死,子、弟
及侄等妻其后母、世叔母、嫂"的婚姻制度,即"烝报",也就是社会
学定义的"收继婚"。今知原始突厥语、蒙古语及通古斯语诸族中
皆存在烝报习俗[2]。此外,汉藏语系诸族亦有之。如,北魏历史上
著名的邓渊之狱、崔浩国史之狱都是因为直书拓跋鲜卑早期的这
些习俗而致的[3]。足见,烝报的婚俗广泛存在于北胡和西胡诸族之
中。其所以出现这种习俗的原因,一是原始群婚的遗风,一是氏族
外婚制观念的反映。同时是游牧民族"恶种姓之失",有着保持本
民族或家族生产力量(人力和牲畜)的经济意义[4]。

共同的生活环境和生活方式,使得游牧民族在习俗上有很大
的共性。从两面环绕黄河中游的黄土高原,大致东起大兴安岭南
段,北以长城为界,西抵河湟地区再折向南方,沿着青藏高原东部
至达云南西北部。这形成一个从东北至西南的边地半月形文化传

---

[1] 〔唐〕李延寿撰《北史》卷九九《突厥传》,北京:中华书局点校本,1974年,
  3288页。
[2] 冯继钦《我国阿尔泰语系诸族的收继婚述略》,《黑龙江社会科学》1995年第
  1期,59—62页。
[3] 田余庆《拓跋史探》,北京:三联书店,2003年,238页;周一良《崔浩国史之
  狱》,所撰《魏晋南北朝史札记》,北京:中华书局,1985年,342—350页。
[4] 周伟洲《唐代党项》,桂林:广西师范大学出版社,2006年,17页;林幹《突厥
  与回纥史》,呼和浩特:内蒙古出版社,2007年,142页。

播带,并呈现出某种文化的同一性[1]。如,除了烝报的婚姻制度之外,丧礼中的"劖面截耳"也长期流行于北胡和西胡各族之间,成为古代亚洲内陆殡葬文化的一大特色,它在空间和时间上的广延性,说明这种胡俗有很强的生命力[2]。据研究,分布于蒙古西部及西临的图瓦、阿尔泰和新疆北部地区的带有斜纹的鹿石,很可能是祭祀活动时留下的创伤[3]。这些鹿石的年代相当于中国的商周之际至春秋战国时期,可见劖面习俗在上述地区很早就出现了[4]。不过,从民族学的调查材料来看,这个风俗所波及的范围比上述地区还要大得多。如,涂尔干便给我们详细展示了澳洲土著部落举行该风俗的整个过程,并剖析了其所蕴含的社会学意义[5]。

　　实际上,在春秋战国时期,汉族也有烝报的习俗。如《左传》所载"晋侯(晋惠公)燕于贾君(太子申生之妃,惠公之嫂)",及同书闵公二年所载"共仲(庆父,鲁庄弟)通于哀姜(庄公夫人),

[1] 童恩正《试论我国从东北至西南的边地半月形文化传播带》,文物出版社编辑部编《文物与考古论集》,北京:文物出版社,1986年,17—43页。
[2] 参蔡鸿生上揭书,24页。关于该习俗在北胡与西胡的情况,可参潘玲《劖面习俗的渊源和流传》,《西域研究》2006年第4期,100—104页;那顺布和《论斯基泰劖面习俗的东传及其意义》,《北方文物》1992年第4期,67—72页;雷闻《割耳劖面与刺心剖腹——从敦煌158窟北壁涅槃变王子举哀图说起》,《中国典籍与文化》2003年第4期,95—104页;后该文题作《割耳劖面和刺心剖腹——粟特对唐代社会风俗的影响》,载荣新江、张志清主编《从撒马尔干到长安——粟特人在中国的文化遗迹》,北京图书馆出版社,2004年,43—44页;张庆捷《"劖面截耳与椎心割鼻"图解读》,载《乾陵文化研究》第4辑,88—89页;李炳海《劖面风俗文献拾零》,《文献》1990年第3期,281—283页。等等。
[3] 林沄《中国北方长城地带游牧文化带的形成过程》,《燕京学报》新第14期,北京大学出版社,2003年,95—145页。
[4] 潘玲《劖面习俗的渊源和流传》,103页。
[5] 〔法〕爱弥儿·涂尔干著,渠东、汲喆译《宗教生活的基本形式》,上海人民出版社,1999年,514—547页。

哀姜欲立之"之事便是弟报嫂的例子。由是观之,烝报制度很可能是诸民族早期群婚制的一种形式。

同样地,从文献上来看,婚前性自由以及非婚生子的婚俗也应如此,并非是游牧民族等非汉族独有的婚姻制度。

在文献中不见突厥婚前性自由的习俗的直接记载,所幸其"大抵与匈奴同俗"。而匈奴别种的稽胡给我们留下了一些线索。《周书》卷四九《稽胡传》云:

> 稽胡一曰步落稽,盖匈奴别种。……俗号淫秽,处女尤甚。将嫁之夕,方与淫者叙离,夫氏闻之,以多为贵。既嫁之后,颇亦防闲,有犯奸者,随事惩罚。又兄弟死,皆纳其妻。[1]

引文中所谓"俗号淫秽,处女尤甚。将嫁之夕,方与淫者叙离,夫氏闻之,以多为贵"说的便是婚前性自由的习俗。因此可言,匈奴、突厥皆有此风。该习俗跟收继婚、割耳剺面一样,同样存在于多个民族之中,这些民族的青年男女在婚前普遍享有某种程度的性自由,由此而导致了非婚生子习俗的共存。

关于婚前性自由,文献记载最为明确的便是高句丽了。《三国志·魏志》卷三〇《高句丽传》云:

> 其俗作婚姻,言语已定,女家作小屋于大屋后,名婿屋,婿暮至女家户外,自名跪拜,乞得就女宿,如是者再三,女父母乃听使就小屋中宿,傍顿钱帛,至生子已长大,乃将妇归

---

[1] 〔唐〕令狐德棻等撰《周书》,北京:中华书局点校本,1971年,896—897页。

家。其俗淫。[1]

又《后汉书》卷一二〇《高句丽传》云：

　　其俗淫，皆洁净自憙，暮夜辄男女群聚为倡乐。[2]

《梁书》卷五四《高句丽传》云：

　　其俗喜歌儛，国中邑落男女，每夜群聚歌戏。……其俗好淫，男女多相奔诱。[3]

《北史》卷九四《高丽传》云：

　　风俗尚淫，不以为愧，俗多游女，夫无常人，夜则男女群聚而戏，无有贵贱之节。有婚嫁，取男女相悦即为之。[4]

高句丽所存在的"其俗好淫，男女多相奔诱"以及"夫无常人"的游女现象，并不与婚姻发生直接关系是古代北方民族存在较大性自由的生动写照[5]。

　　又如，鲜卑妇女在婚前也都有某种程度的性自由。《后汉书·鲜卑传》载鲜卑人"唯婚姻先髡头，以季春大会于饶乐水上，

[1]〔晋〕陈寿撰，〔宋〕裴松之注，陈乃乾校点《三国志》，北京：中华书局点校本，1959年，844页。
[2]〔南朝宋〕范晔《后汉书》，北京：中华书局点校本，1965年，2813页。
[3]〔唐〕姚思廉撰《梁书》，北京：中华书局点校本，1973年，802页。
[4]《北史》，3116页。
[5]丛坤《北方民族婚姻伦理初探》，《学习与探索》1993年第2期，135页。

饮宴毕,然后配合"[1]。拓跋什翼犍昭成建国二年(339)令"男女不以礼交皆死"[2],恐婚前性自由当在其列。史载乌桓的风俗与鲜卑同,则其妇女婚前多半也是如此。

女真人自寻配偶的习俗也体现着一定的性自由。《三朝北盟会编》载女真人"具婚嫁,富者以牛马为币。贫者则女年及笄,行歌于途,其歌也,乃自叙家世、妇工、容色,以伸求侣之意,听者有未娶欲纳之者,即携而归,其后方具礼,偕女来家,以告父母。贵游子弟及富家儿,日夕饮酒,则率携尊驰马戏饮其地。妇女闻其至,多聚观之,间令侍坐,与之酒则饮,亦有起舞讴歌以侑觞,邂逅相契,调淫往返,即载以归。不为所顾者,至追逐马足,不远数里"[3]。

西夏对非婚性行为和非婚生子也相对地宽容[4]。《西夏纪事本末》载党项族"凡育女稍长,靡由媒妁,暗有期会,家不之问。情之至者,必相挈奔逸于山岩掩映之处。并首而卧,绅带置头,各悉力紧之,悠忽双毙。一族方率亲属寻焉。见不哭。谓男女之乐,何足悲悼?"[5]

上述史料说明,在古代北方诸民族,女子在婚前的确享有一定的性自由,这被视为合乎情理之事,父母不仅不加干涉,甚而还为

[1]《后汉书》卷一二〇《鲜卑传》,2985页。

[2]〔北齐〕魏收撰《魏书》卷一一一《刑罚志》,北京:中华书局点校本,1974年,2873页。

[3]〔南宋〕徐梦莘《三朝北盟会编》,台北:大化书局,1977年,甲23—甲24页。〔宋〕宇文懋昭撰《大金国志》卷三九《婚姻》载女真人"婚嫁富者,以牛马为币。贫者则女年及笄,行歌于途,其歌也,乃自叙家世、妇工,容色,以伸求侣之意,听者有逑娶欲纳之,则携而归"。详崔文印校证《大金国志校证》卷三九《婚姻》,北京:中华书局,1986年,554页。

[4]邵方《西夏婚姻制度的特征——兼论女性在西夏婚姻中的地位》,《宁夏社会科学》2003年第5期,83页;邵方《试论西夏的婚姻制度》,《民族研究》1998年第4期,92页。

[5]〔清〕张鉴《西夏纪事本末》卷一〇,台北:文海出版社,1981年,161页。

他们提供性接触的便利,高句丽的"婿屋"就是突出的例证。

　　实际上,这种男女享有一定程度性自由的习俗同样在汉文化中尚可见孑遗。《周礼·地官·媒氏》云:"仲春之月,令会男女。于是时也,奔者不禁。"对此,江绍原从文化人类学的角度指出:

　　　　我疑仲春之月,本为荒古男女自由配合之期;其后礼教之防渐起,男女例须秉礼婚嫁,否则不齿于人;唯相传甚久之旧俗,不易立刻消灭,故一届仲春,相悦者辄冲破礼教网罗,群为桑中之会。[1]

信哉此言。郭沫若、闻一多等人认为这是祭祀高媒、与求子相关的活动,其中有性行为[2]。这反映了汉地在礼教之防起来后,在特殊时日里男女仍可得性自由。此为上古习俗的孑遗。如,孔子很可能便是叔梁纥与征在祷于尼丘山野合所生[3]。于此,亦可见安禄山生母祷于轧荦山得子之举与此有似。

　　婚前性自由自然会导致非婚生子的情况。如何对待这些未婚妈妈和私生子? 在今天的一些民族地区,仍存在婚前性自由和非婚生子的习俗,可以帮助我们来回答这些问题。该习俗归结起来主要有下面两种情况[4]。

---

[1]　江绍原《江绍原民俗学论集》,上海文艺出版社,1998年,200页。

[2]　郭沫若《释祖妣》,《郭沫若全集·考古编》第1卷,北京:科学出版社,1982年,55—64页;闻一多《高唐神女传说之分析》,《闻一多全集》第3卷,武汉:湖北人民出版社,1993年,24—26页。

[3]　徐刚《孔子之道与〈论语〉其书》,北京大学出版社,2009年,20—24页。

[4]　此下两种情况据雷明光《中国少数民族婚姻家庭法律制度研究》(北京:中央民族大学出版社,2009年,82—120页)归纳总结。

其一,在女儿成年后,便给她举行一个隆重的成年仪式,甚而举行没有新郎的婚礼,并给女儿准备一个单独的帐篷或居室以为结交异性的场所。有些民族,如哈尼族在村寨中甚而还设有专门供青年男女进行社交活动的"公房"或守田地的"田房"、"尹窝棚"。此后,姑娘便可自由结交禁婚范围之外的男性并与之在自己的帐篷或居室同居、乃至野合。如,西部裕固族[1]女子在"帐房戴头婚"、藏族女子在"戴天头"或"上头礼"之后便可自由如此。前面提到的高句丽"婿屋"的风俗也与此同。

其二,在青少年成年以后,与异性自由交往以及社交活动的群体性增强,公开程度高,特别是在节庆、赛马会、婚嫁、葬礼、祭祀期间,更是男女群体性结交情侣的好时机。各地青年男女聚集在一起,唱歌、跳舞,在情投意合时,青年男子便会瞅准时机,带着姑娘走向无人之处野合。如,青海乐都柳湾六月六的"莲花节"[2]、四川木里县俄亚村纳西族在旧历十二月底或三月初的"米华登格"节[3]、广西贵州的"坡会"或"跳厂"的集会[4]。此外,今藏北牧区牧民[5]、锡伯族[6]也还有此风俗,哈尼族的"串姑娘"、藏北牧区的"打狗恋"、"着桑"婚;云南永宁和四川盐源的纳西族所盛行的

[1] 裕固族自称"尧乎尔"。在历史上先后有过"黄头回纥"、"撒里畏吾"、"撒里畏兀儿"、"锡喇伟古尔"等称呼,当为回纥后裔。

[2] 宋兆麟《人祖神话与生育信仰》,载王孝廉等编《神与神话》,台北:联经出版事业公司,1988年,235页。

[3] 傅亚庶《中国上古祭祀文化》,长春:东北师范大学出版社,1999年,130页。

[4] 刘锡蕃《岭表记蛮》,上海:商务印书馆,1935年,84页。

[5] 格勒等编著《藏北牧民——西藏那曲地区社会历史调查》,北京:中国藏学出版社,1993年,182—183页。

[6] "锡伯"是其民族自称,汉语有"犀毗"、"师比"、"鲜卑"、"矢比"、"席百"、"锡伯"等不同译音和写法,当为鲜卑族后裔。

"阿注"婚也在此列。广东连南瑶族从除夕到正月初三为"放牛出栏",其间成年男女无论婚否均可自由性交,不受习俗所约束[1]。

基于此,联系《周礼·地官·媒氏》所言以及参校前引《后汉书·鲜卑传》所载,或可推知突厥在死者会葬处择偶的习俗及其"五月中旬,集他人水拜祭天神"之时多半也是其青年男女的"莲花节"之日。由此,我们也有理由认为婚前性自由以及非婚生子的习俗很可能也是普遍存在于多个民族的早期发展阶段中。

上述两种情况下建立了情侣关系的男子过着"多妻"的生活,女子则过着"多夫"的生活。所生育子女皆归女家所有,随母姓[2]。男方对子女无抚养、教育的义务和权力,这恐怕跟不易确定生父有一定的关系。同时,这种关系所生的子女的地位与婚生子女完全相同,不受歧视。

具体以藏北牧区为例,男子到十七八岁,女子到十六七岁开始结交情侣,不少不同骨系[3]和非亲戚的青年男女在"打狗"时就已发生性关系,使女子在婚前就已生育[4]。血缘关系的松散使他们对于非己出的与自己没有血缘关系的私生子也能同样对待,取得社会的认可。私生子不受社会歧视,则造成私生子的行为同样不

[1] 参宋兆麟上揭文,236页。
[2] 如,1949年以前,藏、蒙古族妇女中有些人直到老年都没有正式结婚,但却子女满堂。
[3] 骨系,在藏语中称为"日巴",意指同一祖先的嗣系群。按传统的看法,骨系是"以人身上从顶骨到踝骨的骨头起名。一个骨头的名字,即算是一个血缘系统的传统名字,故称骨系"(详参格勒等上揭书,204—205页)。因此,在这些民族中,男青年奸淫十三四岁未成年女孩,许多人就不认为是犯罪,甚而也不会受到舆论的谴责。张承志在小说《黑骏马》中叙述了蒙古族青年黄毛希拉强暴了索米娅等多名同族少女,甚而致孕生子,都未受法律制裁。这便是此风俗的忠实记录。
[4] 李有义《今日的西藏》,天津:知识书店,1951年,128页。

受社会的歧视。其表现就是婚前的性自由与婚后的婚外性关系宽松。青年男女恋爱时发生性关系是社会认可的行为，生过私生子的未婚女的婚姻也不受影响，可以和其他人一样结婚[1]。在海西蒙古族、藏族自治州的一些地区，女孩子有了非婚生子女，父母很高兴，求亲者也愿意登门求亲[2]。求婚者也主要选择女子持家的本领和她的容貌，贵族等级则视女子出身的贵贱。至于女子是否保持童贞，则很少在他们考虑之列。这不啻是由来已久的社会现象，更确切地说，已融为他们民族传统的血液了。

前引《后汉书·鲜卑传》载鲜卑人"唯婚姻先髡头，以季春大会于饶乐水上，饮宴毕，然后配合"。注云：饶乐水在今营州北。这说明婚前性自由习俗在该地区的存在。这便给我们一个提示，同为游牧民族的生活地区，唐时营州地区仍有此风当属可能。如此，生活在这样的风俗之中，安禄山生母阿史德氏在婚前与异性的自由交往也属自然之事。而安禄山是阿史德氏和某个粟特人非婚而生，也就不足为奇了。抑或这是"营州杂种胡"之"杂种"的另一层含义？而因有此风也是粟特胡（九姓胡）被称为"杂种胡"的一个原因？

综上，安禄山生父不清楚的真正原因，颇疑跟上述民族非婚生子的习俗有关。恐怕这正是在婚前性自由以及非婚生子的婚俗下，易造成只知其母不知其父的真实反映。安禄山神谶的制造者通过"少孤"二字来掩盖此事，即称禄山年幼时，生父便已故去，显然跟神话其出身的动机不可或分，而禄山的真实情况又给神话的

---

[1] 参格勒等上揭书，183、215—216页。
[2] 这种情况也见于其他民族，如鄂伦春族。鄂伦春姑娘在未嫁时与他人发生性关系，夫家并不予追究。有的认为，未婚女生过私生子是身体健康的表现，仍愿意娶她。详赵复兴《鄂伦春研究》，呼和浩特：内蒙古出版社，1987年。

制造创造条件、提供灵感。进言之，此举跟将其父说成"康"姓粟
特人以及其母为阿史德氏同出一辙。

当时，粟特胡人与突厥杂处，民族之间的联姻甚是寻常。康姓
为昭武九姓中的首姓、望族，作为昭武九姓之首，康姓与其他"枝庶"
相比，尽管同样流寓汉地，但在婚姻生活的范围内，其望族的地位似
乎尚未在胡人观念中淡化[1]。在这种婚前性行为比较混乱的情况下，
安禄山将其不明的生父定为康姓，恐也难逃有提高其血统的嫌疑。

立于天宝七载五月廿五日（748年6月25日）的《大唐博陵郡
北岳恒山封安天王之铭》（图1-2、3）序云：

图1-2　"大唐博陵郡北岳恒山封安天王之铭"碑额

> 骠骑大将军外置同正员，兼范阳郡
> 长史、柳城郡太守、平卢节度、支度、营
> 田、陆运、两蕃、四府、河北海运，兼范阳
> 节度、经略、支度、营田副大使、采访处
> 置使，兼御史大夫、上柱国、柳城郡开国
> 伯、常乐安公曰禄山，国之英也。[2]

碑称安禄山为"常乐安公"，而不称其为唐
时官爵显赫的武威（治姑臧）安氏。此处常乐应为郡望，地在今甘
肃安西东南[3]。常乐为郡的时间较短。在北魏、北周时立为郡，属瓜

---

[1]　参蔡鸿生上揭书,23页。

[2]　〔清〕王昶《金石萃编》卷八八,西安:陕西人民美术出版社据扫叶山房民国
　　　十年(1921)石印本影印,1990年,叶二正面上栏。

[3]　唐长孺《跋唐天宝七载封北岳恒山安天王铭》,所撰《山居存稿》,北京:中华
　　　书局,1989年,285页。

图1-3 "大唐博陵郡北岳恒山封
安天王之铭"碑身

州（治敦煌）。隋初改为县。唐武德五年（622）改瓜州为沙州，于常乐县立瓜州。七年，改常乐为晋昌县[1]。或以为，从《大唐博陵郡北岳恒山封安天王之铭》上安禄山以常乐为自家的郡望和邵说《代郭令公请雪安思顺表》所云安禄山"本实姓康"来看，其家原本可能是从河西走廊的常乐郡（瓜州）迁徙到突厥地区的康姓粟特人[2]。

唐代的常乐康氏粟特人，曾巧妙地利用会稽这个地名来作为他们的郡望。会稽、晋昌即唐代的瓜州常乐，称会稽人者，即等于说常乐人。康姓之称会稽人，大多数是安史之乱以后的事。在安史之乱前，本姓康氏的

[1] 荣新江《北朝隋唐粟特人之迁徙及其聚落》，原载袁行霈主编《国学研究》第6卷，北京大学出版社，1999年；此据所撰《中古中国与外来文明》，59页。关于常乐的行政沿革，唐长孺综述道：西晋惠帝分敦煌及酒泉二郡置晋昌郡，属凉州；前凉于敦煌置沙州，晋昌为沙州属郡。北魏太武帝废沙州为敦煌镇，晋昌郡亦废。孝明帝改镇为瓜州，分旧晋昌郡为晋昌、常乐二郡。常乐郡领凉兴、广至等四县。北周合四县为凉兴一县，常乐郡只领一县。隋初废郡，改凉兴县为常乐县，直属瓜州。唐初，治敦煌之瓜州，别置瓜州于常乐郡，县改称晋昌，又于广至废县置常乐县。详参唐长孺上揭文，285页。
[2] 荣新江《何谓胡人——隋唐时期胡人族属的自认与他认》，3—4页。

安禄山自称常乐郡望,其他康氏也应当乐意称作常乐人。安史乱后,他们用唐人已经不熟悉的会稽来作为自己的郡望,使人一望就以为他们出自江南高门[1]。这说明河西走廊的常乐是康氏粟特移民的一个重要聚居点,而且该地望在康氏粟特移民中是最为显赫的。同时从他们以常乐之会稽来行移花接木之道,说明标榜门阀同样成为粟特移民彰显其社会阶层的重要一环。由此视之,出生于营州柳城的安禄山的祖上是否真是同其他康姓粟特人一样是从常乐的会稽迁到中原的,这已经不重要了。因为以此标示门阀的安禄山是绝不会依附武威安氏的。显然,此举是安禄山提高门第出身的又一安排,而这又是跟前述安禄山斗战神化身以及出生的神异等诸般营造一脉相承的。由此益发映衬出安禄山美化自己"牧羊小丑"出身的机心。

由此观之,前述安禄山的出生神话,一方面掩盖了安禄山不明的生父,跟史书称安禄山为"营州杂种胡"可相互印证,说明安氏确为胡族寒族的出身。另一方面更是给安氏赋予生而有之的神性的威权,这显然跟他属意号召、统领粟特胡人是密不可分的。而安禄山生母阿史德氏曾为女巫的经历又给这个神话的包装提供了绝好的条件。

三　女巫阿史德氏

阿史德是突厥汗国中仅次于可汗家族阿史那氏的族姓,历代可汗所娶之可敦多出于此姓[2]。神话的制造者需要给安禄山找到

---

[1]　荣新江《北朝隋唐粟特人之迁徙及其聚落》,所撰《中古中国与外来文明》,60—62页。
[2]　荣新江《安禄山叛乱的种族与宗教背景》,88页。

一些高贵的王家血统,故此把他的母亲说成是阿史德氏。其意恐还有自比为突厥可汗家族之高贵的意味。不过,从安禄山的寒族出身来看,此举终究难逃东施效颦之嫌。

祆教曾广泛流传于粟特人中间,并为突厥国教。安禄山"母阿史德氏,为突厥巫,无子,祷轧荦山神",如前所言,"轧荦山"一词本为"光明"之义,后因安禄山自喻的缘故又专指祆教斗战神,则可知阿史德氏为祆教徒而非萨满,且其夫安延偃亦当为祆教徒。此乃因宗教信仰,祆教徒只在信徒内部结婚使然[1]。

作为祆教徒的阿史德氏既为突厥巫,那是否便是祆教中的女祭司呢?显然,答案是否定的。首先,最为重要的是,祆教教义认为,在月经期间,特别是月经来潮的时候,女人是不洁的。月经几乎被认为是最肮脏的污染,他们认为附在经期妇女身上的恶魔是世上最邪恶的恶魔。女人在经期里要脱下圣带,停止祈祷,被称为"不祈祷者"。而且在此期间,她们还要遵守规定的限制,待在无窗的泥砖制小型建筑[2]。其次,祆教所有祭司均着白袍、白帽、蓄须,大祭司白袍外饰长带。如祭司家族连续三代人不再蓄须,着有色服饰,则视为放弃祭司职位[3]。有了此类规定和禁忌,决定了女性不能担任祆教祭司一职,则阿史德氏为女祭司的可能性为零。但是,除此之外,是否还存在其他可能性呢?

从文献来看,在入唐的祆教祭祀中,鼓舞祭祀是一个不可或缺的环节。如《朝野佥载》卷三载:

---

[1] 龚方震、晏可佳《祆教史》,上海社会科学院出版社,1998年,25页。

[2] 〔英〕玛丽·博伊斯著,张小贵、殷小平译《伊朗琐罗亚斯德教村落》,北京:中华书局,2005年,110—111、116页。

[3] 祆教祭司阶层的情况可参龚方震、晏可佳上揭书,321—322页。

　　河南府立德坊及南市西坊皆有胡袄神庙，每岁商胡祈福，烹猪羊，琵琶鼓笛，酧歌醉舞。[1]

又《隋书》卷七《礼仪志》云：

　　〔后齐〕后主末年（576）祭非其鬼，至于躬自鼓儛，以事胡天。邺中遂多淫祀，兹风至今不绝。后周欲招来（徕）西域，又有拜胡天制。皇帝亲焉，其仪并从夷俗，淫僻不可纪也。[2]

这种情景也在玛丽·博伊斯记录的沙里发巴特神祠祭祀中反复再现。玛丽·博伊斯描述道：

　　虽然沙里发巴特的神祠在年代和特征上都不相同，但是每处神祠都得到既庄严又欢乐的祭祀。当年轻人念诵祷文进行祭祀时，经常有人敲起手鼓，其他人则载歌载舞。欢呼声夹杂着敲打乐器以及拍手的声音，非常热闹，许多老年人也参加进来。当严肃的长者出面，并希望安静地祈祷时，这种场面就会停止。但是不会让人觉得快乐本身是不虔诚的，或者说在圣所不受欢迎。我曾在一处圣山遇到这种情况：年轻人在外面的礼堂唱歌跳舞，一个女孩由于礼节的原因，戴着头巾经过门口，走到里面的圣坛，而她的同伴则高兴地在圣石旁狭窄的空地上跳舞。那些具有不同文化背景的人总是认为这种快乐

---

[1]　〔唐〕张鷟撰，赵守俨点校《朝野佥载》，《隋唐嘉话·朝野佥载》，北京：中华书局，1979年，64页。
[2]　《隋书》，149页。

活动不是礼拜行为，某些帕尔西来访者也尽力劝说神祠守卫者不要允许这种行为。于是，这些尽责的守卫时常进行检查；但是沙里发巴特早已习惯了快乐的礼拜，他们在圣所营造统一庄严气氛的努力收效甚微。[1]

根据文献内证可知，唐时鼓舞以事胡天的女舞者，也可称女巫。《安禄山事迹》卷上云："潜于诸道商胡兴贩，每岁输异方珍货计百万数。每商至，则禄山胡服坐重床，烧香列珍宝，令百胡侍左右，群胡罗拜于下，邀福于天。禄山盛陈牲牢，诸巫击鼓、歌舞，至暮而散。"[2]《新唐书·安禄山传》末句作："引见诸贾，陈牺牲，女巫鼓舞于前以自神。"[3]估计安禄山生母阿史德氏便是祆教祭祀时鼓舞的舞者，而这就是她被称为女巫的由来。

从文献来看，昭武九姓的将领颇喜欢乐工、伶人。《安禄山事迹》卷下云："禄山尤致意于乐工，求访颇切，不旬日间，获梨园弟子数百人。"[4]又同书云："〔史〕思明性好伶人，寝食必置左右，伶人以其残忍皆怨之。"[5]安、史二人信仰祆教已为定谳。结合祆教祭祀的形式，推测这些乐工、伶人主要是用于祆教鼓舞祭祀进行奏乐、舞蹈之用。而这从另一个方面也反映了当时的昭武九姓将领中信仰祆教者对举行祆教祭祀的属意和用心。近年境内发现的粟特裔墓葬所见石重床、石堂便多表现有歌舞宴乐的场面，其随葬品中亦多有伎乐俑。

［1］《伊朗琐罗亚斯德教村落》，96—97页。
［2］《安禄山事迹》，《开元天宝遗事·安禄山事迹》，83页。
［3］《新唐书》卷二二五上，6414页。
［4］《安禄山事迹》，《开元天宝遗事·安禄山事迹》，106页。
［5］《安禄山事迹》卷下，《开元天宝遗事·安禄山事迹》，111页。

如,天水石马坪石棺床墓的随葬品更是以5件坐部乐伎俑为主[1]。

综上所述,信仰祆教的昭武九姓将领喜用鼓乐祭祀的方式,安延偃将军当也不例外。可能正是在这种场合之下,安延偃将军发现了作为鼓舞女巫的阿史德氏,好感顿生并娶其为妻。因游牧民族有婚前性自由和非婚生子的习俗,所以安延偃对阿史德氏婚前已有一子并不在意。而依照习俗,此刻尚以小名"轧荦山"(roxšan-/rwxsn-rwyšn)称呼的安禄山也就随母到安延偃家了,亦不受歧视。前已述及,安禄山的生父与安延偃并无亲属血缘关系,所以尽可排除安延偃收继婚的可能。显然,阿史德氏的这次婚姻从根本上改变了安禄山母子的生活状况,提高了他们的社会地位。

当轧荦山随同其他安姓兄弟进入唐朝领地后,也同其他入唐粟特人一样,把"轧荦山"改成同音而汉语意思更佳的"禄山"[2],并冒随养父安延偃之"安"姓。"禄山"虽与"轧荦山"音同,皆为常见的粟特名字——已如前具,但却要比后者文雅得多。此为大家熟知的"安禄山"一名之由来。因为安史之乱,常见的粟特名字"安禄山"也成为一个专有名词了。显然,随母嫁安延偃、后入唐并冒"安"姓的这段生活经历是安禄山难以粉饰的,故后来安禄山也就没有以"康"为姓。更何况其生父并不清楚,所谓父姓"康"原本子虚乌有。

这里还需要指出的是,祆教教典《阿维斯陀经》很强调女人婚前的贞操,称"新郎对新娘第一个最严格的要求,就是要有好的名声,婚前贞洁"(Vendidad ⅩⅣ, 15)[3]。故可知非婚生子的

---

[1] 天水市博物馆《天水市发现隋唐屏风石棺床墓》,《考古》1992年第1期,46—54页。

[2] 荣新江《安禄山叛乱的种族与宗教背景》,90—91页。

[3] 林悟殊《波斯拜火教与古代中国》,台北:新文丰出版公司,1995年,74—75页。

习俗原本并非祆教徒之传统，而是突厥等游牧民的习俗。由此
亦可窥见祆教进入突厥游牧民与当地习俗相结合而发生的某种
变化和宽松。实际上，在离开本土之后，特别是在一个异种文化
之中，宗教的生存和传播必须吸纳、顺应当地的主流文化。唯如
此，它方有可能在该地得以持续传续。入传中土的佛教是这样，
现在看来祆教也是如此。在丧葬方面，中亚火祆教之所以转而
改用纳骨器，便是东伊朗部落天葬与火葬两大葬仪交互影响的
结果[1]；而到了中国，它的丧葬形式又发生了某些变化[2]。在婚姻
方面，正统的琐罗亚斯德教所实行的族内血亲婚，也是西部伊朗人
吸收了异教崇拜强大母亲神的传统而逐渐行于整个琐罗亚斯德社
区的[3]。这种血亲婚具体表现为父女为婚、母子为婚和兄妹为婚等
三种形式，虽其教义认为此为"功德和虔诚的善行"，但却并非是
该教教徒必须遵守之婚姻形式[4]。而不管从安禄山的姓"康"，还
是姓"安"来看，皆与"阿史德"无关，则可排除此前阿史德氏的
婚姻为族内婚的形式。由此视之，阿史德氏的婚姻状况反映了突

---

[1] 相关研究的梳理可参影山悦子《東トルキスタン出土のオッスアリ（ゾロ
アスター教徒の納骨器）について》，《オリエント》，40-1: 73—89；林悟
殊《西安北周安伽墓葬式的再思考》，《考古与文物》2005年第5期，69—70
页；影山悦子《粟特人在龟兹：从考古和图像学角度来研究》，荣新江、华澜、
张志清主编《粟特人在中国——历史、考古、语言的新探索》，北京：中华书
局，2005年，191—204页；张小贵《中古华化祆教考述》，北京：文物出版社，
2010年，180—181页；等等。
[2] 张小贵《胡裔墓葬与入华祆教葬俗》，中山大学人类学系、中国社会科学院边疆
考古研究中心《边疆民族考古与民族考古学集刊》第一集，北京：文物出版社，
2009年11月，173—186页；后收入所撰《中古华化祆教考述》，182—195页。
[3] Mary Boyce, *Zoroastrians: Their Religious Lifes and Practices*, p.54.
[4] 参林悟殊上揭书，73页；龚方震、晏可佳上揭书，18、99、349页；张小贵上揭
书，136—140页。

厥地区粟特人的某种突厥
化，同时也表明突厥地区
祆教的突厥化，即某种程
度上的本土化。如，对女
贞的宽容便是一例，这说
明它已经接纳了突厥族婚
前性自由以及非婚生子的
习俗。帕拉维文经典称通
奸是最大的犯罪，比盗窃
和抢劫之罪更大。犯通
奸者要受到严厉的惩罚；
《文迪达德》规定男方要
供养女方因通奸而生下的

图1-4 安伽墓墓志及骨架出土位置

孩子，直至孩子成年（Vendidad XV，18），如逃避这一责任则是极
大的罪恶（Vendidad XV，11-14）[1]。从安禄山不知生父及其生母
阿史德氏对他的抚养来看，显然祆教此禁在突厥中也入乡随俗地
发生了变化。2000年5月，西安北郊发现的北周同州萨保、大都督
安伽墓也是一典型例证[2]。安伽的后人将他天葬后复以突厥烧葬
习俗来安置他的骨骸[3]（图1-4），此外，在墓葬装饰中多处发现披

[1] 参林悟殊上揭书，75页。

[2] 陕西省考古研究所《西安北郊北周安伽墓发掘简报》，《考古与文物》2000年
第6期，28—35页；陕西省考古研究所《西安发现的北周安伽墓》2001年第
4期，4—26页；陕西省考古研究所编著《西安北周安伽墓》，北京：文物出版
社，2003年。

[3] 姜伯勤《西安北周萨宝安伽墓图像研究——伊兰文化、突厥文化及其与中原
文化的互动与交融》，载所撰《中国祆教艺术史研究》，北京：三联书店，2004
年，118页。

发的突厥人形象,意在强调安伽生前与突厥的交往。尤其是粟特
人和突厥人同时出现在安伽墓门额祆教祭祀图的左、右下角,展现
了突厥人对祆教的信仰[1]。安伽虽为宦北周、葬于北周,但某种程
度上该墓的这种状况可反映突厥地区粟特祆教与突厥文化的混融
与变化。

四 建 国 神 话

到这里,我们便可知关于安禄山身世及早年经历的史载中实
有安禄山刻意营造的受命符瑞的内容,而这又有安禄山自比斗战
神的现实来源。如此我们不禁又要问,安禄山为何要费尽心机制
造这个神话与现实呢?这恐怕还是跟他在安史之乱期间建国称
帝有关。天宝十五载正月,安禄山称雄武皇帝,国号燕,建元圣
武。被杀之后,安庆绪还尊其为太上皇[2]。又《新唐书·张弘靖
传》载:

> 长庆初……〔张弘靖〕充卢龙节度使。始入幽州,老幼
> 夹道观。……俗谓禄山、思明为"二圣",弘靖惩始乱,欲变其
> 俗,乃发墓毁棺,众滋不悦。
> ……幽冀初效顺,不能因俗制变,故范阳复乱。[3]

[1] 沈睿文《夷俗并从——安伽墓和北朝烧物葬》,《中国历史文物》2006年第4
　　期,7—11页。另,关于拜火教与突厥之关系,可参王小甫《拜火教与突厥兴
　　衰——以古代突厥斗战神研究为中心》,24—40页。
[2] 《新唐书》卷二二五上《安禄山传》,6418、6421页。
[3] 《新唐书》卷一二七,4448页。《旧唐书》卷一二九《张弘靖传》同,但无"俗
　　谓禄山、思明为二圣"之语,3611—3612页。

唐代俗称天子为圣人。安、史二人俱称帝，故在其统治之下者率以圣人称之，自无足异。所可注意者，穆宗长庆初上距安史称帝时代已六七十年，河朔之地，禄山、思明犹存此尊号，中央政府官员以不能遵循旧俗，而致叛乱[1]。

自古帝王受命而兴，必征引符瑞以表其灵异，而谶纬之说由此兴焉[2]。最为典型的便是汉代开国之君刘邦的系列神话了[3]，后来的王朝，如北周高祖、隋文帝等也有之[4]。换言之，安禄山制造神话、符瑞及其现实是跟他在唐朝胡人集团中的绝对号召力分不开的。反过来，这种号召力又使得他得以有条件、乃至于必需营造神话、符瑞与现实。从史载来看，安禄山本人也是迷信谶语之极。如安史乱后，天宝十四载冬天：

> 禄山至钜鹿，欲止，惊曰："鹿，吾名。"去之沙河，或言如汉高祖不宿柏人以俟贼。[5]

因此，我们有理由认为，文献中所载安禄山的诸般符瑞便是来自出身寒门的安禄山在现实生活中为自己称帝制造的政治神话，一如

[1] 陈寅恪《唐代政治史述论稿·统治阶级之氏族及其升降》，载所撰《陈寅恪集·隋唐制度渊源略论稿·唐代政治史述论稿》，北京：三联书店，2001年，219—220页。
[2] 〔清〕徐经撰《雅歌堂文集》卷四《书高帝本纪》，载北京师范大学图书馆编《北京师范大学图书馆藏稀见清人别集丛刊》第19册，桂林：广西师范大学出版社，2007年，107页上栏。
[3] 吕宗力《汉代开国之君神话的建构与语境》，《史学集刊》2010年第2期，11—18页；吕宗力《汉代的谣言》，杭州：浙江大学出版社，2011年，179—191页。
[4] 王静《大兴城与杨隋代周》，所撰《中古都城建城传说与政治文化》，北京：社会科学文献出版社，2013年，75—100页。
[5] 《新唐书》卷二二五上《安禄山传》，6418页。

中原王朝统治者所惯用的伎俩。至此便可了然。

综理上文,对文献所载安禄山神话,我们可以得出如下结论:

首先,安禄山出身胡族寒门,为"牧羊小丑",是其母的非婚生子,生父不清。为了提高号召力和影响力,遂提高自己的族望,给自己的本姓冠以当时粟特人中最高的康姓,并声称来自康姓最为显赫的郡望,即常乐康姓。同时又将其母冠以阿史德氏,这是突厥的第二望姓。此举恐还有争取突厥民众的意图。所幸天宝八载,他将唐玄宗赐予其祖上的封号给了养父安延偃露出了马脚。

其次,因生父不清,安禄山便又顺势营造其母祷轧荦山神得子的神话。而这恰恰来自安禄山在现实的军政生活中自比为祆教之斗战神,甚而以戴狮虎皮头盔的斗战神形象示人。正是这个缘故,本义为"光明、明亮"的"轧荦山"一语,其词义相应地转为"斗战神"的指代。安禄山为当时胡众的军政领袖,后者惟其马首是瞻。为了更有力地号召以祆教信仰为主体的军队及入唐胡族,安禄山不仅仅制造了上述现实与神话,而且更亲自主持粟特聚落中群胡的祆教祭祀活动,使自己切实成为胡族民众的政教、军事领袖。而其母曾为女巫的身份,又给该神话情节的营造作了绝佳的铺垫。安禄山的生母是祆教祭祀中的鼓舞者,她很可能是在类似的场合邂逅安延偃将军,为安所中意,并与之婚配的。

概言之,在这个神话里,安禄山很好地利用了非婚生子的身份,结合自己的种族文化,根据当时的社会风尚,巧妙地利用祆教斗战神、符瑞来提高家庭出身并神话自己,试图从根本上提高其军政影响力。其中确有安禄山在现实的军政生活中以斗战神自比、乃至形貌为背景。这一切都是安禄山为称帝及燕国大业而刻意营造的政治舆论与神话——恐即"妄宣密旨,假托妖言"之谓[1],此与安禄山借用"五星会聚"星象为自己起兵进行政治宣传如出一辙[2],而且从后来事态的发展情况来看,确实收效卓著、影响深远。

附记:

弗雷泽在《金枝》中为我们呈现了一种将宗教掺入巫术的求子仪礼:

> 在巴伯尔群岛,当一个女人想生小孩时,她就请来一个有众多孩子的父亲为她向太阳神尤珀勒罗祈祷。他先用红棉布做一个娃娃,让这女人紧紧抱在怀里,就像正在喂奶似的。然后,他拿来一只鸡,抓着鸡腿举在女人的头上说道:"啊!尤珀勒罗,请享用这只鸡吧!请赐给,请降生一个孩子吧!我恳求您,我哀求您,让一个孩子降生在我手中,坐在我膝上吧!"然后,他问这个女人:"孩子来了吗?"而她回答:"是的,它已经在吸奶了。"在这以后,这个男人把鸡举在她丈夫的头上,口中念念有词进行祈祷。最后,把鸡杀死并将它和一些槟榔叶一

---

[1] 天宝十四载十二月七日(756年1月13日),洛阳沦陷之前,唐玄宗颁《亲征安禄山诏》,中有"妄宣密旨,假托妖言"之语。〔清〕董诰等编《全唐文》卷三三,北京:中华书局影印本,1983年,371页下栏。

[2] 仇鹿鸣《五星会聚与安史起兵的政治宣传——新发现燕〈严复墓志〉考释》,《复旦学报》(社科版)2011年第2期,114—123页。

起摆在家庭祭坛上。举行完这个仪式，就给村里传出话去，说这女人已上床分娩了，她的女友们就来向她贺喜。在这里，这种假装生下了一个孩子的仪式是一种真正的巫术仪礼，用模拟或仿效的办法以图真能生下一个孩子。但为了增加这种仪礼的效力，又加上了祈祷和供献祭品。换言之，就是将宗教掺入巫术，从而加强了巫术。[1]

可供参详。

---

[1] 〔英〕詹·乔·弗雷泽著，徐育新等译《金枝——巫术与宗教之研究》，北京：大众文艺出版社，1998年，23—24页。

第二章　斗战神

《安禄山事迹》记载:

> 安禄山,营州杂种胡也,小名轧荦山。母阿史德氏,为突
> 厥巫,无子,祷轧荦山神,应而生焉。是夜赤光傍照,群兽四
> 鸣,望气者见妖星芒炽落其穹庐。时张韩公使人搜其庐,不获,长
> 幼并杀之。禄山为人藏匿,得免。怪兆奇异不可悉数,其母以为神,
> 遂命名轧荦山焉。突厥呼斗战神为轧荦山。少孤,随母在突厥中。
> 母后嫁胡将军安波注兄延偃。史思明令伪史官稷一谍(撰)《禄山墓
> 志》云,祖讳逸偃,与此不同。[1]

如前所述,"轧荦山"一语实为粟特语roxšan-(rwxsn-rwγšn)的音
译,意为"光明、明亮"。战斗力在军队中至关重要,对于发动安史
之乱的军队而言,尤为如此。安禄山为唐代河北地区的政教、军
事领袖,所辖胡人(化)集团多信奉祆教,故以祆教斗战神自比号
召军队属自然之理。正是"斗战神"与安禄山的紧密结合,使得
"轧荦山"的词义衍生出"斗战神"之意,从而出现了将"roxšan-

---

[1]《安禄山事迹》,《开元天宝遗事·安禄山事迹》,73页。

（rwxsn-rwγšn）"的意义转移为"斗战神"的情况。

《安禄山事迹》记载安禄山任幽州节度使后，在范阳时，

> 潜于诸道商胡兴贩，每岁输异方珍货计百万数。每商至，则
> 〔安〕禄山胡服坐重床，烧香列珍宝，令百胡侍左右，群胡罗拜于
> 下，邀福于天。禄山盛陈牲牢，诸巫击鼓歌舞，至暮而散。[1]

荣新江指出这里记载的实际上是安禄山和部下在幽州祭祀胡天
（祆神）的场景[2]。不过，从文献中所言安禄山胡服坐重床，而群胡
罗拜于下，显然后者是在拜祭安禄山的。换言之，在这里，安禄山
是被当作祆教的一个神祇在接受群胡的罗拜的。

《新唐书·安禄山传》称，安禄山在范阳时，"潜遣贾胡行诸道，
岁输财百万。至大会，禄山踞重床，燎香，陈怪珍，胡人数百侍左
右，引见诸贾，陈牺牲，女巫鼓舞于前以自神"[3]。也就是说，安禄山
经常坐在"重床"上接受罗拜，发号施令[4]。显然，《新唐书》的这个
记载更为明白。其中所谓"自神"表明在接受群胡罗拜的场合中，
安禄山自身也是坐在重床上装神弄鬼的，即把自己装扮成祆教的
一个神祇。进言之，根据安禄山出生时的灵异，那他惟有将自己装
点成"轧荦山"神，即斗战神。

---

[1] 《安禄山事迹》卷上，83页。
[2] 荣新江《安禄山的种族与宗教信仰》，所撰《中古中国与外来文明》，234—236
页。荣新江《从聚落到乡里——敦煌等地胡人集团的社会变迁》，载高田时雄
编《敦煌写本研究年报》第三号，2009年3月，京都大学人文科学研究所，35页。
[3] 《新唐书》卷二二五上，6414页。
[4] 张广达《再读晚唐苏谅妻马氏双语墓志》，原载《国学研究》第10卷，北京大
学出版社，2002年；此据所撰《张广达文集·文本、图像与文化流传》，桂林：
广西师范大学出版社，2008年，268—269页。

一 祆教战神图像

通过对吐鲁番出土高昌时期的文书研究,姜伯勤认为:在十六国北朝时期流行的祆教,即所谓的"胡天"崇拜,主要即指中亚马兹达教或粟特人对Baga(或称Adbag)的崇拜。根据吐鲁番阿斯塔那524号墓所出《高昌章和五年(535)取牛羊供祀帐》中有云"丁谷天。次取孟阿石儿羊一口,供祀大坞阿摩",姜氏认为此"大坞"之坞为一种设防的城堡或庄堡,而"阿摩"二字之中古河西音拟音为ʹaʹba,是粟特语Adbag对音,因此"大坞阿摩"即大城堡奉祀的Adbag神。粟特语的Adbag意为"大神",是粟特人对祆教最高神阿胡拉·马兹达(Ahura Mazda)的称呼,粟特人避讳,避免直称其名,故称大神Adbag。而Baga即是"胡天"神,亦即祆神[1]。至唐时,这种"胡天"又称"胡祆"或祆神,其多神崇拜的特点比较明显,同时又加杂一些幻术成分。

敦煌文书S.367《沙州伊州地志》(所记唐前期事)记伊州(即伊吾,今新疆哈密),"火祆庙中有素书(即素画),形象无数。有祆主翟槃陀者,高昌未破以前,槃陀因入朝至京,即下祆神。以利刀刺腹,左右通过,出腹外,截弃其余,以发系其本,手执刀两头,高下绞转,说国家所举百事,皆顺天心,神灵助,无不应验。神没之后,僵仆而倒,气息奄奄,七日即平复如旧。有司奏闻,制授游击将军"[2]。约在唐高宗时期的P.2005《沙州图经》卷三记敦煌祆神庙云:"祆神,右在州东一里,立舍,画神主,总有廿龛,其院周回一百

[1] 姜伯勤《敦煌吐鲁番文书与丝绸之路》,北京:文物出版社,1994年,243—260页。
[2] 唐耕耦《敦煌社会经济文献释录》(一),北京:书目文献出版社,1986年,41—42页。

步。"[1]这应该是以大神Adbag为主的祆神庙。

从前引文献来看,此大神Adbag显然断非安禄山所装之神。那安禄山自扮的祆教斗战神具体形貌为何?有没有线索可供进一步考察?

*Avesta*中的*Yast* XIV *Bahrâm Yast*,叙述了祆教战神韦雷斯拉格纳Verethraghna(Warahrān/Bahrām)的十种化身,分别是:疾风

(Wind,§2)、牡牛(Bull,§7)、白马(Horse,§9)、骆驼(Camel,§11)、野猪(Boar,§15)、青年(Youth,§17)、隼雀(Vareghna/Hawk,§19)、牡羊(Ram,§23)、牡鹿(Buck,§25)、男子汉(Man,§27)[2]。*Bahrâm Yast*还具体描述了诸化身的情状,其中英勇的牡鹿,长有尖锐的角。突厥毗伽可汗陵园窖藏中发现两件镀金银鹿(图2-1),其中一件完好,另一件被火烧坏,只残余头颈和三足。这两件银鹿带双金翼、四蹄带有长榫,可能原来是置于某处供崇拜之用的[3]。这说明在祆教丧葬仪式中确实存在对战神的祭祀行为。

图2-1 毗伽可汗陵园出土金翼银鹿

---

[1] 唐耕耦《敦煌社会经济文献释录》(一),13页。

[2] *The Zend-Avesta*, Part Ⅱ, in *Sacred Books of the East*, vol.23, pp.231–238.其中隼雀(Vareghna),原文作"Raven"(p.236),即"渡鸦、大乌鸦"。Mary Boyce则译作"hawk",即隼雀。详Mary Boyce, *Textual Sources for the Studies of Zoroastrianism*, Edited and Translated by Mary Boyce, p.30.王小甫曾专文梳理辨正,详所撰《中国中古的族群凝聚》(16—19页),此从之。

[3] 陈凌《突厥毗伽可汗宝藏及相关问题》,载余太山、李锦绣主编《欧亚学刊》第七辑,北京:中华书局,2007年,81页;后收入所撰《突厥汗国与欧亚文化交流的考古学研究》,上海古籍出版社,2013年,180—181、184页。

此前,牡鹿、野猪的图案便见于魏唐时期的丝织品上[1],亦是该教信徒对战神崇拜的反映[2]。

此上形貌虽然是祆教战神之变化,但是应可轻易排除安禄山"自神"时将自己的形貌装扮成动物状。因此,只能从祆教战神的其他形貌来寻找答案。就目前情况来看,琐罗亚斯德教(祆教)战神的形象大概有如下几种:

第一种,身着铠甲,手持盾牌与箭,此见于卡施卡达里出土的一件纳骨瓮(图2-2)。该瓮一侧上有两塑像,左边为一四臂女神娜娜,右边为身着铠甲、手持盾牌与箭的神祇。葛勒耐判读前者为娜娜,后者为战神韦雷斯拉格纳 Verethraghna(Warahrān/Bahrām)[3]。

第二种为Verethraghna的化身风神维施帕卡(Weshparkar)的形象。Weshparkar神与琐罗亚斯德教上神阿胡拉·马兹达(Ahura Mazda)、祖尔万(Zrvān)神并列为粟特三大男神[4]。阿胡拉·马兹达(Ahura-Mazdàh)、阿娜希塔(Ardvi Sura Anâhita,阿胡拉·马兹达之女)以及密特拉(Mithra)并为前琐罗亚斯德教以及古波斯的至高三联神(Triad)。

图2-2 卡施卡达里亚纳骨瓮

[1] 赵丰《魏唐织锦中的异域神祇》,《考古》1995年第2期,179—183页。

[2] 姜伯勤《敦煌吐鲁番文书与丝绸之路》,75—76页。

[3] Ф Гренэ(F. Grenet), Знание Яштов Авесты в Согдеи Бактрии по данньм иконографии Вестник Древней истории., 1997, IV〔207〕. 转引自姜伯勤《中国祆教艺术史研究》,56页,注释【72】。

[4] G. Azarpay, *Sogdian Painting, The Pictorial Epic in Oriental Art*, Berkeley: University of California Press, 1981, p.29.

粟特本土片治肯特(Panjikent)出土的残壁画中的维施帕卡形象是三头六臂,身着铠甲,戴头盔,一手执三叉戟(其余手执物因壁画残而不明)(图

2-3)。该壁画神像下有粟特语题记 *wšpr(kr)*[1],即祆教神祇 Weshparkar。

片治肯特Ⅲ号点6号室西墙壁画中圣火祭坛支柱上的三人一体三头神像(图2-4),为 Weshparkar[2]。此外,在片治肯特寺庙Ⅰ大厅门廊西

图2-3 片治肯特维施帕卡壁画

图2-4 片治肯特Ⅲ号点6号室西墙壁画

[1] 该图版和题记见 A. M. Belenitskii and B. I. Marshak, "The Paintings of Sogdiana", in G. Azarpay, *op. cit.*, pp.29–30, fig. 5.

[2] A. M. Belenitskii and B. I. Marshak, *op. cit.*, p.31, fig.6.

图2-5　大厅门廊西墙的南部
　　　 公猪牵引 Weshparkar
　　　 车驾的壁画

墙的南部还发现有公猪牵引 Weshparkar 车驾的
壁画（图2-5），其年代为公元6世纪[1]。

图2-6　东曹地区（Usrushana）
的 Qala-e Qahqah I
号宫邸出土壁画中的
维施帕卡

　　东曹地区（Usrushana）的 Qala-e Qahqah I
号宫邸出土壁画中维施帕卡骑于马上，身着铠
甲，戴头盔，侧身反顾，双手拊弓搭箭作欲射
状[2]（图2-6）。

　　20世纪初叶，斯坦因（A. Stein）从和田丹丹
乌里克（Dandan-Uiliq）的房屋遗址中，发掘到一
批8世纪的木板画[3]。1992年，莫德（M. Mode）指
出和田出土的一些木板画上，绘制的是粟特系统
的祆教神谱，而非佛教形象，特别是编号D.X.3号的木板画（图2-7），
是三个一组的神像，从左到右依次绘制的是阿胡拉·马兹达、娜娜女

[1]　A. M. Belenitskii and B. I. Marshak, *op. cit.*, p.44, fig. 14.
[2]　〔俄〕李特文斯基主编，马小鹤译《中亚文明史》第三卷，北京：中国对外翻
　　　译出版公司，2003年，232页。
[3]　A. Stein, *Ancient Khotan*, Oxford 1907, pp.274ff; pls. LIX-LXVII.

图2-7 和田出土D.X.3号木板画正面神祇图像

神和风神。正面图像中的维施帕卡为三头六臂，戴冠，一手执弓，一手执戈戟（图2-8）。另外，还有一些木板画上的形象，也可认定是属于祆教的[1]（图2-9）。这可能与时人错将祆神当作佛，混淆了祆神肖像与诸佛图像[2]。显然，这与唐宋文献中传达出来的内地"将佛似祆"

[1] M. Mode, "Sogdian Gods in Exile-Some icongraphic evidence from Khotan in the light of recently excavated material from Sogdian," *Silk Road Art and Archaeology*, vol.2, Kamakura, Japan, 1991/92, pp.179–214; 姜伯勤《敦煌白画中的粟特神祇》，中国敦煌吐鲁番学会编《敦煌吐鲁番学研究论文集》，上海，汉语大词典出版社，1990年；后收入所撰《中国祆教艺术史研究》，243—247页。姜伯勤《于阗木板画所见粟特祆教美术的影响》，载所撰《中国祆教艺术史研究》，195—202页。张广达《吐鲁番出土汉语文书中所见伊朗地区宗教的踪迹》，《敦煌吐鲁番研究》第四卷，北京大学出版社，1999年，7—11页；后收入所撰《张广达文集·文本、图像与文化流传》，236—239页。荣新江《粟特祆教美术东传过程中的转化》，提交"汉唐之间——文化的互动与交融学术研讨会"论文，2000年，后收入所撰《中古中国与外来文明》，310—315页。姚崇新《唐宋时期巴蜀地区的火祆教遗痕》，所撰《中古艺术宗教与西域历史论稿》，北京：商务印书馆，2001年，335页。
[2] 姜伯勤《高昌胡天祭祀与敦煌祆祀》，所撰《敦煌艺术宗教与礼乐文明》，北京：中国社会科学出版社，1996年，491页。

图2-8 和田出土D.X.3号木板画正面
神祇图像中的维施帕卡

图2-9 和田出土Skrine C和D.Ⅶ.6
木板画及相关粟特神祇

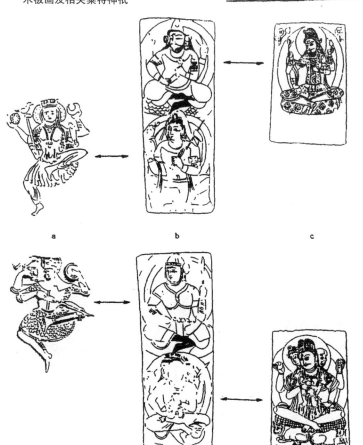

图2-10　史君石堂E1上部风神局部

的情况是一脉相承的[1]。

史君墓[2]的发掘增添了袄教战神的另一种样式。史君石堂东壁E1(图2-10)中间以山和云朵将画面分为上、下两部分。上部正中为一正面盘坐于三头牛之上的主神，其头戴宝冠，右手握三叉戟，上举于头右侧，左手拄腰，手腕皆戴镯。主神有背光，背光上部覆有拱形飘带，两侧各一带翼飞天执其两端。主神下方有五位神祇，中间神祇大体居中，其头戴宝冠，右手置于胸前，左手拈花，亦仅露出半身；右边一位，身穿圆领窄袖长裙，腰束带，肩生翼，右手拄腰，左手曲臂。跣足，双脚交叉，左脚腕戴镯。该神祇的右后方尚有两位头戴宝冠的神祇。右侧一位右手持杯于胸前，左臂抬起，腰部以下隐于山后；中间神祇的左下方尚有一男一女，皆跪坐于椭圆形地毯上，上方为一男子，头戴帽，身穿圆领窄袖长袍，腰束带，右手托一长方形物，左手略上举。下方为一女子，梳髻、着中原式样的交领宽袖长裙，裙腰高及胸部。

史君石堂东壁从E1→E3图像表现墓主人史君夫妇灵魂经过钦瓦特桥升入中界的过程，当无疑义。其E1背光圆环内的男神为琐罗亚斯德教的风神，肩生双翼的女神应该是Daēnā女神，至于其身后的两位女子，则是Daēnā的女侍，她们负责看管属于Daēnā的

[1] 姚崇新《敦煌及其周边的袄教艺术》，姚崇新、王媛媛、陈怀宇《敦煌三夷教与中古社会》，兰州：甘肃教育出版社，2013年，111—116页。

[2] 西安市文物保护考古所《西安市北周史君墓》，《考古》2004年第7期，38—49页；西安市文物保护考古所《西安北周凉州萨保史君墓发掘简报》，《文物》2005年第3期，4—33页。

两样东西:杯子和花[1]。该场景图绘表现的是善士的灵魂于死后第四日拂晓在薰风中走近"筛选之桥"。如此则风神背光上部所覆拱形飘带很可能表现的是风袋。

幸赖史君墓的发现及其石堂图像的解读,使得对此类葬具图像的准确把握成为可能。若将吉美石棺床背屏1、2的构图与史君石堂东壁E1、E2、E3的构图相比较,便可发现二者内容之相似,惟图像表现方式略有变化而已。解读图像须基于对其构图诸元素的准确认识。吉美石棺床背屏2上部的图像(图2-11),德凯琳、黎北岚描述为"一四臂女神立于莲花之上,其中两臂手持莲花,自一充满妖魔的海面涌出;其背后有一呈四层重叠圆盘状的太阳,其左右各有一射手。上方似为天上世界"[2]。实际上,该图像要表达的是跟史君石堂E1相同的内容,即佑护死者亡灵安全通过钦瓦特桥,升入中界。只不过在构图中省去钦瓦特桥的浅浮雕,尽管如此,仍

图2-11 吉美石棺床背屏2上部风神

[1] 荣新江《佛像还是祆神?——从于阗看丝路宗教的混同形态》,《九州学林》第1卷第2期,2003年冬季,103—110页。F. Grenet, P. Riboud et Yang Junkai, "Zoraoastrian Scenes on a Newly Discovered Sogdian Tomb in Xi'an Northern China," *Studia Iranica*, 33.2, 2004, pp.282-283. 杨军凯《西安北周史君墓石椁图像初探》,载《法国汉学》第十辑"粟特人在中国——历史、考古、语言的新探索"专号,北京:中华书局,2005年,12页;姜伯勤《入华粟特人萨宝府身份体制与画像石纪念性艺术》,载《法国汉学》第十辑"粟特人在中国——历史、考古、语言的新探索"专号,45页。
[2] 德凯琳、黎北岚著,施纯琳译《巴黎吉美博物馆展围屏石榻上刻绘的宴饮和宗教题材》,《4~6世纪的北中国与欧亚大陆》,110页。

图2-12 敦煌白画p.4518（24）祆神图

图2-13 史君墓石堂南壁四臂神
（战神）浮雕（局部）

可从其他元素对此进行解读。对照观察吉美石棺床背屏2上部神祇，应该也是坐于莲花座上的善神，其背后为四层背光，而非"一个呈四层重叠圆盘状的太阳"，而且其样式很可能便是类似P.4518（24）白画中善神妲厄娜（Daēnā）的底座（图2-12）。吉美背屏2上部神祇左右胁侍各张一弓做射箭状，这在构图上跟和田D.X.3木板画正面的风神图像大同。据此应可比定该神祇为风神。亦即吉美石棺床背屏2的内容实与史君石堂E1大同[1]。

史君墓石堂正面（南壁）两四臂神外侧各有一人首鸟身祭司，或以为该人首鸟身祭司为斗战神[2]。若此，便不符合图像构图的原则。因为，作为斗战神，它应该是处于中心位置，具体到墓葬而言，应该是墓门（两侧）。换言之，如果史君石堂存在斗战神神祇，那只能是石堂正面所谓四臂神。史君石堂正面正中开门两侧雕绘一对脚踏一小鬼的四臂神祇（图2-13）。

[1] 此上进一步的考辨可参沈睿文《吉美博物馆所藏石重床的几点思考》，载《三夷教研究——林悟殊先生古稀纪念论文集》，兰州大学出版社，2014年12月，454—461页。
[2] 王小甫《中国中古的族群凝聚》，19—20页。

从其所处位置来看,应与北周墓葬中置于墓门处的镇墓武士俑相
当。此其一。其二,该四臂神双脚踏于其下蹲踞小鬼上托的双手
之上,此构图与脚踏夜叉鬼的毗沙门天王同。毗沙门天王集军神
和福德之神性于一身,中土墓葬中的镇墓武士源自毗沙门天的影
响[1]。因此,从构图及图像所处位置来看,史君石堂该神应具备墓
葬中源自毗沙门天的天王俑相同的性质与功用。在祆教中与毗
沙门天功能相同的神祇便只能是战神。故可断定史君石堂的四
臂神实为祆教之战神,而它之所以采取与佛教毗沙门天类似的构
图与位置,正是祆教受到佛教渗透的体现。这一点可从史君长
子、次子的名字得到印证。史君(Wirkak)墓汉文题铭称史君"长
子毗沙,次维摩,次富□(卤?)多"[2],"毗沙"便是双语题铭粟特
文部分第30行记录 βr'šmnβntk,该词是梵文 Vaiśravaṇa(毗沙门
天)的粟特文形式。吉田丰认为,由于大夏的影响,到6世纪时,
Vaiśravaṇa(毗沙门天)可能已自然融合成为索格底亚那的一位
神祇[3]。至此可知,其形象应该便是在史君石堂正中开门两旁此

[1] 沈睿文《唐镇墓天王俑与毗沙门信仰推论》,樊英峰主编《乾陵文化研究》第5辑,西安:三秦出版社,2010年,138—152页。

[2] 孙福喜《西安史君墓粟特文汉文双语题铭汉文考释》,载《法国汉学》第十辑"粟特人在中国——历史、考古、语言的新探索"专号,19页。

[3] 吉田丰《西安新出土史君墓志的粟特文部分考释》,载《法国汉学》第十辑"粟特人在中国——历史、考古、语言的新探索"专号,38页。佛教对祆教的渗透,除了上举史君石堂图像之外,虞弘墓中尚存在某些佛教艺术的元素(相关研究可参张小贵《虞弘墓祭火图像宗教属性辨析》,所撰《中古华化祆教考述》,121—135页)。可知佛教对祆教的渗透恐是一普遍现象,由此也增加了甄辨的难度。如,唐代安菩"讳菩,字萨",其后裔有金藏以及游骑将军胡子、金刚等,论者多以此言安菩一家已信仰佛教。今已知其误。详沈睿文《重读安菩墓》,《故宫博物院院刊》2009年第4期,34—39页。有关片治肯特出土壁画上的 Vaiśravaṇa 一词,见 F. Grenet, "Vaiśravaṇa in Sogdiana — About the origins of Bishaman-ten," *Silk Road Art and Archaeology*, 4, 1995/1996, pp.277–297.

脚踏小鬼的四臂战神。

琐罗亚斯德教在外传的过程中,在保存宗教基本精神的基础上,结合当地的宗教、习俗而出现若干新变化。其对佛教元素的吸收、糅合,在中亚如此,到了中土亦是如此。这跟当地信众兼信佛法是分不开的。如,《魏书·高昌传》云高昌地区“俗事天神,兼信佛法”[1];《魏书·焉耆传》云焉耆“俗事天神,并崇信佛法”[2]。而敦煌S.272“大蕃国庚辰五年廿三日沙州”所书《太史杂占历》中更是有“将佛似祆”的记载。

Weshparkar一名,也见于敦煌发现的两篇粟特文佛教文献,即《吠多檀多本生经》和巴黎藏敦煌粟特文书八号(TSP8)。从这两份晚期佛教文献所载祆教神谱与印度教的对应情况看,粟特佛教徒系以梵王(Brahma)对祖尔万,以天王释(Sakara/Indra)对阿胡拉·马兹达,以大天(Mahādeva)或湿婆对风神[3]。

在此环境之下,粟特宗教壁画与印度教神像及汉地早期佛教图形之间便互有影响[4]。在唐宋文献中亦多将摩醯首罗天误以为祆神,此主要缘于摩醯首罗在大自在天外道的最高神位,

---

[1] 《魏书》卷一〇一《高昌国传》,2243页。

[2] 《魏书》卷一〇二《焉耆传》,2265页。

[3] E. Benveniste ed., *Vessantara Jataka, Texte sogdien édité, traduit et commenté*, Paris, 1946, p.72; *Textes Sogdiens, edite, traduites et commentes*, Paris, Paul Geuthner, 1940, p.107.转引自张广达《吐鲁番出土汉语文书中所见伊朗语地区宗教的踪迹》,《敦煌吐鲁番研究》第四卷,10—11页;后收入所撰《张广达文集·文本、图像与文化流传》,238页。

[4] 张广达《吐鲁番出土汉语文书中所见伊朗语地区宗教的踪迹》,原载《敦煌吐鲁番研究》第四卷,11页;后收入所撰《张广达文集·文本、图像与文化流传》,23—239页。荣新江《佛像还是祆神?——从于阗看丝路宗教的混同形态》,郑培凯主编《九州学林》第1卷第2期,93—115页。

与时人"祆神即西域天神"的观念相似[1]。韦述《两京新记》卷三记长安布政坊西南隅胡祆祠:"武德四年(621)所立,西域胡天神,佛经所谓摩醯首罗也。"[2]根据佛经所载,摩醯首罗或作三目八臂,或作三分身,与粟特壁画所见 Weshparkar 神三头正好类似。这或许是时人将二者混淆的又一原因[3]。Weshparkar 在粟特壁画中之所以具有三个面孔,因为三个面孔分别代表诞生、存续和消亡[4]。据此,唐长安城布政坊祆祠中的主神很可能是 Weshparkar,亦即祆教战神化身之一。因为从上述史君石堂战神的形貌来看,至迟其北周之样式已受到摩醯首罗天三头多臂造型的影响。宋代董逌《广川画跋》卷四《书常彦辅祆神像》载:"祆祠,世所以奉胡神也。其相希异,即经所谓摩醯首罗。有大神威,普救一切苦,能摄服四方,以卫佛法。"[5]此处描述的正是护法神、战神的神德。可证。值得注意的是,该祆祠已被时人附属于开宝寺之文殊院里面[6]。上述二神祇的貌似,使宋代祆祠亦得以混迹于佛寺之中,并为时人所接受。这应该是祆教入传之前便与佛教混融的后续。这可从考古材料所见摩醯首罗天形象得到证明[7](图 2-14、15、16)。

[1] 对此的梳理,可参张小贵《中古华化祆教考述》,77—98 页。
[2] 《两京新记辑校》,〔唐〕韦述、杜宝撰,辛德勇辑校《两京新记辑校·大业杂记辑校》,西安:三秦出版社,2006 年,34 页。
[3] 张小贵《中古华化祆教考述》,80 页。
[4] Mary Boyce, "Great Vayu and Greater Varuna," *Bulletin of the Asia Institute*, 7, 1993, p.36.
[5] 〔宋〕董逌《广川画跋》,十万卷楼丛书本,叶五背面—叶六正面。
[6] 张小贵《中古华化祆教考述》,84 页。
[7] 摩醯首罗天图像的梳理,详悉杨军凯《北周史君墓》,北京:文物出版社,2014 年,204—212 页。

图2-14　和阗丹丹乌里克出土的　　图2-15　云冈石窟第八窟东侧　　图2-16　山西怀仁县丹扬王墓
　　　　D.VII号木板彩绘摩醯　　　　　　"摩醯首罗天"　　　　　　　甬道西壁摩醯首罗天
　　　　首罗天　　　　　　　　　　　　　　　　　　　　　　　　　　　式武士

　　如上文所言,安禄山"自神"应是装扮成战神,但是他装扮的
战神形象也不可能如同摩醯首罗天那样多臂状,亦即以三头六臂
的风神化身视人。换言之,应可排除安禄山自神以维施帕卡的形
貌。不过,在祆祠中以状似摩醯首罗天的维施帕卡形象来表现战
神自显得更具有宗教感和敬畏感,这应也是摩醯首罗式战神形象
在唐宋文献中继续传载的一个重要原因。

　　既然如此,那安禄山可能装扮的神像会是怎样的呢?

二　唐墓所见赫拉克利斯俑

　　我们不妨把目光投向考古资料。在唐墓的武士俑中还有一种披戴兽头盔帽的形象（图2-17）[1]。栗田功[2]、谢明良[3]、邢义田[4]等人将唐墓此类武士俑考订为缘自希腊和罗马神话赫拉克利斯（Heracles）造型的影响。其中又以邢文搜罗资料最为详备，此说可为定谳。但是，若从上述镇墓武士俑的象征意义及其来源入手，这个问题犹有阐发之空间。

在佛教图像资料中，与毗沙门天王为同一组合出现的多为乾闼婆。此如，大英博物馆藏唐代彩绘绢画毗沙门天王与乾闼婆残片（图2-18）[5]，大英博物馆藏开运四年（947年，五代后汉天福元年）纪年的纸本版画（图2-19）[6]，安西榆林窟唐代第25窟主室北壁弥勒经变图中的乾闼婆（图2-20）[7]。大英博物馆藏龙纪二载（890）纪年的纸本版

图2-17　1990年西安市东郊洪庆出土唐三彩武士俑

［1］ 冯庚武、周天游主编《三秦瑰宝——陕西新发现文物精华》，西安：陕西人民出版社，2001年，88页图。

［2］ 栗田功《ガソダーラ美術Ⅱ：仏陀の世界・解説》，东京：二玄社，298—301页。

［3］ 谢明良《希腊美术的东渐？从河北献县唐墓出土陶武士俑谈起》，《故宫文物月刊》第15卷第7期，1997年，32—53页。

［4］ 邢义田《赫拉克利斯（Heracles）在东方——其形象在古代中亚、印度与中国造型艺术》，所撰《画为心声：画像石、画像砖与壁画》，458—513页。

［5］ Roderick Wtitfield原著，上野日文翻译《西域美术》，东京：讲谈社，1982年，图111。

［6］ 松本荣一《敦煌画の研究》附图，东京：东方文化学院东京研究所，1937年，图版120右。

［7］ 《中国石窟・安西榆林窟》，东京：平凡社，1990年，图12、26。

图2-18　大英博物馆藏唐代绢画毗沙门天王与乾闼婆

图2-19　大英博物馆藏开运四年纸本版画

图2-20　安西榆林窟第25窟主室北壁弥勒经变之乾闼婆

图2-21　大英博物馆藏龙纪二载（890）纸本版画

画(图2-21),版画上的乾闼婆立于北方毗沙门天王之右。从这些图像来看,乾闼婆有一个特点,便是身披虎皮、狮皮衣帽。安西榆林窟第15窟壁画中乾闼婆(图2-22),柏林印度博物馆藏八、九世纪间吐鲁番石窟的彩绘绢画婆罗门头部残片(图2-23)[1]中乾闼婆的这个形象亦清楚可见。根据《梨俱吠陀》的记载,这是乾闼婆众多形象中的一个。高楠顺次郎、木村泰贤在所撰《印度哲学宗教史》系统地梳理了乾闼婆的各种形象,迻录于兹:

图2-22 安西榆林窟第15窟壁画力士

乾闼婆(Gandharva)此与拜火教之乾闼列丸(Gandharewa)为同语,起原于印伊时代。《梨俱吠陀》中虽兼用单复两数,但愈至后世,复数之意义愈明。《夜柔吠陀》谓其数有二十七。阿乾闼婆吠陀(一一.五,二。)谓有六千三百三十三,且与祖先及阿修罗同为天属(Deva)以外之别属云。乾闼婆之住所,虽有谓其在天者,(梨吠一〇.一二三,七。)但又常谓其

图2-23 柏林印度博物馆藏八、九世纪吐鲁番石窟彩绘绢画乾闼婆头部残片

[1] 东京国立博物馆《シルクロード大美術展》,东京:1996年,图版181。

与水中天女阿布沙罗斯同住水中。(梨吠一〇.一〇四。阿吠二.二,三。)其形状,或谓卷发而执有光辉之武器。(梨吠三.三八,六。)或谓多毛,作半兽半人状。(阿吠四.三七。)《百段梵书》(一三.四,三,七。)则谓其风采颇美云。乾闼婆作用中之最原始者,为与苏摩有关系。谓乾闼婆与巴尔加尼耶(雨神)抚养苏摩。(梨吠九.一一三,三。)诸神饮苏摩时,必经乾闼婆之口云。(阿吠七.七三,三。)然据《夜柔吠陀》(美特罗耶尼耶集一三.八,一〇。)则谓其为诸神保管苏摩而盗饮之,遂罚之禁饮苏摩云。又乾闼婆颇好色,除阿布沙罗斯为其恋人外,人类之妇人,亦与有关系。《梨俱吠陀》(一〇.八五。)谓未嫁之处女,皆属于乾闼婆,结婚之夕为与君郎竞争者。在吠陀时代,新夫妇结婚之夕不同衾,两人之间有置一大棒之俗,盖以棒拟于乾闼婆,便是新妇尚属于彼,以悦其心也。乾闼婆全体之字义不明,惟Gandha有"香"字意。吠陀中已有与香有关系之解。《梨俱吠陀》(一〇.一二三,七。)谓乾闼婆着有香气(surabhi)之衣服。《阿闼吠陀》(一二.一,二三。)谓乾闼婆与阿布沙罗斯有地母(Būmī)之香云。中国译为寻香、齅香、食香、香阴等,但食寻等等意义不明。又至后世则谓乾闼婆城(Gandharva nāgara-pur)有蜃气楼之意。又以乾闼婆为天之音乐师云,但《吠陀》中无此说。[1]

实际上,正是乾闼婆"或谓卷发而执有光辉之武器。或谓多

---

[1] 〔日〕高楠顺次郎、木村泰贤著,高观庐译《印度哲学宗教史》,台北:商务印书馆,1971年,101—102页。

毛,作半兽半人状"、可用大棒来象征,这些与赫拉克利斯的共性,才使得后者得以顺利融合到佛教艺术之中。贵霜王国时期,希腊、罗马的神像在犍陀罗地区广泛流行。这些希腊、罗马的图像反映在钱币上。贵霜族是伊朗系民族,他们的主要供奉对象是琐罗亚斯德教神祇,不过这些拜火教神的形象借用希腊、罗马神像的图像。如,贵霜人借用希腊的赫耳墨斯(Hermes)的形象来表现伊朗财神(Pharro)[1]。看来借用赫拉克利斯的形象来表现佛教中的乾闼婆也与贵霜有关。无论如何,若从源头而论,唐墓中所出披戴兽头盔帽的镇墓武士俑受赫拉克利斯的影响显著,只不过这种影响

已经先行浸入了佛教艺术中。
故不宜再以赫拉克利斯来命名
它在佛教艺术中的类似形象
了。安阳大住圣窟毗伽罗神王
像胸部出现美杜莎的头像(图
2-24)便是一个典型案例。

图2-24　安阳大住圣窟毗伽罗神王像
胸部的美杜莎

　　就现有的考古资料看,有
一个非常有意思的现象,即出
土地点明确的披戴兽头盔帽的镇墓武士俑,除了尉迟敬德墓[2](图
2-25)、节愍太子李重俊墓[3]、巩义芝田88HGZM90以及92HGSM1[4]

[1]　筱原典生《毗沙门天图像的起源与演变》,《青年考古学家》第18期,北京大学考古文博学院,2006年,55页。

[2]　昭陵文物管理所《唐尉迟敬德墓发掘简报》,《文物》1978年第5期,20—25页。

[3]　陕西省考古研究所、富平县文物管理委员会《唐节愍太子墓发掘报告》,北京:科学出版社,2004年,81—85页。

[4]　郑州市文物考古研究所编著《巩义芝田晋唐墓葬》,北京:科学出版社,2003年,58—59、70—71、244页图209-3、279图260-2以及彩版九3-4。

图2-25　尉迟敬德墓披戴　　图2-26　河北定县南关唐墓　　图2-27　河北南和郭祥墓
　　　　兽头盔帽的镇墓　　　　　　　武士俑　　　　　　　　　　武士俑
　　　　武士俑

等四座墓葬之外,余者都出于河北地区唐代的圆形墓葬(图2-26、
27、28、29)[1]。根据上述结论,判断唐墓中所谓"赫拉克利斯"武士俑
的性质宜根据它在墓葬中的具体位置和组合关系。其中,尉迟敬德

[1]　天津市文化局考古发掘队《天津军粮城发现的唐代墓葬》,《考古》1963年
　　　第3期,147—148页;信立祥《定县南关唐墓发掘简报》,文物编辑委员会编
　　　《文物资料丛刊》第6辑,北京:文物出版社,1982年,110—116页;王敏之、
　　　高良谟、张长虹《河北献县唐墓清理简报》,《文物》1990年第5期,28—33、53
　　　页;辛明伟、李振奇《河北南和唐代郭祥墓》,《文物》1993年第6期,20—27、
　　　61页;李振奇、辛明伟《河北南和东贾郭唐墓》,《文物》1993年第6期,28—
　　　33页;河北省文物研究所等《河北省安国市梨园唐墓发掘简报》,《文物春
　　　秋》2001年第3期,27—35页。

墓葬因是别敕葬[1]，李重俊则因是唐睿宗时期的改葬墓，皆采用双室砖墓的形制。值得注意的是，李重俊墓随葬这类武士俑至少有62件，它们被集中置于耳室之中，应该表示是出行仪卫的组成部分，不宜将它们归入乾闼婆、赫拉克利斯中的任何一种。这从该墓此类俑的庞大数量便可得到证明。考虑到尉迟敬德、李重俊墓的特殊性，根据现有的情况，似乎可以判断这类镇墓武士俑跟圆形墓葬有莫大的关联。

　　在已知的圆形墓中，由出土位置来看，该俑可以分成两种情况。第一，跟另一尊天王俑成对置于甬道的侧龛中，如南和郭祥墓和东贾郭唐墓。第二，置于墓室棺床的东侧，如定县南关唐墓。值得注意的是，上述三座墓葬都带有甬道，且于甬道两侧开龛。这应该意味着，在上述两种情况中，此类武士俑似乎又被赋予不同的功能指向。是否在第一种情况之下，被视作毗沙门天下的神王，如迦毗罗之类。而第二种情况下，表现

图2-28　河北南和东贾郭唐墓武士俑

图2-29　河北安国梨园唐墓M4武士俑

----

[1] 齐东方《试论西安地区唐代墓葬的等级制度》，载北京大学考古系编《纪念北京大学考古专业三十周年论文集（1952—1982）》，北京：文物出版社，1990年，289—295页；齐东方《略论西安地区发现的唐代双室砖墓》，《考古》1990年第9期，858—862、789页。

为乾闼婆的可能性较大。因为它跟两个表示镇墓的毗沙门天王俑为同一个组合。

此外，还有一类所谓"赫拉克利斯"镇墓武士俑则仍保留着手持棍棒的形象，摆放于墓门左右。今考古所见此类俑见于河南安阳市杨偘墓（图2-30）[1]和山西长治县东郊北石槽三号墓（图2-31）[2]。依照镇墓武士俑与佛教之渊源及其功用，该形象很可能是来源于佛教中护法的执金刚神。其为手持金刚杖而守护帝释天宫门之夜叉神，遇佛出世，即降于阎浮提，卫护世尊，防守道场。在犍陀罗艺术中，执金刚神吸收了赫拉克利斯的元素而呈现出新形象[3]。作为佛主释伽守卫神的执金刚神，应居于天宫或山顶高处。在考古材料中，他也多是立于世尊像之旁。因此上述两座墓葬将此类造型的镇墓俑置于墓门左右，当也有守护墓室及墓葬主人神灵的作用。遗憾的是，有关这两座墓葬主人生平所知甚少，其为何径用此类形象的武士俑，难以再究。其实，在这种情况下，他们与前述仿自迦毗罗等神王或护法金刚、力士的镇墓武士俑有着异曲同工之妙。其详已具前述。

秦汉以来修建的长城边塞，西起临洮（甘肃岷县），东至辽东（辽宁宽甸），这虽是为防御所筑，但在客观上却形成了贯通北方东西交通的基础动脉。公元4世纪北朝时期，北方草原上的东西交通日益重要，迨至北魏前期（约公元5世纪），以平城（山西大同）为

---

[1] 安阳市博物馆《唐杨偘墓清理简报》，《文物资料丛刊》1982年第6期，130—133页。该墓葬发掘时随葬品均已散乱，推测这两个武士俑置于墓门两侧。详邢义田上揭书，500—501页。

[2] 山西省文管会、山西省考古所《山西长治北石槽唐墓》，《考古》1962年第2期，63—68页。

[3] 参邢义田上揭书，481—484页。

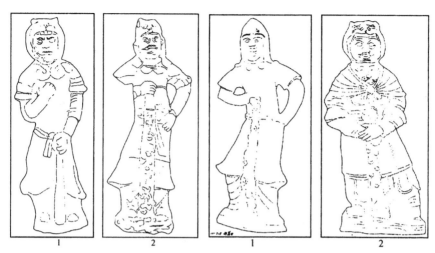

图2-30 河南安阳市杨偘墓武士俑　　图2-31 山西长治县东郊北石槽三号墓武士俑

中心,西接伊吾(新疆哈密),东至辽东(辽宁辽阳),逐渐形成一条
贯通中国北方的东西国际交通路线。这条路线从公元4世纪开始,
一直到公元11世纪,成为东北亚的国际交通路线,对中国、朝鲜和
日本与西方的文化交流有极重要的作用[1]。远在朝鲜平壤德兴里
发现的408年□□镇墓前室天顶的壁画与丁家闸墓壁画十分相似。
或者可以大胆地推测,中国北方经由黄河河套地区至东北地区在
十六国到北朝时期曾存在着一条文化通道,将二者联系起来,沿线
发现的诸如拜占庭金币、罗马风格的玻璃器等,可能都与之相关,
而这一带也正是北方游牧的柔然、突厥等民族活跃的区域[2]。同样
地,朝阳地区隋唐墓也带有西北十六国时期墓葬带照壁的传统[3]。

[1] 徐苹芳《考古学上所见中国境内的丝绸之路》,《燕京学报》新一期,312页。
[2] 郑岩《魏晋南北朝壁画墓研究》,北京:文物出版社,2002年,174页。
[3] 齐东方《隋唐环岛文化的形成和展开——以朝阳隋唐墓研究为中心》,载王
　　小甫主编《盛唐时代与东北亚政局》,上海辞书出版社,2003年,139页。

所以,在山西以及河北、山东地区都发现有此类俑皆可理解。

从上文可以看出,唐墓中所见的此类俑,一方面不再是原来的希腊英雄赫拉克利斯,一方面地位似乎也越来越低。然而不论是执金刚神、护法天神、神王、力士、乾闼婆或今世凡人墓中的卫士[1],他们象征性的角色——勇士和保卫者——仍然和赫拉克利斯在希腊神话中原本的角色相当一致[2]。

中原墓葬中墓门摆放的武士俑受到佛教战神毗沙门天王的影响,墓葬中该位置所谓的镇墓天王俑便具战神之意。信仰袄教的史君在其石堂门两侧雕绘多臂战神的形象,不仅表明中土墓制对粟特裔陵墓的影响,而且也进一步表明在袄教徒中同样存在对佛教艺术造型的借用与融合。此亦是所谓"将佛似袄"传统的体现。

赫拉克利斯形象的武士俑集中见于唐代河北地区的圆形墓中,圆形墓是当时河北、山东地区具有强烈的政治意义的墓葬符号,它成为该地区政治文化相对独立性的指征。如果考虑到唐时河北、山东地区的胡化程度,这批俑的出现显然是该地区胡化现象下的自然产物。

值得注意的是,在希腊化时代,希腊神话中光荣的战胜者赫拉克利斯被比定为波斯宗教的斗战神(Vereghraghna/Warahrān/

---

[1] 案,这并非说在墓葬系统中出现了佛教造像。丧葬制度和习俗是一个单独的观念体系,它是从传统社会中吸纳各种元素而成一个新的混同体。此后,这个混同体当以独立的姿态出现在世人面前。在这个意义上,原先从某个宗教中吸纳进来的元素便不能再简单地仍以原先其归属的宗教视之,而应该置之于新形成的文化混同体中,在属性上与其母体剥离开来,重新判定它在新的文化混同体中的地位和作用。相关讨论可参邢义田上揭书,512页及该页脚注⑧。

[2] 参邢义田上揭书,511页。

Bahrām），信奉拜火教的伊朗人可以在那里献祭，祈祷他的保护；同时，希腊人则祈求他们自己神明的亲切护持[1]。希腊化文明时期的琐罗亚斯德教徒用赫拉克利斯的形象对其斗战神进行刻画。在伊朗克尔曼沙赫（Kermanshah）大流士摩崖附近路边的岩石上有一座开凿于公元前147年左右的神龛，内供奉的便是赫拉克利斯（图2-32）。神龛位于东西方交通主干道的路边，该位置表明，它是为希腊和伊朗两种信徒设计的[2]。显然，这一点对理解这批陶俑的性质具有启发意义。如此则唐代河北、山东地区发现的赫拉克利斯武士俑便有可能是当时该地区祆教徒心目中的战神形象。

赫拉克利斯源自西方种族，此包括安禄山在内的粟特人选择接受该形象也比较顺理成章。实际上，安禄山此举与东征的亚历山大帝及罗马皇帝自比为赫拉克利斯[3]如出一辙。赫拉克利斯为希腊神话世界中英雄之最，亦可谓极具战斗力之神祇。可见，安禄山自命为祆教斗战神之举实承自西土之传统，而该传统在安禄山身上得以体现则与其种族文化不可或分。因此，我们有理由推测安禄山不仅以斗战神自居，甚而戴狮（虎）皮头盔以斗战神的形貌

---

[1] Mary Boyce, *Zoroastrians. Their Religious Beliefs and Practices*, p.89. 王小甫《中国中古的族群凝聚》，12—26、213—214页。案，塞琉古王朝是一个希腊化的国家，统治者本身信仰希腊的多神教，但对波斯人的宗教信仰还是采取了宽容政策，并不想压制或同化他们。当时除了一些大城市已希腊化，波斯的大部分农村依然保持着传统的习惯，固守旧有的信仰和仪式。这样也就出现了一种综合主义。希腊人喜欢将他们传说中的诸神和英雄与波斯人的信仰进行类比，例如：Verethragna（即Bahram）与希腊传说中的英雄赫拉克利斯（Heracles）相比，认作为同一个神。此详龚方震、晏可佳《祆教史》，135页。

[2] 王小甫《中国中古的族群凝聚》，23、213—214页。

[3] 参邢义田上揭书，466—471页。

图2-32 希腊化时代的琐罗亚斯德教徒用赫拉克利斯的形象对其斗战神进行刻画（雕刻于前153年，克尔曼沙赫）

示人。显然，赫拉克利斯的形象是最容易装扮，也是最符合胡人的审美文化。唐时河北、山东地区墓葬中此类陶俑的出现，或缘于现实中安禄山所扮战神的形象影响到人们的认识，进而出现在该地区的墓葬之中。

※ ※ ※

至此，《新唐书·安禄山传》所描述的安禄山在范阳自神接受群胡罗拜的场景，便可试重构如下：金鸡帐下的安禄山坐于重床之上，戴着狮（虎）皮帽装扮成赫拉克利斯的形象，手持三叉戟[1]，自

------

[1] 关于金鸡帐、重床、三叉戟与信仰祆教的战将之间的关系，详本书第三章《金鸡帐与重床》。

神成祆教战神,接受众胡的罗拜。其前则为伎乐歌舞祭祀的女巫。

如何立足图像在不同地域、不同文化中发生的意义及其差别来研究图像的变化,考察图像流传背后意义的传播和改造情况?唐代赫拉克利斯俑无疑给我们提供了一个很好的案例。到了五代,斗战神或被视作斗战将军,成为传统社会众多神祇中的一个。敦煌文书 P.2814 背面《(后唐)天成年间(926—930)都头知悬泉镇遏使安进通状稿》云:

> 都头知悬泉镇遏使银青光禄大夫检校国子祭酒兼御史大夫上柱国安某乙,乃觏古迹,神庙圮圻,毁坏年深,若不修成其功,恐虑灵祇无效,遂则彩绘诸神,以保河隍永固,贼寇不届于疆场。护塞清宁,戎烟陷灭,潜异境□,乃丰登秀实,万姓歌谣。有思狼早觉。于时天成□年某月日。
>
> 门神、阿娘神、张女郎神,祆祠、□□、九子母神、鹿角将军、中竭单将军、玉女娘子、吒□将军、斗战将军、行路神、五谷神、主(土)社神、水草神、郎君。[1]

此时它似已淹没于民间信仰的众神殿之中了。

我们知道,除了信仰祆教、景教之外,在河朔的粟特后裔还普遍崇信佛教,根据森部丰收集的房山云居寺的《"大般若波罗蜜多经"题记》、《诸经题记》和《巡礼碑》中记载的粟特后裔姓名来看,安史之乱以后,幽州节度使治下有不少九姓胡后代改信佛教[2]。他

---

[1] 张小贵《中古华化祆教考述》,76 页。
[2] 森部丰《ソグド人の東方活動と東ユーラシア世界の歴史的展開》,吹田:关西大学出版社,2010 年,291—311 页。

们的这一信仰,更多的是受唐代社会佛教信仰的影响,是粟特后裔在思想方面汉化的具体表现之一[1]。这也是祆教中的神祇得以顺理成章地保留在佛教中的一个原因吧。在安史之乱的平定过程中和以后很长一段时间里,唐朝境内出现对胡人的攻击和对"胡化"的排斥。从文化的角度看,安史之乱后,看不到长安和洛阳新立祆祠的记载,也没有明确的胡人祭祀祆神的记录,但新的祆祠却在河北地区得以建立,并且为胡汉民众所敬事,有的一直延续到北宋[2]。若此,似乎尚不能排除安史之乱以后,这是在新的政治形势下,境内粟特裔利用"将佛似祆"的传统,掩盖其继续信仰祆教的一个做法。我们注意到,拉施特(Rashid al Din, 1274—1318)在《史集》(*Jami' al Tawarikh*)中特别提到各地的祆教徒虽然表面上改变了信仰,但暗中仍保持和隐藏着自己的信念[3]。如,在阿拉伯占领区的祆教徒对伊斯兰教的态度便是一个极其典型的例子。他们经历了宗教上的多次反复改宗,有的随着时间的推移,因文化之间的相互渗透兼之教义上的相似性而终于改信伊斯兰教,有的采取综合两个宗教的态度,还有的则仍然坚信拜火教[4]。也许,晚唐五代境内祆教徒的生态或与此有似。

---

[1] 陈海涛、刘慧琴《来自文明十字路口的民族——唐代入华粟特人研究》,324—326页。

[2] 荣新江《安史之乱后粟特胡人的动向》,纪宗安、汤开建主编《暨南史学》第2辑,广州:暨南大学出版社,2003年,102—123页;此据北京大学中国古代史研究中心编《未名中国史(2001—2007)》,241—267页。

[3] 〔波斯〕拉施特著,余大均译《史集》第3卷,北京:商务印书馆,1986年,371—372页。

[4] 龚方震、晏可佳《祆教史》,152、215—217页。

第三章 金鸡帐与重床

金鸡帐与重床为何？是否有可能结合考古材料考察金鸡帐与重床的具体情状？

一 金 鸡 帐

金鸡帐，见载于《安禄山事迹》：

> 玄宗尝御勤政楼，于御座东间设一大金鸡帐，前置一榻，〔安禄山〕坐之，卷去其帘，以示荣宠。每于楼下宴会，百僚在座，禄山或拨去御帘而出。[1]

金鸡帐，文献亦有写作"金鸡障"的。如，李德裕《次柳氏旧闻》载：

> 天宝中，安禄山每来朝，上（玄宗）特异待之，每为致坐于殿，而偏张金鸡障其下，来辄赐坐。[2]

[1]《安禄山事迹》卷上，《开元天宝遗事·安禄山事迹》，78页。
[2]〔唐〕李德裕编，丁如明校点《次柳氏旧闻》，上海古籍出版社编《唐五代笔记小说大观》（上册），471页。

《开元天宝遗事》卷下"金鸡障"条载：

> 明皇每宴，使〔安〕禄山坐于御侧，以金鸡障隔之。[1]

又《资治通鉴》卷二一五载：

> 上（玄宗）尝宴勤政楼，百官列坐楼下，独为〔安〕禄山于御座东间设金鸡障，置榻使坐其前。仍命卷帘以示荣宠。[2]

李德裕、司马光所载与《安禄山事迹》同，惟金鸡帐作"金鸡障"[3]。胡三省注云："障，坐障也，画金鸡为饰。"也就是说金鸡障上画有"金鸡"的装饰。

不过，"金鸡障"之"障"应指行障。从上述语境来看，恐是李德裕、司马光等人将它与行障混同[4]，这种误解直到明代张居正《帝鉴图说》仍是（图3-1）。

那么"金鸡帐"究竟为何物？缘何装饰以金鸡？其意何指？

在吉美石棺床背屏4中，坐于筌蹄之上的墓主人[5]手持三叉

---

[1] 〔五代〕王仁裕撰，曾贻芬点校《开元天宝遗事》，《开元天宝遗事·安禄山事迹》，54页。

[2] 《资治通鉴》卷二一五玄宗天宝六载春正月"戊寅，以范阳、平卢节度使安禄山兼御史大夫"条，6877页。

[3] 白居易《胡旋女》诗亦云："梨花园中册作妃，金鸡障下养为儿。禄山胡旋迷君眼，兵过黄河疑未反。"〔唐〕白居易著，朱金城笺注《白居易集笺校》卷三，上海古籍出版社，1988年，161—162页。

[4] 扬之水《行障与挂轴》，载所撰《终朝采蓝：古名物寻微》，北京：三联书店，2008年，28—41页。

[5] 根据对安伽等粟特裔葬具图像的梳理，可知坐于筌蹄之上的人物为葬具主人的形象。详悉沈睿文《吉美博物馆所藏石重床的几点思考》，载《三夷教研究——林悟殊先生古稀纪念论文集》，426—432页。

图3-1 张居正《帝鉴图说》之"宠幸番将"图

载,坐于曲盖之下,该曲盖之上饰有两只相对头部往外(正面)扭转的动物(图3-2),惜已难辨识。同样地,在背屏6中,墓主人"头帐"之上也有两只相对头部往外扭转的动物纹样(图3-3)。这两只动物形象为尖喙、头顶有冠,头颈下有垂肉(俗称"鸡坠子")。毋庸置疑,这正是对公鸡的如实写照。由此亦可推论,背屏4墓主人曲盖顶部两侧所饰动物很可能也是公鸡。

正是三叉戟以及公鸡的装饰样式披露了墓主人身份的某些信息。此二者究竟所指为何? 1994年,统万城出土的翟曹明石墓门给

图3-2 吉美石棺床背屏4之曲盖

图3-3　吉美石棺床背屏6上部之"金鸡帐"　　图3-4　统万城翟曹明石墓门

我们提供了解读的重要线索。该墓石墓门构件（图3-4）也有此两种装饰样式[1]。

翟曹明墓石门楣在龙头两侧阴线刻一对公鸡（图3-5、6、7），而非常见的朱雀或者凤凰。其石门扉上各彩绘一手持三叉戟的武将。究其原因，在于墓主人的种族文化与政教身份。该墓所出《夏州天主仪同翟曹明墓志》（北周大成元年/579年撰）记志主："君讳曹明，西国人也。祖宗忠烈，令誉家邦。受命来朝，遂居恒夏。君幼怀歧嶷，长有才雄。咢咢当官，恂恂乡邑。伤魏载之衰泯，慨臣下之僭凌。是以慕义从军，诛除乱逆。巨猾摧峰，六军振振。"也就是说，他原本在乡邑当官，任职"天主"，则其必为当地粟特聚落领袖；在北魏灭亡之际，加入北魏军队，任"仪同"职，即为国家所授之乡团统帅称号[2]。

---

［1］　冯庚武、周天游主编《三秦瑰宝——陕西新发现文物精华》，133页图。

［2］　荣新江《从聚落到乡里——敦煌等地胡人集团的社会变迁》，载高田时雄编《敦煌写本研究》第三号，2009年3月，28页。按，翟曹明墓志文录自荣新江《新出石刻史料所见粟特人研究的动向》，《关西大学东西学术研究所纪要》第44辑（2011年4月1日），103页。

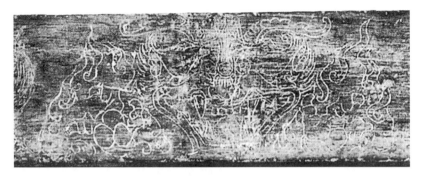

图3-5　翟曹明石门楣中间龙头

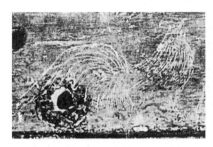

图3-6　翟曹明墓石门楣左侧金鸡

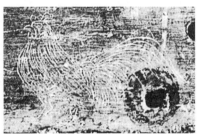

图3-7　翟曹明墓石门楣右侧金鸡

墓志署葬日为"大周大成元年岁次己亥(579)三月癸四日"。大成元年二月辛巳已改大象,夏州据京城遥远,尚未得消息。可见翟曹明并非如"三秦瑰宝"展览说明所言为唐人,而是和安伽葬于同一年的西国胡人[1]。通过对翟曹明墓志以及隋唐时期翟姓胡人姓名、婚姻以及文化特征的比照分析,可推断统万城一带的稽胡中应有不少源于粟特的胡人,他们大量进入这一地区,可能与北魏灭北凉而迁徙大量粟特胡人前往平城地区有关,也可能是粟特商团东渐的结果[2]。而翟曹

---

[1]　荣新江《学术训练与学术规范》,北京大学出版社,2011年,134页。
[2]　罗丰、荣新江《北朝时期统万城的西国胡人——翟曹明墓出土文物初探》,2003年"沙漠古都统万城学术研讨会"论文。

明当是这些粟特种落的政教、军事领袖。墓主人"天主"的政教身份提醒我们可从祆教的角度解读上述装饰纹样。

在琐罗亚斯德教(祆教)中,公鸡为斯劳沙(Sraosha)的圣禽[1]。斯劳沙不仅是阿胡拉·马兹达的使者,而且是恶魔的惩治者(fiend-smiter),是世界的化身、最有力的矛以及高贵的神[2]。斯劳沙为古伊朗神话中宗教虔诚和秩序之精灵,其中古波斯称之为"斯罗什"。斯劳沙取代一较为古老之神(似为埃里雅曼或密特拉)。斯劳沙确信查拉图什特拉之说正确无讹,遂向其祝福[3]。在中古波斯文文献中,Sraoša写成Srōš。其最突出的功能是"现实世界之主与保护者"[4]。帕拉维文《创世纪》记载:"Srōš受奥尔马兹达之命而保卫这个世界;奥尔马兹达是精神世界和物质世界之主,而Srōš为物质世界之主。正如他所说:奥尔马兹达是精神世界中灵魂的保护者,而Srōš是物质世界中肉体的保护者。"[5]另外,斯劳沙在护卫、辅佐墓主人灵魂方面也起着重要的作用。

翟曹明墓石门楣线刻的公鸡在琐罗亚斯德教(祆教)中代表的战斗力以及对宗教的忠诚,跟墓主"天主"的身份以及墓志文称其"慕义从军,诛除乱逆。巨猾摧峰,六军振振"——突出其从军经历恰可吻合。应无疑义。如此,在其石门扉上阴刻一对手持

[1] 魏庆征编《古代伊朗神话》,太原:北岳文艺出版社/山西人民出版社,1999年,374—375页。
[2] 关于斯劳沙的记载可参: *The Zend-Avesta*, Part Ⅱ, in *Sacred Books of the East*, vol.23, Translated by James Darmesteter, , pp.159−167; *The Zend-Avesta*, Part Ⅲ, in *Sacred Books of the East*, vol.31, Translated by L. H. Mills, The Oxford University Press, 1887, pp.305−306.
[3] 魏庆征编《古代伊朗神话》,374—375页。
[4] 《中古祆教半人半鸟形象考源》,《世界历史》2016年第1期,137页。
[5] B. T. Anklesaria transl., *Greater Bundahišn*, Bombay, 1956, pp.218−221.

图3-8　片治肯特 Weshparkar 壁画　　　　图3-9　史君石堂 E1 风神

三叉戟的武将应也意在强调翟曹明的战将身份及其军功。这跟斯劳沙圣禽的内涵是一脉相承的。北朝隋墓葬石门武士形象多挂仪刀,少数另有执盾的,尚不见手执三叉戟者。而祆教风神的一个典型形象便是手执三叉戟(图3-8、9),如此似乎也就意味着三叉戟与信奉祆教的战将之间的某种联系。

　　翟曹明墓志的发现,使得该墓石门楣上线刻金鸡的祆教内涵得以解开,并可明晰其石门扉上彩绘武士所持三叉戟是跟墓主人战将的身份紧密相联的。据此便可辨析吉美石棺床墓主人的政治身份。

　　吉美石棺床背屏4中,墓主人右手持三叉戟。由翟曹明墓石门的构图,同样可以推知战将应该是吉美石棺床主人的一个重要身份。而其曲盖、"头帐"上端两侧的公鸡应也是斯劳沙圣禽。

　　换言之,在吉美石棺床背屏中装饰有斯劳沙圣禽公鸡的"头帐",应即汉语文献中的"金鸡帐"。可见,"金鸡障"为"金鸡帐"之误,而其准确的形象应是吉美石棺床背屏6中的"头帐"。

　　至此金鸡帐的形貌已经清晰,亦可知斯劳沙的圣禽在汉文献中被称为"金鸡"。安禄山的种族、祆教信仰与翟曹明同,此已为定谳[1]。故唐玄宗所设金鸡障之金鸡当即斯劳沙圣禽之谓,显然唐玄宗是依照安禄山的种族文化习惯安排接见礼仪。

要之,吉美石棺床背屏6的图像恰是"设一大金鸡帐,前置一榻,坐之"的写照。这显然是中亚粟特显贵的习俗。既然唐玄宗是以安禄山的种族文化习惯来接见,也就是说,"营州杂胡"的安禄山在范阳日常也是如此。

二 重 床

既如此,那上引文献及石屏图像中金鸡帐前之"榻"是否也有专门的名称呢?

我们不妨先来看看历史文献对如此场景下的安禄山是如何记叙的。史载,安禄山在范阳时,"潜遣贾胡行诸道,岁输财百万。至大会,禄山踞重床,燎香,陈怪珍,胡人数百侍左右,引见诸贾,陈牺牲,女巫鼓舞于前以自神"[2]。也就是说,安禄山经常坐在"重床"上接受罗拜,发号施令。《旧唐书·安禄山传》亦载:

> 〔安〕禄山欣荷,无所隐,呼(李林甫)为十郎。〔刘〕骆谷奏事,先问"十郎何言?"有好言则喜跃,若但言"大夫须好检校",则反手据〔重〕床曰:"阿与,我死也!"[3]

---

[1] 详本书第一章《身世》。但是,信仰祆教的安禄山也服食道教之丹药,此详本书第六章《安禄山服散考》。

[2]《新唐书》卷二二五上,6414页。

[3]《旧唐书》卷二〇〇上《安禄山传》,5368页。

可见安禄山在其种落的特定场景中,代表其身份的坐具为重床。

　　器物的名称不仅跟它的样式有关,而且也跟它的功能相契。这无疑增添了辨析名物的难度,幸有吉美石棺床背屏6的图像,使得我们得以窥伺安禄山情状之一斑。

　　不可否认,所谓围屏石榻和石椁在安伽等粟特裔贵族墓葬之前已在中土出现,并见于同时期的北朝墓葬之中[1]。但是,在不同场景,同一事物可产生不同指代;同样地,不同事物亦可产生相同指代。故而需要将事物置于具体语境中综合考虑。为何这些唐朝以前的粟特裔贵族墓葬都不约而同地使用这两种葬具,其间是否同样存在着某种与墓主人身份及其种族文化相契合的因素?

　　根据《隋书》卷八三《西域传》的记载,张广达总结道:安国国王坐金驼座,钹汗国王坐金羊床,何国王、乌那曷王坐金羊座;波斯王著金花冠,坐金狮子座;漕国王戴金鱼头冠,坐金马座[2]。他说,从萨珊王朝银器纹饰、粟特壁画和阿拉伯文献记载来看,所谓金驼座、金狮子座、金马座、金羊座等,当指承托床面的床脚分别作这些兽形。中亚、西亚的显贵除了冠冕之外,普遍以床座体现其身份,

---

[1]　相关研究可参李永平、周银霞《围屏石榻的源流和北魏墓葬中的袄教习俗》,《考古与文物》2005年第5期,72—77页;山本忠善《围屏石床の研究》,《中国考古学》2006年第6号,45—67页;等等。

[2]　若进一步梳理文献,中亚、西亚坐狮子座的国王尚有多摩长国王、吐谷浑可汗、泥婆罗国王、龟兹国王等,足见王座是中亚、西亚的一个风俗。详见载于〔唐〕杜佑撰、王文锦等点校《通典》卷一八八《多摩长》,北京:中华书局,1988年,5107页;《北史》卷九六《吐谷浑》,3186页;《旧唐书》卷一九八《泥婆罗国》,5289—5290页;《新唐书》卷二二一上《泥婆罗国》称"御狮子大床",6213页;《北史》卷九七《龟兹国》,3217页;《旧唐书》卷一九八《龟兹国》,5303页。又《高僧传》载:"龟兹王为〔鸠摩罗什〕造金狮子座,以大秦锦褥铺之,令什升而说法。"(〔梁〕慧皎撰,汤用彤校注《高僧传》,北京:中华书局,1992年,48页)佛为人中狮子,故坐狮子座。可见在不同场景,同一事物产生了不同的指代。

王公的座床即是王座。而文献所载"营州杂胡"安禄山所坐之"重床"和"反手"所据之"床"应当就是中亚、西亚的王公显贵所坐的g's/gāh/座/王座。安伽墓出土的石榻当是与安伽身份相应的"重床"[1]。此言不诬。如此视之,唐玄宗在勤政殿的赐座之所以在文献中称为"榻",在于这只是唐玄宗所赐的一个坐榻(具)而已,而非如同安禄山在范阳时的王座。

对于墓葬中安置重床的作用,张先生又检出伊朗中世纪典籍《居何多之子库萨和训谕》。该《训谕》载库萨和在即将辞世的时候训令王公大臣:"当我的灵魂离开我的身体的时候,你们要抬起我的这个王座,把它搬到〔我的〕安息之地(haspānwar),并且放入〔我的〕安息之地。"[2]库萨和遗言将王座纳入陵寝,则安伽等粟特裔贵族墓葬中重床之意义由此发覆而得揭橥。

当然,因为宦于中土王朝,粟特裔墓主的陵寝首先得遵守所辖政权的墓葬制度。这不仅体现在所用葬具图像的配置,而且也体现在围屏石榻形式的选择上。北魏时期,墓葬墓室北壁形成绘制墓主夫妇在帷帐中坐于床榻之上宴饮,后面衬以联扇屏风。其两侧为鞍马出行仪仗和犊车出行仪仗,即表现墓主"宴乐+出行"的图像。由于袄教信仰的缘故,尸体需置于石板之上不得污染土地,这些粟特裔便把墓室北壁正中墓主画像所在的座床与背屏直接以石质葬具的形式置于墓室之中,同时,在葬具的背屏上又同样表现出墓主"宴乐+出行"的图像,其上或也可见墓主坐于衬以联扇屏风的床榻之上。至于北周政权虽然"托古改制",但从所见粟特裔

---

[1] 张广达《再读晚唐苏谅妻马氏双语墓志》,268—269页。
[2] 同上。

墓葬中围屏石榻的内容及构图来看,实是与北齐地区墓葬壁画大同。北朝东、西政权的丧葬图像实同且源于北魏,围屏石榻的采用实是根据墓主人的种族文化而巧妙调适的一种变形。这就是既遵守了所辖王朝的墓葬建制,又符合自身之宗教信仰与政治身份。

至此,我们可知结合粟特裔墓主的种族文化与政治身份,其墓葬中所见围屏石榻式的葬具可谓之石重床。一如前述。

除此之外,这批粟特裔墓葬中所见石葬具,尚有石椁一类。如同安伽这批粟特裔贵族墓葬中的围屏石榻宜称作"重床"一样,史君墓所出双语题铭则给我们点明其石葬具的名称并非"石椁",而应即其汉文题铭所言之"石堂"(图3-10)。史君(wyrk'k)题铭粟特文部分第29行snkyn'k βykt'k 中文为"石头做的坟墓(众神的屋子)"[1],"石头做的坟墓"应该便是其汉文题铭所言之"石堂",亦即文献所载之"石坟"[2]。其意表明这些石材所构造的石质空间是众神的屋子。而此层寓意应该便是境内粟特裔或胡化墓葬使用石

图3-10　史君石堂双语题铭石刻

[1]　吉田丰《西安新出土史君墓志的粟特文部分考释》,载《法国汉学》第十辑"粟特人在中国——历史、考古、语言的新探索"专号,38页。
[2]　《旧唐书》卷一八七上《安金藏传》(4885—4886页)载,金藏丧母后,"寓葬于〔神〕都南阙口之北,庐于墓侧,躬造石坟、石塔,昼夜不息"。

图3-11　史君石堂南壁图像　　　　图3-12　史君石堂东壁图像

材等石制随葬品的根本原因。从这个意义来说，石室墓更是属于石坟之列。但是因等级制度的限制，他们只能为此变通之道——使用重床或石堂。显然，在如此神性空间包围之中，其中墓主人的种族文化指向便不言自明了。

三　石重床与石堂图像的异同

从图案内容来看，安伽、康业、天水石马坪等墓的石重床图像中世俗的内容占了绝大部分；而史君（图3-11、12）、虞弘等石堂的图像则不乏表现神性的内容。究其原因，便是重床和石堂（石坟）的不同功能指向，影响了重床与石堂（石坟）在相同构图程式之下，却表现出互异的内容和艺术表现形式，从而呈现出多样性和多元化。

重床重点表现世俗生活内容，实际上跟墓主人生前的政治经历紧密关联。据研究，萨珊王朝的图像艺术继承了安息的传统，形成了热衷于图写王者显贵战阵之状的特点[1]。而同样的传统在中亚、突厥也都有之。《北史》卷九九《突厥传》记载突厥丧葬仪式,云:

表为茔,立屋,中图画死者形仪,及其生时所战阵状。[2]

《隋书》卷八四《突厥传》也有"表木为茔,立屋其中,图画死者形仪及其生时所经战阵之状"的记载[3],更为具体。如,开元十九年(731),"阙特勤死,〔唐玄宗〕诏金吾将军张去逸、都官郎中吕向赍玺书入蕃吊祭,并为立碑,上自为碑文,仍立祠庙,刻石为像,四壁画其战阵之状"[4]。

又《周书》卷五〇《突厥传》载突厥烧葬,云:

死者,停尸于帐,子孙及诸亲属男女,各杀羊马,陈于帐前,祭之。绕帐走马七匝,一诣帐门,以刀剺面,且哭,血泪俱流,如此者七度,乃止。择日,取亡者所乘马及经服用之物,并尸俱焚之,收其余灰,待时而葬。春夏死者,候草木黄落,秋冬死者,候华叶荣茂,然始坎而瘗之。葬之日,亲属设祭,及走马剺面,如初死之仪。葬讫,于墓所立石建标。其石多少,依平生所杀人数。又以祭之羊马头,尽悬挂于标上。是日也,男女咸盛服饰,会于葬所。[5]

[1] Mary Boyce, *Zoroastrians: Their Religious Beliefs and Practices*, pp.107-108.
[2] 《北史》,3288页。
[3] 《隋书》,1864页。
[4] 《旧唐书》卷一九四上《突厥传》上,5177页。
[5] 《周书》,北京:中华书局点校本,1971年,910页。

其墓前神道碑所立之杀人石亦意在表现墓主人生前之战功。由此纪功传统，我们便可理解这批墓葬中重床、石堂图像内容及其艺术表现形式的异同。

从安伽墓重床的内容来看，安伽墓主体图案（含门额）有13幅，其中6幅出现突厥人形象，多是表现与突厥的交往[1]（图3-13~17）。如此频繁出现突厥形象不见于其他粟特贵族重床、石堂图案，是安伽墓的典型特征之一。如果说图案是安伽生前的生活写照[2]，那这无疑说明安伽生前跟突厥交往的频繁，甚而有可能代表北周政府出使突厥。由此看来，重床中屏右首第三屏所谓"突厥人与伊兰人结盟"图像，应该是安伽代表北周政府出使突厥的记录。北朝派遣他们出使周边列国，自不足为奇。史载，大统十一年（545），酒泉胡安诺盘陁出使突厥[3]；又，在546年后[4]，虞弘则出使波斯、吐谷浑。在这种时代背景下，安伽出使突厥并非没有可能。看来代表政府与突厥周旋曾经一度是安伽的一个重要职责，遗憾的是，我们未能稽诸史籍。这也就难怪，目前在境内发现的粟特裔贵族墓葬中，唯独安伽墓如此刻意强调与突厥的交往。其实，粟特人和突厥人同时出现在安伽墓门额祆教祭祀图的左、右下角（图3-18），便已将二者的关系给我们以强烈的暗示了。

虞弘墓石堂图像虽以表现神祇为主，但有学者注意到其主要

---

[1] 姜伯勤《中国祆教艺术史研究》，106—116页；荣新江《中古中国与外来文明》，124—130页。

[2] 《西安北周安伽墓》，87页。

[3] 《周书》卷五〇《突厥传》（908页）云："大统十一年，太祖遣酒泉胡安诺槃陁使焉（突厥）。其国皆相庆曰：'今大国使至，我国将兴也。'"

[4] 根据墓志，虞弘开皇十二年死，时年59。他出使波斯、吐谷浑时，年方13，故知。详《太原隋虞弘墓》，90—91页。

图3-13　安伽墓右侧屏风　　图3-14　安伽墓正面屏风　　图3-15　安伽墓正面屏风
　　　　第1幅狩猎图　　　　　　　　第1幅奏乐舞蹈图　　　　　　　第4幅宾主相会图

图3-16　安伽墓正面屏风第5　　图3-17　安伽墓正面屏风第6幅
　　　　幅野宴商旅图　　　　　　　　奏乐宴饮舞蹈图

图3-18　安伽墓门额线图

内容、文化渊源和艺术特色，与波斯美术
关系密切[1]（图3-19、20、21）。显然，对
虞弘石堂艺术风格的该判断是准确的。
只是虞弘为中亚移民，为何其石堂却采
取波斯文化系统的图像呢？其原因还是
跟虞弘的政治生平相关。墓志载虞弘
"年十三，任莫贺弗，衔命波斯、吐谷浑。

图3-19　虞弘椁壁浮雕之六

转莫缘，仍使齐国"，由此便可明晰其意在表现虞弘出使波斯的功
绩。虞弘墓石堂波斯艺术表现形式的出现，益发证明了粟特裔贵
族墓葬"图写生前战阵"传统之存在。

　　总之，由于石重床与石堂的功能指向不同，使得其上的图像表
现也有异。在遵守所辖政权丧葬图像制度的前提下，前者多以写

———————

[1]　张庆捷《虞弘墓石椁图像中的波斯文化因素》，叶奕良主编《伊朗学在
　　　中国论文集》（第三集），北京大学出版社，2003年，237—255页；齐东
　　　方《虞弘墓人兽搏斗图像及其文化属性》，《文物》2006年第8期，78—84
　　　页。王小甫认为考虑到其宗教背景，要正确理解这些装饰图案的内容，拜
　　　火教图像艺术中的安息传统不应忽视。详所撰《中国中古的族群凝聚》，
　　　10页。

图3-20　虞弘椁壁浮雕之三

图3-21　虞弘椁壁浮雕之四

实纪功的图像"图写生前战阵"来表现墓主生前的政治功绩, 此如安伽石重床; 而后者则多绘制祆教神祇以表现"众神的屋子", 此如史君墓石堂。当然间或也会以图像的风格来表现墓主生前的政治功绩, 此如虞弘墓石堂。

第四章　莨莙子

《安禄山事迹》记载：

> 〔安〕禄山性残忍，多奸谋，常诱熟蕃奚、契丹因会，酒中实毒，鸩杀之，动数十人，斩大首领，函以献捷。[1]

安禄山究竟在酒中放了什么毒药？《旧唐书·安禄山传》载：

> 〔安禄山〕既肥大不任战，前后十余度欺诱契丹，宴设酒中著莨莙子，预掘一坑，待其昏醉，斩首埋之，皆不觉死，每度数十人。[2]

《资治通鉴》则将该毒酒径称为"莨莙酒"，云：

> 安禄山屡诱奚、契丹，为设会，饮以莨莙酒。《本草》曰：莨莙子，生海边川谷，今处处有之。苗茎高二三尺许，叶与地黄、红蓝等，而三指阔；四月开花，紫色，苗夹茎有白毛；五月结实，有壳作罌子状，如小

---

[1] 《安禄山事迹》卷上，《开元天宝遗事·安禄山事迹》，83页。
[2] 《旧唐书》卷二〇〇上《安禄山传》，5369页。

石榴；房中子至细，青白如米粒，毒甚；煮一二日而芽方生，以酿酒，其毒尤甚。[1]

胡三省注引《本草》详述了莨菪子的生活习性，指出莨菪子有毒的部位是它的种子。如果把莨菪子的种子煮一二日，等到其芽脉初出之际，此刻用来酿出的莨菪酒毒性最大。

宋代郑樵指出，"莨菪曰横塘，曰行塘。其实作小罂子，谓之天仙子"[2]。莨菪子为二年生草本植物，高15至70厘米，有特殊臭味，全株被黏性腺毛。根粗壮，肉质，茎直立或斜上伸。密被柔毛。单叶互生，叶片长卵形或卵状长圆形，顶端渐尖，基部包茎，茎下部的叶具柄。花淡黄绿色，基部带紫色；花萼筒状钟形；花冠钟形；花药深紫色；子房略呈椭圆形。蒴果包藏于宿存萼内。种子多数，近圆盘形，淡黄棕色。生长环境：长在海拔1 700—2 600米的山坡，林旁和路边。在我国分布于东北、西北及华北。主产内蒙古、河北、河南及东北、西北诸省区。青海分布在海东地区和海南、黄南、海北等藏族自治州。化学成分：含莨菪碱（hyoscyamine）、阿托品（atropine）、东莨菪碱（scopolamine）、脂肪油等。气味：（子）苦、寒、有毒。因误服莨菪叶、根、花、枝、种子过量出现中毒症状。症见面红、烦躁、哭笑不止、谵语、幻觉、口干肤燥、瞳孔散大、脉数等。严重者可致昏睡、肢强挛缩，甚至昏迷死亡。宜中西医结合救治[3]。与阿托品相比，山莨菪碱药理作用稍弱，毒性和不良反应也

[1]《资治通鉴》卷二一六"安禄山屡诱奚、契丹"条，6900页。
[2]〔宋〕郑樵《通志》卷七五，北京：中华书局，1987年，870页上栏。
[3] http://www.360doc.com/content/12/1113/16/4403381_247622359.shtml.

比较低[1]。

一　文　献　记　载

《太平广记》中记载了唐昭宗时期发生的一则故事：

〔唐〕昭宗为梁主劫迁之后，岐凤诸州各蓄甲兵甚众，恣
其劫掠以自给。成州有僻远村墅，巨有积货。主将遣二十余
骑夜掠之。既仓卒至，罔敢支吾。其丈夫并囚缚之，鏊搜其
货，囊而贮之。然后烹豕犬，遣其妇女羞馔，恣其饮啖。其家
尝收莨菪子，其妇女多取之熬捣，一如辣末，置于食味中，然
后饮以浊醪。于时药作，竟于腰下拔剑掘地曰："马入地下去
也。"或欲入火投渊，颠而后仆。于是妇女解去良人执缚，徐取
骑士剑，一一断其颈而瘗之。其马使人逐官路，箠而遣之，罔
有知者。后地土改易，方泄其事。[2]

此事显然跟前述安禄山灭奚、契丹的手段有类。

不过，莨菪子除了有毒之外，尚有其他药效。我国现存最早的
中药学专著、约成书于秦汉时期的《神农本草经》云：

莨菪子，味苦寒。主齿痛出虫，肉痹，拘急，使人健行，见

---

[1]　孙凯、杨丽敏《山莨菪碱的药理和临床研究进展》，《世界临床药物》2010年
第3期，182—186页。
[2]　〔宋〕李昉等编，张国风会校《太平广记会校》卷一九〇"村妇"条引《玉堂
闲话》，北京：燕山出版社，2011年，2825页。

鬼,多食令人狂走。久服轻身,走及奔马,强志益力通神。一名横唐。生川谷。(下品)[1]

晋葛洪《肘后备急方》卷三《治卒发癫狂病方第十七》载:

> 又方莨菪子三升,酒五升,渍之出,曝干,渍尽酒止,捣服一钱匕,日三,勿多,益狂。[2]

又,唐李焘《外台秘要》卷一五"风狂方九首"载:

> 又方:莨菪子二升,酒五升浸之。出曝干,再渍尽酒止捣。服一钱匕,日三。勿多服益狂。[3]

故明代李时珍认为,之所以称之为"莨菪子",是因为"其子服之,令人狂狼放宕,故名"[4]。这说明狂狼放宕是古人对服用莨菪子后果的主要印象。

北宋时期编撰的《证类本草》为"莨菪子"辟有专门条目。该书卷一〇载:

> 味苦、甘,寒,有毒。主齿痛出虫,肉痹拘急,使人健行,见

---

[1] 吴普等述,孙星衍、孙冯翼辑《神农本草经》卷三,载王云五主编《神农本草经及其他一种》,丛书集成初编本据问经堂丛书本排印,上海:商务印书馆,1937年,1429册,103页。
[2] 〔晋〕葛洪撰《葛洪肘后备急方》,北京:人民卫生出版社,1963年,61页。
[3] 〔唐〕王焘《外台秘要》,北京:人民卫生出版社影印,1955年,401页下栏。
[4] 〔明〕李时珍《本草纲目》卷一七,北京:人民卫生出版社,1982年,1140页。

鬼,疗癫狂风痫,颠倒拘挛。多食令人狂走。久服轻身,走及奔马,强志益力,通神。一名横唐,一名行唐。生海滨川谷及雍州。五月采子。

陶隐居云:今处处有。子形颇似五味核而极小。惟入疗癫狂方用,寻此乃不可多食过剂尔。久服自无嫌,通神健行,足为大益,而《仙经》不见用。今方家多作狼莔。今按陈藏器《本草》云:莨菪子,主痃癖,安心定志,聪明耳目,除邪逐风,变白,性温不寒,取子洗曝干。隔日空腹水下一指捻勿令子破,破即令人发狂。亦用小便浸之令泣,小便尽曝干,依前服之。臣禹锡等谨按《蜀本图经》云:叶似王不留行、菘蓝等。茎、叶有细毛,花白,子壳作罂子形,实扁细,若粟米许,青黄色。所在皆有。六月、七日(月)采子,日干。《药性论》云:莨菪亦可单用,味苦、辛,微热,有大毒。生能泻人见鬼,拾针狂乱。热炒止冷痢,主齿痛,蚛牙孔,子,咬之虫出。石灰清煮一伏时,捞出,去芽曝干。以附子、干姜、陈橘皮、桂心、厚朴为丸。去一切冷气,积年气痢,甚温暖。热发用录豆汁解之,焦炒碾细末,治下部脱肛。日华子云:温,有毒。甘草、升麻、犀角并能解之。烧熏蚛牙及洗阴汗。

《图经》曰:莨菪子,生海滨川谷及雍州,今处处有之。苗茎高二三尺(许)。叶似地黄、王不留行、红蓝等,而三指阔。四月开花,紫色。苗、荚、茎有白毛。五月结实,有壳作罂子状,如小石榴。房中子至细,青白色,如米粒。一名天仙子。五月采子,阴干。谨按《本经》云:莨菪性寒,后人多云大热。而《史记·淳于意传》云:淄川王美人怀子而不乳,意饮以浪荡药一撮,以酒饮之,旋乳。且不乳岂热药所治?又古方主卒癫狂亦多单用莨菪,不知果性寒邪?《小品》载治癫狂方云:取莨菪三升作末，酒一升渍数日，出捣之，以向（内）汁和绞去滓，汤上煎令可九服，如小豆三丸，日三。当觉口面急，头中有虫行，额及手足有赤色处，如此并是差（瘥）候。未知再服，取尽神良。又《箧中方》：主肠风。莨菪煎：取莨菪实一升，治之。曝干捣筛，生姜半斤取汁，二物相合，银锅中更以无灰酒二升投之，上火煎令如稠饧，即旋投酒，度用酒可及五升以来，即止煎。令可丸大如梧子。每旦酒饮通下三丸，增至五、七丸止。若丸时粘手，则菟丝粉衬隔。煎熬切戒火紧，则药易焦而失力矣。初服微热，勿怪。疾甚者，服过三日，当下利。疾去，利亦止。绝有效。

雷公云：凡使，勿令使苍蓂子。其形相似，只是服无效，时人多用杂之。其苍蓂子，色微赤，若修事十两，以头醋一镒，煮尽醋为度。却用黄牛乳汁浸一宿，至明看牛乳汁黑，即是莨菪子，大毒。晒干别捣重筛用。勿误服，冲人心大烦闷，眼生遁火。别说云：谨按莨菪之功，未见如所说，而其毒有甚煮一二日而芽方生，用者宜审之。[1]

其中与上述医典一样明确提到使人健行、见鬼、使人发狂等症状。描述的这些药效是当时古代巫医服用后的切身体会。"见鬼"、"通神"是服药后出现的幻觉；"轻身"、"狂走"则是药效作用下的感受，与萨满脱魂后的飞翔体验恰相契合[2]。

跟其他药物一样，李时珍对莨菪子的药用同样作了总结，关于莨菪子药性的描述大体跟前述《证类本草》所载同。除此之外，李

[1] 〔宋〕唐慎微撰，尚志钧、郑金生、尚元藕、刘大培点校《重修政和经史证类备用本草》卷一〇，北京：华夏出版社，1993年，287—288页。
[2] 郭淑云《致幻药物与萨满通神体验》，《西域研究》2006年第3期，72页。

氏还另外记录了一些轶事。《本草纲目》对莨菪是这样描述的：

> 主治齿痛出虫、肉痹拘急，久服轻身，使人健行，走及奔马，强志益力，通神见鬼。多食令人狂走。……
>
> 发明：弘景曰：入疗颠狂方用，然不可过剂，久服自无嫌，通伸健行，足为大益，而仙经不见用。……不可生服，伤人见鬼，拾针狂乱。时珍曰：莨菪之功，未见如所说，而其毒有甚焉，煮一二日而芽方生，其为物可知矣。莨菪、云实、防葵、赤商陆，皆能令人狂惑见鬼者，昔人未有发其义者。盖此类皆有毒，能使痰迷心窍，蔽其神明，以乱其视听故耳。唐安禄山诱奚、契丹，饮以莨菪酒，醉而坑之。又嘉靖四十三年二月，陕西游僧武如香挟妖术至昌黎县民张柱家，见其妻美。设饭间，呼其全家同坐，将红散入饭内，食之，少顷举家昏迷，任其奸污，复将魇法吹入〔张〕柱耳中，柱发狂惑，见举家皆是妖鬼，尽行杀死，凡一十六人并无血迹，官司执柱囚之。十余日柱吐痰二碗许。问其故，乃知所杀者皆其父母兄嫂妻子姊侄也。柱与如香皆论死。世宗肃皇帝命榜示天下，观此妖药，亦是莨菪之流尔。方其痰迷之时，视人皆鬼矣，解之之法，可不知乎。[1]

李氏除了将莨菪子的毒效跟令人狂惑见鬼之外，还将它的使用跟妖术、魔法联系起来。其中游僧武如香一事亦见载于《物理小识》，可知非虚。由此看来，宗教人士对莨菪子的药性并不陌生。

实际上，唐时的民间宗教便有利用莨菪子致幻的药性来迷惑

---

[1]《本草纲目》卷一七，1141—1142页。

信众的。《朝野佥载》卷五载:

> 景云中,有长发贺玄景,自称五戒贤者。同为妖者十余
> 人,于陆浑山中结草舍,幻惑愚人子女,倾家产事之。绐云至
> 心求者必得成佛。玄景为金簿袈裟,独坐暗室,令愚者窃视,
> 云佛放光,众皆摄伏。缘于悬崖下烧火,遣数人于半崖间披红
> 碧纱为仙衣,随风习飔,令众观之。诳曰:"此仙也。"各令着
> 仙衣以飞就之,即得成道。克日设斋,饮中置莨菪子,与众餐
> 之。女子好发者,截取为剃头,串仙衣,临崖下视,眼花恍惚,
> 推崖底,一时烧杀,没取资财。事败,官司来检,灰中得焦拳尸
> 骸数百余人。敕决杀玄景,县官左降。[1]

则可知莨菪子还被用作宗教活动之致幻药。难怪明代方以智在著
述中将它视作"醉迷术",所撰《通雅》卷四一载:

> 莨菪,一作薗荡。安禄山以莨菪酒坑奚、契丹。一名横唐,
> 一名行唐。妖术用此迷人,曰行唐酒是也。仓公传臣意,饮以
> 莨荡。[2]

又方氏《物理小识》卷一二载:

> 醉迷术　莨菪子、云实、防葵、赤商陆、曼陀罗花皆令人狂

[1]〔唐〕张鷟撰,赵守俨点校《朝野佥载》,《隋唐嘉话·朝野佥载》,115页。
[2]《通雅》,502页下栏。

惑见鬼。安禄山以莨菪酒醉奚、契丹,坑之。嘉靖中,妖僧武如香,至昌黎张柱家,以红散入饭,举家昏迷,任其奸污。盖是横唐方,周密言押不卢,可作百日丹。郎仁宝言:"曼陀罗花酒,饮之,醉如死。"魏二韩御史治一贼,供称威灵仙、天茄花、黏刺豆,人饮则迷,蓝汁可解,青衣可嚼。杨循吉《吴中故语》言,许道师惑人,午日取即且、蛇蝎等,置瓮互唊,余者以其血和药,令求法者洗眼,则妄见眩乱。以曼陀罗酿煮鸭,日食则痴。

　　解迷 《类志》曰:七月七日取蜘蛛网着衣领中,勿令人知,可以辽(疗)迷。又曰:人善忘,取鳖爪着衣带中则已,宜服丹砂、石菖蒲、茯神、远志。为药迷者,饮冰水即解。[1]

其中所言曼陀罗又名风茄子、山茄子、大颠茄、颠茄、闷陀罗等。曼陀罗花又名洋金花、押不芦、山茄花、胡茄花、风茄花、天茄花、佛茄子等,为茄科植物白花曼陀罗或毛曼陀罗的干燥花[2]。曼陀罗的花、种子、茎干、根都含有生物碱,但以花中含率最高,达0.43%。生物碱中以天仙子碱(Hyosine,亦名东莨菪碱)为主,天仙子胺(Hyoscyamine,旧名莨菪碱)次之。对于曼陀罗(花)的药理作用,临床试验证明曼陀罗(花)所含生物碱的主要成分东莨菪碱有显著的镇静作用,一般剂量可使人感觉疲倦、进入无梦之睡眠;还能解除情绪激动,产生"健忘",现已广泛应用于中药麻醉[3]。

―――――――――

[1] 〔明〕方以智《物理小识》卷一二,287页。

[2] 谢宗万、余友芩主编《全国中草药名鉴》上册《中草药同物异名集》,北京:人民卫生出版社,1996年,843—844页;南京中医药大学《中药大辞典》,上海科学技术出版社,2006年,2420—2421页。

[3] 南京中医药大学《中药大辞典》,2423页;方晓阳《"蒙汗药"一词新释》,《中华医史杂志》2001年第4期,211—212页。

从药物非医疗后果的表述来看,云实、麻黄、莨菪子的特点都是"见鬼"、"狂走"、"久服轻身",不难看出这是当时巫医服用之后的体会。"见鬼"应该等同于萨满昏迷中的幻视,"狂走"就可能与萨满飞行的感觉有关,这些都是被药物麻醉后的迹象[1]。人类在文明之初的采集活动和医疗实践中常常会遇见各种麻醉性或毒性植物,具有致幻作用的植物主要集中于真菌属和双子叶植物的一些科属中。它们能使人产生幻觉,是因为其中含有不同种类的生物碱[2],诸如鸦片、罂粟、大麻、烟草、曼陀罗、曼德拉草、仙人掌、乌头类植物以及酒、毒蘑菇等。在古代社会,人们很容易认为毒物产生的幻觉就是神圣或疗效的依据,它们对大脑神经系统产生的致幻作用很容易就被吸收到早期的宗教活动中[3]。

二 石重床背屏中的豪摩树

宗教与毒品(致幻麻醉剂)自古以来就是难以分割的。后者亦真亦幻的功效让人进入一种脱离俗世、超乎想象的世界,不仅是宗教家本人进入与神沟通(所谓绝地天通)的助溶剂、催化剂,而且也成为

---

[1] 王纪潮《中国古代萨满昏迷中的药物问题》,《自然科学史研究》2005年第1期,17页。
[2] 刘疆《神奇的致幻植物》,《知识就是力量》2002年第4期,58页。案,神经致幻毒菌是指含有各种对动物和人的大脑神经具有兴奋和致幻作用的毒素的真菌。此详贺新生、张玲、康晓慧《神经致幻毒菌及其毒性》,《中国食用菌》2004年第2期,10—12页;同作者《神经致幻毒菌及其毒性》(续),《中国食用菌》2004年第3期,9—11页。黄红英、骆军、卞杰松、黄玉兰《致幻蘑菇及其毒素》,《湘南学院学报》2006年第10期,57—61页。等等。
[3] 详王纪潮《中国古代巫、毒关系之演变——战国秦汉简帛材料中有关毒的人类学观察》,西北大学《毒理学史研究文集》第二集,2003年,10—18页,等等。

宗教家传教的主要工具之一。如同世界上的其他宗教一样,祆教的宗教仪式中同样也使用致幻剂,如豪麻(Haoma),并视之为不死之药。

在拜火教的宗教仪式中,和在圣火前祷祈同样重要的是饮用一种叫豪麻的圣水。拜火教最重要的献祭仪式Yasna,就是在圣火前背诵大段的《阿维斯塔》经文,同时向诸神贡献豪麻,即向圣火淋洒豪麻,参与献祭的教士和信众也依次饮用豪麻[1]。

圣火崇拜和饮用豪麻(苏摩)是伊朗系和印度系古雅利安人文化的共同特征。实际上,当印伊时代 Zend Avesta 中已经崇拜哈阿马(Haoma=Sama)而称为拜火教[2]。印度阿耆尼苏摩的崇拜,至早当起于《梨俱吠陀》终期。吠陀时代将从波斯《火教经》吸收的 Hom 和 haoma 演变为 Soma。饶宗颐认为所谓不死药,应该就是代表amçta的hauma或Soma[3]。苏摩这种植物,从中榨取的棕红色液汁具有兴奋作用。苏摩的液汁经过榨取和过滤后,与鲜奶或酸奶混合,让祭司在举行仪式中喝完,似乎尤其是让那些要作为因陀罗神及潗尤(Vāyu)的化身的祭司来喝。

在《梨俱吠陀》中,所有的天神都饮苏摩酒。对于凡人,苏摩酒也是延年益寿的甘露、医治百病的仙药。吠陀诗人还认为苏摩酒有助于颂诗创作[4]。在《梨俱吠陀》中,受到赞扬最多的三位天神是因陀罗(Indra)、阿耆尼(Agni)和苏摩(Soma)。

在拜火教神话里,豪麻亦是上帝诸子之一,是草药和医疗之

[1] 引自 http://www.lkong.net/thread-137902-1-1.html。
[2] 〔日〕高楠顺次郎、木村泰贤著,高观庐译《印度哲学宗教史》,63页。
[3] 饶宗颐《塞种与Some——不死药的来源探索》,载刘东主编《中国学术》第3辑,北京:商务印书馆,2002年,1—10页。
[4] 黄宝生《印度古典诗学》,北京大学出版社,1999年,184页。

神。信徒们相信,以豪麻命名的植物和用这类植物配制的饮料,能治疗疾病,使人延年益寿;在世界末日时,救世主沙西安要亲自调制豪麻,人饮用后将获得永生。在宗教仪式中,由祭师配制豪麻。配制者把制备豪麻用的植物放在石钵里,用石块压出白色(或说金黄色)的浆液。这种浆液可直接饮用,或再和水、牛奶、黄油混合后饮用。可见,豪麻或苏摩献祭是印度系和伊朗系古代雅利安人宗教仪式的重头戏[1]。

根据《梨俱吠陀》和《阿维斯塔》里的描述,现代学者一致认为豪麻(苏摩)中含有致幻剂成分。饮用豪麻后,使人的视觉和听觉都发生改变,而更重要的是精神状态的改变。饮用者高度亢奋,飘飘欲仙,"听到"平常情况下听不到的声音,"看到"平常情况下看不到的形象,许多曾经幻想过的事物似乎都变成了现实。但从很早的时候起,可能由于原料断绝,制作豪麻的植物已经使用不含致幻剂的代用品,而原来使用的植物已经失传[2]。

20世纪70年代,前苏联考古学家在今天土库曼斯坦共和国东南部的茂芙地区(汉文古籍称木鹿城或马鲁城)发掘出两期古人类文化遗存,即巴克特利亚-马吉亚那古人类综合体(Bactria-Margiana Archaeological Complex),简称皮曼克文化(BMAC,读成Bee-mack)。两期遗存的碳十四断代分别为公元前1900—前1700年和公元前1700年。美国学者则认为两期遗存的年代应为公元前2400—前2200年和公元前2200年。

在马吉亚那遗址中发掘出一座巨大的圣火神庙。该神庙由两

---

[1]　引自 http://www.lkong.net/thread-137902-1-1.html。
[2]　同上。

部分构成：公众礼拜用的会堂以及祭师专用的密室。在一间密室里，出土了3个底部有干燥物质残渣的陶碗，残渣中含有大麻和麻黄类植物的化学成分。这是第一次发现的古代豪麻饮料的实物遗存。在贴邻的另一间密室里，出土了10个陶制的壶架。这些壶架的构造，显然是专为分离压出浆汁后的新鲜植物的枝、茎和叶而设计的。在第三间较远的密室里，出土了许多陶罐和一个陶盆，陶盆里有大量的大麻干燥浆汁。这间房间可能用于配制和分装豪麻饮料。从出土陶器的容积估计，该神庙配制的豪麻饮料，足以供应当时马吉亚那地区大部分居民饮用。在皮曼克文化的另两处遗址里，也出土了同类的专为制备豪麻饮料设计的陶器，并在一个陶罐底部的残渣中，化验出麻黄类物质和罂粟的花粉孢子[1]。这有可能是因为豪麻的原料断绝、数量有限[2]，而这些药物同样具有豪麻的功效而成为豪麻的替代品。在吐鲁番洋海墓地发现了距今2 500年前的大麻实物，随葬上述物品的墓葬，其墓主人生前很可能是专司祭祀的萨满[3]。

　　因为雅利安民族（Arya）的南下，真正的苏摩已经难得。南迁之前，印度雅利安民族原活动于里海、咸海之间的地带，故苏摩原产地摩嘉瓦特山（Mūjavat）当在这一范围之内。实际上，人类学的数据也表明，《梨俱吠陀》中的苏摩在亚洲史上并未构成一个孤立的事件，而是一种遍及欧亚的祭祀的基本表现，它通过关于生命之

---

［1］　引自 http://www.lkong.net/thread-137902-1-1.html。

［2］　参高楠顺次郎、木村泰贤上揭书，90—91页。

［3］　Jiang HE1, Li X, Zhao YX, Ferguson DK, Hueber F, Bera S, Wang YF, Zhao LC, Liu CJ, Li CS, "A new insight into Cannabis sativa（Cannabaceae）utilization feom 2500-year-old Yanghai Tombs, Xinjiang, China," *Journal of Ethnopharmacology*, 108（2006），pp.414–422. 新疆文物考古研究所、吐鲁番地区文物局《新疆都善县洋海墓地的考古新收获》，《考古》2004年第5期，3—7页。

树和不朽之草的传说几乎在各处都经久不衰[1]。但是，关于苏摩、豪麻具体为何物，却成为学界的一桩公案[2]。

所幸吉美石重床背屏8（图4-1）给我们提供了有关苏摩（豪麻）的重要线索。该屏画面的下半部为一大水域，其北岸有一植物。水域中有一人骑于张口露齿的水牛背上，其下部浩大的水面上另有一口中衔鸟的怪兽。骑牛之人昂首双手作张弓拉弦射物状。半空中山岭重重，下承三层之台，恐意在表现重峦叠嶂与画面下半部场景的距离。在山岭后伸出一巨型鸟头，鸟头后

图4-1 吉美石重床背屏8

方则衬以光芒闪烁的太阳。其内容大体可谓是对伊朗-雅利安关于宇宙起源创始神话的描绘[3]。

---

[1] 列维·施特劳斯著，陆晓和等译《结构人类学——巫术·宗教·艺术·神话》，北京：文化艺术出版社，1991年，224—240页。

[2] 相关研究情况可参霍本撰、陈昊译《苏摩-豪麻问题——有关这个讨论的导言性概说和评论》，载朱玉麒主编《西域文史》第一辑，北京：科学出版社，2006年，256—293页。

[3] 关于伊朗-雅利安人宇宙起源的创始神话，可参龚方震、晏可佳《祆教史》，35—36页。

对照上述伊朗–雅利安神话，吉美石重床背屏8的图像意蕴基本可以释读。其中图像下部表现的正是乌鲁卡沙海（the Sea Vouru-Kasha），其北岸的植物应为万种之树（Tree of All Seeds），海里口中衔鸟的怪兽便是看护该树的卡拉鱼（Kara）。图像上部的大鸟便是猎鹰塞伊纳（Saena），山岭则为位于赫瓦尼拉塔中央的哈拉圣山，屏中的太阳表示环绕哈拉山运行。而乌鲁卡沙海中的人与牛，表现的则应是诸神在赫瓦尼拉塔中创造动物原人（Gayomeretan）和原牛（Gavaevodata）[1]。

在伊朗–雅利安神话中，大鸟塞伊纳，是一只猎鹰，它栖于万种

图4-2　吉美石重床背屏8中的"万种之树"（豪麻）

之树（图4-2）上面，摇落树上的种子，由风雨带往各地，乌鲁卡沙海里有卡拉鱼，看守万种之树，时刻提防青蛙之类的害虫侵扰[2]。可见万种之树生长于乌鲁卡沙海之滨，它亦被视为可医治百病之树。因此，在《阿维斯陀》中又有一说，即生命之树"豪摩"——玛达，也生长于宇宙之山（"胡凯里亚"）的山脚下，位于沃鲁卡沙湖畔或湖中，其侧为阿尔德维泉[3]。

此外，伊朗神话中还有一棵大

---

[1] 沈睿文《吉美博物馆所藏石重床的几点思考》，载《三夷教研究——林悟殊先生古稀纪念论文集》，472—474页。
[2] 参龚方镇、晏可佳上揭书，45页。
[3] 魏庆征编《古代伊朗神话》，373页。

树,叫"大有威力的高克勒纳(Gaokerena)"(《耶斯特》1∶30)。钵罗婆语称Gokarn或Gokart,"白豪麻",传说食之能祛病延年。这个伊朗-雅利安神话,与印度神话里弥楼山之南有一棵生命之树能够治病差不多,也和苏摩有关[1]。

如前所述,在《梨俱吠陀》中,受到赞扬最多的三位天神是因陀罗、阿耆尼和苏摩。因陀罗在吠陀神中居于最高地位,阿耆尼是火神,苏摩是酒神。酒神苏摩自身为神,同时又司神人之媒介,乃祭坛的重要神。在《梨俱吠陀》中记载了苏摩酒的制法、产地、功用,高楠顺次郎的著述中对此有介绍。现全文迻录如次[2]:

有一种蔓草即攀上植物(Asclepias Acida)名曰苏摩,摘其茎(aṁśu),以石(adri)榨压之,得黄色之液(indu),装入三瓶(kalaśa)或壶(drona)中,以羊毛所制之饰(pevitra)漉之,以十指去其糟,更加牛乳(gavāśir)、酪(dadhyāśir)、麦粉(yavāśir)等,使酝酵而成。《梨俱吠陀》第九卷,《沙磨吠陀》第二卷。专为制作此酒之赞歌集。苏摩之出处,亦与阿耆尼同,有种种异说。此物原产于山,尤以北方摩嘉瓦特山(Mūjavat)为其原产地,通例称为"住于山者"(Giriṣṭha),或称摩嘉山生(Mūjavata)。又有以天为本产地之说,盖以苏摩为诸神之饮料,乃以诸神所住之天为原地也。苏摩虽为地界之植物,实属于天界(一〇.一一六,二。)地乃受天界之植物者云;(九.三八,五。)由此遂生由天持来者之思想,而以鹰(Śyena)

---

[1] 参龚方震、晏可佳上揭书,35—36页。
[2] 参高楠顺次郎、木村泰贤上揭文,89—90页。

拟之。谓鹰由最高天经空界而以其足赍苏摩，交与因陀罗云。（八.七一，三。）苏摩之第一作用，即为作诸神并祖先之饮料，且无有不好之者，彼等之不死，即饮苏摩之故，故又名为不死（即甘露，amṛta）云。其兴奋力又能与神人以勇气。因陀罗与窪尤，征服恶龙乌里特拿（Vṛtra），即苏摩之力也。故直称苏摩自身为杀乌里特拿者（Vṛtrahan）。（九.八八，四。）因此更进一步，竟谓苏摩手持百穿之武器退治恶魔云。（九.九六，一七。）又以其黄色又似太阳之光，遂谓彼为乘苏利耶之车监视下界者。（九.四一，五。）因此与勇者方面结合，又谓为扫除黑暗，给与光明之神。（九.六五，二四。）诗人歌之曰："我饮苏摩。我得不死。我得光明。我知诸神。"（八.四八，三。）此歌可谓能尽苏摩之功能而无余蕴矣。

Soma是吠陀时代从波斯《火教经》吸收的Hom和haoma演变而成的。由此可知，安伽、虞弘等中古中国粟特裔墓葬中的所谓人面鸟身祭司（图4-3、4）很可能便是表现祭坛的重要神祇——苏摩神。所谓"鸟身"宜称之为"鹰身"，恐缘于这是表现猎鹰塞伊纳带来苏摩（豪麻），意在表现墓主灵魂的长生不死。琐罗亚斯德教的天国伽尔扎曼（garōnmāna）[1]本意就是"歌声的殿堂"（the house of welcoming song），因为曼妙的音乐是灵魂欢愉之源[2]。《伽萨》（Yasna L.4）载："神主马兹达和头三位大天神啊！此时此刻我引吭

---

[1] Ph. Gignoux, "L'enfer et le paradis d'après les sources pehlevis," *Journal Asiatique*, 256, 1968, pp.219–245.

[2] Guitty.Azarpay, "The Allegory of Dēn In Persian Art," *Artibus Asiae*, vol.38, no.1, 1976, p.47.

图4-3　安伽石门额人
　　　面鸟身祭司

图4-4　虞弘石椁正面
　　　人面鸟身祭司

高歌把你们赞颂,但愿正教徒所梦寐以求的[女仙],在通往伽尔
扎曼(天国)的路上飘然出现。"[1]故而天宫伎乐形象是判断图像
内容是否为天国的首要因素。换言之,带翼女仙,只有在中界中才
出现。在这两幅人面鸟身祭司的上方都是表示天国的伎乐,则表
明墓主已升至天国。鹰是"死亡之鸟",显然这反映了中亚暴露尸
体于外、让飞鸟运送到天上的习俗[2]。

　　尚需注意的是,在琐罗亚斯德教中,第一个取得祭司头衔的是

[1]　*The Zend-Avesta*, Part Ⅲ, in *Sacred Books of the East*, vol.31, p.172.本文译文
　　据《阿维斯陀——琐罗亚斯德教圣书》,431—432页。
[2]　转引自姜伯勤《中国祆教艺术史研究》,146页。

Ahumstuta之子Saena。如上所述，Saena一词有"鹰"的意思。祭司通常在祈祀礼仪上用的器具有：乳钵、口罩、鞭、滤器、臼、豪摩、灯、baresman枝等，参见《闻迪达德》XIV.8[1]。从安伽石门额图像的构成内容来看，无疑表明祭司仍是此处与上述器具共存的人首鹰身神祇的身份之一。

三 中古祆教幻术

既然在祆教仪轨中不仅同样使用致幻剂苏摩（豪麻），甚而还将它视作不死之药。那么中古中国的祆教祭祀又是怎样的呢？

《安禄山事迹》卷上云：

> 潜于诸道商胡兴贩，每岁输异方珍货计百万数。每商至，则禄山胡服坐重床，烧香列珍宝，令百胡侍左右，群胡罗拜于下，邀福于天。禄山盛陈牲牢，诸巫击鼓、歌舞，至暮而散。[2]

《新唐书·安禄山传》末句作："引见诸贾，陈牺牲，女巫鼓舞于前以自神。"[3]这是安禄山等胡人鼓舞祭祀胡天的一个情景。

文献所载中古中国的祆教祭祀方式跟幻术是联系在一起的，幻术成为唐朝境内粟特祆教徒祭神祈福活动的重要内容。这可能是为了表现宗教的神秘性与力量，以令人油生敬畏感。在光启元

---

[1] 姜伯勤《中国祆教艺术史研究》，102—103页。*The Zend-Avesta*, part 1, *The Sacred Books of the East*, vol. IV, Delhi, 1980, pp.168-169.
[2] 《安禄山事迹》，《开元天宝遗事·安禄山事迹》，83页。
[3] 《新唐书》卷二二五上，6414页。

年（885）敦煌写本《沙州伊州地志》残卷（S.367）中，也描述了唐朝进兵高昌之前，伊州祆主翟槃陀在京师的"下祆神"表演，"以利刀刺腹，左右通过，出腹外，截弃其余，以发系其本，手执刀两头，高下绞转，说国家所举百事，皆顺天心神灵助，无不征验。神没之后，僵仆而倒，气息奄七日，即平复如旧"。

另，唐张鷟《朝野佥载》载：

> 凉州祆神祠，至祈祷日，祆主以铁钉从额上钉之，直洞腋下，即出门，身轻若飞，须臾数百里，至西祆神前舞一曲即却，至旧祆所，乃拔钉，无所损。卧十余日，平复如初。莫知其所以然也。[1]

"身轻若飞，须臾数百里"，与上文所言服用莨菪子的反应"使人健行，见鬼，多食令人狂走。久服轻身，走及奔马"同。

《朝野佥载》（图4-5）又载，在洛阳立德坊及南市西坊的祆神庙，每年祭神祈福时，都要征募胡人术士为祆主：

河南府立德坊及南市西坊，皆

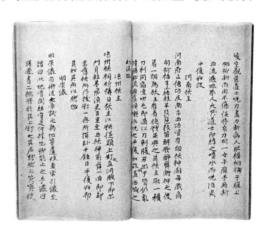

图4-5　《朝野佥载》卷三（国图藏）

[1]《朝野佥载》卷三，《隋唐嘉话·朝野佥载》，65页。

有僧祆神庙。每岁商胡祈福,烹猪羊,琵琶鼓笛,酣歌醉舞。酬神之后,募一胡为祆主,看者施钱并与之。其祆主取一横刀,利同霜雪,吹毛不过,以刀刺腹,刃出于背,仍乱扰肠肚流血。食顷,喷水咒之,平复如故。此盖西域之幻法也。[1]

河南府立德坊等处祆庙的祭祀情形,实为安禄山与胡人祭祀祆神的活动[2]。

《朝野佥载》提到的所谓的"酬神"、"西祆神",都是中亚一带多神崇拜的表现;而伊州、凉州、洛阳等地的祆祠在祭神过程中所表演的西域幻术,也体现出他们之间一脉相承的关系。长安亦有数处祆祠,其祭神情况大概也当如此[3]。唐代这种与百戏(西域幻术等)相结合的祆神崇拜与具有完整宗教体系的波斯琐罗亚斯德教,显然已有本质上的不同,不可等量齐观[4],已非波斯本土之正宗,而为昭武九姓之变种[5]。

方以智认为西域幻人表演所用的致幻剂、麻药便是曼陀罗(押不芦),所撰《通雅》卷四一载:

押不卢,盖活鹿草之类也。华佗以酒服麻沸散,剖破治病,然后缝腹膏磨,此事太奇。《余冬序录》载活鹿草事。《北

[1] 《朝野佥载》卷三,《隋唐嘉话·朝野佥载》,64—65页。
[2] 荣新江《安禄山叛乱的种族与宗教背景》,101页。
[3] 韩香《唐代外来宗教与中亚文明》,原载《陕西师范大学学报》(哲社版)2006年第5期;此据所撰《隋唐长安与中亚文明》,北京:中国社会科学出版社,2006年,320—321页。
[4] 林悟殊《中古三夷教辨证》,北京:中华书局,2005年,338页。
[5] 蔡鸿生《学境》,香港:博士苑出版社,2001年,154—155页。

史·西域传》,说般国真君九年,遣使送幻人,能割喉碎首,血出数升,以草药灌之须臾血止,养疮复常,无痕斑。时取死罪囚,试之验。云中国诸名山,皆有此草。周密《癸辛杂志》云:回回国有药,名押不卢者,土人采之磨酒饮,则麻痹而死。至三日别以少许投之,即活。御院中亦储之,世有传百日丹者。《方舆胜略》:默德那国,有押不卢药。《异域志·木兰皮国》,胡羊尾大如扇,春剖腹取膏,再缝而活。华佗之术出乎此。郎仁宝言,曼佗(陀)罗花为末,饮人醉死,始信蒙汗药有之。东壁(崔述)言山茄花,作酒饮之,昏昏。割疮针灸,可先服之,则不甚毒,或如香,红散迷人,则莨菪云实类。[1]

前述祆主自残肢体却能平复如初的神奇功效显然与引文中服用押不卢的幻人同。在北美的印第安人当中,几乎所有部落都存在曼陀罗(Datura)植物的崇拜,原因就是它能引发萨满的基本行为,如巫术飞行、下阴间、转变为美洲虎、带回病人的灵魂等[2]。此为曼陀罗成为宗教致幻剂的人类学证据。

※　※　※

世界各地的萨满昏迷所用的麻醉药一般是有毒药物,如毒蘑

---

[1] 《通雅》,499页下栏—500页上栏。案,关于押不卢,《癸辛杂识续集》"押不卢"条的记载更为详细。此详〔宋〕周密撰、吴企明点校《癸辛杂识》,北京:中华书局,1988年,158页。

[2] Jacobs B. I., "How Hallucinogenic Drugs Work," *American Scientist*, 75, pp.387–390. 转引自郭淑云上揭文,73页。

菇、佩约特仙人掌、莨菪、大麻、曼德拉草等。这些植物都是非成瘾性(non-addictive)的药物,但是服用后毒性发作能够引起昏迷或者幻觉的效果,属于人类药理学中讨论的致幻药(Hallucinogens)一类。萨满使用这些致幻性植物帮助实现昏迷的目的是为了获得与超自然的联系。

在古代中国,用于萨满昏迷之中的药物可能有云实、麻黄、莨菪(或作荡)子、狼毒、羊踯躅、芫华、鸡(乌)头和附子等。通过现代医学和人类学的研究,乌头一类的有毒植物中的确能够产生幻视、幻听和失重感,在意识状态转换时发生飞升的感觉,即萨满的巫术飞行[1]。

《魏书》记载,匈奴"秋收乌头为毒药,以射禽兽"[2]。"乌头",又叫乌喙、堇、附子,乌头(Aconitum carnichaleli)的主要成分是次乌头碱、乌头碱、新乌头碱、塔拉胺、川乌碱甲和川乌碱乙等6种生物碱,对心脏和中枢神经系统有强烈的毒效作用[3],会造成服用者的幻觉,是一种有毒植物,古代常用[4]。这说明东北地区的先民很早便知晓运用乌头的药性到日常劳作之中。

虽然尚不能断言乌头、莨菪子、羊踯躅一类致幻性植物在中国古代社会必然是神圣之物,也没有证据表明古人服用它们会成瘾,但它们可以引起幻觉是可以肯定的[5]。根据幻术表演在唐境袄教祭祀中的重要地位,以及安禄山之流熟知莨菪子的致幻作用来看,

---

[1] 王纪潮《中国古代萨满昏迷中的药物问题》,16—21页。
[2] 《魏书》卷一〇三,2304页。
[3] 南京中医药大学编《中药大辞典》,229、1577页。
[4] 王纪潮《唐太宗与箭毒》,《读书》2003年第6期,157页。
[5] 王纪潮《毒品与神圣》,西北大学《毒理学史研究文集》第三集,2004年,15页。

有可能莨菪子、押不芦（曼陀罗）以及乌头之类的植物成为西域及河北、山东地区祆教徒及祆主的致幻剂。

除了陆生的莨菪子之外，尚有水生的水莨菪。后者的毒效同样与莨菪子同，此汉代张仲景便有记载。张氏《金匮要略》载："菜中有水莨菪，叶圆而光，有毒，误食之，令人狂乱，状如中风，或吐血。治之方，甘草煮汁，服之即解。"[1]

关于莨菪毒的治疗方法，晋葛洪《肘后备急方》卷七《食诸菜中毒发狂烦闷吐下欲死方》载：

> 取鸡屎烧末，服方寸匕，不解，更服；又煮葛根饮汁；莨菪毒，煮甘草汁，捣蓝汁饮，并良。[2]

唐代孙思邈《千金要方》也记载解莨菪毒的药物，有荠苨、甘草、犀角、升麻、蟹汁等[3]。

---

［1］〔汉〕张仲景撰，何任主编《金匮要略校注》，北京：人民卫生出版社，1990年，266页。
［2］《葛洪肘后备急方》，244页。
［3］〔唐〕孙思邈撰，李景荣等校释《备急千金要方校释》卷二四，北京：人民卫生出版社，1998年，517页。

第五章　助情花香

五代王仁裕《开元天宝遗事》卷上"助情花"条载:

> 明皇正宠妃子,不视朝政,安禄山初承圣睠,因进助情花香百粒,大小如粳米,而色红。每当寝之际,则含香一粒,助情发兴,筋力不倦。帝秘之曰:"此亦汉之慎恤胶也。"[1]

从引文来看,助情花香是丸状媚药,功在催情足力。唐玄宗将之比作汉代之慎恤胶。慎恤胶,见于《赵飞燕外传》中汉成帝服用助性的记载。其文云:

> 〔汉成〕帝尝蚤猎,触雪得疾,阴缓弱不能壮发,每持昭仪(飞燕)足,不胜至欲,辄暴起。昭仪常转侧,帝不能长持其足。樊嬺谓昭仪曰:"上饵方士大丹,求盛不能得,得贵人足,一持畅动,比(此)天与贵妃大福,宁转侧俾帝就邪?"昭仪曰:"幸转侧不就,尚能留帝欲,亦如姊教帝持,则厌去矣,安能复动乎?"……

---

[1] 〔五代〕王仁裕撰,曾贻芬点校《开元天宝遗事》,《开元天宝遗事·安禄山事迹》,21页。

　　帝病缓弱，大医万方不能救。求奇药，尝得慎恤胶遗昭
仪，昭仪则进帝，一九一幸。一夕，昭仪醉，进七九。帝昏夜拥
昭仪，居九成帐，笑吃吃不绝。抵明，帝起御衣，阴精流输不
禁，有顷绝倒，抱衣视帝，余精出涌，沾污被内，须臾帝崩。[1]

可见，慎恤胶同样为丸状媚药，则至迟汉以后，春药已被提炼成中
药。也许是因为赵飞燕故事的声名远扬，使得慎恤胶成为媚药的
代名词，如晚清姚燮（1805—1864）《闲情续诗》云：

　　合欢拟借屠苏酒，续恨应无慎恤胶。[2]

似乎借用屠苏酒的酒力更能发挥慎恤胶的功效。

一　历　代　媚　药

　　汉时有慎恤胶，两晋时有五石散[3]。服用五石散，从史载来看
缘于何晏的耽于声色。隋代巢元方《诸病源候论》卷六《寒食散发
候篇》引皇甫谧云：

---

[1]　〔汉〕伶玄撰《赵飞燕外传》，《五朝小说大观》，郑州：中州古籍出版社据
　　　1926年上海扫叶山房石印本影印，1991年，18叶。案，宋朝张嵲（1096—
　　　1148）《读〈赵飞燕外传〉杂诗》云："燕燕承恩住远条，初能顺息度寒宵。如
　　　何不以斯术进，却使甘心慎恤胶。"〔宋〕张嵲《紫微集》卷一〇，景印文渊阁
　　　四库全书，台北：台湾商务印书馆，1986年，1131册，428页下栏。
[2]　〔清〕姚燮撰，周劭标点《复庄诗问》卷六，上海古籍出版社，1988年，212页。
[3]　李零曾系统地梳理了古代房中的用药及东汉魏晋南北朝房中经典流派。详
　　　所撰《中国方术考》（修订本），北京：东方出版社，2000年，457—468页；以
　　　及《中国方术续考》，北京：东方出版社，2000年，341—393页。

> 近世尚书何晏,耽声好色,始服此药,心加开朗,体力转
> 强。京师翕然,传以相授。历岁之困,皆不终朝而愈。……众
> 人喜于近利,未睹后患。晏死之后,服者弥繁,于时不辍。[1]

皇甫谧为晋武帝时著名的经学家、医学家,于此,他只是说出何晏
服用寒食散原因的一方面,宋代苏轼则一语道破其背后的根由。
苏轼说:

> 世有食钟乳、乌喙而纵酒色以求长年者,盖始于何晏。晏
> 少而富贵,故服寒食散以济其欲。无足怪者,彼其所为足以杀
> 身灭族者日相继也。得死于寒食散,岂不幸哉。而吾独何为
> 效之。世之服寒食散,疽背、呕血者相踵也。[2]

亦即何晏以寒食散为媚药,意在通过行房以求长寿。此二者之间
有何关联? 寒食散又是何物?

　　寒食散又名五石散。唐代医学家孙思邈《千金翼方》记载有
"五石更生散"的配方[3]。主要成分是石钟乳、紫石英、白石英、石硫
磺、赤石脂,此外还有一些辅料。这五种主要药材的主要功效如次:

---

[1]　〔隋〕巢元方著,丁光迪等校注《诸病源候论校注》,北京:人民卫生出版社,
　　1992年,177页。
[2]　〔宋〕苏东坡《东坡全集》卷一〇五《论古》,景印文渊阁四库全书,1108册,
　　651页下栏。案,《资治通鉴》卷一一五"雷震魏天安殿东序"条(3614页)胡
　　三省注引苏轼则略作:"世有食钟乳、乌喙而纵酒色以求长年者,盖始于何
　　晏。晏少而富贵,故服寒食散以济其欲。凡食之者,疽背、呕血相踵也。"
[3]　〔唐〕孙思邈撰,朱邦贤、陈文国等校注《千金翼方校注》卷二二,上海古籍出
　　版社,1999年,612—613页。关于五石更生散的药物配偶,详本书第六章《安
　　禄山服散考》。

　　（石钟乳）主咳逆上气,明目益精,安五脏,通百节,利九窍,下乳汁,益气,补虚损,疗脚弱疼冷,下焦肠竭,强阴。久服延年益寿,好颜色,不老,令人有子。[1]

　　（白石英）主消渴,阳痿不足,咳逆,胸膈间久寒,益气,除风湿痹、疗肺痿,下气,利小便,补五脏,通日月光。久服轻身长年,耐寒热。[2]

　　（石硫磺）主妇人阴蚀,疽痔恶血,坚筋骨,除头秃。疗头腹积聚,邪气冷癖在胁,咳逆上气,脚冷疼弱无力,及鼻衄、恶疮,下部䘌疮,止血,杀疥虫。能化金银铜铁奇物。[3]

　　（赤石脂）主养心气,明目益精,疗腹痛泄澼,下痢赤白,小便利,及痈疽疮痔,女子崩中漏下,产难,胞衣不出。久服补髓,好颜色,益智不饥,轻身延年。[4]

　　（紫石英）主心腹咳逆邪气,补不足,女子风寒在子宫,绝孕十年无子,疗上气、心腹痛、寒热邪气结气,补心气不足,定惊悸,安魂魄,填下焦,止消渴,除胃中久寒,散痈肿,令人悦泽。久服温中,轻身延年。[5]

可知古人认为寒食散有壮阳之功效,到明代该观念仍未改变。李时珍在《本草纲目》中同样认为,五石散中的石钟乳、石英、石脂有补髓益气、轻身延年以及令人有子的功用[6]。

────────

[1]《千金翼方校注》,30、31页。
[2]《千金翼方校注》,31、32页。
[3]《千金翼方校注》,35页。
[4]《千金翼方校注》,32页。
[5]《千金翼方校注》,31页。
[6]〔明〕李时珍《本草纲目》,510—514、554—558页。

　　辑录有唐代以前房中术内容的《医心方》记载了内服的春药多种,其中以"秃鸡散"、"鹿角散"、"益多散"[1]为著名,外用者则有"治男子令阴长方"、"欲令男子阴大方"、"令女玉门小方"[2]等。上述内服三方择要逐录于次:

　　(秃鸡散)治男子五劳七伤,阴痿不起,为事不能。蜀郡太守吕敬,大年七十,服药得生三男。长服之,夫人患多玉门中疼,不能坐卧,即药弃庭中,雄鸡食之,即起上雌鸡其背,连日不下,啄其头冠,冠秃,世呼为秃鸡散,亦名秃鸡丸。方:肉纵容三分,五味子三分,菟丝子三分,远志三分,蛇床子四分。凡五物,捣筛为散,每日空腹酒下方寸匕,日再三,无敌不可服。六十日可御四十妇。又以白蜜和丸如梧子,服五丸,日再,以知为度。[3]

　　(鹿角散)治男子五劳七伤,阴痿不起,卒就妇人,临事不成,中道痿死,精自引出,小便余沥,腰背疼冷方:鹿角、柏子、菟丝子、蛇床子、车前子、远志、五味子、纵容各四分。右,捣筛为散,每食后服五分匕,日三,不知,更加方寸匕。[4]

　　(益多散)生地黄洗,薄切一升,以清酒渍,令浃浃。乃千捣为屑十分,桂心一尺,准二分,甘草五分,炙术二分,干漆五分,凡五物,捣末下筛,冶合,后食以酒服方寸匕,日三。[5]

---

[1] 〔日〕丹波康赖撰,翟双庆、张瑞贤等校注《医心方》卷二八,北京:华夏出版社,1993年,476—477页。
[2] 《医心方》卷二八,478页。
[3] 《医心方》卷二八,476页。
[4] 同上。
[5] 《医心方》卷二八,477页。

文献所见唐代的媚药还有勾足、龙盐等。前者见载于《西阳杂俎》：

> 勾足鹦鸪，交时以足相勾，促鸣鼓翼如斗状，往往坠地，俗取其勾足为媚药。[1]

龙盐，在唐代韩偓的笔下则多了神异色彩，其《金銮密记》"士林纪实"条载：

> 龙盐，士大夫共知之。龙方交，有所遗。用盐渍之，服之，治虚败，有益帏薄之事。[2]

引文中"士大夫共知之"一语，或可表明唐时士大夫多用此物助益房中。明代杨慎的叙述则更为具体，杨氏《升庵全集》卷八一"吉吊"云：

> 龙生三卵，一为吉吊。上岸与鹿交，或在水边遗精，流槎遇粘，裹浮木如蒲桃焉，号紫梢花，道枢所谓龙盐。有益帷箔（薄）者也。[3]

既然龙可与鹿交，则此龙恐多半还是公鹿。之所以描述为"龙"，

[1]〔唐〕段成式撰，方南生点校《西阳杂俎》续集卷八，北京：中华书局，1981年，277页。

[2]〔唐〕韩偓《金銮密记》，〔明〕陶宗仪《说郛》卷七五，北京：中国书店据涵芬楼1927年版影印，1986年，第10册，七叶背面。

[3]〔明〕杨慎《升庵全集》卷八一，王云五主编国学基本丛书本，1937年，1076页。

恐意在神化该药。据闻一多考证，由鹿变蛇之间，似乎还有个过渡的阶段，那便是龙了。龙的头尾与四足与鹿同，只有身躯拉长像蛇罢了。于字音，鹿龙对转[1]。可见，鹿、龙可为一物。上引文献所言之"龙"很可能为"鹿"。

明末方以智亦指出，"吉吊脂、紫稍花，龙盐也"[2]。可见，这龙盐就是产于西部边疆地区的紫梢花。

宋人所服春药，使用唐代方子。比如，《图经本草》记载的"驿马丸"便出自唐代宫廷，相传唐玄宗曾经常服用，很有效验。其制作方法是：

> 今人亦取雀肉，以蛇床子煎膏和合众药丸服，补下有效，谓之驿马丸。[3]

《格致镜原》卷二六"丸"条载：

> 方书苏颂曰：雀肉和蛇床子熬膏，和药丸服，能补下，名驿马丸。此法始于唐明皇，服之验。[4]

看来唐明皇所服媚药有多种，并非只有安禄山所上之助情花香。

遗憾的是，助情花香究竟为何物，实已难考。若从安禄山的种

[1] 闻一多《朝云考》，载所撰《闻一多全集·3》，武汉：湖北人民出版社，1993年，49页。

[2] 〔明〕方以智《通雅》卷四七《动物·虫》，北京：中国书店，1990年，569页下栏。

[3] 〔宋〕苏颂等编撰《图经本草》，福州：福建科学技术出版社，1988年，410页。

[4] 〔清〕陈元龙《格致镜原》卷二六，景印文渊阁四库全书，1031册，363页上栏。

族文化来看,似乎又极可能是胡人所用之媚药。从其名字来推测,该药似应添有某种香气较重的花或香料为引,以借助该香气催行药劲。不过,从已知的西域及敦煌汉语文书中的房中方中[1],目前尚难以比对出助情花香。

二　迷楼与镜殿

正是历代帝王的这种嗜好,上行下效,使得服用媚药之风盛行。但是,他们服用媚药之意,恐尚并非在于荒淫无度,而是藉此以求长生成仙。

从文献可考来看,此风恐怕要始于始皇帝。《史记》卷六《秦始皇本纪》载:

卢生说始皇曰:"臣等求芝奇药仙者常弗遇,类物有害之者。方中,人主时为微行以辟恶鬼,恶鬼辟,真人至。人主所居而人臣知之,则害于神。真人者,入水不濡,入火不爇,陵云气,与天地久长。今上治天下,未能恬倓。愿上所居宫毋令人知,然后不死之药殆可得也。"于是始皇曰:"吾慕真人,自谓'真人',不称'朕'。"乃令咸阳之旁二百里内宫观二百七十复道、甬道相连,帷帐钟鼓美人充之,各案署不移徙。行所幸,有言其处者,罪死。始皇帝幸梁山宫,从山上见丞相车骑众,弗善也。中人或告丞相,丞相后损车骑。始皇怒曰:"此中人泄

---

[1]　陈明《殊方异药:出土文书与西域医学》,北京大学出版社,2005年,126—141页。

吾语。"案问莫服。当是时,诏捕诸时在旁者,皆杀之。自是后莫知行之所在。听事,群臣受决事,悉于咸阳宫。[1]

祖龙因求长生而自谓"真人",不复称"朕"。拓跋元魏"真人代歌"之"真人"应缘于此。道武帝拓跋珪便曾借用"真人"自喻,而这种借用缘于道武帝与方术的密切关系。如,道武帝同样有求长生的经历,而且道武帝之兴,曾经动员不少方术之士为他制造舆论[2]。

明显地,上述引文中有三点值得注意。其一,秦始皇居住的处所不让他人知晓,是为了求得长生不死之药。这二者之间有何关联?其二,秦始皇的居所相连的复道、甬道众多,可谓迷宫。这当然是为了不让他人知晓而特意设计的。其三,秦始皇的帷帐(床笫)充斥着钟鼓、美人。既然居所不让他人知晓,可又安排钟鼓、美人,此二者似自相矛盾,其意在何为?显然,这一切都是围绕着求得长生不死之药的安排,既如此,这几个元素之间是通过什么来发生关联、达成长生的愿望?

宇文恺为隋炀帝营建的洛阳也有相类似的建筑形式。《唐六典》卷七"工部"条东都城注云:

隋炀帝大业元年诏左仆射杨素、右庶子宇文恺移故都创造也。南直伊阙之口,北倚邙山之塞,东出瀍水之东,西出涧水之西,洛水贯都,有河、汉之象焉。东去故都十八里。炀帝

---

[1] 〔汉〕司马迁《史记》,北京:中华书局点校本,1959年,257页。案,引文中着重号为笔者所加。下同。

[2] 王静《中古都城建城传说与政治文化》,52页脚注⑤。田余庆《拓跋史探》(修订本),北京:三联书店,2011年,208—209页。

既好奢靡，恺又多奇巧，遂作重楼曲阁，连阃洞房，绮绣瑰奇，
穷巧极丽。[1]

此段引文多被用来阐释宇文恺所造洛都之工巧华丽。但是，如果
结合《迷楼记》所载便可明了"重楼曲阁，连阃洞房，绮绣瑰奇，穷
巧极丽"，其中所谓"洞房"，很可能便是炀帝御女之迷楼的幽房曲
室的另一种表达。

成书于唐代的《迷楼记》记载：

> 炀帝晚年，尤沉迷女色。他日，顾诏近侍曰："人主享天下
> 之富，亦欲极当年之乐，自快其意。今天下安富，外内无事，此吾
> 得以遂其乐也。今宫殿虽壮丽显敞，苦无曲房小室，幽轩短槛。
> 若得此，则吾期老于其中也。"近侍高昌奏曰："臣有友项升，浙
> （浙）人也。自言能构宫室。"翌日，诏而问之。升曰："臣乞先
> 奏图本。"后数日进图，帝览，大悦。即日诏有司，供具材木。
> 凡役夫数万，经岁而成。楼阁高下，轩窗掩映。幽窗（房）
> 曲室，玉兰（栏）朱楯，互相连属，回环四合，曲屋自通。千门
> 万牖，上下金碧。金虬伏于栋下，玉兽蹲于户傍。壁砌生光，
> 琐窗射日。工巧之极，自古无有也。费用金玉，帑库为之一
> 虚。人误入者，虽终日不能出。帝幸之，大喜，顾左右曰："使
> 真仙游其中，亦当自迷也。可目之曰'迷楼'。"诏以五品官赐
> 升，仍给内库帛千匹赏之。诏选后宫良家女数千，以居楼中。
> 每一幸，有经月而不出。

---

[1]〔唐〕李林甫等撰、陈仲夫点校《唐六典》，北京：中华书局，1992年，220页。

是月，大夫何稠进御童女车。车之制度绝小，只容一人，有机处于其中，以机碍女之手足纤毫不能动。帝以处女试之，极喜。召何稠谓之曰："卿之巧思，一何神妙如此？"以千金赠（赐）之，旌其巧也。何稠出，为人言车之机巧。有识者曰："此非盛德之器也。"稠又进转关车，车用（周）挽之，可以升楼阁如行平地。车中御女则自摇动。帝尤喜悦。帝语稠曰："此车何名也？"稠曰："臣任意造成未有名也，愿帝赐佳名。"帝曰："卿任其巧意以成车，朕得之任其意以自乐，可名'任意车'也。"何稠再拜而去。

帝令画工绘士女会合之图数十幅，悬于阁中。其年上官时自江外得替回，铸乌铜屏数十面，其高五尺而阔三尺，磨以成鉴（镜），为屏，可环于寝所，诣阙投进。帝以屏内迷楼而御女于其中，纤毫皆入于鉴中。帝大喜，曰："绘画得其象耳，此得人之真容也，胜绘图万倍矣。"又以千金赐上官时。

帝日夕沉荒于迷楼，罄竭其力，亦多倦怠。……

〔迷楼〕宫女无数，不得进御者亦极众。……帝又于后宫亲择女百人入迷楼。

大业八年，方士□迁进大丹，帝服之荡思愈不可制，日夕御女数十人。入夏，帝烦燥，日引饮已百杯而渴不止。医丞莫君锡上奏曰："帝心脉烦盛，真元太虚，多饮即大疾生焉。"因进剂治之。仍乞置冰盘于前，俾帝日夕朝望之，亦治烦燥之一术也。自兹诸院美人各市冰为盘，以望行幸。京师冰为之踊贵，藏冰之家皆获千金。[1]

---

[1]《说郛》卷三二，十一叶正面—十四叶正面。

可知，所谓迷楼实是通过幽房曲室、曲房小室的建筑形式来体现的，上述始皇帝所居宫殿之布置与此同。而迷楼是隋炀帝御女之专门场所，则始皇帝所居宫殿亦应是其御女专门之幽房曲室。

《迷楼记》还记载迷楼中有一寝所环绕以数十面乌铜铸就的镜屏，隋炀帝御女于其中，纤毫皆入于镜中。这是有关铜镜导淫的最早记录。

唐高宗时也造镜殿以为秘戏之场所。明代杨慎（1488—1559）《升庵全集》卷六〇"镜殿"条载：

> 唐高宗造镜殿，武后意也。四壁皆安镜，为白昼秘戏之需。帝一日独坐其中，刘仁轨奏事入，惊走下阶，曰："天无二日，土无二王。臣见四壁有数天子，不祥莫大焉。"帝立命剔去，后闻之不悦。帝崩，后（武后）复建之。杨廉夫诗："镜殿青春秘戏多，玉肌相照影相摩。六郎（张昌宗）酣战明空笑，队队鸳鸯漾渌波。"[1]

胡应麟（1551—1602）对此作了进一步解释，在所撰《少室山房笔丛》有按语，云：

> 按，此本隋炀故事，《迷楼记》："帝设铜屏，四周殿上，白昼与宫人戏乐，纤毫皆入屏中。"高宗时武曌用事，中外谓之"二圣"。刘仁轨盖假此以讽，故武闻之不悦也。老铁诗"六郎"谓昌宗，"明空"即"曌"字耳。[2]

[1]《升庵全集》卷六〇，763页。
[2]〔明〕胡应麟《少室山房笔丛》卷二二《艺林学山四》"镜殿"条，上海书店出版社，2001年，221—222页。

明代沈德符《敝帚斋余谈》说：

> 春画之起，当始于汉广川王画男女交接状于屋，召诸父姐妹饮，令仰视画。及齐后废帝于潘妃诸阁壁，图男女私亵之状。……至隋炀帝乌铜屏，白昼与宫人戏，影俱入其中。唐高宗"镜殿"成，刘仁轨惊下殿，谓一时乃有数天子。……至武后时，遂用（镜殿）以宣淫。杨铁崖诗云："镜殿青春秘戏多，玉肌相照影相摩。六郎酣战明空笑，队队鸳鸯浴饰波。"……而秘戏之能事尽矣。后之画者，大抵不出汉广川齐东昏之模范，唯古墓砖石中原此等状，间有及男色者，差可异耳。

如果说，唐高宗造镜殿一事犹可存疑，那么《旧唐书》的记载以及相关的考古工作则证明了唐代宫廷中镜殿的存在。《旧唐书》载，"〔唐〕敬宗荒恣，宫中造清思院新殿，用铜镜三千片，黄白金薄十万番"[1]。《册府元龟》载，唐敬宗"宝历元年（825）七月乙亥，度支准宣进镜铜三千余斤，黄金银薄总十万番，充修清思院新殿及阳德殿图障"[2]。清思殿位于大明宫左银台门内西北280余米处，殿址仅存基坛部分。基坛平面近方形，东西长33米、南北宽28.8米。殿址（基坛）下压有早期建筑遗址，说明是唐敬宗拆除旧殿后又重建的新殿，一如文献所言。在基坛南端东西各出一斜廊。殿堂广约7间，进深约5间。殿的北侧有砖砌

---

[1]《旧唐书》卷一五三《薛存诚传》，4090页。
[2]《册府元龟》卷一四《帝王部·都邑二》，160页下栏。

踏步二,南侧无踏步遗迹,恐原为木构踏步,但在散水南侧却有一条东西走向的铺砖道,砖道宽3米。砖道以南为平坦广阔的场地,无其他建筑遗迹,可能是殿前的庭院(图5-1)。在发掘中出土铜镜残

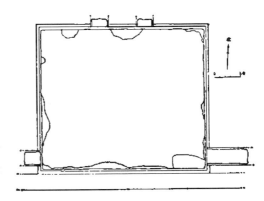

图5-1　大明宫清思殿遗址平面图

片17片以及鎏金铜装饰品残片以及开元通宝钱和石质黑、白围棋子多枚。从出土的遗物及打球的记载来看,清思殿是供皇帝游乐、休憩之所。清思院的范围比较广阔,院内只有一座殿堂,位近东城墙,北邻太液池,环境颇为幽静[1]。可见,镜殿一事并非无稽之谈,空穴来风。

　　1979年,在山东淄博窝托村发现的一件长115.1厘米、宽57.7厘米的长方形铜镜,是迄今已发现的惟一一件镜屏实物,上述隋炀帝的迷楼和唐敬宗镜殿中所用的成组铜镜很可能由此类铜镜组成。

　　隋炀帝御女于环以镜屏的寝所位于迷楼之中,清思殿是大明宫内的起居偏殿,使用大量铜镜做装饰,可以推想应也是唐敬宗御女之专门场所,一如上述隋炀帝、唐高宗以及武则天之所为。那么,镜殿在御女的过程中起了怎样的作用? 这得从古人对房中术的态度以及早期道教的"男女合气之术"说起。

―――――――――
[1]　马得志《唐长安城发掘新收获》,《考古》1987年第4期,329页。

三 房中与求仙

关于房中术,汉代班固认为:

> 房中者,情性之极,至道之际,是以圣王制外乐以禁内情,
> 而为之节文。传曰:"先王之乐,所以节百事也。"乐而有节,
> 则和平寿考。及迷者弗顾,以生疾而殒性命。[1]

其中突出了三个"节"字,此恰说明修行房中术并非为了床笫间的
淫乐,而是有着更高的目的——养生、长生。

在《汉书·艺文志》中,班固不但收录了八家房中术的作品,而
且对这些作品单独进行分类[2]。如此做法在正史中可谓空前绝后。
这也恰说明汉代房中术在时人眼中是很正经的学问,并非淫邪。

《医心方》卷二八引《玉房指要》亦云:

> 能一日数十交而不失精者,诸病皆愈,年寿日益,又数数
> 易女,则益多,一夕易十人以上尤佳。[3]

其对房中术的态度仍与班固同。于此,便可理解墓葬中与房中术、
秘戏相关的图像、房中书及随葬品,恐应有表现墓主长生升仙之愿
望[4](图5-2、3、4、5)。

很可能正是对房中术的这个态度,早期道教男女往来较自由。

---

[1]《汉书》卷三〇《艺文志》,北京:中华书局点校本,1962年,1778—1779页。
[2]《汉书》卷三〇《艺文志》,1779页。
[3]《医心方》,470页。
[4] 罗二虎《汉代画像石棺》,成都:巴蜀书社,2002年,210—211页。

图5-2　四川成都出土汉画
　　　　像砖野合图

图5-3　郭里木棺板画秘戏图

图5-4　都兰吐蕃墓道符
　　　　（99DRNM3：43）

图5-5　西安明珠新家园M54出
　　　　土西汉铜骨质性玩具

《后汉书·刘焉传》载，"〔张〕鲁母有姿色，兼挟鬼道，往来〔刘〕焉家"[1]。从文献的零散记载可知，原始道教有"男女合气之术"。这里所谓的"合气"，是当时流行的术语，即男女性交。道教中三张一派甚而可以在寺院中与其眷属同居。《燕翼治谋录》说："黄冠之教，始于汉张道陵，故皆有妻子。虽属宫观而嫁娶生子，与俗人不异。"葛洪给我们点明道教男女自由交往以"合气之术"的动机所在。《抱朴子》载："知玄素之术者，则曰唯房中之术，可以度世矣"[2]；又载，"一涂之道士，或欲专守交接之术，以规神仙，而不作金丹之大药，此愚之甚矣"[3]。这不仅说明早期道教徒认为只有房中术可以超脱度世，而且证实了早期道教中有以房中术为长生之"大药"的做法。如此，也就无怪乎早期道教男女信徒如此往来。释玄光《辩惑论》"合气释罪是其三逆"条注谓：

> 至甲子诏为醮录，男女媒合，尊卑不别，吴陆修静复勤勤行此。[4]

则可知所谓"男女合气之术"并非"三张伪法"之特有，而实与早期道教均有关系[5]。

古人认为长生必须补损。《后汉书》载，冷寿光"行容成公

---

[1] 《后汉书》卷七五《刘焉传》，北京：中华书局点校本，1965年，2432页。

[2] 王明著《抱朴子内篇校释》卷六"微旨"，北京：中华书局，1980年，113页。

[3] 《抱朴子内篇校释》卷八"释滞"，137页。

[4] 〔唐〕释道宣《弘明集》卷八，《大正藏》，台北：新文丰出版公司，1983年，第52卷，No. 2102，48页中栏。

[5] 汤一介《魏晋南北朝时期的道教》，西安：陕西师范大学出版社，1988年，217页。

御妇人法,常屈颈鸺息,须发尽白,而色理如三四十时"[1]。容成是黄帝时人,以研究房中术而名。《列仙传》卷上称,容成"自称皇帝师,见于周穆王。能善补导之事。取精于玄牝,其要,谷神不死,守生养气者也。发白更黑,齿落更生"[2]。御妇人之术,谓握固不泻、还精补脑也。换言之,房中术意在采女之阴精,补男之元阳,无思无欲,在阳举时以固精、回精之术达成该目的。道教内丹修炼至阳举,即所谓活子时之际,便进阳火退阴符,炼精化气、提精补脑,行卯西周天。可见,在学理上二者相同,都是在阳举的情况下采炼。内丹通过静坐阳举,而房中则通过男女交媾而阳举。但是,以性爱促阳举则罕有能空其身心、心思不荡漾的,由此导致房中之道多使人陷于淫欲之中,在此关口罕有真能勒马者。

570年,北周甄鸾在所撰《笑道论》约略描述了道教"男女合气之术"的内容:

> 《真人内朝律》云:"真人曰:凡男女至朔望日,先斋三日入私房,诣师所立功德,阴阳并进日夜六时。"此诸猥杂不可闻说。又《道律》云:"行气以次,不得任意,排丑近好,抄截越次。"又玄子曰:"不禀庚得度世;不嫉妒世可度;阴阳合,乘龙去"云云。
>
> 臣笑曰:"臣年二十之时,好道术,就观学。先教臣黄书合气三五七九男女交接之道。四目两舌正对,行道在于丹田。

[1]《后汉书》卷八二下《方术列传》,2740页。
[2]〔汉〕刘向撰,王叔岷《列仙传校笺》卷上《容成公》,北京:中华书局,2007年,14页。

有行者度厄延年，教夫易妇唯色为初。父兄立前不知羞耻，自
称中气真术，今道士常行此法，以之求道，有所未详。"[1]

可知其内容大体是群交、男女不论尊卑美丑、环观而不知羞耻等，
缘于其意本在以此求道。

尽管"男女合气之术"一度成为寇谦之整顿"三张伪法"的主
要内容，但是，此法并未真正退出历史的舞台。通过零散的历史记
载，我们反而可以勾勒出此风在古代中国的盛行。

北魏时期，洛阳的瑶光尼寺既可以是皇太后或废后的出家寺
院[2]，同时也是"椒房嫔御学道之所，掖庭美人并在其中，亦有名族
处女，性爱道场、落发辞亲，来仪此寺，屏珍丽之饰，服修道之衣，投
心入正，归诚一乘"[3]。对道教过度仪的研究表明，"房中术"、"合气
之术"在汉魏六朝的道教中，不仅属于养生、神仙术的范畴，甚至还
成为信仰者必须经历的一种"仪式"[4]。

《旧唐书·李守礼传》载，李守礼"以外枝为王，才识猥下，尤
不逮岐、薛。多宠嬖，不修风教，男女六十余人，男无中才，女负贞
称，守礼居之自若，高歌击鼓"[5]，则又该如何理解其中内涵？

李守礼为章怀太子李贤的儿子。在唐章怀太子李贤的品行记

---

[1] 〔唐〕释道宣《广弘明集》卷九"三十五道士合气"条，《大正藏》第52卷，
No.2103，152页上栏—中栏。
[2] 案，北魏时期，宣武皇后高氏与孝明皇后胡氏也在瑶光寺出家的后妃之列。
参见《魏书》卷一三《皇后列传》，336、340页。
[3] 〔魏〕杨衒之撰，范祥雍校注《洛阳伽蓝记校注》，上海古籍出版社，1978年，
1—9页。
[4] 葛兆光《屈服史及其他：六朝隋唐道教的思想史研究》，北京：三联书店，
2003年，61页。
[5] 《旧唐书》卷八六《李守礼传》，2833—2834页。

录中,有一则颇让人费解。《旧唐书》卷八八云:

> 〔韦〕承庆字延休。少恭谨,事继母以孝闻。弱冠举进士,
> 补雍王府参军。府中文翰,皆出于承庆,辞藻之美,擅于一时。
> 累迁太子司议郎。仪凤四年五月,诏皇太子贤监国。时太子
> (李贤)颇近声色,与户奴等款狎,承庆上书谏曰……[1]

唐高宗大力提倡道教,李贤作为监国皇太子受其重用和赏识,对此
不可能不知道且一心奉行。其实,若非他也矢志奉道,便不可能获
此地位。

正如我们知道的那样,汉代从高祖刘邦一直到东汉中后期,皇帝
一直不乏双性恋(表5-1)。汉文帝的男宠主要有三个: 宦官赵同、北
宫伯子、士人邓通。两个宦官长得都很漂亮,文帝出游常令他们陪侍
左右。文帝尊崇道教,一辈子都在寻找长生之道。有一天他梦见一
位船夫渡他上天。后来在一次巡游中,果然遇见一名长相英俊漂亮
的船夫,与自己的梦境对应起来。此人就是邓通。文帝得到邓通后,
便大加爱幸,几乎每天都和他在一起。邓通曾被赐钱数十万,授官上
大夫。这则故事道出了西汉皇帝同性恋动机的真实用意所在。

西汉皇帝喜好男宠与其欲求长生之道有关。至此,李贤与户
奴等款狎的形象与李贤“贤贤易色”的形象之差异便可释然,李贤
与户奴等款狎缘于其信仰道教并藉此求长生的做法。

---

[1] 《旧唐书》卷八八《韦思谦传》,2862—2863页。又见于《新唐书》卷一一六
《韦思谦传》,4229页。《资治通鉴》卷二〇二“太子贤闻宫中窃议”条(6379
页)亦载:“太子(李贤)颇好声色,与户奴赵道生等狎昵,多赐之金帛。司议
郎韦承庆上书谏,不听。”

表5-1 西汉皇帝主要男宠一览表[1]

高　祖	惠　帝	文　帝	景　帝	武　帝
籍孺	闳孺	宦官赵同、北宫伯子、士人邓通	郎中令周文仁	韩嫣、韩说、李延年
昭　帝	宣　帝	元　帝	成　帝	哀　帝
驸马都尉金赏	侍中中郎将张彭祖	宦官弘恭、石显	张放、淳于长	董贤

　　明白了这个关节，上述文献所载李守礼的形貌也就可以理解了。所谓"多宠嬖，不修风教，男女六十余人"、"女负贞称"、"守礼居之自若，高歌击鼓"，实与上引《笑道论》中的描述相同。换言之，这应该是李守礼藉行房中以求长生之道。

　　文献所见元载也是如此。《新唐书》载，元载"诸子牟贼，聚敛无涯艺，轻浮者奔走。争蓄妓妾，为倡优亵戏，亲族环观不愧也。……籍其家，钟乳五百两，诏分赐中书、门下台省官，胡椒至八百石，它物称是"[2]。《旧唐书》本传所载与此大同，称元载"兄弟各贮妓妾于室，倡优猥亵之戏，天伦同观，略无愧耻。……中使董秀、主书卓英倩、李待荣及阴阳人李季连，以载之故，皆处极法。……以载籍没钟乳五百两分赐中书门下御史台五品已上、尚书省四品已上"[3]。

　　元载多次科考皆无功，后适逢崇奉道教的玄宗下诏求明庄、

---

[1] 本表资料取自曹寇《藏在箱底的秘密性史》，广州：花城出版社，2011年，49—51页。
[2] 《新唐书》卷一四五《元载传》，4714页。
[3] 《旧唐书》卷一一八《元载传》，3414页。

老、文、列四子之学者，自幼熟读"道书"的他终得以步入仕途。显然，所谓"道书"所涵盖的范围要比庄、老、文、列四子来得宽泛，恐怕包括修炼在内的道术也在其涉略之内。现在看来，元载不仅精通道家典籍，而且更是亲身履践。不但服散，而且很可能还在家中炼丹。正是抄家时，籍没的五百两钟乳以及八百石胡椒，解开元载与服散、炼丹的关系。元载家中的乳石也是为了服散之用。唐代贵族高官在家中炼丹、服散是一种较为普遍的现象。朝廷将从元载家籍没的五百两钟乳，诏分赐中书、门下台省官，应是用于此途，亦可为一证[1]。《大唐新语》卷七载：

> 端午日，玄宗赐宰臣钟乳。宋璟既拜赐，而命医人炼之。医请将归家炼。[2]

元载府中此等有伤风化之事可能跟信奉道教、并居家炼丹的李守礼"以外枝为王，才识猥下，尤不逮岐、薛。多宠嬖，不修风教，男女六十余人，男无中才，女负贞称，守礼居之自若，高歌击鼓"的叙事手法同。此二者应与三张米道以来道教男女合气之术的泛滥有关。

唐宣宗大中年间，中朝与四海精心烧炼之士（炼丹家）多至数千人，《云溪友议》卷下《羡门远》云：

> 纥干尚书泉，苦求龙虎之丹，十五余稔。及镇江右（唐宣宗大中年间），乃大延方术之士。乃作《刘弘传》，雕印数千

---

［1］　沈睿文《元载的奢侈生活》，《装饰》2010年第12期，19—23页。

［2］　〔唐〕刘肃撰，许德楠、李鼎霞点校《大唐新语》卷七《容恕第十五》，北京：中华书局，1984年，109页。

本，以寄中朝及四海精心烧炼之者。夫人欲点化金银，非拟救于贫乏，必期多蓄田畴，广置仆妾，此谓贪婪，岂名道术？且玄妙之门，虚无之事，得其要旨，亦恐不成，况乎不得！悉焚《参同契》金诀者，其言至也。[1]

引言所谓"广置仆妾"应该是指道教过度仪中的女弟子[2]，用于经历过度仪中一种必需的仪式，即"房中术"、"合气之术"。

这就提醒我们可以重新考察史籍中的类似记载。如《北齐书》载，娄睿"无器干，惟以外戚贵幸，而纵情财色，为时论所鄙"[3]，其内涵恐也多与李守礼、元载同。又史载，西汉中山靖王刘胜，"乐酒好内，有子百二十余人"，尝自称："王者当日听音乐，御声色。"[4]河北满城刘胜的陵寝中便出土有3件女用性玩具，其中铜制双头2件，银制中空、根部有柄1件，均为模拟男根形象之制[5]。若从西汉皇家的道教信仰来分析，刘胜此举多半也该与男女合气之术有关。

如此，我们便可以重新审视汉长安城的考古新发现。2003年10月以来，长安城内长乐宫西北角一宫殿遗址发掘出一处地下建筑（即地下室）和一处半地下建筑。这处半地下建筑出土壁画的

[1]〔唐〕范摅《云溪友议》卷下，丁如明等校点《唐五代笔记小说大观》，1313页。
[2]李零《东汉魏晋南北朝房中经典流派考（下）》，所撰《中国方术续考》，370页。
[3]〔唐〕李百药撰《北齐书》卷四八《娄睿传》，北京：中华书局点校本，1972年，666页；又可参《北齐书》卷一五，197页。
[4]《汉书》卷五三《刘胜传》，2425—2426页。
[5]中国社会科学院考古研究所、河北省文物管理处《满城汉墓发掘报告》（上册），北京：文物出版社，1980年，100、120、140页；《满城汉墓发掘报告》（下册）图版六一：2。案，有关资料的梳理，详李零《"祖"名考实及其他》，载所撰《中国方术考》（修订本），434—457页；陈海《G点与西汉女用性玩具考》，《考古与文物》2004年第3期，62—67页。

房间的地面是完全"涂朱"的。"土被朱紫"的红地面，汉代宫廷中也只有皇帝一级的人才能用。但是这种涂朱的房子现在没有出现在皇帝居住的未央宫，却从太后居住的长乐宫中出土。

在椒房殿台基处发现了一条长达20多米、深约1米、南北走向的信道状遗址，信道的尽头还有一个小房间，面积达240余平方米的大型"地下室"。长乐宫这两处地下信道所处的位置，一条在大殿地下，而另一条则是在寝宫的地下。综合推算，当时地下通道的实际深度应该在2米左右，该地下室实高当在2.5—3米。在地下通道的两侧立有木柱，另外，在入口和出口处还设有木门[1]。长乐宫，是皇太后之宫。西汉皇太后崇信黄老之说，若从"地下室"曲折幽秘的情状来看，颇有昔日秦始皇"令咸阳之旁二百里内宫观二百七十复道、甬道相连"的意味，不能排除是如同秦始皇欲"所居宫毋令人知，然后不死之药殆可得也"，以及后来隋文帝之迷楼的建筑。该处很可能是西汉后宫以房中术求养生、长生之道的幽房曲室、曲房小室。换言之，通道中间的小房间恐非外戚与其朋党的议事密室，通道亦非藏人和转移之用的。

四 镜室与镜道

从历史的发展来看，以房中术求长生似是历代诸帝的共同点。只不过其所宗的宗教或有变化而已。如，元代皇帝修炼的双修秘

---

[1] 杜文靖《古西安长乐宫遗址发现地下室》，http://www.lihpao.com/?action-viewnews-itemid-68816；冯国《考古发现：汉代二元政治太后地位与皇帝不相上下》，新华网，2004-02-03。《西汉后宫地下数条密道为储藏还是政治需要？》，http://news.sohu.com/20100721/n273662438.shtml。

法——“演揲儿”。《元史》记载（图5-6）：

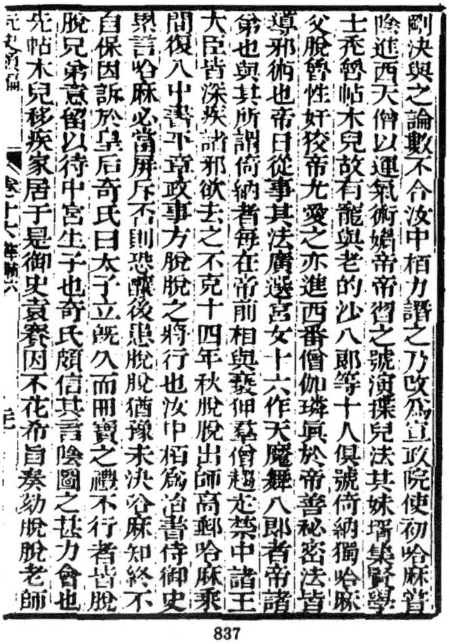
剛決與之論數不合汝中栢力譖之乃改爲宣政院使初哈麻嘗
陰進西天僧以運氣術媚帝帝習之號演揲兒法其妹壻集賢學
士禿魯帖木兒故有寵與老的沙八郎等十人俱號倚納獨哈麻
父脫脫性奸狡帝尤愛之亦進西番僧伽璘真於帝善秘密法皆
導邪術也帝日從事其法廣選宮女十六作天魔舞八郎者帝諸
弟也與其所謂倚納者每在帝前相與褻狎甚僧趨走禁中諸王
大臣皆深疾諸邪欲去之不克十四年秋脫脫出師高郵哈麻乘
間復入中書平章政事方脫脫之將行也汝中栢爲治書侍御史
累言哈麻必當屏斥不則恐釀後患脫脫猶豫未決哈麻知終不
自保因訴於皇后奇氏曰太子立既久而冊寶之禮不行者皆脫
脫兄弟意留以待中宮生子也奇氏頗信其言陰圖之甚力會也
先帖木兒移疾家居于是御史袁賽因不花希旨奏劾脫脫老師

837

图5-6 〔清〕邵远平《元史类编》卷一六

初，哈玛尝阴进西天僧运气术媚帝，帝习为之，号演揲儿法。演揲儿，华言大喜乐也。哈玛之妹婿集贤学士秃鲁帖木儿，故有宠于帝，与老的沙、八郎、答剌马吉的、波迪哇儿祃等十人，俱号倚纳。秃鲁帖木儿性奸狡，帝爱之，言听计从，亦荐西蕃僧伽邻真于帝。其僧善秘密法，谓帝曰：“陛下虽尊居万乘，富有四海，不过保有见世而已。人生能几何？当受此秘密大喜乐禅定！”帝又习之。其法，亦名双修法，曰演揲儿，曰秘密，皆房中术也。帝乃诏以西天僧为司徒，以西番僧为大元国师。其徒皆取良家女，或四人，或三人奉之，谓之供养。于是，帝日从事于其法，广取女妇，惟淫戏是乐。又选采女为十六天魔舞。八郎者，帝诸弟，与其所谓倚纳者，皆在帝前，相与亵狎，甚至男女裸处，号所处室，曰皆即兀该，华言事事无碍也。君臣宣淫，而群僧出入禁中，无所禁止。丑声秽行，著闻于外，虽市井之人，亦恶闻之。皇太子年日以长，尤深疾秃鲁帖木儿等所为，欲去之未能也。[1]

[1] 《元史》卷二〇五，北京：中华书局点校本，1976年，4583页。另可参〔清〕邵远平《元史类编》卷一六，台北：文海出版社据扫叶山房刊本影印，1988年，837页。

只不过此时元帝所宗的是密宗双修秘法,但恐已是一种蜕变为堕落的、有违宗教本意的淫戏,从中也可以看到相同的历史情境在幽房曲室中的再现。

明宣宗朱瞻基为了尽情淫乐,特意在宫内修建一个镜室,室内的四面墙上及天花板、地板上都嵌满铜镜。同时,在室内供着欢喜佛,挂着春宫画,他经常与妃嫔在镜室内纵欲,形影相照,以此为乐[1]。明嘉靖间曾任刑部主事的张合在所撰《宙载》中载道:

> 宣庙(明宣宗朱瞻基)于禁中作镜室,以青铜镜为质,刻欢喜佛,画春图于内,每在此御嫔妃美艳者以形影照映,为人间极乐云。[2]

明宣宗的这个方式则可谓杂糅了隋唐帝王镜殿以及元朝皇帝演揲儿的做法。

这样的话,上述所谓幽房曲室、曲房小室,实际上便是历代借以修炼的静室[3]。《后汉书》注引《典略》曰:

> 光和中,东方有张角,汉中有张修。……角为太平道,修为五斗米道。太平道者,师持九节杖为符祝,教病人叩头思

[1] 王春瑜《明朝轶文拾零·荒淫的宣德皇帝》,载所撰《喘息的年轮——王春瑜随笔》,上海:东方出版中心,1997年,227页。
[2] 〔明〕张合《宙载》卷上,上海书店《丛书集成续编》本据《云南丛书》本影印,1994年,89册,21页下栏。
[3] 静室,亦称靖室、静堂、屈室。如,《魏书》卷一一四《释老志》(3049页)载:"〔张〕曜惧死,因请辟谷。〔北魏〕太祖许之,给曜资用,为造静堂于苑中,给洒扫民二家。而炼药之官,仍为不息。"

过，因以符水饮之。病或自愈者，则云此人信道，其或不愈，则云不信道。修法略与角同，加施静室，使病人处其中思过。[1]

《太平经》所载内修法主要有两种：一为守一，一为存思。不论是守一还是存思，修炼时均需于僻静之处，"凡精思之道，成于幽室"[2]、"守一之法，始思居闲处，宜重墙厚壁，不闻喧哗之音"[3]。

这应该便是卢生所谓"愿上所居宫毋令人知，然后不死之药殆可得也"，以及迷楼设置的真相所在。

由此，在静室中御女缘何使用镜子环绕也可释然。《太平经》载：

> 或求度厄，其为之法，当作斋室，坚其门户，无人妄得入；日往自试，不精不安复出，勿强为之。如此复往，渐精熟即安。安不复欲出，口不欲语，视食饮，不欲闻人声。关炼积善，瞑目还观形容，容象若居镜中，若窥清水之影也，已为小成。无鞭策而严，无兵杖而威，万事自治。[4]

又《抱朴子内篇》云：

> 或用明镜九寸以上自照，有所思存，七日七夕则见神仙，或男或女，或老或少，一示之后，心中自知千里之外，方来之事也。明镜或用一，或用二，谓之日月镜。或用四，谓之四规镜。

---

[1]《后汉书》卷七五《刘焉传》，2436页注释〔五〕。
[2] 王明编《太平经合校》，北京：中华书局，1960年，306页。
[3]《太平经合校》，740页。
[4]《太平经合校》，723—724页。

四规者,照之时,前后左右各施一也。用四规所见来神甚多。或纵目,或乘龙驾虎,冠服彩色,不与世同,皆有经图。欲修其道,当先暗诵所当致见诸神姓名位号,识其衣冠。不尔,则卒至而忘其神,或能惊惧,则害人也。为之,率欲得静漠幽闲林麓之中,外形不经目,外声不入耳,其道必成也。[1]

郑隐曾口授葛洪"欲得通神,当金水分形。形分则自见其身中之三魂七魄,而天灵地祇,皆可接见,山川之神,皆可使役也"[2]。《抱朴子内篇》云:

> 守玄一,并思其身,分为三人,三人已见,又转益之,可至数十人,皆如已身,隐之显之,皆自有口诀,此所谓分形之道。左君(慈)及蓟子训、葛仙公(玄)所以能一日至数十处,及有客座上,有一主人与客语,门中又有一主人迎客,而水侧又有一主人投钓,宾不能别何者为真主人也。师(郑隐)言守一兼修明镜,其镜道成则能分形为数十人,衣服面貌,皆如一也。[3]

则在静室中环绕以铜镜,恐尚是一种宗教修炼。若从道教来讲,便是修习镜道以通神。

于此,我们便可明白,无怪乎《迷楼记》中会有所谓"使真仙游其中,亦当自迷也。可目之曰'迷楼'"一句,原来此事与神仙之道有关,真是有自比神仙于其中的意思。

---

[1]《抱朴子内篇校释》卷一五"杂应",249页。
[2]《抱朴子内篇校释》卷一八"地真",299页。
[3]《抱朴子内篇校释》卷一八"地真",298—299页。

还需指出的是，中国古代尚有所谓"媚道"，其方法之一便是施用符书。受道教的影响，唐代此风较盛[1]。故唐律中列出处理此事的条文，而且惩罚极重。《唐律疏议》卷一八云：

> 即于祖父母、父母及主，直求爱媚而厌咒者，流二千里。若涉乘舆者，皆斩。
>
> 【疏】议曰：子孙于祖父母、父母，及部曲、奴婢于主，造厌咒符书，直求爱媚者，流二千里。若涉乘舆者，罪无首从，皆合处斩。直求爱媚，便得极刑，重于"盗服御之物"，准例亦入十恶。[2]

［1］ 王育成《都兰三号墓织物墨书道符初释》，载北京大学考古文博学院、青海省文物考古研究所编著《都兰吐蕃墓》，北京：科学出版社，2005年，141—142页。
［2］ 〔唐〕长孙无忌等撰，刘俊文点校《唐律疏议》，北京：中华书局，1983年，341页。

第六章　安禄山服散考

安禄山是中国中古史上的一个重要人物，因发动安史之乱兼之特殊身份与宗教信仰而为学界所重。相关研究极多，亦颇多发覆[1]。本章拟着重考察信奉祆教的安禄山服散的事实。

一　安禄山的病征

安禄山，《旧唐书》本传载：

> 〔安〕禄山以体肥，长带疮。及造逆后而眼渐昏，至是不见物。又着疽疾。俄及至德二年（757）正月朔受朝，疮甚而中

---

[1]　如，Edwin G. Pulleyblank, *The Background of the Rebellion of An Lu-shan*，陈寅恪《唐代政治史述论稿》，210—234页；荣新江《安禄山的种族与宗教信仰》，原载《第三届唐代学术研讨会论文集》，1997年；收入所撰《中古中国与外来文明》，222—237页；后增订以《安禄山叛乱的种族与宗教背景》为题，收入中国社会科学院历史所隋唐宋辽金元史研究室编《隋唐辽宋金元史论丛》第一辑，86—103页。Rong Xinjiang, "The Religious Background to the An Lushan Rebellion", in *Chinese Scholars on Inner Asia*, edited by Luo Xin, Bloomington, Indiana University, 2012, pp.97-138.有关安禄山的相关研究荣文罗列甚详，可参《中古中国与外来文明》，222—223页。钟焓《安禄山等杂胡的内亚文化背景——兼论粟特人的"内亚化"问题》，67—84页；王小甫《拜火教与突厥兴衰——以古代突厥斗战神研究为中心》，1—36页。

罢。以疾加躁急,动用斧钺,严庄亦被捶挞,庄乃日夜谋之。[1]

又《新唐书》本传载:

> 禄山腹大垂膝,每易衣,左右共举之,〔李〕猪儿为结带,虽华清赐浴,亦许自随。及老,愈肥,曲隐常疮。既叛,不能无患惧,至是目复盲,俄又得疽疾,尤卞躁,左右给侍,无罪辄死,或箠掠何(呵)辱,猪儿尤数,虽严庄亲倚,时时遭笞靳,故二人深怨禄山。[2]

《资治通鉴》卷二一九"安禄山自起兵以来"条云:

> 安禄山自起兵以来,目渐昏,至是不复睹物,又病疽,性益躁暴,左右使令,小不如意,动加箠挞,或时杀之。既称帝,深居禁中,大将希得见其面,皆因严庄白事。庄虽贵用事,亦不免箠挞,阉宦李猪儿被挞尤多,左右人不自保。[3]

姚汝能《安禄山事迹》卷下载:

> 禄山先患眼疾,日加昏昧,殆不见物,又性转严酷,事不如意,即加箠挞,左右给侍微过,便行斧钺。[4]

---

[1]《旧唐书》卷二○○上《安禄山传》,5371页;又见载于〔宋〕李昉等撰《太平御览》卷一一一,北京:中华书局影印本,1960年,536页下栏。
[2]《新唐书》卷二二五上《安禄山传》,6420页。
[3]《资治通鉴》,7011页。
[4]《安禄山事迹》,《开元天宝遗事·安禄山事迹》,107页。

上述史载文意大同，皆称长疮病疽、目昏不见物以及性情暴躁是
安禄山的三个重要特征。这三个特征长期以来没有得到相关研
究的重视，从而使得我们对安禄山的认识不够全面。不可否认，
其中，虽然不能轻易排除某些体位长疮有由于体肥皮肉摩擦的原
因在，但是综合视之我们有理由认为这是安禄山长期服散失节造
成的病征。

所谓服散即是服用寒食散[1]。寒食散或曰五石更生散、三石更
生散。孙思邈《千金翼方》卷二二《飞炼研煮五石和草药服疗第
二》载：

> 五石更生散　治男子五劳七伤，虚羸着床，医不能治，服
> 此不愈；惟久病者服之。其年少不识事，不可妄服之；明于
> 治理，能得药适可服之；年三十勿服；或肾冷、脱肛、阴肿服
> 之妙方。
>
> 紫石英、白石英、赤石脂、钟乳、石硫磺、海蛤并研、防风、栝
> 楼、各二两半。白术、七分。人参、三两。桔梗、细辛、桂心、各五分。
> 附子。炮，三分，去皮。
>
> 上一十五味，捣筛为散，酒服方寸匕，日二，中间节量以
> 意裁之，万无不起。发热烦闷，可冷水洗面及手足身体，亦
> 可浑身洗。若热，欲去石硫磺、赤石脂，即名三石更生。一
> 方言是寒食散，方出何侯，一两分作三薄，日移一丈再服，二
> 丈又服。[2]

---

[1]　有关寒食散的研究可参余嘉锡《寒食散考》，载所撰《余嘉锡论学杂著》，北
　　京：中华书局，1963年，181—226页。
[2]　〔唐〕孙思邈撰，朱邦贤、陈文国等校注《千金翼方校注》，612—613页。

同书卷二二《服诸石药及寒食散已违失节度发病疗之法合四十五条第三》亦云：

> 今之世人，多有单服钟乳、矾石、桃花石、紫石，亦有合和草药服之，此等虽非五石，亦是五石之例。[1]

由上所载可知唐时寒食散之大概。服散须明节度，否则便易生疾。王焘《外台秘要》卷三七载：

寒食诸法，服之须明节度。明节度则愈疾，失节度则生疾。愚者不可强，强必失身。智者详而服之，审而理之，晓然若秋月而入碧潭，豁然若春韶而泮水，积实谓美矣。[2]

孙思邈描述了服散发病的四十五种症状，所撰《千金翼方》卷二二《服诸石药及寒食散已违失节度发病疗之法合四十五条第三》云：

> ……三、或两目欲脱者，由犯热在肝故也。急下之，自止。……七、或头眩瞕欲蹶者，由衣厚犯热故也。宜针头、冷水洗即止。……二十、或目痛如刺者，由热入胃肝、奔眼故也。但数数冷食，清旦以小便洗之，三日即止。……二十三、或手足偏痛，诸骨节解，身体发痛及疮结核者，由寝处久不自移徙，暴热偏并，聚在一处或也。若坚结机痛，甚者痛发如觉，便以冷水洗之，冷石熨之，饮热酒极热，数日水

---

[1]《千金翼方校注》，621页。
[2]〔唐〕王焘《外台秘要》，1033页下栏—1034页上栏。

以冷水洗不绝，乃差（瘥）。洗之无限，要差（瘥）为期。若乃不差（瘥），取磨刀石如手许大，烧令赤，以石投苦酒中，石自裂，因捣以冷水和涂之，日二三，止。……三十三、或目暗无所见者，由饮食热、居处太温故也。但冷食、冷水洗、脱衣，目自明也。三十四、或下痢如寒中者，由食饮犯热所致故也。人多疑是卒疾，又滞癖作者，皆由犯热所为，慎勿疑也。速脱衣、冷食、饮热酒，即差（瘥）。……四十、或药发辄尸卧不识人者，由热气盛、食少不充，邪忤正性故也。但饮热酒，冷食、冷水洗，自勤劳，以水淹布巾盖头，温易之，仍自劳，差（瘥）。……[1]

可见，安禄山的长疮病疽、目昏不见物两种便在孙思邈所言之二十三、三十三发病症状之列。《医心方》卷一九《服石发动救解法第四》亦称："或目痛如刺，坐热气冒次，上奔两眼故也。……或目冥无所见，坐饮食居处温故也。"[2]

实际上，安禄山所患之痈疽名为"发背"。《备急千金要方》卷二二《痈疽第二》云：

论曰：夫痈疽初发至微，人皆不以为急，此实奇患，惟宜速治。若辽（疗）稍迟，乃即病成，以此致祸者不一。但发背，外皮薄为痈，外皮厚为疽，宜急治之。

凡痈疽始发，或似小疖，或复大痛，或复小痛，或发如米粒

---

[1]《千金翼方校注》，617—621页。
[2]《医心方》，318页。

大白脓子。此皆微候,宜善察之。见有小异,即须大惊忙,急须攻之及断口味,速服诸汤,下去热毒。若无医药处,即灸当头百壮。其大重者,灸四面及中央二三百壮,数灸不必多也,复薄以冷药。种种救疗,必速差(瘥)也。

凡用药帖,法皆当疮头处,其药开孔令泄热气,亦当头以火针针入四分,即差(瘥)。

凡痈疽瘤石痈结筋瘰疬,皆不可就针角。针角者,少有不及祸也。[1]

又同书同卷《发背第三》云:

论曰:凡发背,皆因服食五石寒食更生散所致,亦有单服钟乳而发者,又有生平不服而自发者,此是上代有服之者。其候率多于背两胛间起,初如粟米大,或痛或痒,仍作赤色,人皆初不以为事,日渐长大,不过十日遂至于死。其临困之时,已阔三寸高一寸,疮有数十孔,以手按之,诸孔中皆脓出,寻时失音。所以养生者,小觉背上痒痛有异,即火急取净土,水和如泥,捻作饼子,厚二分阔一寸半,以粗艾大作炷灸泥上,帖(贴)着疮上灸之,一炷一易饼子。若粟米大时,可灸七饼子即差(瘥);如榆荚大,灸七七饼炷即差(瘥);如钱大,可日夜灸之,不限炷数。仍服五香连翘汤及铁浆诸药攻之,乃愈。又法,诸发背未作大脓,可以冷水射之,浸石令冷熨之,日夜莫住,差(瘥)乃止。此病忌面酒五辛等。亦有当

---

[1]〔唐〕孙思邈撰,李景荣等校释《备急千金要方校释》,756—757页。

两肩上发者。

凡服石人皆须劳役，四体无令自安，如其不尔者，多有发动。亦不得逐便恣意取煖，称己适情，必须遗欲以取寒冻，虽当时不宁，于后在身多有所益，终无发动之虑耳。

凡肿起背胛中，头白如黍粟，四边相连，肿赤黑，令人闷乱，即名发背也。禁房室酒肉蒜面。若不灸治，即入内杀人。若灸，当疮上七八百壮。有人不识，多作杂肿治者，皆死。[1]

发背便是因为寒食散或丹药中的火毒所致。《备急千金要方》卷二二《丹毒第四》云：

论曰：丹毒一名天火，肉中忽有赤如丹涂之色，大者如手掌，甚者遍身有痒有肿，无其定色。有血丹者，肉中肿起，痒而复痛，微虚肿如吹状，隐轸起也。有鸡冠丹者，赤色而起，大者如连钱，小者如麻豆粒状，肉上粟粟如鸡冠肌理也，一名茱萸丹。有水丹者，由遍体热起，遇水湿搏之结丹，晃晃黄赤色，如有水在皮中，喜着股及阴处。此虽小疾，不治令人至死，治之皆用升麻膏也。[2]

考稽《新唐书》卷二一五上《突厥上》载：

会天雨血三日，国中犬夜群号，求之不见，遂有疾，〔隋义

---

[1]《备急千金要方校释》卷二二，772—773页。
[2]《备急千金要方校释》，775页。

成〕公主饵以五石,俄疽发死。[1]

又《新唐书》卷一八三《毕诚传》云:

> 太医李玄伯者,帝(宣宗)所喜,以钱七十万聘之,夫妇
> 日自进食,得其欢心,乃进之帝,嬖幸冠后宫。玄伯又治丹剂
> 以进,帝饵之,疽生于背。懿宗立,收玄伯及方士王岳、虞紫芝
> 等,俱诛死。[2]

此上两条是明确表明疽发(发背)是因服散和丹药所致。《旧唐书》
卷四《高宗本纪上》载:

> 时太宗患痈,太子亲吮之,扶辇步从数日。〔贞观〕二十三
> 年五月己巳(649年7月10日),太宗崩。[3]

又《新唐书》卷九九《刘洎传》载:

> 帝(唐太宗)还,不豫,〔刘〕洎与马周入候,出,见遂良,泣
> 曰:“上体患痈,殊可惧。”[4]

可见唐太宗患疽亦是因服丹火毒所致。

---

[1]《新唐书》,6029页。
[2]《新唐书》,5380页。
[3]《旧唐书》,66页。
[4]《新唐书》,3919页。

金石含酷烈之性,加烧炼则火毒难制。《医心方》称:"又药盛发使人悲愁恚怒、角弓反倒,其状若风,有面色青黑,身体斑磷。"[1]服用失节,可使人性情暴躁。《旧唐书》卷一三一《李道古传》载:

> 元和十三年(818),〔李道古〕入为宗正卿。道古在鄂州日,以贪暴闻,惧终得罪,乃荐山人柳泌以媚于上。后又为左金吾卫将军。宪宗季年颇信方士,锐于服食,诏天下搜访奇士。宰相皇甫镈方谀媚固宠,道古言柳泌有道术,镈得而进之,待诏翰林。宪宗服饵过当,暴成狂躁之疾,以至弃代。穆宗在东宫,扼腕于其事,及居丧,皆窜逐诛之。镈既贬责,授道古循州司马,终以服丹药,欧(呕)血而卒。[2]

醉心于道教的唐武宗颇好道术修摄之事,《资治通鉴》卷二四八载:

> 上(武宗)饵方士金丹,性加躁急,喜怒不常。[3]

可见服饵过当,可暴成狂躁之疾。这应该也是安禄山晚年益加狂躁的重要原因。

二　《酉阳杂俎》的记载

段成式《酉阳杂俎》前集卷之一《忠志》载:

---

[1]《医心方》卷一九《服石发动救解法第四》,321页。
[2]《旧唐书》,3642页。另可参《旧唐书》卷一六《穆宗本纪》,476页。
[3]《资治通鉴》,8020页。

　　安禄山恩宠莫比,锡赉无数,其所赐品目有:桑落酒,阔尾羊窟利,马酪,音声人两部,野猪鲊,鲫鱼并鲙手刀子,清酒,大锦,苏造真符宝舆,余甘煎,辽泽野鸡,五术汤,金石凌汤一剂及药童昔贤子就宅煎,蒸梨,金平脱犀头匙箸,金银平脱隔馄饨盘,平脱著足迭子,金花狮子瓶,熟线绫接鞒,金大脑盘,银平脱破觚,八角花鸟屏风,银凿镂铁锁,帖白,一曰"花"。檀香床,绿白平细背席,绣鹅毛毡兼令瑶令光就宅张设,金鸾紫罗绯罗立马宝,鸡袍,龙须夹帖,八斗金渡(镀)银酒瓮,银瓶平脱掏魁织锦筐,银筹篱,银平脱食台盘,油画食藏,又贵妃赐禄山金平脱装具玉合,金平脱铁面椀。[1]

对此,姚汝能《安禄山事迹》也略有记载,其文作:

　　又尝遗禄山酥真符、宝舆并窑台,及音声、宝车、牛士、缴盖,并小山花果药杂树,小狮子、白象各二,兼药食等一牙盘,令内谒除大宾,宣赐禄山,以为奇观焉。[2]

此下,姚汝能还详细记载了天宝十载正月一日(751年2月1日)安禄山生日时,唐玄宗和杨贵妃厚加赏赐安禄山的器物衣服细目。在上揭引文中"酥真符、宝舆"应即段成式所言"苏造真符宝舆"之误,而"窑台"应为"灶台"之误,"灶台"即炼丹之炉具。而《酉阳杂俎》中的"余甘煎"等物姚汝能则以"药食"概之。

---

[1]〔唐〕段成式撰,方南生点校《酉阳杂俎》,3—4页。
[2]《开元天宝遗事·安禄山事迹》,81页。

在前述《酉阳杂俎》记载的安禄山所得赐品中有"桑落酒,阔尾羊窟利,马酪,音声人两部,野猪鲊,鲫鱼并鲙手刀子,清酒,大锦,苏造真符宝舆,余甘煎,辽泽野鸡,五术汤,金石凌汤一剂及药童昔贤子就宅煎,蒸梨",其中不乏解散的药物。此下择可考者述之。

鲫鱼,《外台秘要》卷三七载:

> 又若不下食,体弱乏气力,即宜食鲜鲫鲙法:取鲜鲫鱼剥去鳞,破去肠血,勿洗之,但用新布一二尺净拭,令血脉断,名曰上鲙。余依常鲙法,美作蒜薤,仍食瓜姜等酱,尤益人下食。亦疗气痢、赤痢。[1]

赤痢、气痢是因为中气下陷或气滞或冷气停于肠胃而导致下痢。其症状为腹胁虚满,肠鸣腹痛,便痢赤白。下痢,据孙思邈所言是服散并发症之一,详前揭《千金翼方》卷二二《服诸石药及寒食散已违失节度发病疗之法合四十五条第三》引文之三十四。文中称治疗此症宜"速脱衣、冷食、饮热酒",则唐玄宗赠安禄山鲜鲫鱼、桑落酒[2]便可理解了。据此或可推论当时安禄山患有下痢[3]。

---

[1] 《外台秘要》,1037页下栏。

[2] 桑落酒,葛承雍认为该酒名可能来源于鲜卑徙民的语言称呼。详葛承雍《崔莺莺与唐蒲州粟特移民踪迹》,《中国历史文物》2002年第5期,67页;后收入所撰《唐韵胡音与外来文明》,北京:中华书局,2006年,57页。

[3] 梁周兴嗣的病症跟安禄山有似,应该也是服散所致。《梁书》卷四九《周兴嗣传》(698页):"〔周〕兴嗣两手先患风疽,是年又染疠疾,左目盲,高祖抚其手,嗟曰:'斯人也而有斯疾!'手疏治疽方以赐之。其见惜如此。任昉又爱其才,常言曰:'周兴嗣若无疾,旬日当至御史中丞。'"又见〔宋〕王钦若等编《册府元龟》卷九〇六,北京:中华书局影印本,1960年,10729页上栏—下栏。

羊肉甚补虚,即对身体虚弱、羸弱大有补益。在孙思邈《备急千金要方》中,羊肉除了这些功用之外,还是治疗腰痛、气虚、腹冷、腹胁痛以及绞痛等方中的重要方剂。

马酪,即马酒。《艺文类聚》卷四九"太仆"条云:"今梁州亦名马酪为马酒。"[1]《齐民要术》记载了制作马酪的方法。该书卷六"作马酪酵法"条云:"用驴乳汁二三升,和马乳不限多少。澄酪成,取下淀;团曝干。后岁作酪,用此为酵也。"[2]《学林》卷三"挏马"条引颜师古注称:"马酪,味如酒而饮之亦可醉,故呼为酒也。"[3]则马酪恐与桑落酒一样都是为了治疗安禄山服散所得之下痢,抑或是为了治疗安禄山之病症[4]。

更巧妙的是,唐玄宗所赐"阔尾羊窟利,马酪,音声人两部",似是根据突厥的习俗。《文献通考》卷三四三《突厥上》载:

> 每岁率诸贵人祭其先窟。又以五月中旬,集他人水拜祭天神。又都斤西五百里有高山迥出,上无草树,谓为勃登疑梨,夏言地神也。其书字类胡而不知年历,唯以草青为记,男子好樗蒲,女踏鞠,饮马酪取醉,歌呼相对,敬鬼神。[5]

这恐怕跟唐人认为安禄山母阿史德氏为突厥巫有关[6]。阿史德氏

[1] 〔唐〕欧阳询撰,汪绍楹校《艺文类聚》,上海古籍出版社,1999年,881页。
[2] 〔北魏〕贾思勰著,石声汉校释《齐民要术今释》,北京:中华书局,2009年,561页。
[3] 〔宋〕王观国《学林》,景印文渊阁四库全书,851册,64页上栏。
[4] 〔明〕李时珍《本草纲目》(校点本,下册)卷三五下"芜荑"条(2042—2044页)载:芜荑"和沙牛酪或马酪,治一切疮"。
[5] 〔元〕马端临《文献通考》,北京:中华书局,1986年,2687页下栏。
[6] 《安禄山事迹》卷上,《开元天宝遗事·安禄山事迹》,73页。

显然比九姓胡人地位要高,所以,安禄山本人也承认自己的母亲是突厥种[1]。他本人便曾对哥舒翰说:"我父是胡,母是突厥女。"[2]

值得注意的是,《备急千金要方》卷一〇《伤寒下·劳复第二》又说:

> 论曰:凡热病新差(瘥)及大病之后,食猪肉及羊血、肥鱼、油腻等,必当大下利,医所不能治也,必至于死。若食饼饵粢黍饴、哺鲙炙枣栗诸果物、脯修及坚实难消之物,胃气尚虚弱,不能消化,必更结热。适以药下之,则胃气虚冷,大利难禁。不下之必死,下之复危,皆难救也。热病及大病之后,多坐此死,不可不慎也。[3]

《医心方》亦有类似记载,该书卷一九《服石禁食第七》云:

> 《耆婆方云》:服石后不可食诸物十种:油脂药、芜荑、芥子及芥菜、荠苨、桃竹、笋、荠、蔓菁、葵菜、薯预(薯蓣)。
>
> 又云:凡诸服石之士不得多进面及诸饼饵,生菜、五辛、五果、黍、肥、羊,不得多食也。
>
> 又云:压下石诸物十三种:乔麦、粟米、淡竹笋、水芹、干苔、木耳、柑子、冬瓜芊、龙葵、蒜菜、鹿角菜、猪。[4]

---

[1] 荣新江《安禄山的种族与宗教信仰》,所撰《中古中国与外来文明》,225—226页。
[2] 《旧唐书》卷一〇四《哥舒翰传》,3213页。
[3] 《备急千金要方校释》,371—372页。
[4] 《医心方》,324页。

则安禄山食用唐玄宗所赐上述物件,若把握不好尺度,份量便存在某种风险,而显然安禄山对此是不甚了了的。所以唐玄宗才派了药童昔贤子到安禄山在京城中的府邸煎药。

清酒,也是治疗石热的药方。《千金翼方》卷二二《解石及寒食散并下石第四》云:

> 论曰:凡是五石散先名寒食散者,言此散宜寒食、冷水洗。取寒,惟酒欲清,热饮之。不尔,即百病生焉。服寒食散,但冷将息,即是解药。热实、大盛热,服散黄汤也。[1]

又同书卷二二《解石及寒食散并下石第四》云:

> 治一切石热发方。但饮淳美热清酒,冷食、自劳、冷洗,差(瘥)。[2]

五术汤,为"饮子"的一种。从历史的实际情形来看,"饮子"乃是服饵养生家的造作。唐人关于逸人野老的诗咏中时有提及,见于文献的"饮子"有多种,除了五术汤之外,尚有:枸杞饮、地黄煎、杜若浆、云(母)浆等[3]。上层社会最早是把饮子作为养生的一种饮品。在唐代大多数普通人的眼中,饮子仍是一种用于治疗疾病的药剂,而非日常饮用的一种饮料[4]。李肇《唐国史补》记载了

---

[1]《千金翼方校注》,623页。
[2]《千金翼方校注》,625页。
[3] 王利华《中古华北饮食文化的变迁》,北京:中国社会科学出版社,2000年,262页。
[4] 刘朴兵《唐宋时期的饮子》,《中华饮食文化基金会会讯》(台北)2008年第2期,此据刘朴兵博客http://blog.sina.com.cn/s/blog_4d48d68b0100bk7z.html。

王彦伯疗疾煮汤剂的事。该书卷中载：

> 王彦伯自言医道将行，时列三四灶煮药于庭。老少塞门而请，彦伯指曰："热者饮此，寒者饮此，风者饮此，气者饮此。"皆饮之而去。翌日，各负钱帛来酬，无不效者。[1]

可证。

金石凌，是解石及寒食散的重要药剂[2]。《外台秘要》卷三七云：

> 凡药石发，宜浴。浴便得解，浴讫不差（瘥）者，乃可余疗。若浴不差（瘥），即得依后服葱白、麻黄等汤，诸随身备急药目新附。
>
> 紫雪、金石凌，未详何也。甘草、萎蕤、黄芩、大黄、狗白粪、芒消（硝）、朴硝、二加、芦根、麦门冬、香豉、石膏、犀角、胡豆、露蜂房、白鸭通、大麦奴。
>
> 右以上诸药，皆乳石所要。仲嗣今与名医择之，常用随身备急。[3]

同书同卷又载：

———————

[1]〔唐〕李肇《唐国史补》，《唐五代笔记小说大观》（上册），186页。

[2] 元稹《为令狐相公谢赐金石凌红雪状》云："恩赐金石凌、红雪各一两。右中使窦千乘至奉宣进止，以臣将赴山陵，时属炎暑赐臣前件红雪等。"（〔宋〕李昉等编《文苑英华》卷六三〇，3261页下栏）可见，用于降内热解散的金石凌也被用于解暑。关于金石凌的研究可参范家伟《大医精诚——唐代国家、信仰与医学》，台北：东大图书股份有限公司，2007年，129—133页。

[3]《外台秘要》，1033页下栏—1034页上栏。

又若觉大热者，可服紫雪，或金石凌，或绛雪，或白雪等。但温半大升水，取次研一大两，香汤浴后，顿服之。候一两行利，热乃退矣。凡此救急，紫雪为上。如不得通泄，宜服黄芩饮子法。[1]

《医心方》较为详细地记载了金石凌的服用方法。该书卷一九《服金石凌方第廿》亦云：

《服石论》云：金石凌，若有温（瘟）疫热黄病，取少称一两，水和服之，即得瘥。若金玉诸石等发热，以水和称一两，上凝者服之。若病上发，少食服。若病下发，空腹服之，不可多服。大大冷，无禁忌。

今按：《大清经》云：一鸡子许，宜蜜水和服。又《外台方》大一两水服。[2]

余甘煎之余甘，即庵摩勒之别名。《本草纲目》卷三一"庵摩勒"条：

【释名】余甘子唐本庵摩落迦果〔陈藏器曰〕："梵书名庵摩勒，又名摩勒落迦果。其味初食苦涩，良久更甘，故曰余甘。"[3]

又《海药本草》卷三"庵摩勒"条载：

---

[1]《外台秘要》，1037页上栏。
[2]《医心方》，329页。
[3]《本草纲目》（校点本）下册，1824页。

生西国，大小如枳橘状。梵云：庵摩勒果是也。味苦、酸、甘，微寒，无毒。主丹石伤肺，上气咳嗽。久服轻身，延年长生。凡服乳石之人，常宜服也。[1]

同书卷一"石流黄"条还明确记载了庵摩勒对解发背的功效。文称："如有发动，宜以猪肉、鸭羹，余甘子汤并解之。"[2]

由此视之余甘煎，应也是一种降火去热的药剂。

张九龄《谢赐药金盏等状》云：

右内给事袁思艺奉宣圣旨，赐臣药金盏一匙并参花密、余甘煎及平脱合二，兼令中使辅朝俊亲授。昨所赐金方法者，伏以圣泽无涯，已沐九天之施，真方不秘，更示八公之法，王人俯及，宝器仍颁。自昔名臣近代良佐，虽功业攸著或不承此赐。况臣才不逮古，雨露之泽逾深，任重当时，涓尘之效，无补仰瞻玄造，上答何阶，无任感戴之至。[3]

文中所谓"真方不秘"，似说明了来自西国[4]的余甘煎是由宫廷掌握，秘不示人的。前揭《外台秘要》卷三七中提及"金石凌"，王焘

---

[1]　〔五代〕李珣著，尚志钧辑校《海药本草》(辑校本)，北京：人民卫生出版社，1997年，57页。
[2]　《海药本草》(辑校本)，8页。
[3]　《文苑英华》卷六三〇，3260页下栏。"感戴之至"四字据文渊阁四库全书本补。文渊阁四库全书本题作"谢赐药金盏等物状"。详景印文渊阁四库全书，1339册，17页下栏。
[4]　苏恭《新修本草》称庵摩勒于岭南交、广、爱等州有之。苏颂《本草图经》称庵摩勒"今二广诸郡及西川、戎、泸、蛮界山谷皆有之"。李时珍亦称泉州山中亦有之。详《本草纲目》(校点本)下册，1824页。

在其下注"未详何也"。该情况恐怕是金石凌由宫廷垄断的一个表现。这可能也是唐玄宗专派药童昔贤子到安禄山宅煎药的原因之一吧。也正是如此方才突显出玄宗对安禄山的恩宠,同时这也透露了唐玄宗并未告知安禄山解散下石去火毒的具体方法[1]。玄宗的如斯做法值得我们细细品味。

蒸梨则为清凉解暑降火之物,自不待言。

综上,则《酉阳杂俎》所载唐玄宗恩赐安禄山的上述物品是专门给安禄山解散的药物。而其有些器物应该便是盛放这些药物的,如八斗金渡(镀)银酒瓮很可能便是盛装清酒之用的。从前揭张九龄《谢赐药金盏等状》可知皇帝是会将药装在器皿里一起赐给臣下的。

由此,唐玄宗所赐苏造真符宝舆也就可以理解了。《旧唐书》卷二○○上《安禄山传》载:

〔安禄山〕晚年益肥壮,腹垂过膝,重三百三十斤,每行以肩膊左右抬挽其身,方能移步。[2]

---

[1]〔唐〕封演撰,赵贞信校注《封氏闻见记校注》卷一○"祛怯一本作'惤'"条载:"御史大夫邓景山为扬州节度,有白岑者,善疗发背,海外有名,而深秘其方。虽权要求者,皆不与真本。景山常急之。会岑为人所讼,景山故令深加按劾以出其方。岑惧死,使男归取呈上。景山得方,写数十本榜诸衢路,乃宽其狱。"(北京:中华书局,2005年,93页)李肇《唐国史补》所载有异。该书卷上载:"白岑尝遇异人传发背方,其验十全。岑卖弄以求利。后为淮南小将,节度使高适胁其方,终然不甚效。岑至九江,为虎所食,驿吏收其囊中,乃得真本。太原王昇之写以传布。"(《唐五代笔记小说大观》上册,164页)可见,治疗服散发背之方当时确是被少数人所深秘不示人的。

[2]《旧唐书》,5368页。

又《新唐书》卷二二五上《安禄山传》亦云：

　　〔安禄山〕晚益肥，腹缓及膝，奋两肩若牵者乃能行，作胡旋舞帝前，乃疾如风。[1]

《安禄山事迹》卷上所载则更为全面，其文云：

　　〔安禄山〕晚年益肥，腹垂过膝，自秤得三百五十斤。每朝见，玄宗戏之曰："朕适见卿腹几垂至地。"禄山每行，以肩膊左右抬挽其身，方能移步。玄宗每令作胡旋舞，其疾如风。[2]

唐玄宗赐安禄山苏造真符宝舆一方面跟安禄山的体态有关，另一方面可能还是为了行散时便于移动。所以，该宝舆才突出"真符"二字。又《医心方》卷一九《服石发动救解法第四》载：

　　若噤澡振沂（浙）极目劳动，病人不能自劳者，车载或牵挽掣顿之。
　　若噤战者，复如上牵挽之。[3]

若此则安禄山散发之症甚矣。由此安禄山服散之过度亦可见一斑。

[1]《新唐书》，6413页。
[2]《开元天宝遗事·安禄山事迹》，77页。
[3]《医心方》，321页。

要言之，安禄山因为服散过度散发而患上了前述三种症状[1]，虽称帝，却只能"深居禁中，大将希得见其面，皆因严庄白事"，难

---

[1] 余迎误以为安禄山死于糖尿病，详所撰《安禄山之死与糖尿病考辨》(《兰台世界》2009年第7期，35—36页)。从现代医学的角度来说，糖尿病与服散散发之症是两个不同范畴的医学概念。一般地，今人认为糖尿病在唐时称消渴症。而服散散发之症在现代医学中则尚无与之对应的病理名词。且以中古医籍视之，服散可致消渴症，但散发与消渴症的症状和治疗在当时却是截然不同的。故严格意义上，此二者不宜并举。

自汉以来，对消渴症状便有清楚的认识。隋时，巢元方在所著《诸病源候论》中总结消渴症为八种类型。其中，他认为有五种消渴是因服石(散)后行为不当所致。这说明当时对消渴症的认识已自有其系统。不过，尽管消渴也有因服石所致，但是因此而致消渴的症状也与服散散发不同，而且因服散而致消渴的消渴方用药与服石(散)解散用药也迥异。当然，治疗其他类型消渴症的消渴方也不例外。消渴方和解散方，在《备急千金要方》、《外台秘要》等中古医籍中都有集中记载。消渴方的药物主要是以植物草药类为主，跟服散解散的药截然不同。因为对消渴症和服散解散区分明晰，所以，在中古时期对消渴(包括因服石而致消渴)、服石(散)发散的描写迥异。如，在服散的晋代医家皇甫谧笔下，消渴与散发的症状便有天壤之别。可见，对于散发及其症状的描述同样也自为一脉相承的独立系统，而对安禄山病症的描述正在此系统之中。因为消渴、解散的药方迥异，如此唐玄宗赠予安禄山的物品便成为判断安禄山病症的另一重要依据。这些赠予并没有出现在隋唐时期的消渴方中，而是散见于代的解散方中。其中唐玄宗所赠苏造真符宝舆，在《千金方》中便是明确用于解散，一如本章正文中所考证的。可见，在唐玄宗他们看来，安禄山所患并非消渴症，而是服散导致散发。否则，朝廷对安禄山的赠予便不会如此具有针对性。此外，隋唐时期对患糖尿病者都是明指"消渴"，且对服散(丹)后散发的描述仍与之不同。

文献明确记载患有消渴症的唐人有马周和邓玄挺二人。马周，《旧唐书》卷七四本传(2619页)云："〔马〕周病消渴，弥年不瘳。"《新唐书》卷九八本传(3900页)载："〔马〕周病消渴连年。"邓玄挺，《旧唐书》卷一九〇上本传(5007页)载邓氏"患消渴之疾，选人目为'邓渴'"。马周患糖尿病跟他年轻时饮食的不节制是有关系的。除了医学典籍之外，唐时专论糖尿病的药典见载的有青溪子《消渴论》一卷，详《新唐书》卷五九《艺文志》，1572页上栏。

安禄山的病症跟当时医籍对消渴症的描述不同，而跟文献明确指出的服用丹药的帝王的症状一致。综合视之，可知安禄山之病因服散所致，时人并未视为消渴症，详沈睿文《服散、散发与下石》，《装饰》2016年第2期，96—99页。

以亲理政事[1]。其益加狂躁的性情使得他"左右使令,小不如意,动加箠挞,或时杀之",并"动用斧钺"。左右亲信终于不堪其忍而合力将他杀死。安禄山的命运跟唐宪宗相类。宪宗也是因为服丹致使性情暴躁而对宦官稍则加罪,动则处死,致使左右宦官人人自危而反将其杀死。事见《资治通鉴》卷二四一"初,左军中尉吐突承璀谋立澧王恽为太子"条:

> 　　上(宪宗)服金丹,多躁怒,左右宦官往往获罪,有死者,人人自危;庚子,暴崩于中和殿。年四十三。时人皆言内常侍陈弘志弑逆,《考异》曰:《实录》但云"上崩于大明宫之中和殿。"《旧纪》曰:"时帝暴崩,皆言内官陈弘志弑逆,史氏讳而不书。"《王守澄传》曰:"宪宗疾大渐,内官陈弘庆等弑逆。宪宗英武,威德在人,内官秘之,不敢除讨,但云药发暴崩。"《新传》曰:"守澄与内常侍陈弘志弑帝于中和殿。"裴廷裕《东观奏记》云:"宣宗追恨光陵商臣之酷,郭太后亦以此暴崩。"然兹事暧昧,终不能测其虚实。故但云暴崩。其党类讳之,不敢讨贼,但云药发,外人莫能明也。[2]

足见安禄山的死跟他服散有着不可或分的关系。因之,安禄山走到了自己生命的终点,而安史之乱也由此进入了一个新的阶段。

《安禄山事迹》卷上载:

----

[1] 唐宣宗也是因饵药致发背疽无法上朝亲理政事。《资治通鉴》卷二四九(8075页)"初,上长子郓王温"条载:"上(宣宗)饵医官李玄伯、道士虞紫芝、山人王乐药,疽发于背。〔大中十三年〕八月,疽甚,宰相及朝士皆不得见。"

[2] 《资治通鉴》卷二四一,7777页。

〔天宝九载〕天长节（750年9月10日），〔安〕禄山进山石功德及幡花香炉等，命于大同殿安置，朝夕礼谒焉。……又进玉石天尊一铺，请于道场所安置。玄宗命置于内暖殿。天尊并侍坐真人、玉女神、天丁力士、六乐童子及师（狮）子、辟邪、香炉、玉案三十六事。[1]

则信奉祆教的安禄山服散一方面跟当时服散的社会风尚有关——此详下文，一方面恐还有以此靠近、亲近唐玄宗和杨贵妃的用意。果真如此，则聪明反被聪明误，玩火终自焚。机关虽算尽，却因不明解散之法而饱受其苦丢了卿卿性命。而掌握其中玄妙的唐玄宗则还恩赐炼丹之用的"灶台"给安禄山，于此，我们似乎可以进一步察觉到唐玄宗的某种机心。

有意思的是，安禄山服散并不是个例。唐时因服食发背而亡的官员并不少，捃诸史籍有：

杜淹，《册府元龟》卷三一九载：

杜淹为御史大夫判吏部尚书，参议朝政。岁余，疽发左足。太宗令医者视之，言不救。太宗悯然伤之，于是亲自临问，赐帛三百四。[2]

唐高宗，《唐语林》卷五载：

高宗脑痛殆甚，待诏秦鸣鹤奏曰："须针百会方止。"则天大呼曰："天子头上，可是出血处？"上曰："朕意欲针。"即时

---

[1]《开元天宝遗事·安禄山事迹》，80页。
[2]《册府元龟》，3769页上栏—下栏。

眼明，云："诸苦悉去，殊无妨也。"则天走于帘下，自负银锦等
赏赐，如向未尝怒也。[1]

张守珪，《旧唐书》本传载：

> 〔开元〕二十七年（739），仙童事露伏法，〔张〕守珪以旧功
> 减罪，左迁括州刺史，到官无几，疽发背而卒。[2]

李正己，高丽人，淄青节度使。历检校司空、左仆射、兼御史大夫，加
平章事、太子太保、司徒。死于德宗建中年间。《旧唐书》本传载：

> 未几，发疽卒，时年四十九。子〔李〕纳擅总兵政，秘之数月，
> 乃发丧。纳阻兵，兴元元年（784）四月，归顺，方赠正己太尉。[3]

李洧，李正己从父兄。《旧唐书》本传载：

> 旋加〔李〕洧检校户部尚书。未几，疽发背，稍平，乃大具
> 糜饼，饭僧于市，洧乘平肩舆自临其场，市人欢呼，洧惊，疽溃
> 于背而卒，赠左仆射。[4]

［1］〔宋〕王谠撰《唐语林》，上海古籍出版社，1978年，159页。案，关于秦鸣鹤
　　的研究可参黄兰兰《唐代秦鸣鹤为景医考》，《中山大学学报》（社科版）2002
　　年第5期，61—67、99页。
［2］《旧唐书》卷一〇三，3195页。《新唐书》卷一三三《张守珪传》（4550页）载：
　　"后仙童以赃败，事逮守珪，以功贬括州刺史，疽发背死。"
［3］《旧唐书》卷一二四，3535页。《新唐书》卷二一三《李正己传》，5990页。
［4］《旧唐书》卷一二四《李洧传》，3542页。《新唐书》记载稍异。《新唐书》卷
　　一四八《李洧传》（4780页）云："〔李洧〕迁检校户部尚书。会疽发背，少间，
　　肩舆过市，市人叫欢，洧惊，疽溃卒，赠尚书左仆射。"

陈利贞,《新唐书》本传载:

> 德宗嘉之,擢〔陈利贞〕汝州防御使。贞元五年(789),疽发首,卒。遗观察使崔纵书,自陈受国恩,恨不得死所云。[1]

奚陟,字殷衡,尚书吏部侍郎。《新唐书》本传载:

> 〔奚〕陟寻知吏部选事,迁侍郎。铨综平允,时谓与李朝隐略等,不能擿发清明如裴行俭、卢从愿也。〔贞元〕十五年(799),病痈,帝(德宗)遣医疗视,敕曰:"陟,贤臣,为我善治之。"卒,年五十五,赠礼部尚书。[2]

张后余,柳宗元《哭张后余辞》载:

> 后余,常山张氏。孝其家,忠其友,为经术甚邃而文。少予七年,颇弟畜之。与之居,终日冲然,忘其有,人与之言,铿尔而厉,辨而归乎中。凡人有道而不显于世,则曰非其世也。道而得乎世,然而不显,则曰命。……〔元和二年,807〕既得

---

[1] 《新唐书》卷一三六,4595页。

[2] 《新唐书》卷一六四,5041页。另,刘禹锡《唐故朝议郎守尚书吏部侍郎上柱国赐紫金鱼袋赠司空奚公神道碑》云:"呜呼! 有唐清臣尚书吏部侍郎奚公,贞元十五年(799)十月甲子薨于位。诏赠礼部尚书。……居一年,授权知吏部侍郎,又一年即真。……时得疾发痈,有国医方直禁中,上(德宗)促遣如第,且敕之曰:某贤臣也,悉术以治之。及有司以不起闻,上震悼加等。"〔唐〕刘禹锡撰,卞孝萱校订《刘禹锡集》卷二,北京:中华书局,1990年,29—30页。另,"贞元十五年十月"没有"甲子",此误。

进士,明年疽发髀卒。[1]

张茂昭,《旧唐书》本传载:

> 时〔元和〕五年(810)冬也。行及晋州,拜检校太尉、兼
> 中书令,充河中晋绛慈隰等州节度观察等使。十二月十二日,
> 至京师。故事双日不坐,是日特开延英殿对茂昭,五刻乃罢。
> 〔张茂昭〕又上表请迁祖考之骨墓于京兆。在朝两月,未之镇。
> 六年二月,疽发于首,卒,时年五十。废朝五日,册赠太师,赙
> 绢三千匹、布一千端、米粟三十石,丧事所须官给,诏京兆尹监
> 护,谥曰献武。[2]

李虚中,殿中侍御史。韩愈《殿中侍御史李君墓志铭》载:

> 殿中侍御史李君,名虚中,字常容。……经一月,〔李虚
> 中〕疽发背,〔元和八年〕六月乙酉(813年7月5日)卒。……
> 君(李虚中)亦好道士说,于蜀得秘方,能以水银为黄金,服之
> 冀果不死。将疾,谓其友卫中行大受、韩愈退之曰:"吾梦大山
> 裂,流出赤黄物如金。左人曰,是所请大还者,今三矣。"君既
> 殁,〔韩〕愈追占其梦曰:"山者艮,艮为背,裂而流赤黄,疽象
> 也。大还者,大归也。其告之矣。"[3]

---

[1]〔唐〕柳宗元撰《柳宗元集》卷四〇,北京:中华书局,1979年,1076—1077页。
[2]《旧唐书》卷一四一,3859页。《新唐书》卷一四八《张茂昭传》(4771页)尚载:"帝(宪宗)思其忠,擢诸子皆显职,岁给绢二千匹。"
[3]〔唐〕韩愈撰,马其昶校注《韩昌黎文集校注》卷六,上海古籍出版社,1986年,439—441页。

从墓志文所言可以进一步确知李虚中所患背疽实乃服丹过度所致。

李岕,《旧唐书》卷一五六《韩弘传》载:

> 是岁(长庆二年,822),汴州节度使李愿被三军所逐,立都将李岕为留后。朝廷以〔张〕充久在汴州,众心悦附,命充为宣武节度使,兼统义成之师往讨岕。会岕疽发脑,属兵于纪纲李质。质以计诛首乱,送岕归京师,充遂不战而入大梁。[1]

《旧唐书》卷一五六《李质传》载:

> 李质者,汴之牙将。李岕既为留后,倚质为心腹。及朝廷以岕为郡守,志邀节钺,质劝喻不从。会岕疽发首,乃与监军姚文寿谋,斩岕传首京师。[2]

《新唐书》卷一五八:

> 李质者,节士也。始为牙将,及〔李〕岕为留后,邀帅节,劝之不从,岕疽发于首,委质以兵,遂禽(擒)岕。终金吾将军。[3]

薛存庆,《新唐书》本传载:

---

[1]《旧唐书》,4137页。
[2]《旧唐书》,4138页。
[3]《新唐书》,4947页。

穆宗谓宰相曰："必用薛存庆，可以宣朕意。"对延英一刻，遣之（薛存庆），至镇州，疽发于背卒，赠吏部侍郎。[1]

高霞寓，幽州范阳人。《旧唐书》本传载：

〔元和〕十三年（818），出为振武节度使，入为左武卫大将军。长庆元年，授（高霞寓）邠宁节度使。三年，就加检校右仆射。四年，加检校司空，又加司徒。宝历二年（826），疽发首，不能理事，求归阙下。其夏，授右金吾卫大将军、检校司徒，途次奉天而卒，年五十五，赠太保。[2]

独孤朗，独孤及子。《新唐书》卷一六二《独孤朗传》：

〔独孤〕朗，字用晦。……文宗初，迁工部侍郎，出为福建观察使，创发背卒，赠右散骑常侍。[3]

弘楚，《资治通鉴》卷二四四：

弘楚怒曰："中尉失今日之断，必不免他日之祸矣！"因解军职去。顷之，疽发背卒。[4]

［1］《新唐书》卷一四三，4689页。
［2］《旧唐书》卷一六二，4249—4250页。另可参《新唐书》卷一四一《高霞寓传》，4662页。
［3］《新唐书》，4993—4994页。
［4］《资治通鉴》卷二四四"前邠宁行军司马郑注"条，7892—7893页。

韩简,魏州人,魏博节度观察留后、侍中、昌黎郡王。魏博节度观察等使、检校司空、同平章事韩允忠之子。《旧唐书》本传载:

> 〔韩允忠〕子简,自允忠初授戎帅,便为节度副使。乾符初,累官至检校工部尚书。允忠卒,即起复为节度观察留后。逾月,加检校右仆射。其后累加至侍中,封昌黎郡王。……简因欲先讨〔崔〕君裕,次及河阳,乃举兵至郓,君裕请降。寻移军复攻河阳,行及新乡,为〔诸葛〕爽军逆击,败之。简单骑奔回,忧愤,疽发背而卒,时中和元年(881)十一月也。[1]

诸葛殷,方士。淮南节度使高骈用之。《资治通鉴》卷二五四载:

> 初,高骈好神仙,有方士吕用之坐妖党亡命归骈,骈厚待之,补以军职。用之,鄱阳茶商之子也,久客广陵,熟其人情,炉鼎之暇,颇言公私利病,故骈愈奇之,稍加信任。……
>
> 用之又引其党张守一、诸葛殷共蛊惑骈。……〔诸葛〕殷病风疽,搔扒不替手,脓血满爪,骈独与之同席促膝,传杯器而食。左右以为言,骈曰:"神仙以此试人耳!"骈有畜犬,闻其腥秽,多来近之。骈怪之,殷笑曰:"殷尝于玉皇前见之,别来数百年,犹相识。"……
>
> 是后,骈于道院庭中刻木鹤,时着羽服跨之,日夕斋醮,炼金烧丹,费以巨万计。[2]

---

[1]《旧唐书》卷一八一,4689页。又可见《新唐书》卷二一〇《韩简传》,5938页。
[2]《资治通鉴》卷二五四"初,高骈好神仙"条,8264—8266页。

又《新唐书》卷二二二中《南蛮中》载：

> 〔高〕骈结吐蕃尚延心、嗢末鲁㫏月等为间，筑戎州马湖、
> 沐源川、大度河三城，列屯拒险，料壮卒为平夷军，南诏气夺。
> 酋龙恚，发疽死，伪谥景庄皇帝。[1]

高骈醉心于求仙问道。《桂苑笔耕集》卷一六《求化修诸道观
疏》说：

> 今幸遇太尉（高骈）德继犹龙，道深有象，黄石公之妙诀，
> 雅称帝师；赤松子之胜游，伫迎仙友。是故，出则以六奇制敌，
> 入则以九转服勤。静除阃外之烟尘，闲对壶中之日月。三元
> 遵敬，一气精修，果见真位高迁，殊祥荐降。[2]

五代郭廷诲所撰《广陵妖乱志》云："高骈镇京口，召致方伎之士
吕用之，以其术通，于客次专方药、香火之事"[3]；"高骈惑于神仙之
说，起延和阁于大厅之西，凡七间，高八，饰以珠玉，每旦焚名香，以
祈王母之降及师铎乱人，有登之者于藻井上见二十八字，云：'延
和高阁上干云，小语犹疑太乙闻。烧尽降真无一事，开门迎得毕将
军。'高骈诗：'对酒看花何处好，延和阁下碧筠亭。'"[4]"高骈惑于

[1]《新唐书》，6290页。
[2]〔新罗〕崔致远撰，党银平校注《桂苑笔耕集校注》，北京：中华书局，2007年，
566—567页。
[3]〔清〕张玉书等编《佩文韵府》卷九九上"方药"条引，北京：中华书局，1983
年，3803页上栏。
[4]《佩文韵府》卷九九上"延和阁"条引，3832页上栏。

神仙之说,于道院庭中刻木为鹤,大如小驷,羁辔中设机楗,人或逼之则奋然飞动,骈尝羽服跨之,仰视空阔,有飘然之思。"[1]高骈醉心于道教的形象跃然纸上。

另有孟浩然及酉龙也是因服散发背而亡的。《新唐书》卷二〇三《孟浩然传》载:

> 张九龄为荆州,辟置(孟浩然)于府,府罢。开元末,病疽背卒。[2]

上述文献所载之人多为德宗之后的藩镇节将[3]。当然,这只是当时服散、服丹官员的一部分而已[4]。李肇《唐国史补》卷下载:

> 长安风俗,自贞元侈于游宴,其后或侈于书法图画,或侈于博弈,或侈于卜祝,或侈于服食,各有所蔽也。[5]

---

[1] 《佩文韵府》卷九九上"刻鹤"条引,3834页下栏。案,关于唐代大臣驾鹤的政治文化内涵,详悉王静《节愍太子墓〈升仙太子图〉考——兼论薛稷画鹤的时代背景》,《北京大学学报》(哲社版)2007年第4期,110—118页。

[2] 《新唐书》,5779页。

[3] 此外,尚有会昌年间护凤翔军王义逸(详《太平广记》卷一一六"王义逸"引《传记附录》,《太平广记会校》,1601—1602页)、会昌之前平卢节使李某(详《太平广记》卷一二六"王瑶"条引《耳目记》,1754—1755页)以及某妪祖母(详《太平广记》卷一二八"荥阳氏"条,1783—1784页)、唐太子仆通事舍人王儦(详《太平广记》卷一四三"王儦"条引《纪闻》,2032页)。因其传奇色彩较浓,谨记于此。

[4] 可参李斌城等《隋唐五代社会生活史》,北京:中国社会科学出版社,1998年,384—401页。

[5] 《唐国史补》,《唐五代笔记小说大观》(上册),197页。

唐朝以道教为国教[1]，唐朝皇帝佞道好神仙之术者甚多[2]。唐代诸帝多有炼丹饵药的行为，这在历朝历代中较为罕见。

贞观二十二年六月，王玄策献所俘中天竺帝那伏帝国方士那罗迩娑婆寐，唐太宗对他"深加礼敬，馆之于金飙门内，造延年之药。令兵部尚书崔敦礼监主之，发使天下，采诸奇药异石，不可称数"[3]。次年丹成，太宗服饵，顿觉不适，病情加重，很快便驾崩了。

唐高宗时，"有胡僧卢伽阿逸多受诏合长年药，高宗将饵之"。东台侍郎郝处俊便以前述太宗服食胡僧丹药早逝之事劝谏，道：

> 昔贞观末年，先帝（太宗）令婆罗门僧那罗迩娑婆寐依其本国旧方合长生药。胡人有异术，征求灵草秘石，历年而成。先帝服之，竟无异效，大渐之际，名医莫知所为。[4]

唐高宗还在宫内设内道场，也曾"令广征诸方道术之士，合炼黄白"[5]、"化黄金治丹法"[6]，后在叶法善的劝谏之下，方士凡百余人皆罢。开耀元年闰七月庚申（681年9月11日），高宗更是因为服饵，令太子监国[7]。

---

[1] 任继愈主编《中国道教史》，上海人民出版社，1990年，270—292页；黄正建主编《中晚唐社会与政治研究》第五章《道教与中晚唐政治与社会》，北京：中国社会科学出版社，2006年，435—498页。

[2] 李斌城等《隋唐五代社会生活史》，384—386页。

[3]《旧唐书》卷一九八《天竺传》，5308页。可参较《酉阳杂俎》前集卷七"酒"条，73—74页。

[4]《旧唐书》卷八四《郝处俊传》，2799页。

[5]《旧唐书》卷一九一《叶法善传》，5107页。

[6]《新唐书》卷二〇四《叶法善传》，5805页。

[7]《资治通鉴》卷二〇二"庚申，上以服饵"条，6403页。

圣历年中,武则天则"使(道士胡超)合长生药,所费巨万,三年乃成"[1],而张易之、张昌宗兄弟为其炼丹。

唐玄宗"御极多年,尚长生轻举之术。于大同殿立真仙之像,每中夜夙兴,焚香顶礼。天下名山,令道士、中官合炼醮祭,相继于路。投龙奠玉,造精舍,采药饵,真诀仙踪,滋于岁月"[2]。

"宪宗季年锐于服饵,诏天下搜访奇士。"[3]道士柳泌在台州为宪宗炼丹,宪宗便封柳泌为台州刺史,倾一州之人力、财力为其炼丹[4]。《资治通鉴》卷二四〇载:

> 上(宪宗)晚节好神仙,诏天下求方士。宗正卿李道古先为鄂岳观察使,以贪暴闻,恐终获罪,思所以自媚于上,乃因皇甫镈荐荐山人柳泌,云能合长生药。甲戌,诏泌居兴唐观炼药。[5]

同样地,唐武宗也好神仙异术,海内道流方士,多至其辇下[6]。文献不乏道士给皇帝献丹药、炼丹药的记载。上行下效,此风之下,文臣武将服散者也众[7]。韩愈所撰《故太学博士李君墓志铭》,其亲睹目见因服饵中毒致死的大官僚便有七位。清人赵翼《廿二史札记》

[1]〔唐〕张鷟撰,赵守俨点校《朝野佥载》卷五,《隋唐嘉话·朝野佥载》,116页。
[2]《旧唐书》卷二四《礼仪志》,934页。
[3]《旧唐书》卷一七一《裴潾传》,4446页;又见《旧唐书》卷一六《穆宗本纪》,476页。
[4]《旧唐书》卷一五《宪宗本纪》,456页。
[5]《资治通鉴》,7754页。
[6]《太平广记》卷七四"唐武宗朝术士"条引《列仙谭录》,《太平广记会校》,890—891页。
[7] 有关有唐一代服食的情况,可详廖芮茵《唐代服食养生研究》,台北:学生书局,2004年。

记唐代服丹而死的大臣,还有杜伏威、李抱真等人[1]。

穆员撰《相国义阳郡王李公(抱真)墓志铭》称李抱真:"上天为何,而降公(李抱真)疾。愿守谦损,固辞崇高,请罢三公,拜章七还。天子重违宗臣之请,又迫苍生之望,退授仆射,而安危注意之任,犹以烦之。〔贞元〕十年六月一日,薨于位,春秋六十有二。……公自生勋门,幼被儒术,长览太史公班孟坚书,服从衡之言,至于兵法,尤其天性,而体乾之刚,利坤之贞,煦春之仁,历秋之义,蹈礼之节,包乐之和。是以文昭扶翊,武著戡清,行备九德,政成百度。忠与勋偕,业与时并。兵符相印,与身终始。开国传家,与国无穷,盛矣哉!"[2]

此恰可与《旧唐书·李抱真传》相对勘。《旧书》本传云:

〔李〕抱真沉断多智计,尝欲招致天下贤俊,闻人之善,必令持货币数千里邀致之;至与语无可采者,渐退之。时天下无事,乃大起台榭,穿池沼以自娱。晚节又好方士,以冀长生。有孙季长者,为抱真炼金丹,给抱真曰:"服之当升仙。"遂署为宾僚。数谓参佐曰:"此丹秦皇、汉武皆不能得,唯我遇之,他年朝上清,不复偶公辈矣。"复梦驾鹤冲天,窬而刻木鹤、衣道士衣以习乘之。凡服丹二万丸,腹坚不食,将死,不知人者数日矣。道士牛洞玄以猪肪谷漆下之,殆尽。病少间,季长复曰:"垂上仙,何自弃也!"益服三千丸,顷之卒。初,抱真久疾,好机祥,或令厌胜,为巫祝所惑,请降官爵以禳除之。

---

[1] 金正耀《唐代道教外丹》,原载《历史研究》1990年第2期;此据所撰《道教与炼丹术论》,北京:宗教文化出版社,2001年,91页。

[2] 穆员《相国义阳郡王李公墓志铭》,《全唐文》卷七八四,8195页上栏。

是年,凡七上章让司空,复为检校左仆射。贞元十年卒,时年六十二,废朝三日,赠太保,赙以布帛米粟有差。[1]

唐若山也是沉溺道术炼丹之人。唐若山,"历官尚书郎。……开元中,出守润州。……弟若水,为衡岳道士,得胎元谷神之要。……若山素好方术,所至之处,必会炉鼎之客,虽术用无取者,皆礼而接之。家财殆尽,俸禄所入,未尝有余。金石所费,不知纪极。晚岁尤笃志焉,以润(州)之府库官钱,以市药"[2]。

《金液还丹百问诀》对这种现象进行了忠实地记录,称"切见世上之人,多求草药,将结水银。指岭南不是远途,言塞外只是户外。遍求苣卉,散采茅枝。……未成砂子,早望黄金。如此之流,如麻如蚁。致使资财散荡,役心力以慌狂,究竟无成,却怨天恨地"[3]。

《唐会要》卷五〇"玄都观"条载:

> 天宝中,道士荆朏亦出道学,为时所尚。太尉房琯每执师资之礼,当代知名之士,无不游荆公之门。[4]

史载道士给文臣武将献丹药同样也不在少数,如长庆三年(822),便有道士向山南东道节度使柳公绰献丹药。《旧唐书》卷一六五《柳公绰传》载:

---

[1]《旧唐书》卷一三二,3649页。
[2]《道藏》,5册,北京:文物出版社/上海书店/天津古籍出版社,1996年,300页上栏。
[3]《道藏》,14册,901页。
[4]〔宋〕王溥撰,牛继清校证《唐会要校证》,西安:三秦出版社,2012年,747页。

有道士献丹药，试之有验，问所从来，曰："炼此丹于蓟门。"时朱克融方叛，公绰遽谓之曰："惜哉，至药来于贼臣之境，虽验何益！"乃沉之于江，而逐道士。[1]

更有甚者，道士、方士还在军中为将领炼丹，并充任军职，甚而欲图干预军政。《资治通鉴》卷二五七载：

张守一与吕用之同归杨行密，复为诸将合仙丹。又欲干军府之政，行密怒而杀之。[2]

前揭《资治通鉴》卷二五四"初，高骈好神仙"条表明淮南节度使高骈不仅自己炼丹，而且还任用方士在军中任职。德宗之后镇将服散当是此风的自然之物，而胡臣服散则表明他们对汉文化的浸习。

三　解散下石之法及相关文物

皇甫谧曾巧妙地以服散的副作用来回避武帝的敦逼。《晋书》卷五一《皇甫谧传》云：

武帝频下诏敦逼不已，〔皇甫〕谧上疏："……又服寒食药，违错节度，辛苦荼毒，于今七年。隆冬裸袒食冰，当暑烦闷，加以咳逆，或若温疟，或类伤寒，浮气流肿，四肢酸重。于今困劣，救命呼嚬，父兄见出，妻息长诀。仰迫天威，扶舆就

[1]《旧唐书》，4303页。
[2]《资治通鉴》卷二五七僖宗文德元年（888），8373页。

道,所苦加焉,不任进路,委身待罪,伏枕叹息。……"

〔皇甫谧〕初服寒食散,而性与之忤,每委顿不伦,尝悲恚,叩刃欲自杀,叔母谏之而止。……[1]

引文为我们留下了散发的真实描述。看来并非只是皇甫谧不愿意,而是散发之痛难以堪忍。

前揭孙思邈《千金翼方》卷二二《服诸石药及寒食散已违失节度发病疗之法合四十五条第三》云:

上凡服石之人有病,要先以解石法消息之,若不效者,始可用余方救之。前所列凡四十五条,元(原)是服石玩散,违失节度发病由状,亦有消息得差(瘥)者。……至于将息慎忌、禁发动病由,消息损益亦同例。人既见单石而不称意,乃便轻之,惟以大散,乃至发动,乃至困危。其服单石者,理宜将息,若违犯禁忌,但看病状,与上微者同,依前法消息,必定瘥除。[2]

如何来解散下石呢? 首先,是尽可能地去掉寒食散或丹药的火毒。根据丹道文献的记载,祛除火毒主要是利用水(寒泉)或埋入地下。前者利用水的阴湿降温,如《青霞子十六转大丹(法)·第十六转分化王丹》云:

以上诸丹,楮汁为丸,如麻子大,候干。以绢包入东流水

---

[1]《晋书》,北京:中华书局点校本,1974年,1415页。

[2]《千金翼方校注》,621页。

浸百日,取出。[1]

南宋吴悮《丹房须知·服食二十一》云:

> 如云子曰:丙黄蜡毬子内,闭入东流水浸三七日,出火毒。
> 入竹筒内,面贮于甑中,蒸一伏时,去水毒讫。煮汁为丸,如胡
> 麻子大,以祭山(以下原缺)[2]

《云笈七签》卷六九《第二返宝砂篇》条云:

> 如将此砂(黄花银)服饵,入寒泉出火毒。寒泉法,入土
> 深埋三十日出后,淘研用枣肉为丸,每两亦作三百六十丸,每
> 日清晨东向虔心服一丸。服此宝砂丹后,自然虑静神清,浊气
> 不入而志不扰,则渐证于神仙之阶也。[3]

北宋《还丹众仙论·又出火毒法》云:

> 五加皮,地榆,余甘子,已上各一斤。硝石,甘草。各四两。
> 右件药共捣,罗为末,和丹以水同煮,旋旋添水,煮七日七
> 夜取出。入寒泉中一月日。即入牛乳中煮一日后。又瓶以重
> 汤煮一七日。取出。候干,细研极细,以枣肉丸之。[4]

------

[1]　元纂《庚道集》卷八,《道藏》,19册,498页中栏—下栏。

[2]　吴悮《丹房须知》,《道藏》,19册,61页中栏。

[3]　〔宋〕张君房《云笈七签》,济南:齐鲁书社,1988年,386页下栏。

[4]　〔宋〕杨在《还丹众仙论》,《道藏》,4册,341页中栏。另,陈国符疑“又瓶以
　　重汤煮一七日”之“又”后脱“入”字(详所撰《中国外丹黄白法》,上海古籍
　　出版社,1997年,9页),实际上“瓶”在此可视作动词。

而将丹药埋在地坑中则是利用土壤的潮湿降温。《升仙大丹九转灵砂诀·第九转长生永寿仙丹飞升大法》云:

> ……入地三尺,埋一年,取出。又悬井中一年,取出。水浸一年,取出。再用入地三尺,埋一年,欲令不放霞光也。用甘露汁为丸如鸡头大,又入合进火再养,抽添七日、数足,取出。将药一丸与纯黑犬吃,便将投入水中,须是新汲水一瓮,浸之。其水当大沸热。又易水浸之。如此易水九瓮。其犬化为龙升矣。况人服饵乎?人服之,亦复如是。易水九缸,足,便飞升。故号曰九转大仙丹。[1]

又《太丹篇》引元阳子曰:

> 金丹得就后,须出火毒。如不出火毒服,令人口鼻中生疮,时常冲口干,颇似火烧。须出之:先取楮汁丸如麻子大,次用枣穰丸了。以生绢袋子贮。掘地坑子可深一尺五寸,更迭好纸裹衬,却湿土培拥。一七日,开取。悬入井,去水三五尺,三日。呼入寒泉去毒。取之,于合中,于至夜晴,露七夜。呼天河出毒。如丹发动,以甘草煎浓去滓,令日夜渐渐呷之,即解火毒也。[2]

服散后要注意沐浴,这是另一个解散下石的重要方法。《抱朴子内篇》卷一一《仙药篇》云:

---

[1]《庚道集》卷八,《道藏》,19 册,494 页下栏。
[2]《太丹篇》,《道藏》,19 册,349 页上栏。案,陈国符认为"于至夜晴"之"于"为衍文。详所撰《中国外丹黄白法》,9 页。

　　玉屑服之，与水饵之，俱令人不死。所以为不及金者，
令人数数发热，似寒食散状也。若服玉屑者，宜十日辄一
服雄黄、丹砂各一刀圭。散发、洗沐寒水，迎风而行，则不
发热也。[1]

前揭《外台秘要》卷三七云：

　　凡药石发，宜浴。浴便得解，浴讫不差（瘥）者，乃可余
疗。若浴不差（瘥），即得依后服葱白、麻黄等汤，诸随身备急
药目新附。

足见沐浴在服食石发症中的重要作用[2]。史载，唐玄宗、杨贵妃多
次在华清宫汤池中沐浴[3]，玄宗奉道炼丹服食，杨贵妃平时服用杏
丹以固容颜[4]，其沐浴也应与解散有关。依前所述，安禄山服散，
则玄宗对安禄山赐浴的深意也就可以理解了。玄宗此举恐并非简
单的恩宠和拉拢，更是为服散的安禄山解散。而后者又是跟前者
紧密相关的。在天宝十四载，就在安禄山兵反前夕，唐玄宗赐书安
禄山："为卿别治一汤，可会十月，朕待卿华清宫。"[5]这一方面说明
华清宫沐浴在玄宗与安禄山君臣关系中的重要性，另一方面也暗

[1]　王明著《抱朴子内篇校释》，185页。
[2]　有关研究可参丁煌《道教的"沐浴"探究》，原载郑志明主编《道教文化的精
　　　华》，台湾嘉义：南华大学宗教文化研究中心，2000年，413—442页；此据所
　　　撰《汉唐道教论集》，北京：中华书局，2009年，233—245页。
[3]　华清宫汤池的情况经多年的考古工作已大体可了解。此详本书第十章《赐
　　　浴华清池》。
[4]　刘禹锡《马嵬行》云："贵人饮金屑，倏忽舜英莫。平生服杏丹，颜色真如
　　　故。"《刘禹锡集》卷二六，338页。
[5]　《新唐书》卷二二五上《安禄山传》，6416页。

示着服散成为安禄山与玄宗沟通、亲近的重要渠道。所以，华清宫赐浴的一幕才得以在此朝廷政治的关键时刻出现。

《安禄山事迹》卷上载：

> 禄山时染小疾，王人御医重叠复至，煎和汤药皆在禁中。[1]

所谓"时染小疾"，其中散发的可能性极大，当然也不排除有其他恙疾。在禁中煎汤药，一方面是以示恩宠，一方面可能也是为了保密药方。因为，如果真的是对安禄山恩宠，唐玄宗大可将解散的药方赐给安禄山，就如同梁高祖手疏治疽方赐给周兴嗣一样。这样岂不是更为显示对安禄山的宠幸吗？

另外，就是借助当时的医疗手段进行治疗，其中包括服用药方和外科手术两种途径。前者上文已有陈略，不再赘述。而所谓外科手术的方法，如利用金钗于发背的疮处热烙。《外台秘要》卷二六云：

> 用银钗以绵裹，用腊月猪脂熏黄火上，暖，以钗烙疮上令热。取干槐枝蘸涂之，以麝香、黄矾、青矾末，敷之；小便后，即敷之。不过三、两度差（瘥）。但用痈疮方中药敷之，即差（瘥）。[2]

值得注意的是，簪、篦也见于当时的医学治疗之中。治疗眼疾

---

[1]《安禄山事迹》卷上，《开元天宝遗事·安禄山事迹》，81页。
[2]《外台秘要》，716页上栏。

可用簪,孙思邈《银海精微》卷下《珍珠散》条云:

> 将朋砂、龙脑收贮在瓷器,封固,土埋七日出火毒。用时,将铜簪蘸点于眼内少许,日点三次,忌动风之物。[1]

此外,簪还可施用于耳聋等治疗中。《备急千金要方》卷六下《治耳聋方》条载:

> 巴豆十四枚　成炼松脂半两
>
> 右二味合治丸如黍米大,绵裹以簪头着耳中,一日一易。药如硬,微火炙之,以汗出乃愈,大效。[2]

《银海精微》卷下《灵妙应痛膏》条云:

> 右将前药俱为细末,用蜂蜜为膏子,以铜簪点之,一、二次,其痛即止。[3]

又《外台秘要》卷八《疗误吞诸木竹钗辈方》云:

> 若是桃枝、竹钗,但数数多食白糖,自消去;又疗以银钗、簪、筋擿吐。因气吸误吞不出方。[4]

---

[1]〔唐〕孙思邈《银海精微》,景印文渊阁四库全书,735册,1063页上栏。
[2]《备急千金要方校释》,247页。
[3]《银海精微》,景印文渊阁四库全书,735册,1063页下栏。
[4]《外台秘要》,251页下栏。

篦则主要用于搅药使凝、治疗眼疾[1]，如《备急千金要方》卷六下《面脂治面上皱黑凡是面上之疾皆主之方》云：

> 白芷色黄，以绵一大两内生布中，绞去滓，入麝香末，以白木篦搅之至凝乃止，任性用之，良。[2]

同书卷一九《麋角丸方》云：

> ……其药及酒俱入净釜中，初武火煮一食久后，即又着火微煎，如蟹目沸，以柳木篦，长四尺、阔三指徐搅之，困即易人，不得住，时时更添美酒，以成煎为度。[3]

又《千金翼方》卷二三《薄贴第八》松脂贴载：

> ……上一十六味，切，先以火暖铜铛令热，以蜡拭铛使通湿，剉松脂令破，内铛中，次下朌脂，都消尽讫，乃内药，以竹篦，搅令调（稠），仍于火上煎，急搅令勿息，十沸下之，沸止更上。[4]

又《外台秘要》卷二一《出眼疾候一首》云：

---

[1] 陈昊对金篦拨障术的研究史有系统的梳理。此据陈昊2009年9月19日给笔者的邮件。
[2]《备急千金要方校释》，256页。
[3]《备急千金要方校释》，692页。
[4]《千金翼方校注》，654页。

……如此之者,名作脑流青盲眼。未患时,忽觉眼前时见飞蝇黑子,逐眼上下来去。此宜用金篦决,一针之后,豁若开云而见白日。针讫,宜服大黄丸,不宜大泄。此疾皆由虚热兼风所作也。[1]

《法苑珠林》卷六二云:

其夜梦见有一老翁,以金篦疗其祖目,谓〔张〕元曰:"勿忧悲也,三日后,祖目必差(瘥)。"[2]

白居易《眼病二首》云:

人间方药应无益,争得金篦试刮看?[3]

总之,钗、簪及篦在当时除了作为妇女的头饰之外,还被施用于治疗服散并发症等医学操作中。这提醒我们在具体的考古学研究中,应根据出土环境详加考察——出土的这些器物是否与此有关。

---

[1]《外台秘要》,562页上栏—563页上栏。
[2]〔唐〕释道世著,周叔迦、苏晋仁校注《法苑珠林校注》,北京:中华书局,2003年,1868页。
[3]《白居易集笺校》卷二四,1671—1672页。

第七章　炼丹与服食

　　安禄山所服丹药又都是些什么？唐代的炼丹究竟是何种情况？西安南郊何家村唐代窖藏的出土回答了上述问题。

　　西安何家村位于唐长安城兴化坊中部偏西南。1970年10月，在此处相继出土了以唐代金银器皿为主的千余件文物，其中金银器皿有271件。此外，还发现有宝玉珍饰、"贵重药物"、中外钱币、银铤、银饼、银板。这些文物分别装在两个陶瓮（W1、W2）和一个素面兽首衔环提梁银罐（编号七—88）中，两瓮与银罐皆埋藏在活土坑内[1]。其中W2放置在W1北边约1米处。前者（W2）距地表深1.3米，瓮口用圆饼形"银渣块"覆盖；后者（W1）距地表深0.78米，瓮盖出土时被挖碎丢失，其西相距0.18米的同一水平面上放置素面兽首衔环提梁银罐[2]。窖藏中的器物，数量多，种类繁，制作精美，保存完好。入藏时每个器物也许还用纸包装[3]。从器型、纹样及铭文等方面考索，

[1]　陕西省博物馆、文管会革委会写作小组《西安南郊何家村发现唐代窖藏文物》，《文物》1972年第1期，30—42页。

[2]　陕西省博物馆、文管会钻探组《唐长安城兴化坊遗址钻探简报》，《文物》1972年第1期，43—46页。

[3]　韩建武透露：库管员在整理何家村窖藏文物时还发现银踌外壁上有墨书，但并非书写，而是包装纸印上去的，说明当时器物是仔细包装过的；器物上的绝大多数墨书当为搬迁出库时临时所为，墨书字体似为颜体，所记是便于日后对账。在出库时详细称量并记录，说明搬迁出库绝非匆匆而为，而是从容不迫、有计划的。详韩建武《西安何家村唐代窖藏几个问题的再探讨》，《收藏家》2007年第7期，39—40页。

其制作、使用的年代存在错位的现象。即器物并非同一时期的作品，这一点学界的认识一致。其中最早的器物为春秋时期的"节墨之法化"，最晚的器物在8世纪后半德宗时期[1]。这说明器物很可能是因为某种用途而被集中入藏的，而我们如果将器物的属性、功能置于当时兴化坊一带乃至整个长安城、甚至唐朝帝国的礼仪空间中进行综合分析，可以初步推断何家村窖藏是一处与道教有关的遗存。

一 器 物 组 合

唐代京城长安和东都洛阳，是道教斋醮活动最盛之地。唐代长安有道观四十三座，洛阳有道观十二座，唐政府还专设崇玄署，"掌京都诸观之名教，道士之帐籍，与其斋醮之事"。长安太清宫设御斋院和公卿斋院，成为国家斋醮的重要法坛。开元年间，唐玄宗下诏当时的道观搜集、编订道经为"三洞琼纲"，共有三千七百多卷，这可以说是道藏的起源。唐玄宗御敕编撰的《唐六典》更将道教斋醮科仪列为国家祀典。唐代道教斋醮活动，是"涉道诗"诵咏的主要内容。斋醮中的各种法事和科仪，在唐代诗文碑铭中几乎都有反映。环顾一下兴化坊，不难发现其北邻的通义坊有竹林神所在的兴圣尼寺，其东丰乐坊有高祖别庙，其南崇德坊有太宗别庙，其北太平坊有齐太公庙。又有清明渠从它的西侧流过[2]。当时

---

[1] 段鹏琦《西安南郊何家村唐代金银器小议》，《考古》1980年第6期，536—541、543页。

[2] 妹尾达彦《唐长安城の仪礼空间——皇帝仪礼の舞台を中心に——》，《东洋文化》第72号，1992年，1—35页；《帝国の宇宙论——中华帝国の祭天仪礼》，水林彪，金子修一、渡边节夫主编《王权のコスモロジ-》，弘文堂，1998年。

长安城内的一些地方，如曲江、兴庆宫五龙祠等也是醮祭投龙的地方。长安城南有皇室贵胄及高官的别业庄园，这个地带更有不少道观。时人共同营造了这么一个礼仪空间，而自己也被这个空间所包围，兴化坊也不例外。在唐代前期，兴化坊内与周围一带曾经是皇室贵戚居住的地带。包围在长安城的礼仪空间中，有着如此的社会风尚，或者更有助于我们理解窖藏的属性，进而探讨作为文化符号的器物的功能[1]。下面我们便从这个角度重新审视何家村窖藏的属性。

这批对象的功能是解读窖藏性质的管钥，窖藏出土的器物大概可以分成如下四个组合：第一个组合，炼丹器具；第二个组合，

---

[1] 任何器物都是因为它的功能而存在的，毫无意义的器物不具备其存在的社会基础。功能对器物型态、纹样、工艺起着决定性的影响，器物通过功能将工艺、型态、纹样有机地结合在一起，并向我们展示着丰富的社会信息。功能在很大程度上决定了器物的型态，因为有了相同的功能，从而使得器物大多具有近似的型态。但是，同一型态的器物其功能指向并不一定一致。换言之，相同型态的器物其功能可能是不一样的；同样地，型态不同的器物其功能也可能是一样的。不同的语境决定了器物存在的原因，是确定器物功能最为重要的因素。在宏观上语境给我们提供了器物存在的时空，这个时空不仅向我们寓示着器物发生的社会背景，而且向我们展示器物生存的礼仪空间。同时，语境还在微观上给我们提供了各个器物之间的组合关系。同一组合中各器物以同样方式阐释组合的功能，它们的功能指向应该是相同的。同一语境中的不同器物组合构成一个系统，这个系统的全部组合又构成一个功能。不同组合的功能很可能在系统之间不仅相互交流，而且还部分地相互包容。也就是说对语境的描述应该适用于其中的所有系统，同样地，对系统功能的描述也应该适用于其所有的器物组合。在考古学研究中，同一语境中的器物，如窖藏、墓葬，其中的器物应该呈现出一种共时性的状态，应与语境的状态保持一致，成为历史的一个断面和层面。正因为属于特定语境中特定的器物组合，才使得原本存在多种功能的各个器物其拥有的功能变得单向和特定，也恰好是这个缘故才使得最后甄辨特定语境中的器物功能成为一种可能。总之，在考古学研究中，器物的功能应该引起我们足够的重视，这在具体研究中往往是关键所在。

装盛炼丹药物的金银器皿和炼丹药物及未成品；第三个组合，斋醮及压胜的器物；第四个组合，配套使用的用具，如饮用、服用等器具。

第一个组合的炼丹器具主要有银石榴罐、玉杵和玛瑙臼、锅、盆、铛、铫、鼎等。

炼丹术是道教主要修炼方术，一般包括外丹术和内丹术。外丹术指以人体外的自然界金石矿物药等为原料，按照一定的炼丹理论，放在炉鼎中烧炼，以期得到服后能使人不死成仙的金丹。实际上，外丹术是在人造小宇宙模型中模仿并完成整个大宇宙的运作过程，以炉中之火比类"天火造化"，在丹炉中浓缩地再现自然界造化的全部过程而得到服之可以成仙不死的仙丹。唐代丹道术士在炼丹器物设备、药物种类、药剂分两、用药处置、合炼产物等各个方面，都取得了新进展。这一时期的炼丹术实践达到了前所未有的深度和广度。特别是中唐时期更是我国外丹黄白术的鼎盛时期，炼丹家们的许多重要贡献在此时期得到总结提高，并在制药和冶金生产中得到推广和应用[1]。据研究，今《道藏》洞神部众术类共包括73种书，绝大部分是唐宋两朝道士的著作，一小部分是元明两朝的人写的[2]。

道教炼丹术所用的方法主要是火法反应。初期使用过水法即溶解反应，后来也一直作为辅助方法。火法反应包括蒸馏、升华、化合（研磨）和各种伏火法等。从何家村窖藏中的器物我们不难

[1]　郭正谊《从〈龙虎还丹诀〉看我国炼丹家对化学的贡献》，《自然科学史研究》第2卷第2期（1983年），116页。
[2]　袁翰青《从道藏里的几种书看我国的炼丹术》，《化学通报》1954年第7期，341页。

甄辨出这些用具。

　　炼丹术士采用蒸馏之法，最常用于由朱砂（HgS）制取水银，即所谓"抽砂炼汞"。炼丹术中的蒸馏器，专用来蒸馏水银，或由 $HgS+O_2 \rightarrow Hg+SO_2$ 或由 $2HgO \rightarrow 2Hg+O_2$ 等反应以取水银，理论上，HgS一两可得0.86两Hg。

　　《金华冲碧丹经要旨》（1225年）记载并图标了最简单的蒸馏器，由两部分组成，一是磁制的"石榴罐"，一是"甘锅子"，容五十两。先将辰砂十两、赤金珠子八两，盛装于石榴罐中，用磁碎片塞口，倒扣于甘锅子上。甘锅子中盛华池水二分。这全体在丹灶中加高热，则水银溜出而沉入华池水底[1]。窖藏所出银石榴罐共4个（图7-1、2、3），形态与《金华冲碧丹经秘旨》所载鼎器图中石榴罐之图样相似，其为炼丹用具已有学者指出[2]。具体地说，这是用来

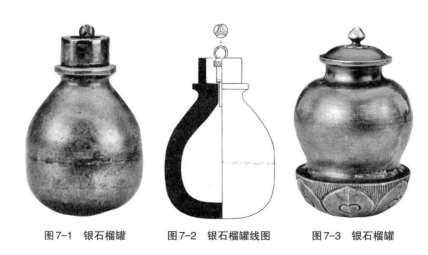

图7-1　银石榴罐　　　图7-2　银石榴罐线图　　　图7-3　银石榴罐

［1］　曹元宇《中国古代金丹家的设备和方法》，《科学》第17卷第1期（1933年），44页。

［2］　耿鉴庭《西安南郊唐代窖藏里的医药文物》，《文物》1972年第6期，58页。

蒸馏水银的。在窖藏银石榴罐底部发现有火烧的痕迹,这显示是采用未济法炼丹,即使用时将银石榴罐倒扑,用顶火于石榴罐底部处烧煅(图7-4),其抽汞的方法和原理同前《金华冲碧丹经秘旨》所载。从简报提供的尺寸推测,银石榴罐可能是与银瓶配套使用组成蒸馏器的。《修炼大丹要旨》(宋?)也记录了"朱砂取汞"的方法:

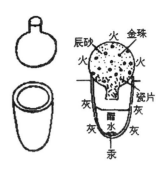

图7-4 银石榴罐未济法炼丹图示

> 朱砂十两,乳细,用松炭末和之。装在大甘(坩)埚内至六分。用松炭末盖之。上用小瓦片装在上。用铁线结成一团片,盖在锅口,用铁线缚之。打一土窑,先安小瓶在窑内,用水,将甘(坩)埚盖覆转在瓶口。用泥封口,四围砖砌,上面用大火一煅,再加半炉火,每朱一两,可得真汞七钱,在瓶内。去水,洗得净。[1]

此法与前相似,在朱砂中混加松炭末,可能是作为一种还原剂[2]。

窖藏所出双环耳银锅(编号七—49)(图7-5),器高14.2厘米,器宽28.2厘米,重1 792克,锤击成型,通体光素。侈口,腹部向外鼓出一周突棱,宽2.3~2.4厘米,平底。锅沿铆接与锅口斜上张举的双耳,耳上立环状把手。左右各一,以便提携。耳厚0.1厘米,水

---

[1]《修炼大丹要旨》,《道藏》,19册,114页上栏—中栏。

[2] 参曹元宇上揭文,44页。

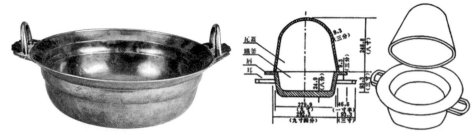

图7-5　双环耳银锅（编号七—49）　　　　图7-6　《太清石壁记》铁釜瓦盖式

平宽11.2厘米。环状把手直径0.75~1.0厘米，高4.7厘米，根部间距6.0厘米。锅体高9.4厘米，器壁厚0.35厘米。口沿上有使用痕迹。此银锅形制与盛唐纂《太清石壁记》所记药釜同，当为药釜或丹釜。只是二者质料不同，双环耳的位置也略有不同。《太清石壁记》卷上《造药釜法》载：

> 其下铁釜受一斗，径九寸，深三寸，底拒火处厚八分，四畔厚三分，上下阔狭相似，平作底。周回唇阔一寸半，厚三分，亦平。两畔耳长三寸，去上唇三（疑本作一，误作三）寸半。上盖烧瓦作之，径九寸四分，深八寸，厚三分，上盖稍圆平作之。此釜样是初出精药，所以大。若出精药后，宜用小釜转之。
>
> 小釜样：径口六寸，深二寸半。自外形势厚薄同前大釜。上盖径六寸，深六寸。自外形势与前不别。[1]（图7-6）

飞炼时，以别药置下釜为藉，再下药。此法较孙思邈之上下釜法更先进。初唐孙思邈《备急千金要方》卷一二《作土釜法》载其法：

---

[1]　楚泽先生编《太清石壁记》，《道藏》，18册，767页中栏。

取两个瓦盆，各受二大斗许，以甘土涂其内，令极干。又一法：作一瓦釜，作一熟铁釜，各受九升，瓦在上，铁在下。其状大小随药多少，不必依此说。一本云：捣好甘土，绢筛，水和作泥，硬软如坯瓦泥，泥一升内细纸均停，可受十斤，亦可随药多少作之，阴干三十日，置日中曝亦三十日，日夕番（翻）转向日，干讫，以糠五石内釜，糠中四向土拦拥之，令糠遍釜周回，上下各厚七寸，以火从下放之，五日五夜勿令人近之，去灰，待冷一日一夜乃取，扫拭令净，以黄丹醋和如稀粥，扫其中，令厚一分乃内药。凡合九丹八石招魂太清神仙诸大丹，皆用此釜，作之万成，终不落节，其古釜六一泥及铁釜皆除去之，勿更用也，此釜一具前后数十回用不动，久久转牢，此法师甚秘之，余欲令当来天下学士得解之，所以委曲具述之也。[1]

孙思邈造上下釜法：下釜铁为之。上釜疑系瓦釜。此法不著尺寸，上下釜以六一泥涂数遍。孙思邈《清丹经要诀》造上下釜法：下釜铸铁为之，上釜未著为何物所做，疑是瓦釜。此法著尺寸，上下釜以六一泥涂数遍[2]。这种药釜的使用方法是将朱砂等药置釜中，其上置瓦釜，瓦釜顶上置一"盆"盛水以冷却汞蒸汽。宋吴悮《丹房须知》载有其用具"飞汞炉"的尺寸和图。此炉底盘为木座，叫"床"，径四尺，木足高一尺以上。床上置灶，大小依釜尺寸。釜容二斗，去火八寸。釜盖之上置一"盆"，用来盛水，以冷却汞蒸汽，它经由贯通釜盖之导管上升，被盆内冷水冷却，变成液态汞而流入

---

[1]　〔唐〕孙思邈撰，李景荣等校释《备急千金要方校释》，451页。
[2]　陈国符《中国外丹黄白法考》，25—26页。

子罐。这个方法，水银蒸馏而集于釜盖上部较冷处。严格地说，不能说是蒸馏器。

窖藏出土有4个银盆，它们有两种功用。其一盛水置于釜上起冷却汞蒸汽的作用，如前所论。其二用来淘洗铅等炼丹矿物。《九丹经诀》卷一七《造丹法》："铅（此铅非铅丹）二斤，多少任人。净洗。以铁秅中炒之作沙。用清水淘之，置铁镬中淘，拣使极大净。去水留滓。暴干。十日锤打作末。以绢筛之。然后置铁秅中，二宿（夜）三日，炒令赤，乃止。是好丹也。"陈国符根据《广韵·入声十九铎韵》考证："镬，胡郭切。鼎大而无足曰镬，又大盆。"[1]据此可以知道盆还可用来淘洗铅等矿物的功能。

在升华和化合一类反应中，常常用到研磨一法，研磨有时候也称作"沐浴"。研磨一般是为了使药物细碎，将来混合后多接触的机会，以易于发生化学反应。另外也可以用这个方法使药物直接化合。如用水银和铅制汞膏，便需研磨。大凡用金属同汞反应生成汞齐，均须先将金属制成粉或细碎颗粒，然后与汞研磨则易于化合[2]。窖藏所出玉杵和玛瑙臼当为研磨工具。宋吴悞《丹房须知》便载有研磨器图。此外，用绢筛筛药也可以同样达到研磨的效果。初唐《黄帝九鼎神丹经诀》说："凡捣药之细者，好绢筛为佳，不须研也。"意思是说药已细的，只消用绢筛筛取，不用更为研磨。唐代丹经《太清石壁记》上有用"马尾罗"的。如果用水银和硫磺合

---

[1] 参陈国符上揭书，312页。

[2] 金正耀《外丹黄白术》，载牟钟鉴、胡孚琛、王葆玹主编《道教通论——兼论道家学说》，济南：齐鲁书社，1991年，599页；后收入所撰《道教与炼丹术论》，144—145页；容志毅《中国炼丹术考略》，上海：三联书店，1998年，184页。

图7-8　素面金铫

成朱砂，则需研磨和升华二法配合使用。采取先研磨后炒，可以使其完全化合。同时，研磨后再炒，可以使多余的硫变成二氧化硫气体而驱除掉。

何家村窖藏共出土4个铛（图7-7）、1个铫（图7-8），二者皆可用于煎炒药物。铛是一种带柄的器物，有的带足。《太平御览》卷七五六器

图7-7　铛

物部"铛"条引《通俗文》曰："鬴有足曰铛。"[1]《古今通韵》卷六云："铛，釜属，有耳足者。一曰温酒器，也通作鎗。"[2]可以肯定的

［1］〔宋〕李昉等撰《太平御览》，3360页上栏。
［2］〔清〕毛奇龄《古今通韵》，景印文渊阁四库全书，242册，110页下栏。

是，铛中有一类是模仿动物形象的[1]。铫或铫子，其器型跟铛相近，二者的区别在乎是否有三足。《说文解字》载："铫，昷（温）器也。从金兆声。"[2]《正字通》云："铫，……温器。今釜之小而有柄、有流者亦曰铫。"[3]《山堂肆考》卷一七六《或讶短尾》条载："刘师服石鼎联句：'或讶短尾铫，又似无足铛'。"[4]

根据文献及出土资料，可知依用途分，铛有茶铛、酒铛、药铛等；照材质分，铛有土铛、瓷铛、铁铛、铜铛、银铛、金铛等。此外，还有折腰铛子、折脚铛儿、折足铛等，这些名称多见于释氏文献。在道教外丹黄白法丹决中，常见铛、铫或铫子。李白《襄阳歌》中有"舒州杓，力士铛，李白与尔同死生"[5]之句可能便是缘于铛的如斯功用。从何家村窖藏共出的器物分析，其中的铛与此有莫大关系。《云笈七签》卷七六《化庚粉法》：

上用勘盆子盖铛，以泥固济周回令密，慢火锻之，却令汞

[1]《古乐府》卷七《三洲歌》云："湘东酃酴酒，广州龙头铛，玉樽金镂椀，与郎双杯行。"又宋高似孙撰《纬略》卷四《古铛》条，云："古铜铛者，龙首三足。挹注：以口翠蚀可玩，因考晋旧事有龙首铛，即是此类。"可推测龙首（头）铛因其柄状似龙头而名。何家村窖藏素面短柄三足银铛（编号七一40）三足与叶芽状的短柄在形态上构成一个正在行进的动物，叶芽状柄有似其首。偃师杏园唐墓M2603出土一铜铛（M2603：23）柄端便呈凫头形，口沿部附一短流如凫尾，下安弧曲的三只高足。整个器型由凫的形象抽象而成（中国社会科学院考古研究所编《偃师杏园唐墓》，北京：科学出版社，2001年，134页）。此可为辅证。只因何家村该铛形象过于简略，具体待考。在文献中常有铛行走的神奇记载。
[2]〔汉〕许慎撰，〔清〕段玉裁注《说文解字注》，上海古籍出版社，1988年，704页下栏。
[3]〔明〕张自烈，〔清〕廖文英《正字通》，北京：中国工人出版社，1996年，1198页下栏。
[4]〔明〕彭大翼撰《山堂肆考》，景印文渊阁四库全书，977册，536页上栏。
[5]〔清〕王琦注《李太白全集》卷七，北京：中华书局，1977年，371页。

飞上,以汞尽为度。……先取铅三斤于铫子内镕作汁,以杓子抄在合足。四面相次更镕铅汁,渐渐灌满鼎内。[1]

宋吴淑撰《江淮异人录》卷下《耿先生》条:

> 尝见宫婢持粪扫,谓元宗曰:此物可惜,勿令弃之,取置铛中,烹炼良久,皆成白金。[2]

宋黄休复《茅亭客话》卷四《王太庙》条:

> 以铁茶铛盛水银,投丹煎之,须臾水银化为黄金。因是将丹与金呈蜀主,云:此金为器皿,可以辟毒。为玩物,可以祛邪。若将服饵,可以度世。[3]

北宋《感气十六转金丹·九炒芽方》云:

> 右将硝石、焰硝、白矾、食盐四味各二钱,研末用之。将砂铫一枚,取黄芽先投铫内,次用前四药覆黄芽座铫子上,更于铫子下熳火逼炒,恐铫药沸涌,接皂角水洒之,莫令涌出。候药不涌,用建盏覆定,更用湿纸封盏缝,听铫内声绝,去盏、去前四味药汁,只取黄芽沐浴,转成红粉。[4]

———————————

[1]〔宋〕张君房《云笈七签》,435页上栏。
[2]〔宋〕吴淑撰《江淮异人录》,景印文渊阁四库全书,1042册,909页下栏。
[3]〔宋〕黄休复《茅亭客话》,景印文渊阁四库全书,1042册,933页上栏。
[4]〔宋〕佚名《感气十六转金丹·九炒芽方》,《道藏》,19册,134页下栏。

在道教外丹黄白术中使用的银锅,文献称为"宝锅子"或"锅子"。唐代金银器中称为"锅"的器物,形体都较小。何家村窖藏共出土银锅5件,除编号七—49的双环耳银锅如前所论外,另外4件银锅为提梁银锅,其中1件为平底,锅口铆接双环,连接提梁。锅底墨书行楷直书"四两一分"字样。另3件为宽沿平折,敞口,弧腹下收为圜底。宽沿上铆有环形立耳,连接提梁。

古代文献中熬药用金、银锅,如王焘《外台秘要方》卷一一云:"右五味,捣合银锅中熬成煎,可丸如梧子,饮汁送五丸,日三服。"故窖藏中的金、银锅曾被推测是医药用具[1]。《云笈七签》卷六九"第二返宝砂篇"条:

> 《化宝成丹诀》曰:将丹砂中白银四两打作锅子,安一通油瓷(瓷)瓶子中,其瓶中可受一升,其宝锅子可瓶子底大小。先将此银锅子著北庭砂一两、石盐一两、麒麟竭一分,三物和研以苦酒调如膏涂于锅子四面,令干以黄土为泥包裹之,可厚一寸二分,便于糠火中烧三七日,然后白炭武火烧三日,去泥,取宝锅子安瓶子中。入真汞须是本色丹砂中抽得者,同类感其气而转,转生砂。故上仙真经秘而不泄者,为此子母之法。[2]

前述何家村窖藏所出提梁银锅有一锅底墨书"四两一分",所记银锅分量与此接近。结合何家村窖藏分析,可推断这批提梁银锅主要用于黄白之术。孙思邈《银海精微》卷下"炼芦甘石法"条:

[1] 参耿鉴庭上揭文,58页。
[2]《云笈七签》,386页中栏。

　　其甘石，需选带隔，又要轻或带淡天青色可也，打碎，用烧过银锅内贮满，一仰一盖顿丹炉内，炼至及红透，钤出淬药水内，其吃过药倾撇，仍将甘石置火内，依前淬，如此者三。凡一次需炼及红不透，恐甘石变色，黑淬三次已。定将甘石通打碎，又用新药水浸一宿去火毒，次日倾尽药水晒干研末，有石者作一处，无石者作一处，异研又可将药水再湿过、晒过研极细，绅绢筛过，即为阳丹。[1]

　　第二个组合，装盛炼丹药物的金银器皿和炼丹药物及未成品。窖藏发现的炼丹服散药物有：乳石、朱砂、白英、紫英、琥珀、珊瑚、黄粉、麸金、开通钱等，其中：乳石分为上上乳、次上乳、次乳，并注明是否可服；朱砂分为光明紫砂、大粒光明砂、次光明砂、光明碎红砂、红光丹砂、绝上红光丹砂、井砂等七类。魏晋以来这些药物被视为所谓"不老轻身"、"延年益寿"的仙药。唐代皇室显宦中，就有不少人服用这种"仙"药。对窖藏出土的药物已有初步研究[2]。这些药物都装被在大小不同的金银盒（图7-9~13）和罐（图7-14-1~2）内。《金华冲碧丹经秘旨》中记载收藏丹药，即有"用足色黄金十一两，作匾盒子盛"字样，并有附图，与窖

图7-9　盛光明砂、琥珀之线刻鸳鸯纹银药盒

[1]〔唐〕孙思邈《银海精微》，景印文渊阁四库全书，735册，1062页上栏。
[2] 陕西省博物馆文管会写作小组《从西安南郊出土的医药文物看唐代医药的发展》，《文物》1972年第6期，52—55页；参耿鉴庭上揭文，56—60、55页；吴德铎《何家村出土医药文物补证》，《考古》1982年第5期，528—531页。

图7-10 盛红光丹砂及"玉带"
璞玉之银药盒

图7-11 盛光明碎红砂及"玉带"
璞玉银药盒

图7-12 盛光明碎红砂及"玉带"
璞玉银药盒

图7-13 盛大粒光明砂与"白玛瑙铰
具"璞玉之素面银药盒

1

2

图7-14 莲瓣纹提
梁银药罐

藏中的某些盒子,有类似之处。《诸家神品丹法》制丹法,云:"取上好金五两打做合子。又用上好银一十两,打一大合子,坐金合子在中心。"这种把金盒与银盒套起来使用的方法也见于窖藏中,此前已有论证[1]。这里我们想探讨一下金银盒子的作用、开通钱、丹砂以及覆盖在陶瓷(W2)上的金属渣块。

陈国符教授在其大作《中国外丹黄白法考》中对金银盒子的作用作了精细的考辨,兹逐录于后:

> 金合子或金合:北宋《灵砂大丹妙诀·第四转第五转与第九转》:药入金合于或金合,封固,养火。
>
> 银合子:《庚道集》卷八第二十一页隋(或唐)《青霞子十六转大丹(法)》:"……夫神室乃银合子也,须外用砂合封固了,方入灰池缸,文武火一两养之。……"又见卷七第十八页〔《葛仙翁九转灵砂金丹(法)》〕,是隋代青霞子已用银合子。
>
> 铜合:北宋《九转灵砂大丹·九转登其丹法》:药金"打造神室合,恰好盛众丹药,封固。复铸铜合,比度大小,恰好入室合居中,四边各宽一指。入神室于铜合中,用煅过铅丹矾石研末铺盖。将铜合固济,入灰池养火"。[2]

尽管流行于唐玄宗时期的金开元(图7-15)主要是用于赏赐、

---

[1] 陕西省博物馆文管会写作小组《从西安南郊出土的医药文物看唐代医药的发展》,《文物》1972年第6期,52—55页;参耿鉴庭上揭文,56—60、55页。
[2] 参陈国符上揭书,43页。

图7-15 金开元

游戏、占卜、洗儿钱和撒帐等[1]。但是,在不同的出土环境中,开元通宝的功能是不同的。陈国符教授曾对炼丹术中开通钱及马儿钱的使用作了专门的论证,使我们读来一目了然。见同书"开通钱"条:

> 按《古泉汇》唐高祖制开元通宝,俗称开通元宝。[2]

又同书"马儿(钱)"条:

> 《诸家丹法》卷六第一页:"汞一两,用金箔五十片,与汞同研如泥","如无箔,用马儿半钱亦妙。直秘之。"按《古泉汇》贞集卷十三有马儿钱,马儿当指马钱之半面有凸起之马形。[3]

则窖藏所出金开元或可用诸于炼丹中与汞同研如泥。

窖藏出土的丹砂种类不少。丹砂由硫和汞组成,西汉或西汉以前便已有直接饵服丹砂以求长生的。"丹砂烧之成水银,积变又还成丹砂",丹砂加热分解后可以得到汞。所得之汞继续与氧气反

---

[1] 申秦雁《唐代金开元及其用途考》,《考古与文物》2001年第3期,81—87页。
[2] 参陈国符上揭书,203页。
[3] 同上。

应,可生成红色氧化汞。这就是中国炼丹术初期的"还丹",丹经中误称之为"丹砂",以为能令人长生。《神农本草经》最早记载它"能化为汞"。自然汞产量小,采集困难,大量的汞只能通过分馏丹砂得到。据研究,我国至迟在秦代已经普遍从丹砂升炼水银,甚至很可能在战国时代便已发明"抽砂炼汞"的技术[1]。成书于盛中唐时期的《龙虎还丹诀》云:"又取前紫砂与黑铅一斤,将其黑铅先于鼎内镕成汁,次取紫砂细研投入铅汁中,歇去火,急手炒令合为砂。致鼎中,细研盐覆盖,可厚二分,紧按令实际。令武火飞之半日,灵汞即出,分毫不欠。"[2]当铅与汞合煅时可生成玄黄[3],初唐多发挥葛洪一派的丹道思想的《黄帝九鼎神丹经诀》[4],便视之为长生丹。

　　这里要重点考察的是覆盖在陶瓷(W2)上的金属渣块(图7-16)。陶瓷(W2)瓮口盖一块直径40厘米、最大厚度3厘米、重约8公斤的圆形灰白色金属渣块,包含物中有微量的硫和大量的氧化铅。经化验分析,还含有镓、铟、铊、锌、锑、铜、铋等三十多种元素,渣块本身有明显的烧结痕迹,被判断为唐代炼银渣块[5]。金银冶炼

──────────

[1]　参容志毅上揭书,95—96页。

[2]　《龙虎还丹诀》,上下二卷,金陵子述,收入《道藏》洞神部众术类。成书在武后垂拱二年(686)至玄宗开元末年间(741),或者唐肃宗乾元元年至三年间(758—760)。此详陈国符《道藏经中外丹黄白术材料的整理》,《化学通报》1979年第6期,78—87页。

[3]　对玄黄的讨论可参:孟乃昌《中国炼丹术"还丹"的演变》,《自然科学史研究》1987年第6卷第2期,124页。

[4]　李国荣《帝王与炼丹》,北京:中央民族大学出版社,1994年,258页。金正耀《道教与炼丹术论》,141页。

[5]　韩伟《唐代冶银术初探》,《文物》1976年第2期,40—44页;收入镇江市博物馆、陕西省博物馆主编《唐代金银器》,北京:文物出版社,1985年,38—43页;后收入所撰《磨砚书稿──韩伟考古文集》,北京:科学出版社,2001年,134—139页。

图7-16 金属渣块

图7-17 《天工开物》所绘吹灰法炼银

时需要助融原料,铅是冶炼白银时重要的助融金属。唐代已在炼银中广泛地运用了吹灰技术(图7-17)。唐代道教炼丹术著作经常引用据说是《金碧经》中的丹诀:"炼银于铅,神物自生。灰池炎铄,铅沈银浮,洁白见宝,可造黄金芽。"所描写的就是吹灰法炼银。唐代炼银技术十分高超[1]。目前虽未发现唐代金银冶炼的遗迹,但唐代银器经过测定的,其纯度都很高,如何家村窖藏出土的十件银器的测定结果,其纯度均在98%以上。实际上,"银渣块"并非炼银的孑遗,而恰恰是炼取铅精所得之铅丹,是进一步合炼长生不死之药金的重要原料。

唐代炼丹术士以白金(银)、朱砂、黑铅、水银等四药为四神,铅在外丹术中占有极为重要的地位。在唐代主"汞主铅从"者颇众,但主"铅主汞从"说者更多[2]。因铅矿与银矿常共生,因此铅中往往含银,于是他们又误认为铅可转化为金银。铅有四种氧化物,即铅

---

[1] 齐东方《唐代金银器研究》,北京:中国社会科学出版社,1999年,272页。

[2] 孟乃昌《中国炼丹术"还丹"的演变》,《自然科学史研究》1987年第6卷第2期,123—130页。

丹（Pb_3O_4）、黄丹（密陀僧、PbO）、铅粉、铅霜（$Pb(OH)_2 \cdot 2PbCO_3$）。战国时期的《计倪子》一书已经记载："黑铅之错（醋）化为黄丹，丹再化之成水粉。"说的是铅先氧化成为铅丹，再与醋作用可得铅粉（碳酸铅，胡粉）。铅丹常温时呈黄橙色或红色，受热时为紫色，化学名称叫四氧化三铅（Pb_3O_4）。到唐代，炼丹家发明了"硝黄法"烧制铅丹，此时的丹经《铅汞甲庚至宝集成》《丹房镜原》对该工艺都有极其详细的记载。在炼制铅丹的过程中，由于温度和氧化程度的不同，会呈现不同程度的黄色和白色[1]。铅氧化后，与醋酸作用也可生成铅霜（醋霜铅）。铅霜，呈白色，能溶于水，主要用作医药。《黄帝九鼎神丹经诀》卷一七中便收录了一则制作铅霜的丹方。铅的另一个氧化物为黄丹（密陀僧，即PbO），也是一种外科用药。人工制造密陀僧，一般从炼银的炉渣中提取。在上述四种氧化铅中，术士通常是混合用铅丹、黄丹，以为此二者为铅之精气，以为此丹乃金之精华而称为黄华。故中唐张九垓《金石灵砂论》有"炼取铅精，合炼成药金，其色甚黄，服之不死"之语。可见，铅精（铅丹）是进一步合炼长生不死之药金的重要原料。南唐谭峭《化书·铅丹》："术有火炼铅丹以代谷食者，其必然也。"[2]宋沈作喆《寓简》卷二云："〔孔〕安国服铅丹，寿三百岁云。"[3]

炼丹服散虽为唐朝一社会风气，但是，相关器具、饵药所费颇巨，却非寻常人家所能拥有。因对原料的苛求和费用之巨，服饵炼

［1］ 朱晟《我国古代关于铅的化学知识》，《化学通报》1978年第3期；金正耀《道教与炼丹术论》，189页。
［2］ 〔南唐〕谭峭撰，丁祯彦、李似珍点校《化书》，北京：中华书局，1996年，4页。
［3］ 〔宋〕沈作喆撰《寓简》，丛书集成初编本据知不足斋丛书本排印，296册，长沙：商务印书馆，1937年，16页。

丹成为当时的一种奢侈生活。自然地,相关器具、饵药也就成为一种奢侈品了[1]。何家村窖藏金银器数量之多、制作之精良,使我们可以确定窖藏拥有者的身份不低。《唐律疏议》卷二六《杂律》"舍宅舆服器物"条载:

> 器物者,一品以下,食器不得用纯金、纯玉。[2]

又《唐会要》卷三一《杂录》云:

> 神龙二年(706)九月,《仪制令》:"诸一品已下,食器不得用浑金玉;六品已下,不得用浑银。"[3]

但是,考古发现没能证明《唐律疏议》、《唐会要》中规定的实施,许多金银器皿,出土在一品官以下的墓葬及遗址中[4]。简报将何家村窖藏埋藏地点确定为"邠王府"[5]。需要指出的是,邠王府是邠王李守礼的府第,李守礼是章怀太子李贤之子,上述的"银渣块"在李贤墓内也发现六块共重65公斤[6](图7-18),出现同样的情况似乎应该不是偶然的事情。如果它们仅仅是炼银所剩的渣块,即目的在于炼银,那出现在墓葬中的理由可以说是不存在的。

---

[1] 沈睿文《元载的奢侈生活》,19—23页。
[2] 〔唐〕长孙无忌等撰,刘俊文点校《唐律疏议》卷二六《杂律》"舍宅舆服器物"条,488页。
[3] 《唐会要校证》卷三一,496页。
[4] 参考齐东方上揭书,262页。
[5] 详本书附二《唐章怀太子的两京宅邸》。
[6] 陕西省博物馆等《唐章怀太子墓发掘简报》,《文物》1972年第7期,13—25页。

图7-18　李贤墓所出银渣块

图7-19　"节墨之法化"铜刀币

　　第三个组合，斋醮及压胜的器物，主要为中外钱币（图7-19~22）、银饼、银板（图7-23）和方玉、金龙以及带胯、金钏、宝石类等。具有多种功能的器物，在某一特定环境中它的功能是特定的，而且很可能只是这些多种功能中的一种。何家村窖藏出土的货币有节墨之法化、铲币、大布黄千、高昌吉利、和同开宝、东罗马金币和波斯银币等[1]。解读这组货币的关键是鎏金永安五男（图7-24）、藕心币等。根据文献记载，可知永安五男、藕心币主要用作压胜钱的。

　　明杨慎《丹铅续录》卷一一《古钱》条：

　　　　汉有压胜钱藕心钱，状如干盾，长且方而不圆，盖古刀布之变也。与近世花蕊夫人封绶及穿钥钱相似，见封演及李孝

────────────

[1]　就钱币本身的研究可参：郭沫若《日本银币〈和同开宝〉的定年》，载所撰《出土文物二三事》，北京：人民出版社，1972年，34—38页；陈尊祥《西安何家村唐代窖藏钱币考》，《陕西金融》1984年第1期，26页；陈尊祥《西安何家村唐代窖藏钱币的研究》，《中国钱币》1984年第3期，30—32页；陈尊祥《唐代货币对日本货币的影响及其它》，《陕西金融（钱币专辑（9）—唐代钱币）》（增刊），1988年，29—30页；滿平《何家村出土鎏金货布质疑》，《钱币研究》1991年第1期，1页。

图7-20 鎏金铜"货布"

图7-21 东罗马金币（正面）

图7-22 日本元明天皇朝"和铜开宝"银币（正面）

图7-23 "洊安"庸调银饼

图7-24 鎏金铜"永安五男"

美钱谱。[1]

又清倪涛《六艺之一录》卷二〇《压胜品》"永安五男钱"条：

　　旧谱曰："径二寸三分，厚一分，重十八铢，上下轮郭（廓）之间皆作粟文。面上四出文，文曰'永安五男'，背作四神之状，又有日月相待对者。"李孝美曰："按所见者，径寸二分，背面皆四出有粟文，面文曰'永安五男'，篆文与后魏'永安五铢'相似,唯'男'字真书耳。"[1]

作为窖藏中共出的钱币,它们应该具有相同的属性和功能。在道教祭祀中,多使用币璧。李德裕《论九宫贵神坛状》说:"九宫次昊天上帝,坛在太清宫太庙,上用牲牢币璧,类于天地神祇。天宝三载十二月,元(玄)宗亲祀。乾元元年正月,肃宗亲祀。"[2]可见窖藏中的中外钱币、银饼、银板是宗教中的供奉行为,亦即用于斋醮仪式。钱币作为供奉行为也见于其他宗教。1955年,在高昌故城中发现一个用煤精制成的黑色方盒,中有一组10枚萨珊波斯银币[3],它们是十个一组供奉在宗教场所[4],即供奉给祆祠的[5]。此亦可为辅证。

在窖藏器物的这个组合中,还发现有多副玉带具。据墨书题识知,银盒内放置的多副玉带具有白玉、斑玉、深斑玉、骨咄玉、碾文白玉、更白玉、白玛瑙等(图7-25~28)。其中带胯、金钗、金铆等,似乎可以判

图7-25 "白玉有孔带"璞玉

[1] 〔清〕倪涛《六艺之一录》,景印文渊阁四库全书,830册,334页上栏。
[2] 〔清〕董诰等编《全唐文》卷七○六,7248页下栏。
[3] 李遇春《新疆吐鲁番发现古代银币》,《考古通讯》1957年第3期,70页。
[4] 夏鼐《中国最近发现的波斯萨珊朝银币》,原载《考古学报》1957年第2期,49—60页;此据所撰《夏鼐文集》(下),北京:社会科学文献出版社,2000年,18—31页。夏鼐《新疆吐鲁番最近出土的波斯萨珊朝银币》,原载《考古》1966年第4期,211—216页;此据所撰《夏鼐文集》(下),39—45页。
[5] 荣新江《祆教初传中国年代考》,原载《国学研究》第3卷,北京大学出版社,1985年;后收入所撰《中古中国与外来文明》,297页。

图7-26 "骨咄玉带"璞玉

图7-27 "更白玉带"璞玉

图7-28 狮纹"白玉带"璞玉及局部

断为同一组器物。考稽文献,不难发现它们经常作为同一组器物出现。牛峤《女冠子》诗云:

> 锦江烟水,卓女烧春浓美,小檀霞。绣带芙蓉帐,金钗芍药花。额黄侵腻发,臂钏透红纱。柳暗莺啼处,认郎家。
>
> 星冠霞帔,住在蘂珠宫里,佩丁当。明翠摇蝉翼,纤珪理宿妆。醮坛春〔草〕昼绿,药院杏花香。青鸟传心事,寄刘郎。[1]

这是描写一位女道士穿着打扮的诗歌,可见金钗、臂钏、发簪也是当时女道士穿着佩戴之物。

[1]《全唐诗》卷八九二,10080页。

又《新唐书》卷二二一上，云："初，德宗即位，遣内给事朱如玉之安西，求玉于于阗，得圭一，珂佩五，枕一，带胯三百，簪四十，斝三十，钏十，杵三，瑟瑟百斤，并它宝等。"[1]《册府元龟》卷六六九也有类似的记载[2]。则这批所谓带胯很可能来自于阗，从现状来看，均非成品，甚而碈文白玉、更白玉、白玛瑙三种带具并不成套。

《抱朴子内篇》卷一一《仙药篇》云：

> 玉亦仙药，但难得耳。……不可用已成之器，伤人无益，当得璞玉，乃可用也，得于阗国白玉尤善。其次有南阳徐善亭部界中玉及日南庐容水中玉亦佳。[3]

它们均非"已成之器"，应该便是"璞玉"中"尤善"之"于阗国白玉"。从放置方式来看，带胯组件跟丹砂同置于金银器皿之中，说明它们是被窖藏的主人视为与丹砂一样的物事——即"仙药"来对待的。服丹对原料的这种特殊且苛刻的要求，显然并非寻常人家可以做到。也就是说，不能将它们视作实际之"带胯"来进行研究，这些成品及未成品的带胯并非作为服饰之用，我们只能藉由其

[1] 《新唐书》，6236页。〔清〕张英、王士禛等撰《渊鉴类函》卷三六三云："增孔帖：唐德宗即位，遣内给事朱如玉之安西求玉，于于阗得圭一。"上海古籍出版社，2008年，678页下栏。

[2] 《册府元龟》卷六六九《贪货》(8000页上栏)载："朱如玉为内给事，贞元初，使于阗国得大珪一，玉珂佩五副，玉枕一，玉带胯、靴带胯各三百具，玉簪四十枝，玉合三十，玉钏十，具杵三，及瑟瑟三百斤，并金银宝刀剑珍(宝)药等。如玉称是假道回纥，遂隐藏之。奏曰：'悉为回纥所夺。'及是为其下所发，搜获，在法绞论减死，杖一百流恩州。"

[3] 王明著《抱朴子内篇校释》，185页。

所体现的等级来考察窖藏主人所属的社会阶层。因为它们已被窖藏主人转而用作服食之"璞玉"了。

窖藏出土的这一组器物很可能来自西域，在宗教仪轨中法器的古老与异域风情总是与它的神性紧密地结合在一起的。

窖藏共出12条金龙（图7-29）。金龙用纯金制成，体形虽小而神态毕肖。经测量可知，龙的躯体和四肢为模铸而成，且有定制。据清理者戴应新先生回忆，第二个陶瓮（W2）"瓮口是一块方玉，方玉下面摞着银碗、银盘。金盆、金筐宝钿团花纹金杯、盛放着带具和药物的银盒和鎏金鹦鹉纹提梁银罐等器物都在里面，琳琅满目，令人惊叹不已。……更让人惊奇的是物中藏物，打开鎏金鹦鹉纹提梁银罐的盖子，其内有水，几团金箔漂于水上，12条小金龙井然有序地站立在上面，红、绿、蓝等宝石（图7-30）也都全部在水中"[1]。何家村窖藏两个陶瓮中没有水，但其中的鎏金鹦鹉纹提梁银罐里面却有水，而且水量有度。漂浮的金箔上站立着12条金龙，

图7-29　金龙

[1]　申秦雁《重见天日的遗宝》，载齐东方、申秦雁主编《花舞大唐春——何家村遗宝精粹》，北京：文物出版社，2003年，2页。

图7-30　蓝宝石

罐口扣合又极其严密,显然是当初有意为之[1]。

如前所论,唐时人共同营造了这么一个礼仪空间,而自己也被这个空间所笼罩,兴化坊也不例外。如果我们考虑一下金龙所处的语境,同时将窖藏置于当时兴化坊一带乃至整个长安城,甚至唐朝帝国的礼仪空间中进行综合分析,可以推断金龙便是道教投龙仪式中所用法器。投龙致祭是道教最重要的科仪之一,投龙简作为大型斋醮仪式的一个仪节,用于斋后醮谢天、地、水真灵,以纪勒斋功,祈求保安宗社,唐宋时期颇为风行。投龙致祭源于道教的天、地、水三官信仰,刘宋时候便初步形成投龙祭祀仪式。其一般方式是将写有愿望的文简和玉璧、金龙、金钮用青丝捆扎,举行醮仪后,投入名山大川、岳渎水府,作为升度之信,以奏告三元。三简都是丹书玉札,再配金龙一条,金钮九枚,用青丝捆扎。如《宝铁斋金石文跋尾》卷中"吴越王龙简"条[2]所说的,在该仪式中金龙担

----

[1] 申秦雁《重见天日的遗宝》,10页。

[2] 《宝铁斋金石文跋尾》卷中"吴越王龙简条"云:"右吴越王龙简,正书,十行,凡一百七十又九言。楷法绝似麻姑坛记。其质白金,重二十两。以今布帛尺度之,高五寸六分,广三寸七分。周刻一龙,上云下水。文云:'大道弟子天下都元帅尚父守中书令吴越国王钱镠,年七十七岁,二月十六日生。'末云:'谨诣太湖水府金龙驿,传于吴越国苏州府吴县洞庭乡东皋里太湖水府告文'云云。顺治元年夏,吴中大旱,太湖水龟坼,居民于湖底得之。惜其时有愿以白金倍重相易不可,卒归销镕,拓本流传,等于球璧矣。"〔清〕韩崇《宝铁斋金石文跋尾》,丛书集成初编本据涉喜斋丛书本排印,上海:商务印书馆,1936年,1531册,15—16页。

负着信使的角色,因此便有"金龙驿"的说法[1]。根据所谓"投龙奠玉"的原则,窖藏共出的宝石类,如蓝宝石、玫瑰紫等应该是和金龙配套使用的。何家村窖藏金龙的发现,为我们增添了极为珍贵的投龙的实物资料。

从秦代的《诅楚文》到五斗米道的三官手书,再经过魏晋南北朝时期的演变以及道教领袖如陆修静的整理,从而形成了道教斋醮科仪中的投龙仪,这一系相承的脉络是十分清楚的[2]。从刘宋陆修静制"九斋十二法"奠定了斋醮科仪的基础后,到了唐代,道教的斋醮科仪已渐趋成熟和完善。唐代,祭天、祭地、祭水的投龙仪式,已成为国家斋醮祭祀大典,投龙在中国古代国家祭祀系统中充当着不可或缺的角色。唐代皇室最重视金箓斋,据《唐六典》记载,凡三元日和皇帝诞生日,要例行举行金箓大斋。唐宋道教为国家举行金箓大斋、黄箓大斋后,一般要赴名山洞府举行投龙简仪式。《旧唐书》卷二四《礼仪志》云:

> 玄宗御极多年,尚长生轻举之术。于大同殿立真仙之像,每中夜夙兴,焚香顶礼。天下名山,令道士、中官合炼醮祭,相

[1] 此外,唐代尚有投花钿启祝之风。《剧谈录》卷上"华山龙移湫"条云:"咸通九年(868)春,华阴县南十余里,一夕风雷暴作,有龙移湫,自远而至。……祈祷者,多致花钿、粉黛及绮罗之类,启祝投之,歘者而没。……其间有不信者,试以木石投之。俄有巨鱼跃出波心,鳞甲如雪。俄而,风雨冥晦,车马几为暴水所漂。尔后人愈敬伏,莫有敢犯者。"〔唐〕康骈《剧谈录》,徐凌云、许善述《唐宋笔记小说三种》,合肥:黄山书社,1991年,18页。
[2] 刘昭瑞《从考古材料看道教投龙仪——兼论投龙仪的起源》,载陈鼓应、冯达文主编《道家与道教:第二届国际学术研讨会论文集》,广州:广东人民出版社,2001年,498页;此据所撰《考古发现与早期道教研究》,北京:中华书局,2007年,259页。

继于路。投龙奠玉,造精舍,采药饵,真诀仙踪,滋于岁月。[1]

据研究,成于开元时期的敦煌写本 P.2354[2],从写本的功能看,其主要目的还是在于从国家的角度对投龙仪进行规范,站在道教中人的立场上看,这种规范就不一定合乎道教神学的要求,所以到了中、晚唐时期,张万福、杜光庭等人对包括道教投龙仪在内的大量斋醮科仪进一步做出了规定,特别是杜光庭在这方面所做的工作,倍受世人推崇[3]。道教投龙仪所投处,一般都为名山大川、神仙洞府,从 P.2354 写本看,唐代投龙处随意性还比较强,只要"责图经,检古迹","奉敕投告","省定州名山水府,自然依准"。开元二十四年五月十三日(736年6月26日),唐玄宗敕曰:

> 每年春季,镇金龙王殿功德事毕,合献投山水龙璧。出日,宜差散官给驿送,合投州县,便取当处送出,准式投告。[4]

所谓"准式投告",证明唐玄宗时代这种由国家举行的投龙简活动已经有某种专门的仪式[5]。这个过程实际上是藉助宗教(道教)仪轨将国家礼仪与神性(真灵)联系成一体,从而使统治秩序的合法性、合理性得到毋庸置疑地确定。检《道家金石略》便可知投龙的地点小到河流湖泊,而非独五岳四渎、名山洞府。其因缘

---

[1]《旧唐书》卷二四,934页。
[2] 参刘昭瑞上揭文,248—255页。
[3] 参刘昭瑞上揭文,254页。
[4]《唐会要》卷五〇"杂记"条,《唐会要校证》,750页。
[5] 王承文《敦煌古灵宝经与晋唐道教》,北京:中华书局,2002年,572页。

多是改元登极、作功德祈福消灾以及超生等。大者为国如《岱岳观碑》所言以求"皇猷永固,与灵岳而恒安,国祚长隆,等玄都而自久";小者为己以求延龄益寿、祛病消灾、子孙繁盛或为死者之超度等。

唐代道教斋醮活动,是涉道诗诵咏的主要内容,斋醮中的各种法事和科仪,在唐诗中几乎都有反映。如,宋之问《送田道士使蜀投龙》:"人隔壶中地,龙游洞里天。赠言回驭日,图画彼山川。"赵居贞《云门山投龙诗》:"披展送龙仪,宁安服狐白。"刘禹锡《和令狐相公送赵常盈炼师与中贵人同拜岳及天台投龙毕却赴京》:"白鹤迎来天乐动,金龙掷下海神惊。"皮日休《太湖诗·投龙潭(在龟山)》:"时有慕道者,作彼投龙术。端严持碧简,斋戒挥紫笔。兼以金蜿蜒,投之光焕律。琴高坐赤鲤,何许纵仙逸。"诗中"金蜿蜒"便是窖藏所出金龙的真实写照。到了赵宋投龙之风更是愈演愈烈,以致于成为州郡一大负担。《宋朝事实类苑》卷三三"投金龙玉简"条引《东斋记事》说:

道家有金龙玉简,学士院撰文,具一岁中斋醮,故《东斋》作"数"投于名山洞府。天圣中,仁宗皇帝以其险远穷僻,难赍送醮祭之具,颇为州郡之扰,乃下道录院裁度,才留二十处,余悉罢之。河南府平阳洞、台州赤城山玉京洞、江宁府华阳洞、舒州潜山司真洞、杭州大涤洞、鼎州桃源洞、常州张公洞、南康军庐山咏真洞、建州武夷山升真洞、《东斋》有"潭州"二字。南岳朱陵洞、江州马当山上水府、太平州中水府、润州金山下水府、杭州钱塘江水府、河阳济渎北海水府、凤翔府圣湫山仙游潭、河中府百丈泓龙潭、杭州天目山龙潭、华州车湘潭。

所罣处不可悉记。余尝于学士院取金龙玉简视之，金龙以铜
制，玉简以阶石制。[1]

　　至于第四个组合配套使用的用具，则主要为金银碗（图7-31）、
壶（图7-32）、杯（图7-33~36）、盘（图7-37）、来通（图7-38）及长杯
（图7-39）[2]等器具。这些器物的功能，如服食，是围绕着前三个组
合器物的功能而存在的。

　　唐代，宗教影响到了人们的生活，佛教、道教都在官方、民间的
舞台上展示自己。唐代诸帝多信道教服饵长生之说，几乎每个皇
帝都与丹家有关，服丹中毒致死者在历朝中为最。唐末，宪宗信方
士柳泌，服金丹；穆宗饵金石药丧命；敬宗信道士刘从政、孙准、赵
归真、杜景先、周息元等；武宗召赵归真与刘玄靖修法箓，亦服药而
死；宣宗又食李玄伯金丹"升天"，清静无为之大旨全亡，炼丹丧生
之风大盛。赵翼《廿二史札记》卷一九"唐诸帝多饵丹药"条，记
唐太宗、宪宗、穆宗、敬宗、武
宗、宣宗，皆服丹药中毒致死。
臣下如杜伏威、李道古、李抱
真，亦皆服食丹药中毒致死[3]。
唐宣宗大中年间中朝与四海
精心烧炼之士（炼丹家）多至

图7-31　鸳鸯莲瓣纹金碗

［1］〔宋〕江少虞《宋朝事实类苑》，上海古籍出版社，1981年，415—416页。
［2］孙机《论西安何家村出土的玛瑙兽首杯》，《文物》1991年第6期，84—97页；
　　　后题为《玛瑙兽首杯》，收入所撰《中国圣火——中国古文物与东西文化交
　　　流中的若干问题》，沈阳：辽宁教育出版社，1996年，178—197页。
［3］〔清〕赵翼著，王树民校证《廿二史札记校证》卷一九"唐诸帝多饵丹药"条，
　　　北京：中华书局增订本，2001年，398—399页。

图7-32　鎏金舞马衔
杯纹银壶

图7-33　金耳杯

图7-34　金筐宝钿团花纹金杯

图7-35　鎏金仕女狩猎纹八瓣银杯

图7-36　忍冬纹多曲玉杯

图7-37　鎏金飞廉纹
六曲银盘

图7-38　镶金兽首玛瑙杯及局部

图7-39　玛瑙长杯

数千人，《云溪友议》卷下《羡门远》云：

> 纥干尚书臮，苦求龙虎之丹，十五余稔。及镇江右（唐宣宗大中年间），乃大延方术之士。乃作《刘弘传》，雕印数千本，以寄中朝及四海精心烧炼之者。夫人欲点化金银，非拟救于贫乏，必期多蓄田畴，广置仆妾，此谓贪婪，岂名道术？且玄妙之门，虚无之事，得其要旨，亦恐不成，况乎不得！悉焚《参同契》金诀者，其言至也。[1]

可见当时炼丹术之盛行。

　　皇帝对服务于宫廷的炼丹术士优礼有加，术士或官至公卿，金丹服饵一时成为全国性风气。首先是达官贵族群起效仿，他们交结道教方术之士，访求金丹大药，服饵烧炼以为时尚。《旧唐书》卷九九《萧嵩传》载萧嵩"性好服饵"，罢官后，"于林园植药，合炼自适"。此外，更有"乞骸归田"并"以故庐共制神室"而临炉炼丹。这说明唐代贵族高官在家中炼丹是一种较为普遍的现象。文人学士也大多浸染于这种时代风尚，白居易《思旧》诗中便列举了受丹药毒害"或疾或暴夭"的一些文人墨客。唐代士人崇道及其有关的文学作品，也从一个侧面反映了道教炼丹术的兴盛及其社会影响的广泛。

　　中国金银器的兴盛和发展本身就与道教有着密切的关系。"服金者寿如金，服玉者寿如玉。"术士们相信"假外物以自坚固"，服食金玉，就能把金玉稳定的性质转移到人体，从而人就可以不朽长

---

[1]〔唐〕范摅《云溪友议》卷下，《唐五代笔记小说大观》（下册），1313页。

生了[1]。这一信仰同古代医学有渊源联系[2]。西汉时,方士李少君对汉武帝说:"祠灶则致物,致物而丹沙可以化为黄金,黄金成以为饮食器则益寿,益寿而海中蓬莱仙者可见,见之以封禅则不死,黄帝是也。"[3]又,唐武德中,方术人师市奴合金银并成,李渊异之,以示侍臣。封德彝进曰:"汉代方士及刘安等皆学术,唯苦黄白不成,金银为食器可得不死。"[4]这说明在道教的传统理念中,使用金银器皿和服用丹砂一样都具有延年益寿、长生不死的效应。由此更加证明何家村窖藏与长生观念不可或分,其道教的意味愈浓。另外,窖藏所出外来金银器装饰的动物纹样,多为祆教崇拜的动物形象,或许带有祆教色彩。这是否是一种宗教含义层面上的借用,还是寓示着不同宗教之间的交融,抑或其他,尚有待进一步研究。

值得注意的是,服丹易中丹毒。这就需要对丹药进行去丹毒的处理,同时对服丹后的毒发便要借助当时的医疗手段进行治疗。其中包括服用药方和外科手术两种途径。前者上文已有陈略,不再赘述。而在所谓外科手术治疗中使用的金钗、簪和箆等物件也见于何家村窖藏之中。根据文献所载,可知钗、簪及箆在当时除了作为妇女的头饰之外,还被施用于治疗服散并发症等医学操作中[5]。这提醒我们在具体的考古学研究中,应根据出土环境详加考察——出土的这些器物是否与此有关。若综合何家村窖藏的器物组合,则其中的金钗(图7-40)、金箆(图7-41)很可能也是用于此途。

[1] 赵匡华《中国炼丹术的丹药观与药性论》,《化学通报》1983年第7期,52—53页。
[2] 金正耀《道教与炼丹术论》,136页。
[3] 《史记》卷一二《孝武本纪》,455页。
[4] 《太平御览》卷八一二《珍宝部》银条,3608页。
[5] 详本书第六章《安禄山服散考》。

图7-40　金钗

图7-41　金篦

二　窖 藏 形 式

根据钻探简报称，在发掘清理了第二个陶瓮（W2）后，"在周围10~30米内继续进行了钻探。在地下曾经发现不少活土坑，一般深至2米以下，其中瓦片砖块很多，并探出几座近代墓。建筑单位在附近平整地基，也发现几座近代墓，并从地面下翻出大量残砖破瓦，其中并有唐时莲花瓦当和残花砖等"[1]（图7-42）。两瓮与银罐皆埋藏在活土坑内，且附近尚有不少活土坑的存在，这是何家村窖藏最为突出的特点，不见于其他唐代窖藏，它给我们透露出极为重要的消息。第一，在实为活土坑的窖藏附近还存在不少活土坑，且一般深至2米以下。根据钻探简报约略可以推定唐代路土距离现代地面的深度在0.8~1.0米之间，可见，当时这些活土坑的深度在1.0~1.2米之间[2]。更为重要的是，窖藏附近不少活土坑的存在说明

---

[1]　参陕西省博物馆、文管会钻探组上揭文，43—46页。

[2]　唐尺有大、小之分，小尺用于礼乐，大尺为实用尺度。《唐六典》卷三"户部金部郎中员外郎"条："度以北方秬黍中者，一黍之广为分，十分为寸，十寸为尺，一尺二寸为大尺，十尺为丈。……凡权衡以秬黍中者，百黍之重为铢，二十四铢为两，三两为大两，十六两为斤。凡积秬黍为度、量、权衡者，调钟律、测晷之景、合汤药及冠冕之制则用之（尺），内、外官司悉用大者。"（详〔唐〕李林甫等撰、陈仲夫点校《唐六典》，81页）小尺一尺约合24.75~25厘米，大尺一尺约在29.48~31.04厘米之间，取其中数为30厘米。

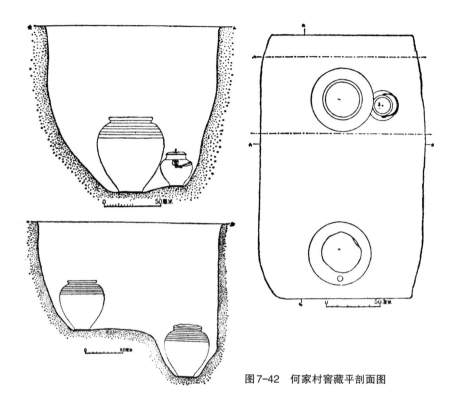

图7-42 何家村窖藏平剖面图

了这一地点此类性质的埋藏行为的重复性。换言之,说明该地点是专门处理某种行为的。第二,这些活土坑中瓦片砖块很多,并有唐时莲花瓦当和残花砖等物件,考稽医药典籍不难发现时人认为砖、瓦具有药用价值。

关于瓦,明李时珍《本草纲目》卷七"乌古瓦"条引《唐本草》云:

【集解】时珍曰:夏桀始以泥坯烧作瓦。

【气味】甘,寒,无毒。

　　【主治】以水煮及渍汁饮,止消渴,取屋上年深者良。唐本 煎汤服,解人心中大热。甄权止小便,煎汁服。大明研末,涂汤 火伤。〔陈〕藏器治折伤,接骨。时珍[1]

宋唐慎微《证类本草》[2]、明朱橚《普济方》[3]等对乌古瓦的药用功 能也都有记载。

　　至于砖,如唐慎微《证类本草》卷四"古砖"条,云:

　　　　古砖,热烧之,主下部久患白痢脓泄下,以物裹上坐之。 入秋小腹多冷者,亦用此古砖煮汁服之,主哕气。又令患处熨 之三五度,差(瘥)。又主妇人带下五色,俱治之。取黄砖石 烧令微赤热,以面、五味和作煎饼七个,安砖上,以黄芷蒌傅面 上,又以布两重,患冷病人坐上,令药气入腹,如熏之有虫出如 蚕子,不过三、五度差(瘥)。[4]

《普济方》[5]、《本草纲目》[6]等也都有类似的记载。

　　可见,当时认为砖瓦所具有之药用功能是显而易见的。但是, 在这里我们却主张窖藏附近地下多处发现的砖瓦更可能跟当时防

[1]　〔明〕李时珍《本草纲目》(校点本),上册,444页。
[2]　〔宋〕唐慎微撰,尚志钧等校点《证类本草》卷五,北京:华夏出版社,1993 年,139页。
[3]　如《普济方》卷二七七"治汤火疮"条引《肘后方》,详景印文渊阁四库全书, 756册,190页下栏。
[4]　《证类本草》,118页。
[5]　《普济方》卷二一二"治久患下部冷久痢肠腹下白脓"条,景印文渊阁四库全 书,754册,210页下栏。
[6]　《本草纲目》卷七"古砖"条,详《本草纲目》(校点本),上册,445页。

治瘟疫的习俗有关。《证类本草》卷四"冢上土及砖石"条,云:

> 冢上土及砖石,主温(瘟)疫。五月一日取之,瓦器中盛,埋之著门外阶下,合家不患时气。又正月朝早将物去冢头,取古砖一口,将咒要断,一年无时疫,悬安大门也。[1]

又《普济方》卷一五一《治瘟疫》引《木草》云:

> 五月一日,取冢上土及砖石以瓦器中盛,埋之著门外阶下,合家不患时气。又正月朝早,将物取冢头古砖一块悬大门,断一年无时疫。[2]

从钻探简报可知,该地点不可能是某一住宅的主体,而应该是住宅的附属建筑。当时的宫观及有些居址都有一种称为"药院"的建筑,药院本是道教寺院种植药草、炼丹的场所。如刘言史《题茅山仙台药院》所描写的一样,诗云:"扰扰浮生外,华阳一洞春。道书金字小,仙圃玉苗新。芝草迎飞燕,桃花笑俗人。楼台争耸汉,鸡犬亦嫌秦。愿得青芽散,长年驻此身。"[3]后来,药院也成为个人行为的建筑。如齐己《寄郑谷郎中》一作《住襄州谒郑谷献诗》云:"自封修药院,别扫著僧床。几梦中朝事,依依一作"久离"鹓鹭行。"[4]常建《宿

---

[1] 《证类本草》,117页。

[2] 《普济方》,752册,97页下栏。

[3] 《全唐诗》卷四六八,5322页。刘言史还作有"赠成炼师四首"(《全唐诗》卷四六八,5328—5329页),可知他与炼丹术士过往甚密。

[4] 齐己《寄郑谷郎中》,《全唐诗》卷八三九,9457页。

王昌龄隐居》云："茅亭宿花影，药院滋苔纹。"[1]可见药院是与作为住处的茅亭区别开的。药院又叫"炼药院"，李白便有《秋日炼药院镊白发赠元六兄林宗》[2]诗。从文献的记载看，这些药院多是幽静且为"芳草春深景气和"[3]的去处。牛峤《女冠子》所言"醮坛春〔草〕昼绿，药院杏花香"[4]，更是将药院与醮坛联系起来，这表明药院与道教仪轨有着某种不可或分的关系。唐张读《宣室志》卷九云：

  河中永乐县道净院，居蒲中之胜境，道士寓居，常以十（千）数。文宗时，道士邓太玄炼丹于药院中，丹成，疑转功未究，留贮院内，后人共掌之。太玄既化，其徒周悟仙主院事，时有蒲人侯道华侍事悟仙以供给使，诸道士皆以奴畜之，洒扫隶役，无所不为，而道华愈欣然。又常好子史，手不释卷，一览必诵之于口，众或问之："要此安用？"答曰："天上无愚懵仙人。"咸大笑之。蒲中多大枣，天下人传，岁中不过一二无核者，道华比三年辄得啖之。一旦，道华执斧斫古松枝垂，且尽，如削，院中人无喻其意。明日昧爽，众晨起，入道华房中亡无所见，惟古松下施案，致一杯水案上，仍脱双履案前，道华衣挂松上。院中人视之，中惟留偈一首云："帖裹大还丹，多年色不移。前宵盗吃却，今日碧空飞。惭愧深珍重，珍重邓天师。他年炼得药，留著与肉芝。吾师知此术，速炼莫教迟。三清专相待，大罗的有期。"下列细辞，称：去年七月一日，蒙韩君赐

［1］《全唐诗》卷一四四，1454页。
［2］《李太白全集》卷一〇，515页。
［3］钱起《仲春宴王补阙城东小一作"山"池》，《全唐诗》卷二三九，2667页。
［4］《全唐诗》卷八九二，10080页。

姓李,名内芝,配住上清善进院。以次十数言,时唐大中五年
(851)五月二十一日。院中人方验道华窃太玄药仙去,因相率
白节度使尚书郑公光。按视踪迹不诬,即以其事闻奏。诏赉
绢五百疋,并赐御衣,修饰廊殿,赐观名"升仙院"。[1]

研究唐代两京的重要文献《唐两京城坊考》也记载了唐代两京地
区的药院、药园。同书卷一"大明宫"条:"待制院。在思政殿侧,
旧药院地。"同书卷三"次南升平坊"条:"西北隅有东宫药园。"
同书卷五"次北宜人坊"条,略云:"次北宜人坊。半坊太常寺药
园。本隋齐王𬀩宅。西南隅,菏泽寺。"同书卷五"通济渠"条,略云:
"〔通济渠〕又东北抵择善坊西北,东经道德、惠和、通利、富教、睦
仁、静仁六坊之南,屈而北流,过官药园、延庆坊之东,入雒水。天
宝中,壅蔽不通,渠遂涸绝。"[2]看来唐代两京地区药院并不是什么
稀奇的现象。从前引《唐两京城坊考》卷五"次北宜人坊"我们更
可以知道药园的规模甚大,其面积甚至可能占尽半个坊。前面说
到在家中炼丹是唐代贵族高官中一种较为普遍的现象,在此我们
进一步推断何家村窖藏出土地为拥有者的药院。这似乎也恰好可
以解释《唐两京城坊考》卷四"次南兴化坊"条为什么没有描述窖
藏地点的住宅状况[3]。至此,窖藏的拥有者似乎可以不言自明了。

---

[1] 〔唐〕张读《宣室志》,上海古籍出版社编《唐五代笔记小说大观》(下册),
1056页;又《太平广记》卷五一"侯道华"条(《太平广记会校》,589—590
页)皆有记载。本录文据此二处勘订。
[2] 〔清〕徐松撰,李健超增订《增订唐两京城坊考》,西安:三秦出版社,1996
年,33、133、264、428页。案,"药园"非"乐园"之误。对该史料的辨析,可参
赵衍勇《唐东都药园与乐园辨析》,《文献》2011年第2期,195—197页。
[3] 《增订唐两京城坊考》,170—172页。

三　窖 藏 性 质

在这一部分我们想通过素面兽首衔环提梁银罐（编号七—88）（图7-43）观察到的现象试图对窖藏进行部分复原。

素面兽首衔环提梁银罐为侈口，束颈，银罐口沿近兽首处有一内凹变形（Ā），银罐肩部近另一兽首处有三处（a、b、c）凹痕，凹痕直径0.3~0.4厘米不等。器盖上共有6处凹陷，3个（顺时针编号A-C）呈一等腰三角形均匀地分布于器盖外侧平缘近折沿处，其中有一小洞洞穿器盖（A）。小洞A开口0.5×（0.12~0.15），大致呈梯形；B直径0.22厘米，C直径0.17厘米。另外3个凹陷的两个则与器钮呈一直线分别分布于器盖最上层的最高突起处（D）和莲叶垫片之下（E）。最后一个（E）则位于器盖近突棱处。D、E、F最底部呈圆形，直径皆为0.12厘米。在器盖内侧均可见A-E五处痕迹。

通过观察，可以推断Ā当为砸击A时洞穿器盖所致，即器盖扣合时A与Ā当在同一位置。如此安放器盖，可以发现银罐肩部a、

图7-43　素面兽首衔环提梁银罐（编号七—88）

b、c三处凹陷正好位于器盖B处凹陷之下,可能是砸击B时滑落所致。综上可以复原银罐入藏前的处理过程如下:先是砸击A,并洞穿该部位,使银罐口沿Ā处内凹变形,从而产生张力将器盖与银罐紧密扣合在一起。接着,砸击B、C二处,其中在砸击B处时,工具滑落,在银罐肩部造成a、b、c三处凹陷。最后是砸击器盖上的E、F、G,分三个方位进一步加固器盖与银罐扣合度。估计是因为Ā的变形,而使器盖不在一个水平面上;也可能是Ā的变形使银罐内器物受到挤压上拱,若此,则可进一步推断银罐盛装的器物与口沿取平。从测量数据可知,D、E、F直径皆为0.12厘米,看来都只是使用脆劲砸击一次便罢。其最底部呈圆形,推测所用工具为顶端呈圆锥状的金属。

两陶瓮和银罐(七—88)内装具体为何物都已经不清楚了。发掘时未能及时地将2个陶瓮及银罐等分别盛装的器物进行记录,更谈不上器物层位的摆放记录了。但是,这些器物是如何被装入陶瓮与银罐的? 器物被入藏者分成几个组合后,这不外乎有四种可能。第一,同时入装两个陶瓮与银罐;第二,先装银罐,不足再用两大陶瓮;第三,先装两个陶瓮,不足再用银罐;第四,先装银罐与一陶瓮,不足再用另一陶瓮。但是,从出土器物的数量分析,显然第二种入装方式是最不可能的。何家村窖藏埋藏时,有瓮盖的陶瓮(W1)是跟银罐(七—88)在距今地表0.78米的同一水平面,相距0.18米;而陶瓮(W2)则被放置在陶瓮(W1)北边1米处,且距地表深1.3米,瓮口用圆饼形银渣块覆盖。这种入藏方式也许寓示着入藏者视陶瓮(W1)跟银罐(七—88)中的器物关系较近。鉴于多个活土坑的存在,其中最大的可能是第一种方式。根据现有的信息,我们只能推测到这种程度。也许窖藏附近其他活土坑的形状能给我们进一步的启示,遗憾的是,这一些都已经被我们忘却了。

总之,何家村窖藏的器物来源是多元的[1],但是,它们最后却因为同样的目的而被埋藏在一起。器物没有使用已有一段时日,因此,埋藏年代与器物的制作、使用年代宜分开讨论,特别是对于可多次反复使用的且被用于宗教仪轨中的器物。窖藏器物最晚的年代有可能在8世纪后半叶,但是,我们也不能轻易排除窖藏的埋藏还要比这个时间晚得多的可能。

何家村窖藏的埋藏恐与战乱无关,原因有三。其一,入藏时每个器物也许还用纸包装。韩建武透露:库管员在整理何家村窖藏文物时还发现银碟外壁上有墨书,但并非书写,而是包装纸印上去的,说明当时器物是仔细包装过的[2]。其二,窖藏将所藏物件分门别类地分置于两个陶瓮和一个银罐之中,说明其埋藏绝非匆匆而为,而是从容不迫、有计划的。其三,唐代时便有于道观中发现类似埋藏的行为,此窖藏并非特例。如《剧谈录》卷上"袁相雪换金县令"条载:

> 愚(康骈)尝闻金宝藏于土中,偶见者,或变其质。东都敦化坊有麟德废观,殿宇悉皆颓毁。咸通中,毕相国再令营造,基址间得巨瓮,皆贮白金。辇(理)财者与工匠三四十人,

---

[1] Valuerie Hansen, "The Hejia Village Hoard: A Snapshot of China's Silk Road Trade", *Orientations*, vol.34, no.2, Feb., 2003, pp.14-19. Qi Dongfang, "The Burial Location and Dating of the Hejia Village Treasures", *Orientations*, vol.34, no.2, Feb., 2003, pp.20-24. 齐东方《何家村遗宝与丝绸之路》,载《花舞大唐春——何家村遗宝精粹》,34—45页。

[2] 韩建武《西安何家村唐代窖藏几个问题的再探讨》,39—40页。

惧为官中所取，乃辇材木盖之，以候昏黑。及夜，各以衣物包裹而归。明旦开之，如坚土削成银铤。所说与此正同。[1]

引文中所谓"白金"便是炼丹所得之药金（即丹药），这是它之所以变化的原因。康骈不识此理，而以之为异。

据《抱朴子内篇》卷四《金丹》云：

凡人唯知美食好衣，声色富贵而已，恣心尽欲，奄忽终殁之徒，慎无以神丹告之，令其笑道谤真。传丹经不得其人，身必不吉。若有笃信者，可将合药成以分之，莫轻以其方传之也。知此道者，何用王侯？为神丹既成，不但长生，又可以作黄金。金成，取百斤先设大祭。祭自有别法一卷，不与九鼎祭同也。祭当别称金各检署之。

礼天二十斤，日月五斤，北斗八斤，太乙八斤，井五斤，灶五斤，河伯十二斤，社五斤，门户闾鬼神清君各五斤，凡八十八斤。余一十二斤，以好韦囊盛之，良日于都市中市盛之时，嘿声放弃之于多人处，径去无复顾。凡用百斤外，乃得恣意用之耳。不先以金祀神，必被殃咎。又曰，长生之道，不在祭祀事鬼神也，不在导引与屈伸也，升仙之要，在神丹也。知之不易，为之实难也。[2]

则何家村窖藏的器物中多有名称及分量的墨书题识，正是《抱朴

---

[1] 《剧谈录》，徐凌云、许善述《唐宋笔记小说三种》，12页。
[2] 王明著《抱朴子内篇校释》，67—68页。

子》所言"称金各检署"之谓,而埋藏的行为便是神丹成后的大祭行为。这个仪轨除了宗教层面的含义之外,还蕴含着对丹药的一种极为重要的后期处理方式。这就是对丹药进行去丹毒的过程。实际上,窖藏中器物(丹砂)的放置方式,便是保存、去丹毒的一种方式,即将丹砂放在金银器皿中。窖藏第三组器物中的中金走龙表明窖藏是大祭之后又举行了投龙告地官的仪式,而投龙告地官埋于地下的这种仪式又恰可去丹药中的火毒[1]。

　　章怀太子陪葬乾陵的丧事是由李守礼一手负责的[2]。因此,两处都出土有铅块就不足为奇了。这又说明了炼丹之风在李贤、李守礼、李承宁、李谘一脉的承袭。换言之,何家村窖藏应当是邠王李承宁或嗣邠王李谘遗留的物件。但是,这些炼丹的器物是从李贤时期便有的,到了李承宁、李谘时仍然有所增加。这表明炼丹已经成为李贤及其后人日常生活中重要的一幕。

[1] 案,关于服散去丹毒的方法,详悉本书第六章《安禄山服散考》。
[2] 详本书附录一《章怀太子墓壁画与李守礼》。

第八章　善相的玄宗与禄山的痣

阅读唐代官修的《晋书》等正史,我们看到,书中纳入了那么多的神怪灵异故事。五代及宋朝两个朝代完成的两部《唐史》告诉我们,占据唐代众人,从帝王、皇亲、国戚、勋贵、高官,到胥吏、商贾、百姓、婢仆等不同的社会阶层的成员的头脑,并主宰他们行动的是各式各样的奇奇怪怪的信念和信仰[1]。正是唐人官修的史书,告诉我们南北朝以降社会各阶层更为真实的思想状况。只要翻开这些唐人著作,所可注意者便是唐人对所提人物相貌不遗余力地描述,而且极尽夸张之修辞。其实,这种书写方式正是唐代崇尚相术的社会风尚的真实映像。

两《唐书·方伎传》便记载了唐代诸多善于相卜的相士,诸如袁天纲、张憬藏、李嗣真、严善思、金梁凤、王远知、乙弗弘礼、袁客师等人。其中袁天纲和张憬藏二人是当时比较活跃的相士,最为著名。

袁天纲,益州成都人,尤工相术。张憬藏,许州长社人,少工相术,技与袁天纲埒,与袁氏齐名。两《唐书·方伎传》[2]长篇累牍地

---

[1] 张广达《关于唐史研究趋向的几点浅见》,原载《中国学术》2001年第4辑;又载胡戟等主编《二十世纪唐研究·序一》,北京:中国社会科学出版社,2002年,4页;后收入所撰《张广达文集·史家 史学与现代学术》,桂林:广西师范大学出版社,2008年,236页。

[2] 《旧唐书》卷一九一《袁天纲传》,5092—5094页;《新唐书》卷二〇四《袁天纲传》,5800—5802页;《旧唐书》卷一九一《张憬藏传》,5097—5098页;《新唐书》卷二〇四《张憬藏传》,5802—5803页。

记载了他们屡试不爽的相术预言。见诸记载的，当时请袁天纲相卜禄命的官员有杜淹、王珪、韦挺游、窦轨、张行成、马周、高士廉等人。曾请张憬藏相卜禄命的官员有蒋俨、刘仁轨、靖贤、魏元忠、姚崇、李迥秀、杜景佺、裴珪、裴光廷等人。

更有甚者，深信不疑张憬藏的预言而不惜以身试法造反的，这最典型的莫过于刘思礼了。刘氏曾向张憬藏学相术，以为自己"必历刺史，位至太师"。就任箕州刺史之后，刘思礼更加相信相士所言，以为太师之职，位极人臣，非佐命无以致之，遂与洛州录事参军綦连耀结构谋反。刘思礼对綦连耀说："公体有龙气。"綦连耀也是迷信相术之人。他对刘思礼说："公是金刀，合为我辅。"于是，刘思礼对綦连耀相互解释图谶，定下君臣之契。綦连耀又令思礼自衒相术，阴结朝士，托相术许人富贵。每所见人，皆谓之"合得三品"，使务进之士，闻之满望，然始谓云："綦连耀有天分，公因之以得富贵。"事发系狱，乃多证引朝士，冀以自免。所诛陷者二十余家，耀、思礼并伏诛。凤阁侍郎李元素、夏官侍郎孙元亨、知天官侍郎事石抱忠、凤阁舍人王勮、勮兄前泾州刺史勔、太子司议郎路敬淳等坐与耀及思礼交结，皆死[1]。在这次流产的政变中，相术成为各方面建立信任和利益分配的重要关节。于此，足见相术在唐代政客心中所占之分量。

<hr>

[1] 《旧唐书》卷五七《刘世龙传》，2296页。《资治通鉴》谓"憬藏谓思礼当历箕州，位至太师"，而非刘思礼给自己相命。详《资治通鉴》卷二〇六"箕州刺史刘思礼学相人于术士张憬藏"条，6512—6513页。案，《后汉书》卷四二《光武十王列传》(1446—1449页)载，广陵思王荆亦好方术，迷信星象。他曾对相工说："我貌类先帝(即光武帝刘秀)，先帝三十得天下，我今亦三十，可起兵未？"虽得皇帝加恩，但犹不改，使巫祭祀祝诅，后自杀。刘思礼、綦连耀的行径如同东汉时广陵思王刘荆。

唐代官员痴迷于相士之言，从相士那里占卜禄命的记载远不止上述事例。官员藉之在宦海沉浮中寻求一种先期的指导和行动指南，对他们而言，此举无疑是安身立命的重要法宝。从众多的相关记载来看，显然，从相士那里预测自己的官运已是当时社会的公开秘密。

初唐魏徵等编撰的《隋书·经籍志》中记载当时尚有《相书》四十六卷、萧吉撰《相经要录》二卷、《相手板经》六卷。而钟武隶撰《相经》三十卷、《相书》十一卷，樊、许、唐氏《武王相书》一卷、《杂相书》九卷、《相书图》七卷；梁《相手板经》、《受板图》、韦氏《相板印法指略钞》、魏徵东将军程申伯《相印法》各一卷，都只是存名而书已亡佚[1]。但是，在《旧唐书·经籍志》中却不见相书的记载，《新唐书·艺文志》亦仅载有"袁天纲《相书》七卷、《要诀》三卷"[2]而已。显然，唐代相书的流布、记录情况跟相术的风行于世迥异，其中缘由颇值得思考。

所幸，敦煌藏经洞发现大量的阴阳五行、卜宅、五姓、禄命、堪舆、解梦杂卷，其中有相书残卷，为我们留下更为直观的资料（图8-1、2）。敦煌写本相书共有14件，英藏、法藏各6件，它们是S.3395、S.5969、S.5976、S.9978B1V、CH.00209、CH.87；P.2572、P.2797、P.2829V、P.3390、P.3492、P.3589V。另俄藏有2件，即孟02893、孟02894。根据其内容、形式的不同特点，可分为三个[3]或

---

[1] 〔唐〕魏徵等撰《隋书》卷三四《经籍志》，1039页上栏—下栏。有关唐宋时期相书的著录情况，可参王晶波《唐宋相书的著录与种类》，《图书与情报》2006年第6期，103—107页。

[2] 《新唐书》卷五九《艺文志》，1557页下栏。

[3] 黄正建将敦煌相书分作许负《相书》系统、黡子图（黑子图）及面色图等三个系统。详黄正建《敦煌占卜文书与唐五代占卜》第三章《敦煌占卜文书的类型及其与传世典籍的比较（中）》，北京：学苑出版社，2001年，57—60页。

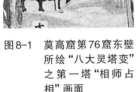

图8-1　莫高窟第76窟东壁
所绘"八大灵塔变"
之第一塔"相师占
相"画面

图8-2　莫高窟第296窟主室窟顶西坡南段"相师为善
事太子占相"故事画

五个[1]系统。

　　相术与道术从来就是一个难以分割的知识体。崇奉道术并亲
体力行的玄宗，也是一位善相之士。玄宗热衷于术数，与其说是时
代风尚的产物，毋宁说是他修习道术的自然衍生，而这又跟他本人
深思好学、多才多艺是分不开的。

一　善相的玄宗

　　《旧唐书》称玄宗"性英断多艺，尤知音律，善八分书。仪范伟
丽，有非常之表"[2]。《册府元龟》也说："玄宗好学，善骑射，洞晓音

[1]　郑炳林、王晶波《敦煌写本相书校录研究》，北京：民族出版社，2004年，7—
　　　16页。
[2]　《旧唐书》卷八《玄宗本纪上》，165页。

律及阴阳、象纬、推步。"[1]其中善相便是玄宗的多才多艺、洞晓阴阳的一个表现,这应该是跟玄宗崇信道术分不开的。关于玄宗的善相,史书不乏记载。史载主要集中在:关于玄宗对其后继者及其在位年数的判断,以及对史思明禄命的预言和对安禄山骨相的看法。

段成式《酉阳杂俎》记载了唐玄宗对肃宗所谓异相的预言:

> 上清珠,肃宗为儿时,常为玄宗所器,每坐于前,熟视其貌,谓武惠妃曰:"此儿甚有异相,他日亦吾家一有福天子。"因命取上清玉珠,以绛纱裹之,系于颈。是开元中,罽宾国所贡。光明洁白,可照一室。视之则仙人、玉女、云鹤、绛节之形,摇动于其中。及即位,宝库中往往有神光。异日掌库者具以事告,帝曰:"岂非上清珠耶?"遂令出之,绛纱犹在,因流泣遍示近臣曰:"此我为儿时,明皇所赐也。"遂令贮之以翠玉函,置之于卧内。四方忽有水旱兵革之灾,则虔恳祝之,无不应验也。[2]

最为著名的还是玄宗对刚出生三日的德宗李适的认定,并预言他本人、肃宗、代宗、德宗的在位年数。隋唐五代有三日洗儿风俗,小儿生下三天,要举行专门的庆祝活动。家人为小儿沐浴,亲友前来送礼、祝贺,为孩子祈福,主人设宴招待客人,称为"三日洗儿"[3]。洗儿最为有名的事件当是杨贵妃在禁中为义子安禄山举

---

[1]《册府元龟》卷四三,493页下栏。
[2]《酉阳杂俎》前集卷之十"上清珠"条,100—101页。
[3] 李斌城等著《隋唐五代社会生活史》,293页。

行"三日洗儿"礼[1]。章敬吴后生代宗李豫三日，照例举行"三日洗儿"礼，唐玄宗亲临澡浴。德宗李适降生三日，同样举行此礼。有意思的是，当时发生如下有趣的事。唐代韦绚的《刘宾客嘉话录》记载：

> 唐德宗降诞三日，玄宗立于高阶之上，肃宗次之，代宗又次之。保母褓抱德宗来呈，德宗色不白皙，耳仆前。肃宗、代宗皆不悦。二帝以手自下递传呈上，玄宗一顾之，曰："真我儿也。"谓肃宗曰："汝不及他。"又谓代宗曰："汝亦不及他，仿佛似我。"既而在位二十七年，寿六十三。肃宗登位五（六）年，代宗登位十五（七）年，是不及也。后明皇幸蜀，至中路曰："崽郎亦一遍到此来里。"及德宗幸梁，是验也。乃知圣人应天授命，享国绵远，岂徒然哉。[2]

尽管故事表达的主旨是君权神授，但是从中可知唐人以为帝王皆有其特殊骨相，同时也说明唐玄宗是位善相的帝王。他对肃宗、代

---

[1] 此事发生在天宝十载正月丁未（751年2月23日），即安禄山生日的后三天。当天，杨贵妃召安禄山入禁中，"贵妃以锦绣为大襁褓，裹禄山，使宫人以彩舆舁之。上（玄宗）闻后宫欢笑，问其故，左右以贵妃三日洗禄儿对。上自往观之，喜，赐贵妃洗儿金银钱，复厚赐禄山，尽欢而罢"。详《资治通鉴》卷二一六"上命有司为安禄山治第于亲仁坊"条，6903页。相关研究可参雷闻《杨贵妃与安禄山"三日洗儿"的仪式解读》，中国社会科学院历史研究所隋唐宋辽金元史研究室编《隋唐辽宋金元史论丛》第一辑，196—201页。

[2] 〔唐〕韦绚《刘宾客嘉话录》，《唐五代笔记小说大观》（上册），796页。按，"耳仆前"，《太平广记》卷一五〇"玄宗"条作"龙身仆前"，详《太平广记》，1077页。

宗、德宗在位时间的预言也一一应验。同样，关于玄宗、肃宗、代宗祖孙三代在位年数谶纬，还有"叱金像"的掌故，事见唐代张读《宣室志》：

> 国初有神像，范金而制，传云，隋朝有术士镕范而成之。天后朝，因命置于宫中，扃其殿宇甚严。玄宗尝幸其殿，启而视焉。时肃宗在东宫，代宗尚稚，俱侍上。上问内臣力士曰："此神像何所异？亦有说乎？"力士曰："此前代所制，可以占王者之在位几何年耳。其法当厉声而叱之，苟年甚永，则其像摇震亦久；不然，一撼即止。"上即严叱之，其像若有惧，摇震移时，仆于地。上喜笑曰："诚如是，我为天子几何时？"力士因再拜贺。上即命太子叱之，其像微震。又命皇孙叱之，亦动摇久之。上曰："吾孙似我。"其后玄宗在位五十载，肃宗在位凡六年，代宗在位十九（七）年，尽契其占也。[1]

玄宗另一个善相的事例是第一次见史思明时，对史氏禄命的预言。《新唐书》卷二二五上《史思明传》载：

> 史思明，宁夷州突厥种，初名窣干（干），玄宗赐其名。姿癯露，鸢肩伛背，廒目侧鼻，寡须发，躁健谲狡。与安禄山共乡里生，先禄山一日，故长相善。……
> 天宝初，〔史思明〕累功至将军、知平卢军事。入奏，帝

---

[1]〔唐〕张读《宣室志》，《唐五代笔记小说大观》（下册），1081页。

（玄宗）赐坐与语，奇之，问年，曰："四十矣。"〔帝〕抚其背曰："尔贵在晚，勉之！"迁大将军、北平太守。[1]

这是唐玄宗相人的又一个事例。

藉助上述文字记录可以分析史思明的形貌。瘟露谓极瘦。鸢肩，韦昭注："鸢肩，肩并斗出。"谓两肩上耸，像鸥鸟栖止时的样子。宋代的《太平御览》总结了历史上的鸢肩人士："《国语》曰：叔鱼鸢肩，其母曰：是必为贿死。庄子曰：支离疏肩高于顶；又曰：卢敖见若士深目鸢肩。《淮南子》曰：东方之人鸢肩，北方人大肩。《梁冀别传》曰：〔梁〕冀鸢肩。"[2]

《太平御览》所言《国语》之事便是所谓识子知贪的故事，其大意是根据形容便准确预知其性格与命运。《国语》记载："叔鱼生，其母视之，曰：'是虎目而豕喙，鸢肩而牛腹，溪壑可盈，是不可餍也，必以贿死。'遂不视。杨食我生，叔向之母闻之，往及堂，闻其号也，乃还，曰：'其声，豺狼之声也，终灭羊舌氏之宗者，必是子也。'"[3] 由此视之，鸢肩属于不佳的相貌，有此形貌的人多非善人，古人的这个观念一直没有变更。

梁冀字伯卓，其人鸢肩一事《后汉书》记载更为详细。该

---

[1] 《新唐书》，6426页。案，《安禄山事迹》卷下原注（42页）云："史思明，营州杂种胡也。本名'窣干'，玄宗改为'思明'。瘦小，少髭须，深目鸢肩，性刚急。与禄山同乡，生较禄山先一日。思明岁夜生，禄山岁日生。及长，相亲，俱以骑勇闻。解六蕃语，同为牙郎。"

[2] 《太平御览》卷三六九，1700页上栏。

[3] 徐元浩撰，王树民、沈长云点校《国语集解》卷《晋语八》，北京：中华书局，2002年，422页。相关研究可参祝平一《汉代的相人术》，台北：学生书局，1980年，26—28页。

书称梁冀，"为人鸢肩豺目，洞精矋眄，口吟舌言，裁能书计"。其下唐章怀太子李贤注云："鸢，鸱也。鸱肩，上竦也。豺目，目竖也。"[1]

唐代名臣马周亦是鸢肩。中书侍郎岑文本曾据之对亲信说马周"鸢肩火色，腾上必速（死），恐不能久耳"[2]。果然，马周四十八岁时便死了，可见鸢肩之人亦不得善终。所以，苏轼才以"莫叹郎潜生白发，圣朝求旧鄙鸢肩"[3]来说明当朝的不以貌取人。

伛背即驼背，同样在寻常看来亦非一个好形貌。《淮南子·说山训》所言"文王污膺，鲍申伛背，以成楚国之治"[4]也是旨在说明形貌丑陋之人并非才德就不佳。由此亦可知伛背在相书中也是不善的。

要之，鸢肩伛背的躯体形相并不佳。不过，P.3589V《许负相书·躯貌第二》（图8-3）说相人主要

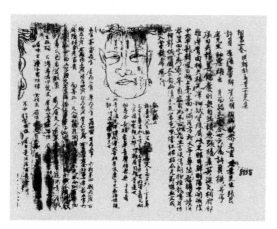

图8-3　P.3589（3-1）躯貌第二

［1］《后汉书》卷三四《梁冀传》，1178页。
［2］《旧唐书》卷七四《马周传》，2619页。案，"死"字据《大唐新语》卷七"马周"条补。详〔唐〕刘肃撰，许德楠、李鼎霞点校《大唐新语》，北京：中华书局，1984年，112页。
［3］〔宋〕苏轼《次天字韵答岑岩起》，〔清〕王文诰辑注、孔凡礼点校《苏轼诗集》第六册，北京：中华书局，1982年，1942页。
［4］何宁撰《淮南子集释》卷一六，北京：中华书局，1998年，1163页。

是在面部：

> 许负曰：八尺之躯，不如一尺之面；一尺之面，不如三寸
> 之鼻；三寸之鼻，不如三寸之耳，三寸之耳，不如一寸之目。凡
> 相人官禄田宅，视上部，谓额、眉、目、颊等是也。相寿命长短，
> 看鼻、音、声；相苦乐，手足看。此等皆须光平博润泽，大吉。
> 相身及妻子、兄弟、姊妹，视中部，谓阴中权势是也。

那史思明的面貌是否属于上佳之品，故而唐玄宗方有如斯相语？
抑或此实为玄宗拉近君臣距离的饰言？

上引《唐书·史思明传》称史思明"廞目侧鼻"。廞，即嵌，凹陷
之意。侧，倾斜，意即高。廞目侧鼻，也就是深目高鼻的意思。至此，
文献呈现出来的史思明的形貌是：瘦削、耸肩、驼背以及深目高鼻。

P.2572A《许负相书·相男子第卅》专门记载了男子六种不佳
形相和命运，其中便有鼻子不高一项："一曰羊目，二曰露齿，三曰
结喉，四曰隆瘘，五曰鼻〔不〕高，六曰安行如走。……鼻不高者，
忿争不止，失财。"（图8-4）但是，此言应针对汉人而设。众所周
知，对于胡人来说，深目高鼻的形貌可谓比比皆是。

敦煌写本相书中对人面部部位的划分已经相当细致，已奠定
后世所言"一百二十部位"的基本部位与命名[1]。遗憾的是，对史
思明上述相貌，除了"鼻子"之外，现存敦煌相书中未见其他相关
记载。P.3589V有谓："凡人眼黑白分明，贵。……眼开一寸分明，
富贵。……眼如虎狼，为将军。凡人……鼻如截筒，三公。"P.3390

---

[1] 郑炳林、王晶波《敦煌写本相书校录研究》，184页。

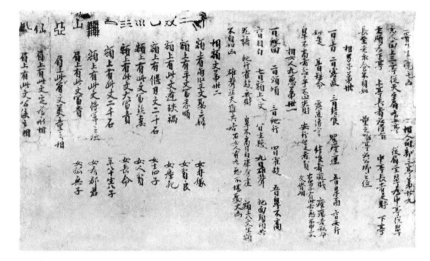

图8-4　P.2572A

是根据面部气色来推断吉凶的相书（图8-5）。摘录其中关于将来升迁的相语于后：

天中发黄色至印堂，必迁官，百事了，喜。如丝发，百日得官。

天中及两正角黄色如悬钟鼓，必为三公。

赤色从天中下入阙庭，五日内有官事；若入左阙，有私事。

高广黄色如两人提鼓，二千石；若如树形，百〔日〕内为卿相。

天中黄色下至准，白衣召为卿相。

黄色发额上如衣带，必迁官。

黄色出阙门迎天中如龙形，三日内受封。

黄色出天中如楼阙，不出三年大富贵。

阙庭发黄色如悬钟，三公相。

图8-5　P.3390

黄白色出天中,焕焕然如镜光,暴贵,不久。

玄中有色如桃花,不久必封侯。

黄色从两牢连连入阙门,必为卿相。

中正发黄气如连刀,下至阙庭,改入九卿。

阙庭黄气与年上相连,必欲有喜事至。

因此,若单凭前引《唐书·史思明传》所言,实难琢磨唐玄宗是根据史思明形貌的哪些元素而预言。不过,若撇开唐王朝的政治立场,史思明终也称帝,确实是"尔贵在晚",一如玄宗所言。

如果《唐书·史思明传》对史思明形貌的记载属实,则不知玄宗是根据史氏的哪些特点而断,抑或身为一代帝王也需以此来讨臣下的欢心?显然,不难判断后者的可能性很小。那极大的可能便是,由于史思明是安史之乱的另一重要角色,所以其形貌也被人给丑化了。此恰如秦始皇因其急政、暴政,而被史家故意丑化其形

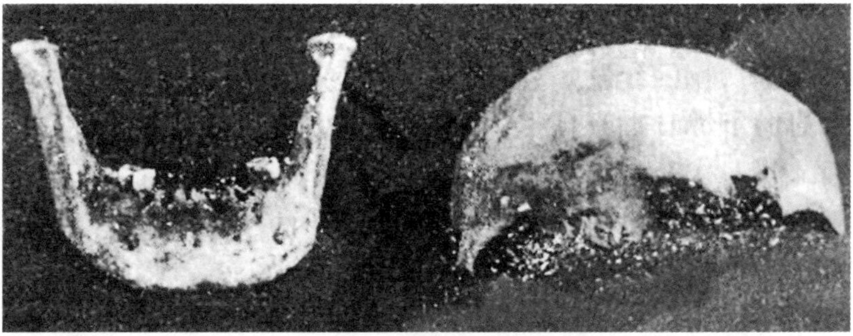

图8-6 史思明下颌骨、顶骨

貌为“鸡胸狼嚎”[1]一般。

总之，关于史思明的形貌，今已难知。如今，惟有史思明墓室中出土的下颌骨和头盖骨（图8-6）以及它们留下的想象空间。

史载表现玄宗相术的还有他对安禄山骨相的看法。《安禄山事迹》记载：

〔安禄山〕晚年益肥，腹垂过膝，自秤得三百五十斤。每朝见，玄宗戏之曰：“朕适见卿腹几垂至地。”禄山每行，以肩膊左右抬挽其身，方能移步。玄宗每令作《胡旋舞》，其疾如风。〔玄宗〕尝夜晏禄山，禄山醉卧，化为一黑猪而龙首，左右遽言之，玄宗曰：“猪龙也，无能为者。”……

玄宗尝御勤政楼，于御座东间设一大金鸡帐，前置一榻，

[1] 司马迁《史记》卷六《秦始皇本纪》(230页)载，尉缭曰：“秦王为人，蜂准、长目，挚鸟膺，豺声，少恩而虎狼心，居约易出人下，得去亦轻食人。”对此描述的误解当以郭沫若为代表，详所撰《十批判书》，北京：东方出版社，1996年，449—450页。张玉春认为根据《太平御览》引《史记》文，证以相关典籍，知今本《史记》此句为讹文，原文当是“隆准、蜂目、鸟喙、豺声”。详所撰《秦始皇容貌考辨》,《暨南学报》（哲社版）2003年第5期，104—107页。

坐之,卷去其帘,以示荣宠。每于楼下宴会,百僚在座,禄山或拨去御帘而出。肃宗谏曰:"自古正殿,无人臣坐之礼,陛下宠之太甚,必将骄也。"上呼太子前曰:"此胡骨状怪异,欲以此厌胜之耳。"[1]

玄宗观察安禄山骨相怪异,并从道术的角度进行厌胜。虽是可笑之极,但也反衬出玄宗深谙此道。

二　禄　山　的　痣

在唐代相术的故事中,最为出名的可能要数安禄山两只足底下的黑痣。事见《太平广记》卷二二二"安禄山"条引《定命录》:

〔安〕禄山初为韩公张仁愿帐下走使之吏,仁愿常令禄山洗脚,仁愿脚下有黑子,禄山因洗而窃窥之。仁愿顾笑曰:"黑子,吾贵相也。汝独窃视之,岂汝亦有之乎?"禄山曰:"某贱人也,不幸两足皆有之。比将军者色黑而加大,竟不知其何祥

---

[1]《安禄山事迹》卷上,《开元天宝遗事·安禄山事迹》,77—78页。《太平广记》卷二二二"安禄山"条引《定命录》(《太平广记会校》,3410页)亦载:"玄宗御勤政楼,下设百戏,坐安禄山于东间观看。肃宗谏曰:'历观今古,无臣下与君上同坐阅戏者。'玄宗曰:'渠有异相,我欲禳之故耳。'又尝与之夜宴,禄山醉卧,化为一猪而龙头。左右遽告,帝曰:'渠猪龙,无能为也。'终不杀之。"对于引文中所言之"猪",王小甫认为公野猪为祆教斗战神的化身之一(详所撰《中国中古的族群凝聚》,29页)。若此,则猪龙应喻指作为斗战神化身的安禄山有帝王之相。但是,相信安禄山自神时不可能将自己装扮成公野猪的形貌。唐人文献中以猪喻安禄山恐还有讥讽、鄙夷的因素。

也?"仁愿观而异之,益亲厚之,约为义儿而加宠荐焉。[1]

脚底有痣是贵相。痣,古称黑子,亦称黡子。唐宋以后多称痣或黑痣。敦煌写本相书对痣的称呼,从目前所发现的材料看,绝大多数为黑子,称黡子的情况稍少一些,未见有称痣或黑痣的情况[2]。关于人体上的黑痣,最早、最有名的记载,莫过于《史记》中对汉高祖刘邦"左股有七十二黑子"的记载[3]。

P.3492v相书,前后均残,存93行,无书名、卷数、作者等。它的发现,填补了传世文献在这方面的不足,为我们充分了解唐代相痣风气以及相痣术在民间流传的实际情况提供了直接的材料[4]。所存主要部分题作"身体图三 正面图、伏人图、侧人图",以文字记述为主,分别从正面、背面和侧面三个角度,记载从颈部到足部的人体各部位的划分、名称及该部位黑痣所代表的命禄,是目前所见内容最丰富、记载最详细的相痣书。P.3492v《伏人图》说:"地下,亦(主)名金藏,主富贵事,在足下。一说云:足下有三黑子,封侯;女人有之,夫必封侯。有黑子则为大佳。足指间有黑子者,饶仆从。一云:男心足(足心)有黑子分明晓然者,二千石。但足心

---

[1]《太平广记会校》,3410页。

[2] 王晶波、王璐《唐代相痣书残卷 P.3492v 研究》,《敦煌研究》2005年第1期,17页。

[3]《史记》卷八《高祖本纪》,342页。

[4] 王晶波、王璐《唐代相痣书残卷 P.3492v 研究》,15页。此篇题后抄有《唐光启四年戊申岁具注历补记》七行,与此篇内容无关,书法笔迹也不相同,每行高出二三字,显然是后来抄的。结合后面"伏人图"、"侧人图"小题后都有七八行空白的情况,应是抄录者预先留出空白以备绘图而最终未用,后来有人借此抄录了这些"历日"。卷中所提到的"正面图"、"伏人图"、"侧人图"等,虽然抄录者省去了图,但由这些名称可知分别为正面、背面和侧面人体图。详王晶波、王璐上揭文,16页。

图8-7　P.3492（5-4）伏人图

中有黑子者，名曰踏蹬臝，中（终）不步行。"（图8-7）

敦煌写本相书中还保存有一幅较为完整的相痣图，是由CH.00209与S.5976两个卷号拼合而成，没有标题、作者名，共绘有6幅图，分别为男女头面图、身体正面图、身体背面图，其中的男女正、背面全身图，在身体颈部之足底，分别用圆黑点标出黑痣，并注出相关命运。这些正、背面全身图，应当与P.3492v所说的"正面图"、"伏人图"相同，如果说有差异的话，可能在黑痣的位置及占辞解说标注的方式上有一些差异，而图的形式应当是一致的[1]。

CH.00209"男子全身正面图"于足心位置黑子注云："大富，二千石，使二婢，年八十五。"P.2797《许负相书》认为"凡人额、手、脚足文成字者，皆是上相"，对不成文字者，它有做了列举。其中

---

[1]　王晶波、王璐《唐代相痣书残卷P.3492v研究》，16页。

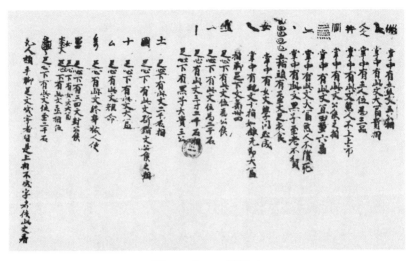

图8-8　P.2797图版-4

《脚掌文第卅》列举了十种,而《相脚足下文第卅四》则列举了十三种,其第四种说:"足心下有黑子,大贵,三公。"(图8-8)P.2572A《相脚足下文第卅四》的内容也与P.2797大同。这都说明当时相书对脚底有痣是贵相的共识。

不仅如此,唐时的这个共识也成为后世相书的一项基本知识。宋人所编《太清神鉴》卷六《黑痣部》记载人头面、身体及手足黑痣,它说:"两脚底谓之宝藏,主封侯伯。"[1]《神相全编》卷一二《相黑子》说:"拥旄仗节何由得?有痣深藏足底肤。"[2]明人所编

[1]〔后周〕王朴撰《太清神鉴》,丛书集成初编本据墨海金壶本排印,上海:商务印书馆,1939年,720册,64页。案,《太清神鉴》,旧题五代后周王朴撰,四库馆臣考证为伪托,"疑亦出宋人,非后来术士之妄谈也。……惟《永乐大典》颇散见其文"。当出于宋人之手。详〔清〕永瑢等撰《四库全书总目提要》(上册),北京:中华书局,1965年,929页上栏一中栏。
[2]〔宋〕陈抟撰,金志文译《神相全编》,北京:世界知识出版社,2011年,448页。

《三才图会》的《身体部》卷二收有三幅人体图,分别题"仰人骨度图"、"伏人骨度图"、"侧人骨度图",分别从正面、背面和侧面三个角度标出人体骨骼的位置、长度、相互距离,每图之后都有十数行文字,对图中所示进行简明解说。图的名称和图后的解说与P.3492v都有一定程度的相似[1]。

因此,遂可理解张仁愿为何在知道安禄山两脚底都有黑痣之后,便将安禄山收为义子,并大加恩宠和推荐。显然,此举是张仁愿虑及自己的今后而为。因为,在张仁愿看来,其荣华富贵跟他脚底的痣无疑有着神奇的关联——何况这已成为铁铮铮的事实印证在他自身上,从他本人的这个现实来看,仅有一脚底有痣,都已富贵如斯,那两脚底都有痣的安禄山,其前程更该如何! 如此深信此道的张仁愿,他怎能不如此那般地优遇安禄山? 张仁愿的如此行为,恰是唐朝官场迷信相术的自然结果。

关于安禄山的形貌,还有一个记载便是"晚年益肥,腹垂过膝"。遗憾的是,在现存唐代相书资料中未能找到相关的记述。至于图像资料,惟知唐代画家陈闳绘有《安禄山图》。《历代名画记》卷九载:

> 陈闳为永王府长史,善画写貌,工鞍马,与韩(幹)同时,家蓄图画绝多。写《安禄山图》、《玄宗马射图》、《上党十九瑞图》。[2]

————————

[1] 王晶波、王璐《唐代相痣书残卷 P.3492v 研究》,16 页。

[2] 〔唐〕张彦远撰《历代名画记》,杭州:浙江人民美术出版社,2011 年,153 页。又,《新唐书》卷五九《艺文志》(1561 页上栏)载:"陈宏画《安禄山图》、《玄宗马射图》、《上党十九瑞图》。永王府长史。"

韩幹也画《姚宋及安禄山图》[1];《历代名画记》还记载,杨昇善画人物,画《望贤宫图》、《安禄山真》[2]。《新唐书·艺文志》载杨昇为开元馆画直,为集贤院画直,是宫廷专职画家。遗憾的是,杨昇所绘《安禄山真》与陈闳所绘《安禄山图》皆已亡佚。

在当时,相貌与安禄山类同的人也有之,如安禄山手下大将何思德便是。天宝十载秋,何思德任讨契丹之先锋[3]。这应可说明安禄山相貌在胡人中恐非极其特殊者,不过,从何思德官至将军来看,似乎又能说明禄山之形貌确为吉相。而从何思德仅得以任职将军来看,似乎又能突显安禄山双足黑痣的异相。说不定,唐人也将二人仕途的不同归结于安禄山脚下黑子也未必。不过,更有趣的是,安禄山、何思德二人皆死于非命。

---

[1]《新唐书》卷五九《艺文志》,1560页下栏。

[2]《历代名画记》,149页;《新唐书》卷五九《艺文志》,1560页下栏。案,《宣和画谱》卷五《杨昇》载:"郭若虚《〔图画〕见闻志》谓〔杨〕昇尝作禄山像,今亡矣。"(《宣和画谱》,王群栗点校,杭州:浙江人民美术出版社,2012年,54—55页)查今本《图画见闻志》不见此记载。

[3]《安禄山事迹》卷上,13页。

第九章 厌胜安禄山

宗教是维系社会各阶层和政治稳定的重要因素。所以，在统治者看来，宗教派系都是可以利用的对象和中介。因此，在史籍中，不乏历代王朝的最高统治者在其人生的不同阶段有着似乎钟情不同宗教的记录。其实，此皆为王朝政治现实之需的表现而已。但是，这并不是说作为王朝的最高统治者内心缺乏真正的宗教信仰内核。事实表明，他们原本也有一个信仰的主心骨在。作为统治者崇奉宗教，其中既有政治上的利用，也有帝王个人的信仰因素在。此者，李唐统治者表现得极其淋漓尽致。

一 玄宗的道教政策与实践

唐朝以道教为国教，高祖李渊一即位就与道教教主老子攀亲，老子被尊为唐宗室的"圣祖"，之后此风绵绵不绝。乾封元年二月二十日（666年3月31日），高宗追封老子为"太上玄元皇帝"，祠堂庙宇，并令修创[1]。在唐代诸帝中，要以玄宗的相关举措为多。他进一步把道教教主皇帝化，把神权皇权化。

---

[1]《旧唐书》卷五《高宗本纪》，90页。《唐大诏令集》卷七八《追尊玄元皇帝制》，442页。

开元十九年(731),玄宗令五岳各置老君庙;开元二十一年,令士庶家藏《老子》一本,每年贡举人量减《尚书》、《论语》两条策,加《老子》策;开元二十五年,规定老疾不堪厘务者与致仕道士女冠,皆隶宗正寺;开元二十九年,制两京诸州各置玄元皇帝庙,画玄元皇帝像,以高祖、太宗、高宗、中宗、睿宗五像陪祀,并崇玄学,置生徒令习《老子》、《庄子》、《文中子》、《庚桑子》;天宝元年(742),追号庄子为南华真人、文子为通玄真人、列子为冲虚真人、庚桑子为洞虚真人,其四子所著书改为真经,崇玄学,置博士助教各一员,学生一百人;天宝二载,追尊"玄元皇帝"为"大圣祖玄元皇帝",两京崇玄学改为崇玄馆,博士为学士;天宝八载,册老君为"圣祖大道玄元皇帝";天宝十三载,上老君尊号为"大圣祖高上金阙玄元天皇大帝"。同年,颁御注《老子》并义疏于天下[1]。

开元年间,唐廷还仿《佛藏》纂修成我国的第一部《道藏》——《开元道藏》。大顺二年辛亥八月初三日庚辰(891年9月9日),杜光庭在总结道教经籍的流传时说:自从"唐土龙兴,剪扫氛妖,底定寰宇,至开元之岁,经诀方兴,玄宗著《琼纲经目》,凡七千三百卷,复有玉纬别目、记传疏论,相兼九千余卷"[2]。天宝七载闰六月丙辰(748年7月17日),玄宗颁诏,"令内出一切道经。宜令崇玄馆即缮写分送诸道采访使,令管内诸道转写"[3]。这应该是《开元道藏》广为流布的开始。于是,在玄宗的大肆宣扬与推动之下,有唐一代的道教臻于一个高峰。

---

[1] 李养正《道教概说》,北京:中华书局,1989年,114页。

[2] 蒋叔舆编次《无上黄箓大斋立成仪》卷二一引大顺二年杜光庭语,《道藏》,9册,511页中栏。

[3] 〔宋〕谢守灏编《混元圣纪》卷九,《道藏》,17册,867页中栏。

　　唐玄宗与道教茅山派关系最为密切,受其影响也较大。开元九年,玄宗遣使迎上清派(茅山宗)道士司马承祯入京,亲受法箓[1],吴道子画有《明皇受箓图》[2],玄宗由此也成为道士皇帝。他每晚对老子顶礼膜拜,而且不断地给老子封爵加号。前面的册封便是出自玄宗之手。《旧唐书》卷二四《礼仪志》载:

　　　　玄宗御极多年,尚长生轻举之术。于大同殿立真仙之像,每中夜夙兴,焚香顶礼。天下名山,令道士、中官合炼醮祭,相继于路。投龙奠玉,造精舍,采药饵,真诀仙踪,滋于岁月。[3]

可知居于兴庆宫期间,玄宗每日半夜都会到大同殿焚香顶礼老君像。在华清宫中也修建有礼拜的老君殿[4]。

　　在开元二十九年六月一日(741年7月18日)武功苏灵芝所书《老君显见碑》中,唐玄宗说:"昨十数日前,因礼谒事毕之后,曙色犹未分,端坐静虑,有若假寐,忽梦见一真容,云:吾是汝远祖。"此事成为玄宗改年号"开元"为"天宝"的事由。从碑文所载可知,玄宗有每天拂晓前礼谒老君像的习惯,而"端坐静虑",实际上便是静坐。所谓梦见老君真容,也许便是静坐产生的幻境。境由心生,原本是静坐修行过程中因心电而幻化的幻相。想必玄宗以此幻境为实,喜出望外并告知左右。此事一旦被臣下所知,必有好事者将之付诸事实。于是,事后不久,果然便有老君石像的发现。天宝元

---

[1]《旧唐书》卷一九二《司马承祯传》,5128页。
[2]《历代名画记》卷九,145页。
[3]《旧唐书》,934页。
[4]　详本书第十章《赐浴华清池》。

年(742)正月,根据田同秀所奏,玄宗遣使得"灵符"于桃林县函谷关尹喜台旁,壬辰,群臣上"天宝"尊号[1]。玄宗得灵符事,司马光称"时人皆疑宝符同秀所为",此言不虚。

由此看来,玄宗不仅是一位道士皇帝,而且是一位虔诚的修行者、践履者。可以想象,午夜时分,兴庆宫大同殿老君像前,一代天子玄宗在焚香顶礼膜拜。待东方天色尚未拂晓,玄宗又神情肃穆地跪拜在老子像前,虔诚地一心顶礼。之后,又上座静坐冥想。日日如此,年年这般。也许彼时彼刻玄宗还脱下帝王的盛装,而身着道袍呢。此刻,这位帝王的身心所盛装的想必是那杳渺的玄之又玄,哪里还有天下呢?

天宝四载(745),嵩山道士给玄宗送来仙丹。后茅山道士李含光也向玄宗进献仙药。据称炼丹要在名山大川,以借助地气,吸取天地精华。于是,玄宗在嵩山、茅山都设置专用丹炉,并指定法师主持[2]。不仅如此,唐玄宗还亲自炼丹服药。史载明确指出,他所居住的兴庆宫内还专门建置合炼院,为玄宗崇道求仙,于此由供奉道士主持专门为唐玄宗合炼金丹。合炼院毁于安史之乱,后玄宗自蜀返回,在兴庆宫又营此院,院应在大同殿区内[3]。可见,大同殿区是唐玄宗在位时修道的一个重要场所。身为太上皇,他还在兴庆宫继续炼制丹药。乾元元年四月戊辰(758年6月7日),唐肃宗进炼石英金灶于兴庆宫[4]。玄宗大悦,道:"吾比年服药物,比为金

[1]《资治通鉴》卷二一五天宝元年"壬辰,群臣上表"条,6852页。
[2] 刘文瑞《唐玄宗评传》,苏州大学出版社,2001年,231页。
[3] 李百进《唐兴庆宫平面布局和勤政务本楼遗址复原研究》,《古建园林技术》1999年第1期,26页。
[4]《旧唐书》一○《肃宗本纪》,252页。

灶,煮炼石英。自经寇戎,失其器用,前日晚际,思欲修营,一昨早朝,遽闻进奉。"[1]玄宗并没有因为服丹药中毒而亡,跟他自身深谙炼养之道有关。其他帝王只好服食而已,并未亲身勤力体证。

于此可见,唐代崇道是以崇奉老子为核心的,崇道活动是围绕着崇老活动展开的[2]。这又要以玄宗时期为盛,玄宗十分推崇《老子》思想,认为它在六经之上,为百家之首,是自古以来最高深、最根本的理论[3],即"非万代之能侔,岂六经之所拟"[4]。

唐玄宗对吴筠、司马承祯、张果诸人均颇器重。他受吴筠、司马承祯的影响最显著的地方就是重视《老子》。这已不仅是尊重族祖,而是要用老子之道来治国修身[5]。唐玄宗为贯彻其清静无为的治国方针,不仅在政策上予以保证,而且还十分重视宣传教育工作[6]。他积极推荐《老子》一书和宣传《老子》的思想,亲自注疏《老子》,颁之全国。开元二十一年正月一日(733年1月21日),《唐明皇诏下庆唐观》说:

> 故道者众妙之门,而心者万事之统。得其要会,可以兼济于人;失其指归,不能自全于己。故我玄元皇帝著《道德》五千文明(衍文),乃真宗致于妙用,而有位者未之讲习,不务清净,欲令所为之政教粹美而至于太古者耶?百辟卿士各须详读,勉存进道之诚,更图前席之议。至如计校(较)小利综

[1]《全唐文》卷三八《赐皇帝进烧丹灶诰》,411页下栏。
[2] 任继愈主编《中国道教史》,288页。
[3] 任继愈主编《中国道教史》,283页。
[4] 唐玄宗《分道德为上下经诏》,《全唐文》卷三一,353页上栏。
[5] 李养正《道教概说》,115页。
[6] 任继愈主编《中国道教史》,285页。

绎烦文，邀名且行，去道弥远，违天和气，生人怨心，朕甚餍之，所不取也。各励精一，共兴玄化。俾苍生登于仁寿，天下还于淳朴，岂远乎哉？行之可至。[1]

并令士庶家藏一本《道德经》，劝令习读，使知指要。他认为《道德经》的旨要是阐发治国理身之道。开元二十七年正月十五（739年2月27日），《唐明皇再诏下太上老君观》便进一步表达唐玄宗的这一思路。诏文说：

道德者百家之首，清净者万化之源，务本者立极之要，无为者太和之门。恭承垂裕之业，敢忘燕翼之训，故详延博达，讲讽精微，求所以理国理身。思至乎上行下效，亦云久矣。夫使天下万姓饮淳德，食太和，靡然回心而向道，岂予寡薄独能致此？……往年布令各家藏《道德》，冀德立而风靡，道存而日用，则朕之陈祖业，尚家书，出门同人，无愧于天下矣。[2]

可见，唐玄宗不仅利用道教清静无为思想作为养生之道，而且要以清静无为为治国之策。

至德元年八月十六日（756年9月14日），玄宗在巴蜀颁《明皇令肃宗即位诏》，总结自己幼年及御国后的治国之策。他说："常以道德为念，不以富贵为心。爰自幼龄，即尚玄默……聿来临御，垂五十载。尝师我烈祖玄元之道，保其清静之宗，伊万方事殷，或

[1]《龙角山记》，《道藏》，19册，694页上栏—中栏。
[2]《龙角山记》，《道藏》，19册，694页下栏—695页上栏。

昃不暇食。"[1]如玄宗所言,他从小便崇尚道学,更是以此经理宇内几半个世纪,此心此情未少改。这使得玄宗的一生在私(个人)、在公(国家)两方面都与道教紧密地融为一体。正是这种公私不分才导致"公"的动荡。

二 玄宗对道术态度的转变

除了崇道、炼养之外,对于神仙、道术,唐玄宗则经历了一个从不信到迷信的过程。这种情况很可能是唐玄宗对静坐过程中的幻相学理不清所致。开元十三年,玄宗说:"仙者凭虚之论,朕所不取。"并特地改集仙殿为集贤殿,以示不信神仙之说。他对张果的态度正体现了上述过程。"玄宗初即位,亲访理道及神仙方药之事,及闻〔张果〕变化不测而疑之。"[2]但是,开元二十二年,唐玄宗便接见张果,并赐张果银青光禄大夫,号之为"通玄先生",命画张果像于集贤院。司马光认为玄宗"由是颇信神仙"。胡三省对玄宗的这一变化总结道:"明皇改集仙为集贤殿,是其初心不信神仙也,至是则颇信矣,又至晚年则深信矣。史言正心为难,渐入于邪而不自觉。"[3]

到天宝初年,随着玄宗年龄的增长和对长生的渴望,他开始热衷于从神仙之说中求得长生之途,变成了道术方士的信徒。

"玄宗好神仙,往往诏郡国,征奇异之士"[4],有张果、叶法善、司马承祯、王希夷、李含光等术士。叶法善,括州括苍县人,自曾祖

[1]《唐大诏令集》卷三〇,117页。
[2]《旧唐书》卷一九一《张果传》,5106页。
[3]《资治通鉴》卷二一四"张果固请归恒山"条,6808页。
[4]〔宋〕王谠《唐语林》卷五,169页。

三代为道士，皆有摄养占卜之术，法善少传符箓，尤能厌劾鬼神。法善，生于隋大业之丙子，死于开元之庚子，凡一百七岁，玄宗诏赠越州都督[1]。

司马承祯"事潘师正，传其符箓及辟谷导引服饵之术"，玄宗数次召至京师，"亲受法箓"。王希夷"师道士黄颐，向四十年，尽能传其闭气导养之术"，"尝饵松柏叶及杂花散"，玄宗对他也是极为尊重。

张果，时人传其有长年秘术，自云年数百岁矣，能够"绝气如死"的术士，甚至被人们说成是混沌初开时的白蝙蝠精。"玄宗好神仙，而欲〔张〕果尚〔玉真〕公主"[2]，甚而还想将玉真公主嫁给张果。

李含光更是被玄宗直接视为师傅，教玄宗以"运心太虚之境，以养谷神之寿"的方法，并负责给玄宗炼制仙丹。从这些术士隐逸之人身上，玄宗学到了不少自以为能够成仙的方术。

唐玄宗甚而任用道士参与国家军政大事，如，高仙芝率军渡婆勒川，大破吐蕃连云堡，唐玄宗派遣术士韩履冰前往探视[3]。

《全唐诗》中收录的据称是玄宗所作的诗中间，与道士唱和和赐赠或歌颂道术的，就有十一首之多。特别是在玄宗晚年，这一类

---

[1] 《旧唐书》卷一九一《叶法善传》，5107—5108页。按，关于叶法善生卒年的记载《旧唐书》本传有误，"隋大业之丙子"即"大业十二年"，公元616年。若叶法善卒时一百七岁，则当卒于开元之癸亥，即开元十一年（723），并非传记所言"开元之庚子"或开元"八年"。开元年间并无庚子年，其前后的庚子年分别为武则天圣历三年（700）和唐肃宗乾元三年（760）。关于唐代叶法善及其与唐玄宗的故事可参吴真《为神性加注：唐宋叶法善崇拜的造成史》，北京：中国社会科学出版社，2012年，82—109页。

[2] 《旧唐书》卷一九一《张果传》，5106页。

[3] 《旧唐书》卷一〇四《高仙芝传》，3204页。

诗文数量明显增加,反映了玄宗对道术仙家的迷恋[1]。

唐玄宗的这个转变也导致其治国方针的变化。最为典型的是,玄宗更依赖于道术来为百姓祈福。《资治通鉴》记载:

> 〔天宝四载〕春,正月,庚午(745年2月17日),上(玄宗)谓宰相曰:"朕比以甲子日,于宫中为坛,为百姓祈福,朕自草黄素置案上,俄飞升天,闻空中语云:'圣寿延长。'又朕于嵩山炼药成,亦置坛上,及夜,左右欲收之,又闻空中语云:'药未须收,此自守护。'达曙乃收之。"太子、诸王、宰相,皆上表贺。[2]

对此,范祖禹论道:"明皇假于怪神,以罔天下,言之不怍,而居之不疑,何以使其臣下不为欺乎? 是率天下而欺己也。昔汉武封太室,而从官谄谀言有呼万岁者。明皇乃自为诈,又甚于汉武矣。"[3]其实,尽管玄宗此举并没有达到实际的效果,但是对于此时一心虔诚礼谒的玄宗来说,焉知不是真诚地以此为天下百姓祈福呢? 此等宗教情怀之微妙与深切恐非祖禹之辈所能体察。《天宝七载册尊号赦》可为玄宗这种情怀的体现,其文曰:

> 其天下有洞宫山各置天坛祠宇,每处度道士五人,并取近山三十户蠲免租税差科,永供洒扫。诸郡有自古得道升仙之处,虽令醮祭,犹虑未周,宜每处度道士二人,其灵迹殊尤,

---

[1] 刘文瑞《唐玄宗评传》,232页。

[2] 《资治通鉴》卷二一五"春,正月,庚午"条,6863页。

[3] 〔宋〕范祖禹《唐鉴》卷五《玄宗下》,上海古籍出版社,1984年,130页。

功应远大者,度三人,永修香火。其茅山紫阳观,取侧近百姓二百户。太平、崇元二观,各一百户,并蠲免租税差科,长充修葺洒扫,应天下灵山仙迹,并宜禁断樵采弋猎,如闻山林学道之士,每被搜寻,且法之防邪,本有所以。至于宿宵妖讹,亡命聚众,诱陷愚人,故令禁断。郡县遂一概迫逐,至学道者不得安居。自今以后,审知清洁,更不得恐动以废修行。其五岳四渎、名山大川,各令本郡长官致祭。朕刻意真经,虔诚至道,冀凭玄佑,永锡黔黎;每朝礼三清,则宵衣忘寝;或斋戒一室,则蔬食属厌,不以勤躬为倦,务以徇物为心。况于宰杀,尤加恻隐。自今以后,天下每月十斋日,不得辄有宰杀。又闾阎之间,例有私社,皆杀生命,以资宴集。仁者之心,有所不忍,亦宜禁断,且因亲设教。式本于人伦,自叶流根,必逮于荣养。[1]

早期,唐玄宗以老子清静无为思想治国,并有积极之措施。后期,却因醉心于求道成仙,而成为甩手掌柜,不仅自己清静无为,而且还欲图以此乃至道术来治理天下,但却由此而导致政治及国家的动荡,铸成大错。《资治通鉴》卷二一六记载:

> 上(玄宗)晚年自恃承平,以为天下无复可忧,遂深居禁中,专以声色自娱,悉委政事于〔李〕林甫。林甫媚事左右,迎合上意,以固其宠;杜绝言路,掩蔽聪明,以成其奸;妒贤疾能,排抑胜己,以保其位;屡起大狱,诛逐贵臣,以张其势。自

---

[1]《唐大诏令集》卷九《天宝七载册尊号赦》,53页。又《册府元龟》卷五四,601页下栏—602页下栏。二者记载次序相反,文亦稍异。

皇太子以下,畏之侧足。凡在相位十九年,养成天下之乱,而
上不之寤也。[1]

唐玄宗前期的无为之治,主要是从国家利益出发的,他在政治
上是有所作为的。他后期的"高居无为",主要是为个人的享乐和
长生,在政治上已无所作为,这是他执行清静无为政策造成前后完
全不同结果的原因[2]。错生帝王家,唐玄宗因个人的喜好而忘记身
为帝王的责任。玄宗对待道教和道术的转变影响了帝国的大政方
针,自然也影响了他对安禄山的措施出现变化。

三 玄宗对禄山的防范

从史载来看,起初唐玄宗对安禄山是存有防范之心的。《安禄
山事迹》卷上载:

> 禄山旧宅在道政坊,玄宗以其陋隘,更于亲仁坊选宽爽之
> 地,出御库钱更造宅焉。今亲仁坊东南隅玄元观,即其地也。敕所司
> 穷极华丽,不限财物,堂隍院宇,重复窈窱,匦帀诘曲,窗窗牖绮
> 疏,高台曲池,宛若天造,帷帐幔幕,充牣其中。〔天宝〕九载〔八
> 月〕,禄山献俘入京,方命入此新宅。[3]

皇帝赐宅有其政治策略,自暗藏着一些刻意的安排,譬如宅第的地

---

[1]《资治通鉴》卷二一六"南诏数寇边"条,6914页。
[2] 任继愈主编《中国道教史》,289—290页。
[3]《安禄山事迹》卷上,77页。

图9-1 兴庆宫图碑拓片

点。安史之乱前,节度使在京城的第宅,最为引人注意的便是安禄山的宅第了。安禄山所受恩宠是非同一般的,他在长安城内的建筑有宅第与池亭两种。天宝九载(750),安禄山献俘入朝[1]。十载,玄宗命有司为他于亲仁坊治第,不限财力,极为壮丽[2],据称是"堂皇三重,皆象(像)宫中小殿,房廊窈窕,绮疏诘屈,无不穷极精妙"[3]。《安禄山事迹》记载安禄山原有宅第位于京城道政坊[4],此坊恰好临玄宗听政和活动的兴庆宫(图9-1)颇近,时安禄山实力已逐渐强大,天宝六载时,便派心腹在京城探听消息。《资治通鉴》卷二一五天宝六载(747)记云:"安禄山常令其将刘骆谷留京师伺朝廷指趣,动静皆报之;或应有笺表者,骆谷即为代作通之。"[5]而且在朝见时候,每经过龙尾道,他经常"南北睥睨,久而方

[1]《资治通鉴》卷二一六玄宗天宝九载十月"安禄山屡诱奚、契丹"条,6900页。
[2]《资治通鉴》卷二一六玄宗天宝十载正月"上命有司为安禄山治第于亲仁坊"条,6902页。
[3]〔宋〕宋敏求《长安志》卷八"道政坊"下引《谭宾录》,中华书局编辑部编《宋元方志丛刊》第1册,北京:中华书局,1990年,115页下栏。
[4]《安禄山事迹》卷上,6页。
[5]《资治通鉴》卷二一五天宝六载春正月"戊寅,以范阳、平卢节度使安禄山兼御史大夫"条,6876页;《旧唐书》卷二〇〇上《安禄山传》,5368—5369页。

图9-2 《回元观碑》拓片

进,即凶逆之萌,常在心矣"[1]。玄宗对此必有洞察,故不欲禄山宅第在其经常活动的兴庆宫附近,便另于亲仁坊择宽敞、爽垲之地,故意盛加修饰以示恩宠,恐非安禄山道政坊宅第陋隘,实不欲予安禄山打探内廷之便利。安史之乱后,唐王朝对其宅第进行处置。至德元年(756)正月,建立回元观,并置钟楼。因为"《春秋》之义,有钟鼓曰伐,言声其罪以责之也"[2](图9-2),以此寓意责惩安史之乱[3]。

早在安史之乱前,河东节度使安禄山阴有逆谋,却外示恭敬,供奉不断,并通过心腹在京城为耳目,窥探朝廷的动静,报告自己,

[1] 《安禄山事迹》卷上,6页。

[2] 令狐楚《大唐回元观钟楼铭》,《全唐文补遗》第1辑,西安:三秦出版社,1994年,8页;马骥《西安新出柳书"唐回元观钟楼铭碑"》,《文博》1987年第5期,3—4页,封二、封三。

[3] 王静《唐代长安社会史研究——从社会流动的角度来观察》,北京大学历史系博士论文,2004年4月,101页;王静《唐长安城中的节度使宅第——中晚唐中央与方镇关系的一个侧面》,《人文杂志》2006年第2期,129—130页。

以此探知朝廷动向而采取策略，为自己的政治利益服务。前述刘骆谷即为一例。又《旧唐书》记载，河东节度使安禄山就是利用吉温在西京报告朝廷动静[1]。梁暄很可能也是为安禄山在京师刺探情报的人。根据梁暄墓志可知，梁氏出自安定梁氏，是匈奴休屠种之后裔。他原为范阳节度使王斛斯的幕宾，安禄山任用梁暄为运坊判官，负责运粮。时在天宝六载安禄山进御史大夫之后。后安禄山"特表闻奏"，梁暄得以敕授右武卫兵曹参军，从幽州调入京师长安出任禁军十六卫。天宝九载（750），因母丧，梁暄离职。天宝十载（751）八月五日，梁暄去世。墓志将其死因归于"死孝"，悲伤过度所致，用"高柴之血，毁瘠灭身"的典故褒扬他。[2]但从遗骨鉴定的情况看，梁暄身上留有未曾愈合的刀痕，当为刀伤而亡。墓志也不记载梁暄的死亡年龄，均表明其死因另有隐情。从遗骨刀伤未愈来看，梁氏当死于非命。其墓志文云，梁暄"奔走急难，是多其义勇。故长安秀异者，无不交之；豪华者，无不结之；游侠者，无不惮之；风尘者，无不附之。门多长者之辙，坐有孟尝之客"。这种交际毋宁说有收集情报的嫌疑，而这很可能正是他死于非命的原因。梁暄为匈奴休屠种后裔，由该案例或可推测当时安禄山曾向朝廷举荐同为胡种的后裔刺探京师，为他收集情报。

　　此上可说明，在进奏院成立之前，一些节度使已派遣自己的心腹在京城长期驻留，探听朝廷消息，但似乎并不是制度性的[3]。由此益发映衬出唐玄宗在亲仁坊为安禄山另建新第的政治用心。这

[1] 《旧唐书》卷一八六《吉温传》，4856—4857页。
[2] 倪润安、张占民《唐梁暄夫妇墓志释读》，《碑林集刊》第21辑，西安：三秦出版社，2015年，14—19页。
[3] 王静《唐代长安社会史研究——从社会流动的角度来观察》，108页。

不仅体现了唐玄宗的政治智慧，而且也说明在玄宗朝早期，他对安禄山已有防范，且采取了相应的有效措施。只不过，随着唐玄宗对道术的迷恋日深，厌胜之术渐成为他对付安禄山的一个重要手段。

《因话录》卷一《宫部》载：

> 安禄山入觐，肃宗屡言其不臣之状，玄宗无言。一日，召太子诸王击球，太子潜欲以鞍马伤之。密谓太子曰："无非不疑，但此胡无尾，汝姑置之。"[1]

《安禄山事迹》对此也有记载。文曰：

> 〔玄宗〕尝夜晏（宴）禄山，禄山醉卧，化为一黑猪而龙首，左右遽言之，玄宗曰："猪龙也，无能为者。"……
>
> 玄宗尝御勤政楼，于御座东间设一大金鸡帐，前置一榻，坐之，卷去其帘，以示荣宠。每于楼下宴会，百僚在座，禄山或拨去御帘而出。肃宗谏曰："自古正殿，无人臣坐之礼，陛下宠之太甚，必将骄也。"上呼太子前曰："此胡骨状怪异，欲以此厌胜之耳。"[2]

文中所言公野猪为琐罗亚斯德教（祆教）斗战神的化身，而所谓龙首可能意在暗指安禄山称帝。以金鸡帐来厌胜安禄山，若非是玄

---

[1] 〔唐〕赵璘《因话录》，上海古籍出版社编《唐五代笔记小说大观》（上册），834—835页。

[2] 《安禄山事迹》卷上，《开元天宝遗事·安禄山事迹》，77—78页。又可参《太平广记》卷二二二 "安禄山" 条引《定命录》所载。详《太平广记会校》，3410页。

宗对"金鸡帐"的祆教内涵不明,便是玄宗的自欺欺人之言行了。

又《资治通鉴》卷二一九"尹子奇围河间"条,注云:

> 束鹿县,属饶阳郡,本鹿城县,天宝十五载更名。刘昫曰:
> 束鹿,汉安定侯国,今县西七里故城是也。齐、周为安定县,隋
> 改曰鹿城。明皇以安禄山反,改常山之鹿泉曰获鹿,饶阳之鹿
> 城曰束鹿,以厌之。[1]

安禄山造反之后,唐玄宗想到的一个办法还是厌胜术,希冀通过改
名后谐音的意义来起到镇压安禄山叛军的作用。可见,道术在晚
年玄宗生命中的地位。

安史之乱时,唐玄宗和唐肃宗为挽救危局,又乞灵于老子,编
造一系列老子降显的神话。如唐玄宗于逃蜀的路上,称见老子降
显于汉中郡三泉黑水之侧,玄宗亲自礼谒,命刻老子真容于石。又
称于利州益昌县岭上见老子乘白鹿而过,忽生角变为白卫(一说
为白泽),以示收禄山之兆,玄宗诏封其山为白卫岭,在山上建自然
观。肃宗至德二年(757)三月,称老子降显于通化云龙岩,玄宗特
为老子图像作序,内有"昔真诰传羊角,宝祚无疆,今宸仪炳于龙
岩,妖氛将殄"等句。肃宗乾元二年(759),肃宗自称梦见黑髭老
子,并颁黑髭老子像于全国。肃宗谋士李泌,亦称是奉老君之命协
助唐皇朝"剪除暴乱,恢复王室"的。这些神话的编造,虽然是出
于政治上的需要[2],但是谁又能否认一心礼道的玄宗是真心地以

---

[1] 《资治通鉴》,7005—7006页。
[2] 任继愈主编《中国道教史》,290页。

为所求的这一切都真的会发生呢？

※　※　※

　　晚年的唐玄宗只是生活在自己道术的逻辑里，他并非对安禄山没有防范，只是他采取的是安抚、息事宁人的政策，而且这一切都只是在他信以为真的道术的层面上进行。如果说，晚年的唐玄宗在对待安禄山一事上是昏庸的，那也是因为极端溺于崇奉道术使然。

第十章 赐浴华清池

　　温泉之名早已见诸中国古代典籍。《山海经·海外东经》就记载了一个名为"温源谷"的"汤谷"。郭璞为其作注云"汤谷,谷中水热也"[1]。北魏郦道元在《水经注》中有十处提到"温泉水",并在"滱水"条中指出"其水温热若汤,能愈百疾,故世谓之温泉焉"[2]。这是最早提及温泉沐浴疗疾的文献。

　　在国内已发现的二三千处温泉之中,最为驰名天下的当数华清池。这不仅由于唐玄宗、杨贵妃二人多次在华清宫汤池中沐浴及其情感悲剧,而且缘于白居易《长恨歌》的歌咏:"春寒赐浴华清池,温泉水滑洗凝脂"[3],由此而益加为世人所乐道。

一　华清宫沿革

　　华清宫是唐代帝王游幸的别宫,因建于骊山绣岭上下,亦名绣

---

[1]　袁珂校注《山海经校注》卷四,上海古籍出版社,1980年,260页。

[2]　〔北魏〕郦道元《水经注》卷一一"滱水"条,陈桥驿校证《水经注校证》,北京:中华书局,2007年,284页。

[3]　《白居易集笺校》卷一二《长恨歌》,659页。

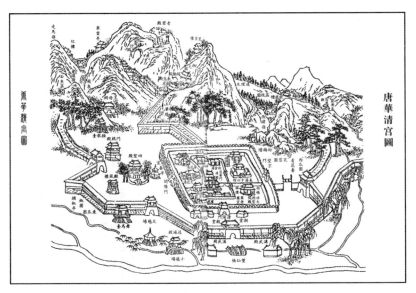

图10-1　《关中胜迹图志》中的唐华清宫图

岭宫,又因宫在池上,也叫华清宫[1](图10-1)。对于唐代华清宫的恢宏壮丽,白居易《骊宫高》诗描述道:

> 高高骊山上有宫,朱楼紫殿三四重。迟迟兮春日,玉甃暖
> 兮温泉溢。裊裊兮秋风,山蝉鸣兮宫树红。翠华不来岁月久,

---

[1] 华清宫汤池的情况经多年的考古工作已大体可了解。此详赵康民《唐华清宫调查记》,《考古与文物》1983年第1期,32—38页;唐华清宫考古队《唐华清宫汤池遗址第一期发掘简报》,《文物》1990年第5期,10—20页;唐华清宫考古队《唐华清宫汤池遗址第二期发掘简报》,《文物》1991年第9期,1—14页;张铁宁《唐华清宫汤池遗址建筑复原》,《文物》1995年第1期,61—71页;郭崇华、骆希哲《唐华清宫遗址出土木建筑构件保存环境因素分析》,《文物》1996年第11期,26—51页;唐华清宫考古队《唐华清宫梨园、小汤遗址发掘简报》,《文物》1999年第3期,25—42页。相关研究可参葛承雍《唐华清宫沐浴汤池建筑考述》,载荣新江主编《唐研究》第2卷,北京大学出版社,1996年,437—454页;此据所撰《唐韵胡音与外来文明》,292—307页。

图10-2-1 骊山汤建筑遗存

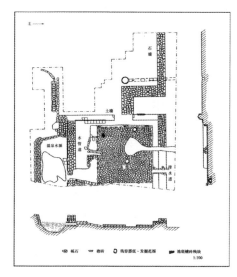

图10-2-2 骊山汤平剖面图

墙有衣兮瓦有松。吾君在位已五载,何不一幸乎其中?西去都门几多地?吾君不游深有意。一人出兮不容易,六宫从兮百司备。八十一车千万骑,朝有宴饮暮有赐。中人之产数百家,未足充君一日费。吾君修己人不知,不自逸兮不自嬉。吾君爱人人不识,不伤财兮不伤力。骊宫高兮高入云,君之来兮为一身,君之不来兮为千万人。[1]

但是,华清宫并非始建于有唐一代。史载西周幽王曾在此建"骊宫",汉武帝扩建成"离宫"。自秦汉迄今,华清宫迭有修建。"骊山汤,初始皇砌石起宇,至汉武,又加修饰焉。"[2](图10-2)北魏时,元苌在此"剪山开障,因林构宇"(图10-3)。该处"泉有三所,其一处即皇堂石井,后周宇文护所造。隋文帝又修屋宇,并植松柏千余株。贞观十八年(644),诏阎立德营建宫殿御汤,名汤泉

[1]《白居易集校笺》卷四《骊宫高》,202—203页。
[2]《长安志》卷一五引《汉武帝故事》,159页上栏。〔唐〕徐坚等著《初学记》卷七《骊山汤第三·叙事》引《汉武帝故事》,北京:中华书局,2004年,145页。

图10-2-3　骊山汤汤池

图10-2-4　骊山汤汤池的木门

宫"[1]。据唐太宗《温泉铭》铭文知，是
年，唐太宗诏令左卫大将军姜行本、
将作大匠阎立德在骊山温泉出处"面
山开宇，从旧裁基"（图10-4），修建皇
家离宫别苑，建造"御汤"。高宗咸
亨二年（671），始名温泉宫。唐玄宗
有逸志，数巡幸。开元十一年十月丁
酉（723年11月7日），唐玄宗幸骊山，
作温泉宫[2]。天宝五载（746），唐玄宗

[1]〔宋〕程大昌撰，黄永年点校《雍录》卷四
　　引《十道志》，北京：中华书局，2002年，
　　81—82页。
[2]《资治通鉴》卷二一二开元十一年"冬，十
　　月，丁酉，上幸骊山，作温泉宫"条，6757
　　页。宋敏求《长安志》卷一五记载温泉
　　宫注亦云："《唐年小录》曰：开元十年置
　　温泉宫，《实录》与《元和郡县图志》曰：
　　开元十一年初置温泉宫。"详《长安志》，
　　159页下栏。

图10-3　北魏元丕《温泉颂》碑

图10-4 唐太宗《温泉铭》拓片（局部）

又"广温泉为华清宫，环宫所置百司区署。以〔房〕琯资机算，诏总经度骊山，疏岩剔薪，为天子游观"[1]。治汤井为池，环山列宫室。天宝六载十二月，又筑罗城，置百司及十宅[2]。

关于玄宗改温泉宫为华清宫的时间稍有出入，多作"天宝六载"。如，《元和郡县图志》便称"天宝六年（载）改为华清宫。又造长生殿，名为集灵台，以祀神也"[3]。《唐会要》的记载更为翔实，称"至天宝六载十月三日（747年11月9日），改温泉宫为华清宫"[4]。

---

[1]《新唐书》卷一三九《房琯传》，4625页。

[2]《唐会要》卷三〇"华清宫"条，详《唐会要校证》，482页。

[3]〔唐〕李吉甫撰，贺次君点校《元和郡县图志》卷一，北京：中华书局，1983年，7页。关于造长生殿的时间，《唐会要》卷三〇"华清宫"条系于"天宝元年十月"，详牛继清校证《唐会要校证》，482页。

[4]《唐会要》卷三〇"华清宫"条，详《唐会要校证》，482页。

二　唐华清宫汤池

华清宫是因温泉而建,沐浴用的汤池自是核心建筑[1]。1982年至1995年,考古发掘共清理出了星辰汤、尚食汤、太子汤、莲花汤、海棠汤、宜春汤等8个浴池建筑遗址[2](图10-5)。值得庆幸的是,该地区频繁活动的温泉使得古木构件能比较完整地保存至今[3],据之可更多地攫取当时汤池地面建筑的信息。

在各种汤池中,以皇帝专用的九龙汤和杨贵妃专用的海棠汤最为重要,时人称为"供奉二汤"。"供奉二汤"都建于天宝年间,九龙汤居华清宫之中,侧旁有瑶光楼、飞霜殿。御汤九龙殿是唐玄

图10-5-1　唐华清宫东区建筑遗存

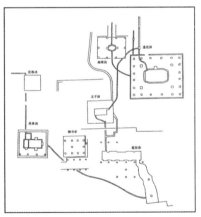

图10-5-2　唐华清宫遗址东区平面图

[1]　刘文瑞《唐玄宗评传》,150页。
[2]　骆希哲编著《唐华清宫》,北京:文物出版社,1998年,13页。
[3]　郭崇华、骆希哲《唐华清宫遗址出土木建筑构件保存环境因素分析》,《文物》1996年第11期,26—28页。

图10-6-1　星辰汤斗池

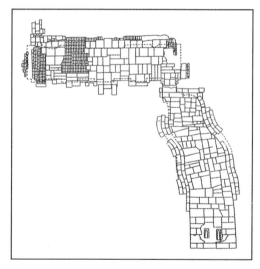

图10-6-2　星辰汤平面图

宗沐浴之所[1]，飞霜殿则是唐代皇帝游幸华清宫时的寝所。《长安志》载："津阳门之东曰瑶光楼。南有小汤。其南曰飞霜殿，寝殿也。白少傅以长生殿为寝殿，非也。御汤九龙殿，在飞霜殿之南。亦名莲花汤。"[2]星辰汤是贞观十八年为太宗皇帝修建的御汤，由斗池和魁池组成（图10-6）。《史记·天官书》云："北斗七星，所谓'璇、玑、玉衡以齐七政'。……斗为帝车，运于中央，临制四乡。分阴阳，建四时，均五行，移节度，定绪纪，皆系于斗。"[3]（图10-7）太宗御汤的蕴意大概在此。该汤为上、下两层结构，是目前国内发现的最大的皇帝御用汤池。唐玄宗即位后改是名。

[1]《长安志图·宋游师雄骊山图记》云："殿曰九龙（殿），以待上（玄宗）浴。"〔元〕李好文编绘《长安志图》，《长安志·长安志图》，中华书局编辑部编《宋元方志丛刊》第1册，211页上栏。

[2]《长安志》卷一五，159页下栏。

[3]《史记》，1291页。

图10-7　山东嘉祥武氏祠前石室（武荣祠）天井前坡西段画像摹本（最下列）

梨园及小汤已经发掘，小汤面积略小，台座均设置在南边，形制与太子汤、尚食汤基本相同，而与莲花汤（即九龙汤、御汤，T2）、星辰汤、海棠汤（T4）迥异，这种情况说明它的等级不高。小汤又与梨园相连，关系密切特殊，可以推断小汤可能是"梨园弟子"沐浴之所[1]。综合上述情况，可知位于莲花汤和海棠汤以北水库下压的建筑遗址为飞霜殿[2]。

从考古发掘情况来看，唐玄宗、杨贵妃二人的浴汤的确也是分别依照莲花、海棠的形状来设计的。为何唐玄宗的御汤称为莲花汤，而杨贵妃者则称为海棠汤？莲花乃花中君子，海棠则是花中神仙。花中君子，象征着"出淤泥而不染，濯清涟而不妖"的理想人格，而海棠无疑是杨贵妃的代名词。美女比花，自古如此。《开元天宝遗事》记载："明皇秋八月，太液池有千叶白莲数枝盛开，帝与贵戚宴赏焉，左右皆叹羡。久之，帝指〔杨〕贵妃示于左右曰：'争如我解语花。'"[3]可见，唐玄宗是把杨贵妃比作善解人意的花。

宋释惠洪《冷斋夜话》中转载了《杨太真外传》的一条记载，说道：唐明皇"登香亭，召太真妃子，妃子时卯醉未醒，命〔高〕力士从侍儿扶掖而至。妃子醉颜残妆，鬓乱钗横，不能再拜。上皇

〔1〕 唐华清宫考古队《唐华清宫梨园、小汤遗址发掘简报》，25—42页。
〔2〕 唐华清宫考古队《唐华清宫梨园、小汤遗址发掘简报》，40页。
〔3〕 《开元天宝遗事》卷下"解语花"条，《开元天宝遗事·安禄山事迹》，49页。

图 10-8-1　莲花汤

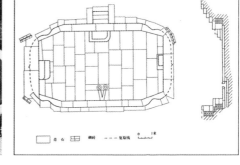

图 10-8-2　莲花汤平剖面图

（唐明皇）笑曰："岂妃子醉，真海棠睡未足耳！"[1]这个"海棠春睡"的典故更是直接明指杨贵妃为海棠。于此，我们似乎也就可以理解杨贵妃的浴汤何以建造成海棠形。由此亦可见，莲花汤、海棠汤较唐太宗的御汤已经少了宗教政治含义。

　　唐玄宗的御汤（T2）（图 10-8）保存基本完好，为上、下两层台式。上层台深 0.8 米、东西长约 10.6 米、南北正中宽 6 米。东西两端虽遭到破坏，但原砌壁线依然保存。平面呈对称的莲花形状。下层台深 0.7 米、宽 0.2~0.4 米，平面呈较规整的八边形。池壁分为内、外两层。内层砌石，外层用双层绳纹条砖堆砌，粘接材料为白沙灰浆。池北壁正中有 4 层台阶，宽 1.14~1.19 米、每层台阶高约 0.3 米、进深 0.15~0.2 米。池底用青石板平铺，外呈莲花形，内为八边几何图形。在东、西、北三面各有一个两层的台阶可供上下。池底靠近南壁处有 2 个直径 15 厘米的圆形进水孔，孔外有直径 35 厘米向

[1]　〔宋〕释惠洪《冷斋夜话》卷一"诗本出处"条，丛书集成初编据津逮本排印，长沙：商务印书馆，1939年，2549册，2页。

上微凸的圆环。西北角有双出口，高17.5厘米、宽27.5厘米、中心间距46厘米。整个汤池以青石砌成，因沿用时间长，后期修补痕迹至今犹存，池底石板被磨损2~3厘米。进水道位于汤池正南地下约1.8米处，用乱石和方砖混砌而成，与双进水孔相接。水道宽约0.4米、深约0.6米、长约40米，至今畅通，向南延伸直通温泉出水处。排水道位于汤池西北角。先用砖石砌成，后铺管道，水道底用砂石铺砌。后来还在排水口外设置挡水闸门，以防止水的倒流。汤池殿基残存部分铺石地面和9个柱石。殿基坐南面北，东西长约18.75米、南北宽约14.75米，面积约276平方米。殿基地面平铺厚约15厘米的青石板，石板下铺一层砖。石板地面破坏较甚，有晚期修补的痕迹[1]。

《明皇杂录》的一段记载颇令人回味：

> 玄宗幸华清宫，新广汤池，制作宏丽。安禄山于范阳以白玉石为鱼龙凫雁，仍为石梁及石莲花以献，雕镌巧妙，殆非人工。上大悦，命陈于汤中，又以石梁横亘汤上，而莲花才出于水际。上因幸华清宫，至其所，解衣将入，而鱼龙凫雁皆若奋鳞举翼，状欲飞动。上甚恐，遽命撤去，其莲花至今犹存。又尝于宫中置长汤屋数十间，环回甃以文石，为银镂漆船及白香木船置于其中，至于楫橹，皆饰以珠玉。又于汤中垒瑟瑟及沉香为山，以状瀛洲方丈。[2]

---

[1] 唐华清宫考古队《唐华清宫汤池遗址第二期发掘简报》，1—3页。
[2] 〔唐〕郑处诲撰，田廷柱点校《明皇杂录》卷下，《明皇杂录·东观奏记》，北京：中华书局，1994年，28—29页。《太平广记》卷二二七"华清池"条引《谭宾录》所载与此同。详《太平广记会校》，3492页。

图 10-9-1　海棠汤

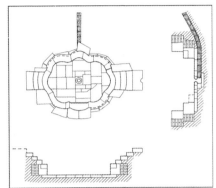

图 10-9-2　海棠汤平剖面图

若依此说,在唐玄宗长汤中模拟海上三山,并放置木船于其中,从而营造出一幅海上求仙的意象。这实是难以想象之情状,不能排除为史家夸大之修辞。但是,从考古发现来看,却亦不容轻易忽视其某种程度上的真实性。考古发掘的结果表明,御汤汤池池底东北和西北角青石板上残留着工匠用刻刀凿成的间距10厘米的2条池壁做工线,做工线从池底东部向西0.6米处出现曲折变化,有的地方凸出,有的地方凹进,说明池壁原来是逶迤曲折的,可能是为了模仿自然界的山川河流,意在使汤池与周围自然景观和谐一致[1]。既然有如此人为刻意之设计,那么似也就不能断然否定《明皇杂录》所载之事。不过,即便有之,也只能是小规模的,而非一如引文所渲染般壮观。

乐史《杨太真外传》说:华清宫"有端正楼,即贵妃梳洗之所;有莲花汤,即贵妃澡浴之室"[2]。杨贵妃的海棠汤(T4)(图10-9)东

[1]　唐华清宫考古队《唐华清宫汤池遗址第一期发掘简报》,12页。
[2]　〔元〕陶宗仪《说郛》卷三八《杨太真外传》,6册,十二叶正面。

西宽,南北窄,用青石砌成,有后期修补痕迹。汤池为石砌两层台式,海棠花形。从上向下第一层深0.72米、东西长约3.6米、南北宽约2.9米;第二层深0.55米、长3.1米、宽2.1米。汤池第一层台东西两端各有4层台阶。西台阶长0.78米、宽0.24~0.26米、高0.18~0.19米。东台阶长0.78米、宽

图 10-10 "杨"字刻石

0.21~0.26米、高0.15~0.21米。最上一层台阶被破坏。池底平铺青石板,正中有一直径10厘米的圆形进水口,与青石板下的陶水管道连接,进水口周围残留直径30厘米的圆形砌凿线。池底沿用时间较长,有一定程度的磨损,后期曾有修补。进水道为直径17厘米的圆形陶质管道,位于汤池南正中地下1.47米处,往南逐渐升高,呈斜坡状,出地面后成弧线向东延伸至11米处被破坏。排水口在西北角,半椭圆形,短径5厘米、长径18厘米,与地下的陶水道连接。在距排水口约2.95米处有挡水闸门。殿基坐南面北,平面长方形,东西长11.7米、南北宽9.65米,面积约113平方米,地面平铺青石板,局部遭到破坏。殿基东、西、北三面残存部分墙基,北墙基的一块砂石上刻一楷书"杨"字(图10-10)。殿基地面四周略高于中心,呈轻微的斜坡状[1]。"杨"字证明其为唐玄宗在华清宫内为杨贵妃修筑的海棠汤。

史载唐玄宗在位45年中至少有41次在华清宫。公元745~755年,每年的农历十月,唐玄宗都要与贵妃同辇,并偕其姊妹和亲信大臣

---

[1] 唐华清宫考古队《唐华清宫汤池遗址第二期发掘简报》,4—5页。

来华清池"避寒",直至翌年暮春才返回长安。"十月一日天子来,青绳御路无尘埃"[1];"千官扈从骊山北,万国来朝渭水东"[2]。这些诗句可谓道尽了唐玄宗到华清池的排场,以及在华清池理政的宏大场面。

一如白居易所歌:"姊妹弟兄皆列土,可怜光彩生门户。遂令天下父母心,不重生男重生女。"[3]"三千宠爱在一身"的杨贵妃,其姊妹自然也得以扈从华清宫。

杨国忠"赐第在〔华清〕宫东门之南,虢国相对,韩国、秦国甍栋相接,天子幸其第,必过五家,赏赐燕乐。扈从〔骊山〕之时,每家为一队,队着一色衣,五家合队相映,如百花之焕发。遗钿坠舄,琴瑟珠翠,粲(灿)于路歧,可掬。会有人俯身,一窥其车,香气数日不绝。驼马千余头匹,以剑南旌节器仗前驱,出有饯饮,还有软脚,远近饷遗,珍玩狗马,阉侍歌儿,相望于家(道)"[4]。

《明皇杂录》亦记载了杨贵妃姊妹扈从华清宫时的奢华:

上(玄宗)将幸华清宫,〔杨〕贵妃姊妹竞饰车服,为一犊车,饰以金翠,间以珠玉,一车之贯,不下数十万贯。既而重甚,牛不能引,因复上闻,请各乘马。于是竞购名马,以黄金为衔鞚,组绣为障泥,共会于〔杨〕国忠宅,将同入禁中,炳炳照灼,观者如堵。自国忠宅至于城东南隅,仆御车马,纷纭其间。国忠方与客坐于门下,指而谓客曰:"某家起于细微,因缘椒房

---

[1] 王建《温泉宫行》,《全唐诗》卷二九八,3375页。

[2] 卢象《驾幸温泉宫》,《全唐诗》卷一二二,1219页。

[3] 《白居易集笺校》卷一二《长恨歌》,659页。

[4] 《说郛》卷三八《杨太真外传》,6册,十二叶正面。又可参《旧唐书》卷五一《玄宗杨贵妃传》、卷一〇六《杨国忠传》,2179、3245页。

之亲，以至于是。吾今未知税驾之所，念终不能致令名，要当取乐于富贵耳。"由是骄奢僭侈之态纷然，而昧处满持盈之道矣。太平公主玉叶冠，虢国夫人夜光枕，杨国忠锁子帐，皆稀代之宝不能计其值。[1]

由此益发难以想象唐玄宗移驾华清宫之场面。

三　温泉疗疾长生

唐玄宗、杨贵妃如此频繁地前往华清宫，自然跟华清池温泉沐浴的功效有关。

骊山温泉疗疾，自古便有传说。《水经注》卷一九"渭水"条载：

> 〔鱼〕池水又西北流，水之西南有温泉，世以疗疾。《三秦记》曰：丽（骊）山西北有温水，祭则得入，不祭则烂人肉。俗云："始皇与神女游而忤其旨，神女唾之生疮，始皇谢之，神女为出温水。后人因以浇洗疮。"[2]

《初学记》中也有类似的记载。该书卷七《骊山汤第三·叙事》载：

> 《博物志》云："凡水源有石流黄，其泉则温。或云，神人所暖，主疗人疾。"辛氏《三秦记》云："骊山汤，旧说以三牲

[1]《明皇杂录》卷下，《明皇杂录·东观奏记》，29页。
[2]《水经注校证》，461页。

祭乃得入，可以去疾消病。俗云，秦始皇与神女游而忤其旨，神女唾之则生疮，始皇怖谢，神女为出温泉而洗除。后人因以为验。"[1]

颇疑引文中所言"秦始皇与神女游"指的是祖龙"尚采不死药"之事，而"生疮"则很可能是服食"不死药"的副作用[2]。此判断的基础在于秦始皇醉心求道以成"真人"。

《史记·秦始皇本纪》载：

> 卢生说始皇曰："臣等求芝奇药仙者常弗遇，类物有害之者。方中，人主时为微行以辟恶鬼，恶鬼辟，真人至。人主所居而人臣知之，则害于神。真人者，入水不濡，入火不爇，陵云气，与天地久长。今上治天下，未能恬倓。愿上所居宫毋令人知，然后不死之药殆可得也。"于是始皇曰："吾慕真人，自谓'真人'，不称'朕'。"乃令咸阳之旁二百里内宫观二百七十复道甬道相连，帷帐钟鼓美人充之，各案署不移徙。行所幸，有言其处者，罪死。[3]

自称"真人"的秦始皇属意骊山温泉恐与求长生有关。史迁载道，始皇"悉召文学方术士甚众，欲以兴太平，方士欲练以求奇药"[4]。《盐铁论》载：

---

[1]《初学记》，145页。
[2] 此详本书第六章《安禄山服散考》。
[3]《史记》卷六《秦始皇本纪》，257页。
[4]《史记》卷六《秦始皇本纪》，258页。

及秦始皇览怪迂，信禨祥，使卢生求羡门、高（誓），徐市等入海求不死之药。当此之时，燕、齐之士，释锄耒，争言神仙。方士于是趣咸阳者以千数，言仙人食金饮珠，然后寿与天地相保。于是数巡狩五岳、滨海之馆，以求神仙蓬莱之属。[1]

其中要以秦始皇二十八年（前219）派徐福入海求仙人、寻求仙药之事最为著名。前216年，秦始皇东游至碣石，"使燕人卢生求羡门、高誓……因使韩终（众）、侯公、石生求仙人不死之药"[2]。羡门、高誓为传说中的神仙。前210年，秦始皇最后一次出巡，同样派遣随行的丞相李斯和太子胡亥等人先去茅山采药。

上有所好，下必甚焉。秦始皇求仙采药的系列举措，也使得赵高等人出现了神异传说的附会。晋代方士王子年（嘉）《拾遗记》载：

> 〔秦王子婴〕囚〔赵〕高于咸阳狱，纳高于井中，七日不死；更以镬煮之，亦七日不沸。戮之。子婴问狱吏曰："〔赵〕高其神乎？"狱吏曰："初囚高之时，见高怀有一青丸，大如雀卵。"时方士说云："赵高先世受韩众（终）丹法。受此丹者，冬日坐于冰，夏日卧于炉上，不觉寒热也。"及高戮，子婴弃尸于九逵之路，泣送者千家，咸见一青雀从高尸中出，直飞入云。九转之验，信于是乎！[3]

---

[1]〔西汉〕桓宽撰，王利器校注《盐铁论校注》卷六《散不足第二十九》，北京：中华书局，1992年，355页。

[2]《史记》卷六《秦始皇本纪》，251—252页。

[3]《太平广记》卷七一"赵高"条引，《太平广记会校》，829页。

图10-11 "长生无极"瓦当

骊山汤遗址发现的秦汉瓦当中，有模印篆书"长生无极"者[1]（图10-11）。这不仅是秦始皇醉心求仙采药的反映，而且也说明骊山温泉至迟在秦汉时期已经跟此观念相联系了。

始皇帝自谓"真人"，对后世亦有影响。北魏乐府意在歌颂开国之君道武帝拓跋珪以及拓跋"祖宗开基"功业的"真人代歌"之"真人"[2]，应该便是始于始皇帝自谓"真人"的说法[3]。天兴三年（400），道武帝"置仙人博士官，典煮炼百药"以供服用。道武帝此举亦与始皇帝"尚采不死药"同出一辙，故史官亦以"真人"称谓道武帝。

不仅如此，对骊山温汤的属意在北魏一朝也得以沿袭。这也体现在北魏元苌撰书的《温泉颂碑》之中。《温泉颂碑》今嵌于华清池温泉总源西壁，是华清池现存最早的碑铭实物资料。其文曰：

> 夫驾轻烟，勒麟凤，驶及奔星，走攀流月，蝉变羽化之民，餐霞□□之士，斯盖有道存焉，固非人事之所觊觎。至若泥行水骤，血食之夫，兴没自天，去来非已寸阴□于朝露，百龄迅于灭电。一物不谐，则疣赘以生；庶事不康，则风火以败。故圣

［1］ 唐华清宫考古队《秦汉骊山汤遗址发掘简报》，《文物》1996年第11期，21页。

［2］ 田余庆《拓跋史探》（修订本），208—209页。

［3］ 王静《中古都城建城传说与政治文化》，52页。

王□百姓之多疹，撰药石以济之；造化愍苍生之鸩毒，设甘饵以救之。盖温泉者，乃自然之经方，天地之元医，出于河渭之南，泄于丽山之下。渊华玉澈，□清数刃。灵感超异，晙极不测，无樵薪之爨，而扬汤沸于楚镬，无公蔬之探，而寒暑调于夏鼎。高塘之云，朝舞于水湄；巫山之雨，夕收于渊际；青林碧草，含露而迎岸；香风蕙色，列□而环渚于是。左汤谷，右蒙氾，南九江，北翰海，千城万国之氓，怀疾枕疴之口，莫不宿粮而来宾，疗苦于斯水。但上无尺栋，下无环堵，悠悠君子，我将安泊。孤忝发轸咸池，分条紫汉，道属升平。弱年学仕，既历通显，朝望已隆，爰自常伯。出居分陕，地兼陆海之饶，禄厚封君之室，而报天之效无闻，恤民之誉安在？每思倾□微寒深责，以为斯泉，天实置之而人略未备，乃翦山开郛，因林构宇，邃馆来风，清檐驻月，望想烟霞，迟羽衣之或顾，愿言多士，恕因兹以荡秽，乃作颂曰：

皇皇上灵，愍我苍生。泌彼温泉，于此丽川。其水克神，克神克圣。济世之医，救民之命。其圣伊何，排霜吐旭。其神伊何，吞肮去毒。无藉烟炭，谁假樵木。湛若虞渊，沸如汤谷。东枕华山，西亘咸阳。连畴接畛，墟落相望。彩林争翠，绿树成行。香风旦起，文霞夕张。陟彼丽山，望想千里。乃作高堂，鸿飞凤起。三辅之英，五都之士。慕我芳尘，爰居爰止。其德既酋，其声既远。金华屑桂，春山九转。目放群羊，手□□犬。控鹄来思，俊我口堂。而（下缺）[1]

---

[1]〔清〕严可均辑《全后魏书》卷一五，《全上古三代秦汉三国六朝文》，北京：商务印书馆，1999年，142页。案，引文中着重号为笔者所加。

有唐一代,骊山温汤愈疾长生的观念一仍如是。唐玄宗曾著诗:

> 惟此温泉,是称愈疾。岂予独受其福,思与兆人共之。乘暇巡游,乃言其志。
>
> 桂殿与山连,兰汤涌自然。阴崖含秀色,温谷吐潺湲。绩为蠲邪著,功因养正宣。愿言将亿兆,同此共昌延。[1]

唐玄宗《幸凤泉汤》亦云"益龄仙井合,愈疾醴源通"[2],说的也是温泉愈疾、长寿的药用价值,甚而称之为"仙井"。

更有意思的是,天宝六载(747),唐玄宗将温泉宫改名为华清宫,实乃据西晋左思《魏都赋》"温泉瑟涌而自浪,华清荡邪而难老"[3]之意。这恐怕是最早提到"华清"的文献。北周王褒《温汤碑铭》与《魏都赋》大同,其铭曰:"挺此温谷,骊岳之阴。白矾上彻,丹砂下沉。华清驻老,飞流莹心。谷神不死,川德愈深。"[4]从上引《明皇杂录》文可知华清宫汤池确是做到"温泉瑟涌而自浪",所谓"荡邪",疗疽愈疮(即治疗发背)应也在其中,这属于解散下石的范畴;而"难老"、"驻老"意即长生不老。

王褒字子渊,琅琊临沂人,自述"昔因多疾,呕览九仙之方;晚涉世途,常怀五岳之举。同夫关令,物色异人;譬徒客卿,服膺高士。上经说道,屡听玄牝之谈;中药养神,每禀丹沙之说"[5]。

---

[1]《全唐诗》卷三,30页。
[2]《全唐诗》卷三,36页。
[3]〔梁〕萧统编,〔唐〕李善注《文选》卷六,北京:中华书局,1977年,97页下栏。
[4]《艺文类聚》卷九《水部下·泉》,167页。
[5]《周书》卷四一《王褒传》,732页。

可知王褒笃信道教玄学，修炼长生不老术。在《三洞珠囊》中，他被太上大道君赐号"清虚真人"，跻身道教神仙真人之列。既如此，笃信道教玄学的王褒所用"华清"一词是否也与神仙道教有关。

道经载有"玉华青宫"、"东华青宫"以及"东华清宫"，皆为道教收藏"宝经玉诀"、"金简紫籍"以及"灵宝度命品章"之处。能否获得以上经典，是决定人向神仙过渡的关键所在。反言之，其收藏之处自也是仙家宝地，乃希冀长生不老的芸芸众生梦寐以求之地。当然，这应是道教相关组织结构日益完善的结果。"清"、"青"，古通。故可知王褒诗中"华清驻老"之"华清"，显是指道教经书中"华青宫"能使人得道成仙而言[1]。

如此，唐玄宗将汤池取名"华清宫"的用意显明，实是将此处视作其自身践履道教之炼养与服食等长生不老术的重要场所。尽管上引《明皇杂录》所言，在唐玄宗长汤中营造海上求仙意象恐为不实之言。但是，由此也可看出长汤与道教的关联。而让二者发生这种关联的应该便是服膺道教的洗浴者，这便是唐玄宗的服散或服丹。

唐玄宗在其统治早期崇道、炼丹服食，到了晚年进而迷恋道术。当然，他在华清宫中也建置相关的道教建筑。华清宫中的老君殿，殿之北的朝元阁[2]便是此例。此外，围绕骊山一周的缭墙之上、朝元阁之下的半山腰有长生殿。华清宫老君造像，原在朝元阁西南约300米处的老君殿内，现存西安碑林石刻艺术室。造

---

[1]　http://bbs.hsw.cn/111748/viewspace-190808.html.
[2]《资治通鉴》卷二一六天宝七载"十二月，戊戌，或言玄元皇帝降于朝元阁"条，6892页。

像高约2米,重约1 500公斤,是我国最早最大的老子造像(图10-12)。李商隐有《华清宫》诗云:"朝元阁迥羽衣新,首按昭阳第一人。当日不来高处舞,可能天下有胡尘?"[1]老君造像端坐于方形工字莲花座,刀法简练,线条流畅,传出西域名雕家元伽儿之手。考其实,乃杨惠之佳作,与石瓮寺佛教造像同日为幽州所进。《临潼县志》载,天宝十五载,安禄山反,华清宫遭焚,

图10-12　华清宫老君殿的老君像

玉像被烧裂,双手为疯道人窃去,后刻木手钳于腕下。其说与事实相符。今像确裂为多块而缺手[2]。

可见,唐玄宗的确视华清宫为其重要的崇道场所,一如兴庆宫之大同殿,而且事实上唐玄宗也正是这么做的。在这样的氛围之下,华清池的作用也就更加得以突显。

四　温泉与解散

如上所言,陈寅恪指出,温泉之浴其旨在治疗疾病,除寒祛风。温汤为疗疾之用乃是中亚古俗胡风,可从《佛说温室洗浴众僧经》

[1] 刘学锴、余恕诚著《李商隐诗歌集解》,北京:中华书局,1998年,1508页。
[2] 赵康民《唐华清宫调查记》,35页。

以及敦煌文书得到证明,后来随佛教的传入而影响了我国[1](图10-13)。他说温泉疗疾之风气本盛行于北朝贵族间,唐世温泉宫之建置,不过承袭北朝习俗之一而已。但是,如果以骊山温汤的个案来看,将温汤疗疾尽归为中亚古俗胡风

图10-13 莫高窟隋代302窟《福田经变》壁画中的露天温泉浴池

或仍有可商之处。而且,陈氏所论并没有进一步将温泉沐浴跟解散下石相联系[2]。

服散后要注意沐浴,这是解散下石的另一个重要的方法。《抱朴子内篇》卷一一《仙药篇》云:

> 玉屑服之,与水饵之,俱令人不死。所以为不及金者,令人

[1] 佛教四月八日的"浴佛节"对寺院洗浴卫生制度的建立,有促进作用。唐代佛教寺院的格局中往往有"浴室院"的布局。敦煌文书记载在相对缺水的敦煌寺院都有"南院浴室、北院浴室"的设置及其管理僧人的名单。详陈明《沙门黄散:唐代佛教医事与社会生活》,载荣新江主编《唐代宗教信仰与社会》,上海辞书出版社,2003年,275页。圆仁《入唐求法巡礼行记》提到灵仙三藏在大历灵境寺浴室院住过。还记载了国忌之日,在唐敬宗逝世的纪念日,长安"城中诸寺有浴"的情况。〔日〕圆仁撰,白化文等校注《入唐求法巡礼行记校注》,石家庄:花山文艺出版社,1992年,308、395页。对寺院浴室记载更为详尽的是陕西扶风法门寺的《法门寺浴室院碑》,该碑记载法门寺之东南隅有浴室院,规模很大,对僧俗开放,并且在五代宋初时期由社众管理。详张厚墉《从法门寺一通碑石看我国古代佛寺的洗浴卫生》,载王君、宁润生主编《中国传统医学与文化》,西安:陕西科学技术出版社,1993年,230—236页。《宋高僧传》所载智晖就是后唐洛阳中滩浴院的僧人。详〔宋〕赞宁撰,范祥雍点校《宋高僧传》卷二八《智晖传》,北京:中华书局,1987年,697—698页。
[2] 详陈寅恪《元白诗笺证稿》,收入所撰《陈寅恪集·元白诗笺证稿》,北京:三联书店,2001年,20—24页。

数数发热,似寒食散状也。若服玉屑者,宜十日辄一服雄黄、丹砂各一刀圭。散发、洗沐寒水,迎风而行,则不发热也。[1]

王焘《外台秘要》卷三七云:

> 凡药石发,宜浴。浴便得解,浴讫不差(瘥)者,乃可余疗。若浴不差(瘥),即得依后服葱白、麻黄等汤,诸随身备急药目新附。[2]

实际上,沐浴也是道教的一种炼养方法[3],对于服食石发症的治疗也有重要作用。石热发动之际自不可热浴,但余时温泉沐浴却有疗疮疽等诸般效用。服散发背,易长疽痈,温泉正可治愈。这自然是解散的范畴。玄宗奉道炼丹服食,杨贵妃平时服用杏丹以固容颜[4],其沐浴也应与解散有关。更犹可注意的是,唐玄宗不仅自己于华清池温汤沐浴,而且还以此为一种无上殊荣赐浴内侍宠臣和文武忠臣。为此,唐玄宗在华清宫修建尚食汤专为此用(图10-14)。安禄山便是一位曾经在华清宫常沐皇恩的封疆大吏,尚食汤应该是他经常光顾的场所。

温泉洗浴对疗疽、愈疮有益。如果考虑安禄山服散而长疮病疽的事实[5],则玄宗对安禄山赐浴的深意也就可以理解了。玄宗

---

[1] 王明著《抱朴子内篇校释》,185页。

[2] 《外台秘要》,1033页下栏—1034页上栏。

[3] 有关研究可参丁煌《道教的"沐浴"探究》,233—245页。

[4] 〔唐〕刘禹锡《马嵬行》云:"贵人饮金屑,倏忽葬英莫。平生服杏丹,颜色真如故。"详卞孝萱校订《刘禹锡集》卷二六,338页。

[5] 详本书第六章《安禄山服散考》。

图10-14-1　尚食汤

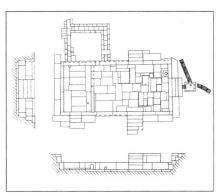

图10-14-2　尚食汤平剖面图

此举恐并非简单的恩宠和拉拢，可能还蕴含有为安禄山解散的用意，而后者又是跟前者紧密相契。于是，华清池遂成为唐玄宗与安禄山之间博弈的重要舞台。

天宝十四载，就在安禄山兵反前夕，唐玄宗尚赐书安禄山："为卿别治一汤，可会十月，朕待卿华清宫。"[1]这话可谓意味深长。一方面说明华清宫沐浴在玄宗与安禄山君臣关系中的重要性，另一方面或许也寓示着服散成为安禄山与玄宗沟通、亲近的一个重要渠道。所以，华清宫赐浴的一幕才得以出现在此国家政治的关键时刻。遗憾的是，这一次安禄山不仅再也没有应约，而且终于迈出了叛乱的一步。唐朝政治也由此进入"渔阳鼙鼓动地来"、"胡尘轻拂建章台"的历史时期。而华清宫则遭受拆毁，其后虽亦有修葺，但是终唐一代，帝王无暇、也不愿再去问津，至唐末华清宫遂皆隳废。留给世人的，"只今惟有温泉水，呜咽声中感慨多"[2]。

─────────────

[1]《新唐书》卷二二五上《安禄山传》，6416页。
[2]〔唐〕张继《华清宫》，《全唐诗》卷二四二，2724页。

第十一章 陵 墓

安禄山的被弑被描述得极为详尽,绘声绘色。相比较而言,一些帝王的被弑则多隐晦、闪烁其词。

至德二年正月五日(757年1月29日),安禄山于睡梦中被亲信所杀。《安禄山事迹》详细地记叙了谋杀过程的血腥:

> 须臾,〔安禄山〕腹已数斗血流出。〔严庄、安庆绪〕掘床下地,以毡裹其尸埋之,戒宫中勿令泄。[1]

如引文所言,表面上看来,此举有保密以争取时间采取进一步措施的用意在。但是,如果结合安禄山等人的宗教信仰,则其中恐怕还蕴含着袄教徒的埋葬仪轨。若据葛乐耐对古代伊朗宗教密切相关的葬俗的研究:

> 人死后"去除尸肉的仪式"分为三段时间进行。在该过程的第一段时间内——这只是在天气恶劣或时辰过晚而不能在人亡后立即将尸体运往尸肉处理场的情况下所做的规

---

[1]《安禄山事迹》卷下,108页。

定——可以把尸体放在屋内挖成的坑穴中，或暂厝于专为这种用途而建造的室内。在第二阶段内，尸体被运用到应暴露给尸肉禽兽的地点。如达克玛（Dakhma）总的原则是，尸体被放置到尽可能高处，以确保有狗和噬腐肉的猛禽的光顾。尸敛的最后阶段为处理去除肌肉之后的骨骸。当时有两种并行不悖的做法：一是骨骸留置原地，暴露于光天化日之下，因为尸肉已去，引起病疫的危险已被消除；二是加以收敛，安置到一个封闭的构筑物中，或放到一个叫做"骨瓮"的器皿之内。[1]

而如果没有条件提供安息塔，可把尸体置于地上，放在毛毯和枕头上，让死者披着天宇的光芒，目朝太阳（Vendîdâd Fargard V）[2]。据信，太阳之光成为亡者灵魂飞升天宇的途径。

若参校《新唐书·安禄山传》所载：

> 至德二载正月朔，〔安〕禄山朝群臣，〔疽〕创甚，罢（朝）。是夜，〔严〕庄、〔安〕庆绪持兵扈门，〔李〕猪儿入帐下，以大刀斫其腹。禄山盲，扪佩刀不得，振幄柱呼曰："是家贼！"俄而

[1] Frantz Grenet, Les pratiques funéraires dans l'Asie centrale sédentaire de la conquête grecque à l'islamisation, Paris, CNRS, 1984, pp.34–37; Frantz Grenet, Les pratiques funéraires dans l'Asie centrale préislamique, Grand atlas de l'archéologie, Paris, Encyclopaedia universalis, 1985, pp.236–237. 转引自张广达《祆教对唐代中国之影响三例》，原载李学勤、龙巴尔主编《法国汉学》第1辑，北京：清华大学出版社，1996年，143—154页；此据所撰《张广达文集·文本、图像与文化流传》，241页。

[2] *The Zend-Avesta*, Part Ⅰ, in *Sacred Books of the East*, vol. Ⅳ, Translated by James Darmesteter, The Oxford University Press, 1887, pp.73–74.

> 肠溃于床,即死,年五十余,包以毡罽,埋床下。[1]

则知安禄山被弑杀于晚上,亦即他死的时候时辰已过晚。由此视之,安庆绪等人在安禄山床下挖数尺深的坑、用毡罽包裹安禄山尸体埋入坑中[2]的行为是前述祆教徒特有葬俗的具体表现。甚而可以说,此举与保密以争取时间的考虑不会有太大的关联。因为处置安禄山这样的军政首脑,生不见人、死不见尸并非最好的隐瞒手段。

《新唐书·逆臣传》载,史思明杀安庆绪之后,"改葬禄山以王礼,伪谥燕剌王"。而《安禄山事迹》记载史思明在蓟城"以王礼招魂而葬禄山","而禄山不得尸与其妻并,招魂而葬,谥禄山曰光烈皇帝"。由此可见,安禄山被诛杀瘗埋床下之后,其尸体再没有从床下取出,被就此毁尸灭迹了。

故此有学者认为所谓"招魂而葬"不过是衣冠冢[3]。不过,这其中需注意者尚有二:其一,既然以王礼改葬安禄山,为何还谥禄山为光烈皇帝。换言之,既然谥为皇帝了,就应该以皇帝礼下葬。其二,安禄山陵寝应该便在蓟城附近。至于安禄山的谥号"燕剌王",西汉时期也有一位燕剌王,即汉昭帝刘弗陵同父(汉武帝)异母兄弟刘旦(?—前80年)。刘旦屡次叛乱,后畏罪自杀,谥号剌。谥者,行之迹也;号者,功之表也。剌,《逸周书》曰:"不思忘爱曰剌,愎佷遂过曰剌。"[4]《文选·张衡〈南都赋〉》云:"方今天地之睢剌,帝乱其政,豺虎肆虐,

[1] 《新唐书》卷二二五上《安禄山传》,6421页。
[2] 《旧唐书》卷二〇〇上《安禄山传》,5371页。
[3] 北京市文物研究所《北京丰台史思明墓》,《文物》1991年第9期,37页。
[4] 黄怀信、张懋镕、田旭东撰,李学勤审定《逸周书汇校集注》卷六《谥法解》,上海古籍出版社,1995年,668、727—728页。

真人革命之秋也。"李善注:"睢刺,喻祸乱也。⋯⋯王逸曰:'刺,邪也。'"[1]可见,"燕刺王"的谥号是对刘旦、安禄山一生的准确总结。

史思明还令人撰写了安禄山墓志。姚汝能《安禄山事迹》卷上"母后嫁胡将军安波注兄延偃"下注释云:

> 史思明令伪史官稷一谍(撰)《禄山墓志》云,祖讳逸偃,与此不同。[2]

可知,安禄山的陵墓中随葬有墓志。毋庸置言,随葬墓志是汉文化的元素。

《旧唐书》记唐长庆年间,张弘靖"以禄山、思明之乱始自幽州,欲于事初尽革其俗,乃发禄山墓,毁其棺椁"[3]。又《新唐书·张弘靖传》云:"俗谓禄山、思明为二圣,〔张〕弘靖惩始乱,欲变其俗,乃发墓毁棺。"[4]这说明安禄山、史思明二人的陵寝中有棺材,而且早在唐代便已被毁。当然,张弘靖所毁禄山之墓实是安之衣冠冢。由此亦可知安禄山陵墓的建制跟史思明者有着相同之处。

一 陵 址

史思明为安禄山所建的衣冠冢,史书未载具体位于蓟城何处。据《新唐书》载,天宝十四载十一月,安禄山反范阳时,"从牙门部

[1]〔梁〕萧统编,〔唐〕李善注《文选》卷四,73页上栏。
[2]《安禄山事迹》,《开元天宝遗事·安禄山事迹》,73页。
[3]《旧唐书》卷一二九《张弘靖传》,3611—3612页。
[4]《新唐书》卷一二七,4448页。

曲百余骑次城北,祭先茔而行"[1]。《安禄山事迹》则言,安禄山"至城北,辞其祖考坟墓"[2]。不过,此处"祖考"应为祖先之意。安禄山母为阿史德的未婚生子,不知生父,只知祖母及继父。故其所谓"先茔"应该是指其祖母或阿史德与安延偃的茔域。那么是否安禄山的衣冠茔便在祖茔或附近?

安禄山筑城垒于范阳北,号雄武城,峙兵积谷[3]。天宝元年(742),改幽州为郡,幽州改名范阳郡,幽州大都督府亦即改称范阳大都督府,以幽州蓟城为范阳节度使辖区的中心城市。幽州蓟城不仅是幽州范阳郡各属县的中心城市,而且还是各时期总管府、大总管府、都督府及大都督府的驻节地[4]。范阳蓟城为唐代河北、河东以及东北广大地区的行政、军事和经济中心。《太平寰宇记》卷六九载:

> 蓟城。《郡国志》云:"蓟城南北九里,东西七里,开十门。慕容隽铸铜为马,因名铜马门。"今大厅前石函长二尺,高一尺,历代不敢开,铭曰"泰建元年造铜虎符"。[5]

唐幽州城是一方圆32里(约合今天24里)、南北略长的长方形城。这在唐代已是王朝东北的第一大城[6]。根据考古发现结合相关文献记录,唐代幽州蓟城的具体方位为:其东城墙位于今北京市宣武区

[1] 《新唐书》卷二二五上《安禄山传》,6416—6417页。
[2] 《安禄山事迹》卷中,《开元天宝遗事·安禄山事迹》,95页。
[3] 《新唐书》卷二二五上《安禄山传》,6416—6417页。
[4] 关于隋唐时期幽州行政区划与建制的变动情况,可参韩光辉《从幽燕都会到中华国都——北京城市嬗变》,北京:商务印书馆,2011年,63—65页。
[5] 〔宋〕乐史撰,王文楚等点校《太平寰宇记》卷六九《河北道十八·幽州》,北京:中华书局,2007年,3册,1399页。
[6] 参韩光辉上揭书,83页。

烂缦胡同与法源寺（唐悯忠寺）间，南北走向；西城墙位于宣武区会城门村以东，甘石桥与手帕口西街东侧，莲花河过甘石桥之小河，在唐似为城西之故濠，南北走向；南城墙位于宣武区右安门内西街，大概在今陶然亭以西之姚家井一线以北白纸坊东西街一带，东西走向；北城墙当在今地头发胡同一线。自白云观北之小河向东流，穿东西太平胡同，达头发胡同之北的受水河胡同（原臭水河），似唐幽州城之北护城河，东西走向[1]。唐代幽州城是内、外二重城，内城在唐代文献中称作子城；外城俗称罗城，即上述方圆32里的大城。幽州城共有十座城门（图11-1）。

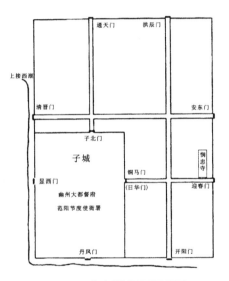

图11-1　唐幽州城平面示意图

　　幽州郭下治二县，西部为幽都县，属区在城西，兼及北部；东部为蓟县，属区在城东部、南部。《太平寰宇记》载，幽州郭下幽都、蓟县共三十四乡。其中幽都县辖十二乡，蓟县辖二十二乡，已考明者分别有十一乡、六乡[2]（图11-2）。

　　今北京北郊、西北郊，海淀区北部、西部，唐、辽、金、元，降及明

［1］ 北京市文物研究所编《北京考古四十年》，北京燕山出版社，1990年，127—128页。

［2］ 赵其昌《唐幽州村乡初探》，原载中国考古学会编辑《中国考古学会第一次年会论文集》（1979年），北京：文物出版社，1980年，407—420页；此据所撰《京华集》，北京：文物出版社，2008年，36—52页。赵其昌《唐幽州村乡再探》，首都博物馆编辑委员会编辑《首都博物馆丛刊》第9辑，1994年，1—5页；此据所撰《京华集》，53—59页。

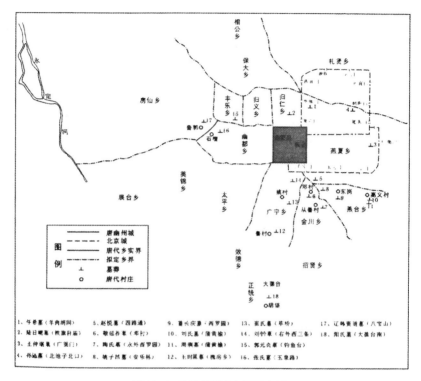

图11-2 唐幽州村乡复原示意图

清都属昌平界[1]。但是,如果安氏祖考死在幽州城内,葬在城北,则也有可能属于幽州城。建中二年(781)后,幽州城北属幽都。在幽州可考的乡中,幽都县所辖礼贤乡于幽州城东北五里,归义乡在幽州城正北;蓟县所辖归仁乡也在幽州城北部。归义乡在今北京阜成门外二里沟附近,1962年曾出土元和八年(813)唐恒王府司马幽州节度经略军兵曹参军王叔原墓志[2],在上述幽州城北乡里中

[1] 赵其昌《唐幽州村乡初探》,所撰《京华集》,50页。
[2] 赵其昌《唐幽州村乡初探》,所撰《京华集》,49页。

所出墓志中,身份等级最高。这是否意味着葬于归义乡的墓主身份等级都要来得高?如果是这样的话,那无疑很可能成为安氏祖茔的选择地。总之,史载安禄山祖茔在幽州城北城墙之北,则其范围很可能便在归仁乡、归义乡及其北的岗阜,即今北京之海淀区北部一域。不过,具体情况仍待进一步工作。

1998年12月9日,在北京燕京汽车制造厂内,发现两座唐墓。据所出墓志记载,墓主姓何,柳城人,开元九年卒于范阳;其妻康氏,卒于史思明称帝时的顺天元年(759)[1]。燕京汽车制造厂,位于北京宣武区太平街8号,在北京市区南部的陶然亭公园东侧。墓葬所在地区坐落于幽州城外的东南方。20世纪50年代曾在陶然亭公园西侧发现唐薛府君墓,这一地区在唐代很可能是一处重要墓地。不过,该墓地位于幽州城外东南方蓟县辖区,安禄山祖茔当不在此处。总之,根据已知材料尚无法推断安氏祖茔的具体方位,此有待今后相关工作的进一步开展。

尽管卒于天宝四载的范阳节度副使康令恽葬于唐长安城东[2],但是安史之乱爆发之后,安禄山之流自然不得葬于此处。从史思明以王礼安葬安禄山之后,又谥以光烈皇帝来看,安禄山应该不会安葬于祖茔。根据已有的考古材料来看,安禄山陵墓最大的可能还是位于北京的房山区,即唐时良乡。

文献明确记载与安禄山一同叛乱的史思明葬在房山。《安禄

---

[1] 郑淑华《昨日北京开掘唐代古墓》,《北京青年报》1998年12月13日第1版;王策、程利《燕京汽车厂出土的唐代墓葬》,《北京文博》1999年第1期,封面二和彩版一;国家文物局主编《中国文物地图集·北京分册(下)》,北京:科学出版社,2008年,123页。

[2] 王育龙《唐长安城东出土的康令恽等墓志跋》,载荣新江主编《唐研究》第6卷,北京大学出版社,2000年,396—397页。

山事迹》载:"葬〔史〕思明于良乡东北岗。"[1]《新唐书》载:"〔史〕朝义至范阳,〔李〕怀仙部将李抱忠闭壁不受。……〔朝义〕去至梁(良)乡,拜〔史〕思明墓,东走广阳,不受。"[2]良乡为唐代幽州属县[3]。经考古工作确认,史思明墓位于北京市丰台区王佐乡林家坟村西约100米处[4],现为思明墓园,文献记载无误。

1993年,北京市文物研究所在房山县医院发掘了奚归义州归义王、归义都督府都督李诗夫妇合葬墓[5]。《新唐书》卷四三《地理志》"奚州九,府一"条载:"归义州归德郡,总章中以新罗户置,侨治良乡之广阳城。县一:归义。后废。开元中(732),信安王祎降契丹李诗部落五千帐,以其众复置。"[6]

根据《新唐书》卷四三《地理志》"河北道"条[7]的记载,唐时范阳、良乡、昌平、怀柔等地还侨置有突厥州、契丹州、羁縻州、降胡州以安置内附的契丹、鞨鞨等族人。今人考订唐梁乡县境范围大致"北到今石景山区永定河西岸,与幽都县交界;南抵房山县长沟镇以南与涿州接壤,东至今大兴县芦城一带与蓟县为邻,西达房山县西北霞云岭山区"[8]。今房山县属之窦店古城,即唐代之良乡县

---

[1] 《安禄山事迹》,《开元天宝遗事·安禄山事迹》,112页。
[2] 《新唐书》卷二二五《史思明传》,6434页。案,关于汉广阳城遗址的情况,详北京市文物工作队《北京房山县考古调查简报》,《考古》1963年第3期,120—121页;后收入北京市文物研究所编《北京考古四十年》,95—96页。
[3] 赵其昌《唐良乡城与史思明墓》,《中国国家博物馆馆刊》(总第六期),1984年,60—64页;后收入所撰《京华集》,60—66页。
[4] 北京市文物研究所《北京丰台史思明墓》,28—39页。
[5] 王策《〈唐归义王李府君夫人清河张氏墓志〉考》,北京市文物研究所编《北京文物与考古》第6辑,北京:民族出版社,2004年,167—192页。
[6] 《新唐书》卷四三《地理志》,1126页。
[7] 《新唐书》卷四三《地理志》,1125—1128页。
[8] 袁进京《唐良乡县范围考略》,北京市文物研究所编《北京文物与考古》第3辑,1992年,178—181页。

所[1]。可知当时上述地区成为管理内附归义民族的重要地域。

　　2013—2014年,在北京房山长沟又发现唐幽州节度使刘济墓。综合上述已经发现的零散墓葬材料来看,这一带很可能是幽州节度使、蕃将的陵墓集中区。因此,我们推断史思明给安禄山选择的陵址也在唐时良乡,今之房山(图11-3)。

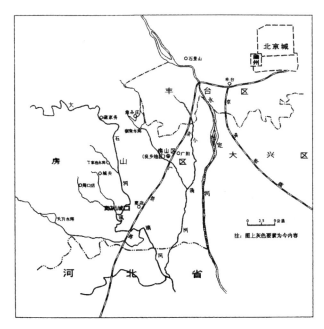

图11-3　古今良乡位置示意图

[1]　案,窦店位于北京西南八十里,东北距良乡镇二十五里,今属房山县。窦店,文献时称“旧店”,今又常作“豆店”。村西一里,有残城遗址,为1959年北京市文物普查时发现(详刘之光、周恒《北京市周口店区窦店土城调查》,《文物》1959年第9期,56—57页)。古城残址,夯土清楚,南墙保存较好,全城东西长,南北略短,今已废为耕地。原调查报告根据城址之主要遗物,结合文献,对城址筑造年代作了推断,定为汉良乡县城。这一推断是正确的,但城址使用之下限年代,并未涉及,晚期遗物仅提到辽代残瓷片等。之后,对古城的调查又发现不少晚于汉代的遗物存留,如唐代之砖瓦残片。

二 节度使墓葬

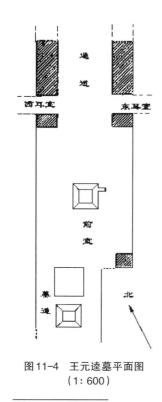

图11-4 王元逵墓平面图
（1：600）

除了刘济墓之外，已经发现节度使墓葬尚有河北大名县晚唐魏博节度使何弘敬墓以及正定县成德军节度使王元逵墓[1]等。因墓葬被盗严重，根据现有资料判断王元逵墓僭越墓葬制度主要表现在墓葬规模以及墓志阴刻的丧葬图像。该墓坐北朝南，平面呈刀把形，由墓道、前、后室、甬道、东、西耳室等组成（图11-4）。墓底距地表6米。墓道呈斜坡状，接近墓室处宽3.8米。从残存的砖构件看，原墓室顶是砖砌仿木结构建筑。从剥落的墙皮可以看出，原墓室内壁绘有壁画，多用土黄、朱红、淡绿等色绘制，墨线勾勒。墓室南北长10米，东西宽5.75米。前室北是甬道，距甬道口

[1] 刘友恒、樊子林、程纪中《唐成德军节度使王元逵墓清理简报》，《考古与文物》1983年第1期，46—51页。韩伟《唐成德军节度使王元逵墓志跋》，《考古与文物》1983年第1期，52—54页；后收入所撰《磨砚书稿——韩伟考古文集》，北京：科学出版社，2001年，192—195页。案，2007年5月，河北正定尚出土唐后期成德节度使王士真墓志。根据墓志记载，王士真葬于恒府寿阳原先茔。"先茔"表明它是王氏家族墓地，也正是墓志的出土地。也就是说，王武俊家族墓位于正定县城北约6公里的于家庄村北（详冯金忠、赵生泉《河北正定出土唐成德节度使王士真墓志初探》，《中国国家博物馆馆刊》2013年第5期，80—98页）。遗憾的是，本文写作时该墓葬相关报告尚未刊布。此外尚发现有成德军节度使李宝臣神道碑，惜其墓葬情况不详。冯金忠《唐成德军节度使李宝臣残碑考释》，《中国历史文物》2009年第4期，59—65页。

0.82米处，有东西对称的耳室各一间，亦可看到甬道北端可能还有墓室。但因北端3.9米处已是住房房基，未作发掘和清理。其墓志盖斜杀线刻两匹天马，四面构成一幅"八骏图"，形象生动，姿态各异。志盖侧面均线刻海石榴、牡丹花，线条流畅自然，表现了刻工的娴熟技巧。墓志正方形，边长152厘米、厚35.8厘米。志石每面线刻三个异兽，间以回折花枝；形象大体一致，均作呷目张口，奔腾跳跃状。所谓"天马"以及志石线刻的"异兽"，实即麒麟。

何弘敬墓结构比较特殊，其墓室位于距现地表6米深的沙水中，砖墙内有四根横断面呈八棱形的石柱。因墙、柱均早塌落，石柱的原来位置、结构不明。墓室平面为圆形，直径约6米，南部开门。墓室地面是一层平铺的石板，石板长度不等，厚约20厘米。其下压叠了两层厚木板，板长约8米，宽30~40厘米，厚20厘米，均东西向并排拼成，相互挤得很紧，劈开缺口或撬动木板，有浓烈的松节油气味，可能铺好木板后用松香灌注。木板下是砖砌的圆形基址，内径和深度皆约3米，其外壁每隔1米左右砌有外凸加固的砖跺。墓室南边残存着宽约1.5米的甬道基址。甬道南与墓道相接，墓志置于墓道之内[1]。

何弘敬的夫人安氏应该是粟特人，或者是营州胡。这可从境内粟特人的婚姻形态获证，在很长时间内，粟特人保持着内部通婚的习惯[2]。据统计，除了支茂先、安延、史诃耽三个特例之外，所有

---

[1] 邯郸市文管所《河北大名县发现何弘敬墓志》，《考古》1984年第8期，721页。案，据说何弘敬墓资料的发表缘于何弘敬墓志的特殊性，其墓葬结构是该文发表时撰稿人回忆补充的。尽管如此，关于墓葬结构的这些简单描述应不至于有误，当可信从。

[2] 卢兆荫《何文哲墓志考释——兼谈隋唐时期在中国的中亚人》，《考古》1986年第9期，844—845页；程越《从石刻史料看入华粟特人的汉化》，《史学月刊》1994年第1期，24—25页；蔡鸿生《九姓胡礼俗丛考》，载所撰《唐代九姓胡与突厥文化》，北京：中华书局，1998年，22—23页。

已知的唐朝前期粟特人的婚姻资料,都表明是内部通婚[1]。因此,应可断定何弘敬也是粟特人后裔。何弘敬在其墓志中伪托附籍"庐江"[2],《旧唐书》则称其父何进滔为灵武人,"客寄于魏,委质军门"[3]。要之,何弘敬是粟特裔已无可疑[4],其父何进滔取得魏博节度使的位置应当有粟特人集团的帮助[5]。

三　史思明墓建制

但是,无论如何,上述诸人的政治身份还是要稍逊于安禄山。天宝十五载正月,安禄山称雄武皇帝,国号燕,建元圣武。被杀之后,安庆绪还尊其为太上皇[6]。这方面与安禄山相符者惟有史思明,这从他们二人被合称作"二圣"可知。《新唐书·张弘靖传》载:

[1] 实际上,所排除的三个特例中,支茂先和史诃耽二人的前妻皆为康氏,同是粟特人。康氏殁后,支茂先和史诃耽才娶的汉人女子。详荣新江《北朝隋唐粟特聚落的内部形态》,载所撰《中古中国与外来文明》,134页。

[2] 荣新江《安史之乱后粟特胡人的动向》,《暨南史学》第2辑,112页。

[3] 《旧唐书》卷一八一《何进滔传》,4687页。

[4] 荣新江《安史之乱后粟特胡人的动向》,《暨南史学》第2辑,112页;〔日〕森部丰《「唐魏博节度使何弘敬墓志铭」试释》,吉田寅先生古稀记念论文集编集委员会《吉田寅先生古稀记念アジア史论集》,1997年2月28日,139页。高文文《唐河北藩镇粟特后裔汉化研究——以墓志材料为中心》,中央民族大学博士论文,2012年,80页。案,"粟特裔"的概念是蔡鸿生首倡,详陈春声主编《学理与方法——蔡鸿生先生执教中山大学五十周年纪念文集》,香港:博士苑出版社,2007年,10—13页,特别是11页。

[5] 〔日〕森部丰《略论唐代灵州和河北藩镇》,史念海编《汉唐长安与黄土高原》(《中国历史地理论丛》1998年增刊),西安:陕西师范大学中国历史地理研究所,1998年,260—262页。

[6] 《新唐书》卷二二五上《安禄山传》,6418、6421页。

> 长庆初，……〔张弘靖〕充卢龙节度使。始入幽州，老幼
> 夹道观。……俗谓禄山、思明为"二圣"，弘靖惩始乱，欲变其
> 俗，乃发墓毁棺，众滋不悦。
>
> 幽冀初效顺，不能因俗制变，故范阳复乱。[1]

唐代俗称天子为圣人。安、史二人俱称帝，故在其统治之下者率以圣人称之，自无足异。所可注意者，穆宗长庆初上距安史称帝时代已六七十年，河朔之地，禄山、思明犹存此尊号，中央政府官员以不能遵循旧俗而致叛乱[2]。

这样我们便可从史思明墓的规制来窥伺安禄山墓的一般情况。从发掘的情况来看，史思明墓显示出诸多唐朝帝陵石室规制的因素。该墓坐落于风化的砂岩中，墓底距地表5米。墓道靠近甬道处有对称的小龛4个，墓门汉白玉制，共2扇。墓室为方形石室，东西长5.54米、南北宽5.05米，其两侧各有一长方形耳室，亦为石结构（图11-5）。马镫、马衔等出于西耳

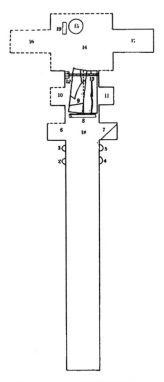

图11-5　史思明墓平面图

[1]《新唐书》卷一二七，4448页。《旧唐书》卷一二九《张弘靖传》（3611—3612页）同，但无"俗谓禄山、思明为二圣之语"。
[2] 陈寅恪《唐代政治史述论稿·统治阶级之氏族及其升降》，载所撰《陈寅恪集·隋唐制度渊源略论稿·唐代政治史述论稿》，219—220页。

室[1]。该墓基本上可以视作前中后三室的石室墓,可知它是模仿唐王朝建立的帝陵石室规制[2]。

实际上,这一方面是模仿唐王朝建立的帝陵石室规制,此与史思明建立燕国并称帝"大圣燕王"有关。另一方面可能跟粟特胡的祆教信仰有关。安禄山藉助祆教信仰来发动、凝聚粟特胡起兵叛乱,史思明作为其核心中的重要一员,信仰应同。史思明墓葬所见玉谥册和玉哀册,均称其为"昭武皇帝"[3],即昭武九姓胡人的皇帝之意,表明其自认为是昭武九姓粟特人后裔[4]。

墓葬采用石材一般都是墓主人身份等级比较高[5],但是,我们所见的使用石材的墓葬除了帝陵和少数僭越墓之外,都不见将石材运用于墓室四维的构建中[6]。因此,尽管何弘敬身为魏博节度使检校太尉兼中书令赠太师,无论如何跟此规制是不相称的。除了所谓僭越原因,若联系何弘敬及其妻安氏的种姓,似又可将此墓葬结构与其种族文化联系起来。

祆教是粟特裔主要信仰之一。安史之乱后,长安与洛阳无新立祆祠及胡人祭祀祆神的记录,而在河北地区,却至少仍有两座新建的祆祠,即恒州(治真定县,今河北正定)西南五十里获鹿县(治

---

[1] 北京市文物研究所《北京丰台史思明墓》,28—39页。

[2] 王静《唐墓石室规制及相关丧葬制度研究——复原唐〈丧葬令〉第25令文释证》,载荣新江主编《唐研究》第14卷,北京大学出版社,2008年,421—446页。

[3] 袁进京《唐史思明玉册试释》,载《跋涉集——北京大学历史系考古专业七五届毕业生论文集》,北京图书馆出版社,1998年,252—258页。

[4] 荣新江《北朝隋唐粟特人之迁徙及其聚落》,原载袁行霈主编《国学研究》第6卷;后收入所撰《中古中国与外来文明》,106页。

[5] 沈睿文《夷俗并从——安伽墓和北朝烧物葬》,4—17页。

[6] 王静《唐墓石室规制及相关丧葬制度研究——复原唐〈丧葬令〉第25令文释证》,421—446页。

今河北鹿泉）的鹿泉胡神祠和瀛洲（治河间县，今河北河间）乐寿县（治今河北献县西南一里）祆神庙[1]。可见祆教信仰在该地区粟特人中所占地位和比重，因此我们有理由认为得到粟特人集团帮助的何进滔应该也信仰祆教，一如安禄山一样。遗憾的是，史无明文，目前尚未能发现相关记载。

既如此，我们不妨从祆教入手看看是否可从中找到答案。石材和沙在祆教徒的丧葬中充当着重要的角色。如，祆教亲属与死者最后一次接触或接近后，便把死者遗体交给两位受过专门训练的收尸人处理。收尸者在地上铺上一块干净的白布，把遗体抱在这块白布上，穿上寿衣，再覆以寿布。或将脸部亦一同遮住。然后，把死尸搬到预先准备好的临时停尸处，放在一块石板之上。有时不用石板，而是在该地挖几寸深，铺上一层沙，死尸放在沙上。又，祆教徒的墓地安息塔（Dakhma）用坚硬的石头筑成，圆形，墙壁矗立，上不封口。塔内为圆形平台，平台铺以大块石板。井壁和底部均铺以石板，塔底下有四条排水沟。这四条排水沟又通四个地下井；地下井底部铺有厚厚一层沙。排水沟末端置放木炭和沙石做过滤用，木炭和沙石要经常去旧换新[2]（图11-6）。

事实上，琐罗亚斯德教徒的葬俗内部也有不同。即使同为琐罗亚斯德教徒，王族和祭司、普通教徒的葬俗在具体做法上也并非完全一致。就考古资料显示，波斯帝国的君主虽然大都笃信琐罗亚斯德教，但他们并非全部实行天葬，即使在该教普遍流

---

[1] 荣新江《安史之乱后粟特胡人的动向》，《暨南史学》第2辑，115—116页；荣新江《北朝隋唐粟特人之迁徙及其聚落》，所撰《中古中国与外来文明》，103—104页。

[2] 林悟殊《波斯拜火教与古代中国》，99—102页。

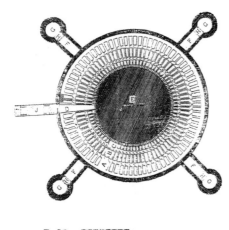

图一八之一 安息塔结构平面图：

A 男尸位置　　F 地下排水沟
B 女尸位置　　G 地下井
C 童尸位置　　H 地下排水沟过滤层
D 通道　　　　I 塔门
E 中央深井　　J 登上塔门之石阶

图11-6 安息塔结构平面图

行的萨珊时期，情况也不见改变。这倒并非只是由于"传统习惯的改变，要比宗教信仰的改变困难得多"[1]。阿契美尼德王朝的君主们遵循着古代伊朗王族和贵族的传统，把尸体涂香防腐，安放在石制坟墓里，这种做法表现了其"渴望升入天堂，来日再生的愿望，这是贵族等级特有的权利"[2]。开国君主居鲁士一世（Cyrus Ⅰ）就没有根据正统的仪式曝尸，表面看来似乎违背了琐罗亚斯德教的教义，然而他的陵墓经过仔细营造，使熏香的尸体与活着的生物之间不会发生联系，从而遵守了琐罗亚斯德教的教义[3]。实际上，不仅阿契美尼德人，而且继起的帕提亚人（Arsacids，即安息人）和萨珊人（Sasanians）也坚持固有传统，他们把国王的尸体涂香，放在石制坟墓里[4]。由此，我们可以相信，在琐罗亚斯德教流行的时代，王

[1] 林悟殊《中古琐罗亚斯德教葬俗及其在中亚的遗痕》，所撰《波斯拜火教与古代中国》，87页。
[2] Mary Boyce, *A History of Zoroastrianism*, vol. Ⅰ, Leiden/köln: Brill, 1975, p.325.
[3] Mary Boyce, *Zoroastrians: Their Religious Beliefs and Practices*, p.52; Mary Boyce, *A History of Zoroastrianism*, vol. Ⅱ, pp.54–57.
[4] Mary Boyce, *Zoroastrians: Their Religious Beliefs and Practices*, p.121.

族在不违背教义的情况下，为了维持其尊贵的地位，可以不曝弃尸体。通过上述的粗略分析，我们可以肯定"弃尸于山"是琐罗亚斯德教的独特葬俗，而且主要为祭司和下层百姓所遵循[1]。

何弘敬墓圆形墓室位于距现地表6米深的沙水中[2]，这说明当时墓葬是有意识地建筑于沙地上的。此与上述描述的置袄教徒于沙之上同。其墓底石板，除了有僭越制度的意味之外，也就有了袄教处理尸体的内涵。加上特意涂松香的木板，共同置于沙地之上，显然跟防止尸体污染土壤的习俗有关，整座墓葬仿佛是有意模仿了安息塔（Dakhma）的结构。

近年来陆续发现了虞弘墓、安伽墓等拜火教风格的瘗骨石室和葬具，这些陵墓、葬具有一个共性，即其主人均为王者、显贵或首领人物。王小甫认为我们今天能够见到这些瘗骨石室和葬具的一个重要原因很可能与波斯有关国王的"王者灵光"观念有关。他引述博伊斯（Mary Boyce）的观点说：从居鲁士（Cyrus，约前600—前529）大帝开始，阿契美尼德王朝及其后继的安息王朝、萨珊王朝，都保持了一种特殊的礼俗，即将国王遗体防腐，将其放进维持使用的岩石或石制墓穴中。而且，有证据表明这种礼俗也传到了草原上。尽管国王以下的显贵所筑石室主要是为曝尸之后的瘗骨之用，但既然某些石室要以精美的雕刻来作装饰，说明"王者灵光"的观念仍然还有影响，人们指望首领的在天之灵还能继续福佑他的社群[3]。

这种特殊建筑在汉语文献中被称为"石坟"。史君（wyrk'k）题铭粟特文部分第29行 snkyn'k βykt'k 中文为"石头做的坟墓（众

---

[1]　张小贵《中古华化袄教考述》，163页。
[2]　邯郸市文管所《河北大名县发现何弘敬墓志》，721页。
[3]　王小甫《拜火教与突厥兴衰——以古代突厥斗战神研究为中心》，24—40页。

神的屋子)"[1],"石头做的坟墓"应该便是史君墓汉文题铭所言"石堂",亦即文献所言"石坟"。其意表明这些石材所构造的石质空间是众神的屋子。这应该是境内西域胡人或胡化墓葬使用石材的一个主要原因。何弘敬墓的石坟因素则表现在墓室地面平铺一层石板,以及在墓室四壁砖砌墙体中加竖了四根八棱形的石柱。此较洛阳龙门的安菩墓[2]来得更加丰富。何弘敬和安菩同为数代居于中国的粟特裔贵族,二者的丧葬行为有诸多共性,可以参互。

因此,何弘敬墓在建造方式上很可能采用了祆教的元素。从表面上看来,这些元素在墓葬中所占的比例甚而有些微不足道,但是它们的存在却展示了该粟特裔群体祆教信仰的坚定和长久[3]。

宁夏盐池县西北窨子梁六座唐墓皆为依山开凿的平底墓道石室墓,皆为石棺床,被盗严重。这六座墓的墓葬形制、墓室结构基本一致,它们排列有序,显然是同一族属的墓葬。六座墓中有单人葬、双人葬,还有多人聚葬于一室的现象,M4葬尸骨四具,M5葬尸骨多达十余具,应是一种聚族而葬的现象。M6墓向123度,其后龛头西脚东并置二尸骨。在葬俗方面,除M1使用木棺之外,其余各墓均未发现葬具。其中M4、5、6内的尸骨直接陈放在石棺床上或壁龛内。唯M3出土有墓志,文曰"大周……都尉何府君墓志之铭并序"、"君□□□□□大夏月氏人也。……粤以久视元年九月七日,终于鲁州□鲁县□□里私第,君春秋八十有五。以其月廿八

---

[1] 吉田丰《西安新出土史君墓志的粟特文部分考释》,38页。
[2] 沈睿文《重读安菩墓》,34—39页。
[3] 天水石马坪墓墓向正北。墓底用方砖齐线平铺二层,纵横各行。铺地砖下垫沙土一层,厚约1厘米。沙土下有木炭一层,厚约2厘米。其墓底处理方式与何弘敬墓有似,或也是此意。详天水市博物馆《天水市发现隋唐屏风石棺床墓》,46页。

日，迁窆于□城东石窟原，礼也"[1]，可知M3墓主人为月氏人，何姓[2]。M6石门扉上的胡旋舞[3]（图11-7），于此成为种族文化的符号。值得注意的是，据上引窨子梁墓地M3何府君墓志可知，何府君"殁"后仅11天便迁窆，则此处的"迁窆"应可说明在此举之前有天葬的行为。换言之，这很可能可以说明窨子梁墓地是

图11-7　宁夏盐池M6石墓门上的胡旋舞

该粟特裔天葬后放置骨骸的场所。其天葬场所究竟位于何处，这又是另一个值得探究的话题。

　　在阿塞拜疆迄今还有一处阿特拉帕达时代的祆教古迹，此即法赫里卡（Fakhrika）的岩墓，其地在乌鲁米亚湖东南，该处有座小山，岩墓高出平地5米许，有前室和墓室，墓室内有4个石龛，其长度不

---

[1]　《何府君墓志》，《全唐文补遗》第6辑，349页。

[2]　宁夏回族自治区博物馆《宁夏盐池唐墓发掘简报》，《文物》1988年第9期，43—56页。

[3]　对该石门扉胡旋舞图像的研究颇多，可参：罗丰《隋唐间中亚流行中国胡旋舞——以新获盐池石门胡舞为中心》，原载《传统文化与现代化》1994年第2期；此据所撰《胡汉之间——"丝绸之路"与西北历史考古》，北京：文物出版社，2004年，280—298页。张庆捷《北朝隋唐粟特的"胡腾舞"》，载《法国汉学》第十辑"粟特人在中国——历史、考古、语言的新探索"专号，390—401页；后增订题作《北朝唐代粟特的"胡腾舞"》，收入所撰《民族汇聚与文明互动——北朝社会的考古学观察》，北京：商务印书馆，2010年，369—398页。张庆捷《胡商、胡腾舞与入华中亚人——解读虞弘墓》，太原：北岳文艺出版社，2010年，133—158页；等等。

足以安放一个成人尸体,估计应当是置放骨壶之处,是死者裸葬以后取其骨骸予以安置,这是袄教葬仪习惯。史称阿塞拜疆是小米底,而与之相对的还有一大米底,则指包括哈马丹、赖加等城市在内的地区,该地也发现有许多属塞琉古王朝时代的岩墓,计有:吉斯卡本岩墓(Ishkewt-i, Qizqapan,在今伊拉克库尔德斯坦),库尔刻赤岩墓(Ishkewt-i Kuru-u-Kich,在今伊拉克库尔德斯坦),达乌德岩墓(Dukkan-I Daud,在呼罗珊大道的扎格罗斯山脉的隘路处),拉文萨岩墓(Ravansar,在起尔漫沙西北),沙赫那岩墓(Sakhna,在起尔漫沙与哈马丹之间),贝希斯顿(Behistun)以南一组岩墓。这些岩墓的构筑样式并不一致,但其共同的功能是为死者的骸骨提供一个安全置放场所,使其不受玷污[1]。其原因便是袄教教义要求入葬必须与泥土隔绝。《闻迪达德》第3章第35~39节规定,如有人把狗或人的尸体埋于地里,半年不挖出者,罚抽一千鞭;一年不挖出者,抽二千鞭;二年不挖出者,其罪过无可补偿[2]。

于此,史思明墓的建制,虽有模仿唐代帝陵石室规制的意图,但是考虑到史思明的种族文化,恐也难逃有视之为"石坟"的用意在。

实际上,采取唐朝帝陵石室规制也是唐时河北山东地区胡人汉化的表现。该陵寝使用唐制之处还很多,试列举如下:

地面建制:采用覆斗型封土,墓道南约100米处立双阙。遗憾的是,当年公社化之后,农民取土平整土地,破坏了这些地面遗迹。在墓道乱石料中,出土了执笏的残石文吏手(图11-8),可知原来地面神道前还列置有石人等石像生。据悉,1982年,北京丰台区王佐

[1] 龚方震、晏可佳《袄教史》,136—137页。
[2] 林悟殊《波斯拜火教与古代中国》,88页。

乡刘太村出土一石刻, 通高140厘米,
宽70厘米, 长80厘米, 呈坐状。其形
似狮, 又肩雕长翼, 头长独角[1], 宜名
为 "麒麟" (图11-9)。该石兽很可能
是史思明墓神道石刻。如此, 似乎不
能排除史思明神道石刻模仿唐陵的可
能性。

图11-8　史思明墓出土的石文吏手

　　墓道南向, 斜坡式, 长20.6米、宽
3米。墓道内填充了不规则的石料, 已
经试掘的乾陵以及唐睿宗桥陵的墓道
便是以石条依照千字文编号的次序堆
砌起来的。

　　使用哀册、谥册制度。《旧五代
史·礼志下》说: "魏、晋郊庙祝文书于
册。唐初悉用祝版, 惟陵庙用玉册, 玄
宗亲祭郊庙, 用玉为册。"[2]该墓出土玉
哀册计44枚(段), 其中8枚完整。汉
白玉质, 形制规整, 均为长条形。每枚
册均刻字, 满刻为11字, 行书体, 字口
填金。每枚册上下两端1.5厘米处均有
直径0.3厘米的小孔, 以便连缀。玉册
长28.4~28.6厘米、宽2.8~3.2厘米、厚

图11-9　1982年刘太村出土的翼兽

[1]　该信息及石兽照片承曹静伟先生2013年5月27日电邮告示, 谨致谢忱。
[2]　《旧五代史》卷一四三《礼志下》, 北京: 中华书局点校本, 1976年, 1910页。

图11-10　丰台区林家坟史思明墓
出土玉哀册

1.2~2.1厘米。这44枚（段）玉册包含谥册、哀册各1套。其中7枚背后刻划浅细的"哀"字。1枚背后有磨痕,尚可辨识出一个"七"字。这几枚当属哀册（图11-10）。

使用石椁,发掘时墓室有汉白玉质的残石椁盖,顶呈弧形。素面打磨,底边有口。若将石椁视作"石堂",则此举亦可兼及其宗教信仰。

从被盗的孑遗文物来看,有出行仪卫图、出土车马器、鎏金铜带扣17件、鎏金铜带尾18件、鎏金铜带环10件、包金铁马衔1件、包金铁马镫1副；银铁两面带1件,正面银质,背面铁质。此上明显是车马器及其配饰。这表明随葬品中有一套出行仪卫——即大驾卤簿。

幸存的随葬品中有铜龙（图11-11）、铜牛（图11-12）,这应是受汉文化风水观念影响的举措。唐宋以来墓葬中习见铁牛的随葬[1]。唐刘肃《大唐新语》记载了这么一则故事：

开元十五年正月,集贤学士徐坚请假往京兆葬其妻岑氏,问兆域之制于张说。说曰："……长安、神龙之际,有黄州僧

---

[1]　孟原召《唐至元代墓葬中出土的铁牛铁猪》,《中原文物》2007年第1期,72—79页。

图 11-11　史思明墓坐龙

图 11-12　史思明墓铜牛

泓者，能通鬼神之意，而以事参之。仆（张说）常闻其言，犹记其要：'墓欲深而狭，深者取其幽，狭者取其固。平地之下一丈二尺为土界，又一丈二尺为水界，各有龙守之。土龙六年而一暴，水龙十二年而一暴，当其隧者，神道不安。故深二丈四尺之下，可设窀穸。……铸铁为牛豕之状像，可以御二龙。……'僧泓之说如此，皆前贤所未达也。……"[1]

僧泓所讲为幽冥之事，它告诉我们在唐人的观念里，铁牛、铁猪可以镇压墓葬中土龙和水龙之患。

史思明墓出土的"坐龙"很可能是当时流行的宅内之神"伏

---

[1]《大唐新语》卷一三《记异第二十九》，195页。案，《剧谈录》卷上"洛中大水"条载，咸通四年秋，洛中大水，苑囿庐舍，靡不淹没。有黑牛、青牛出于水上，相去约百步。"向之怒浪惊涛，翕然遂低数丈。"这应该也是源自牛能镇水的说法。详〔唐〕康骈撰，徐凌云、许善述点校《剧谈录》，《唐宋笔记小说三种》，20页。

龙"。"坐龙"之所以取"坐"状,就是因为它"伏"在某处的缘故。史思明墓出土的"坐龙"低头蹲坐,更具有"伏"的含义。将"伏龙"放在墓里,可知墓是按墓主人宅院的形制布置的。史思明下葬的日期是五月十八日,则此时"伏龙"的位置应该在大门或堂门内。换句话说,史思明墓出土的"伏龙"的位置应该在墓室门内的某处。墓中放"伏龙"可能用于镇宅、镇墓或某种忌讳[1]。但也有学者认为史思明墓中的金龙与腰坑都与道教上清派仪式有关[2]。总之,铜牛与铜龙应该在墓葬中都起着镇煞的作用。

如上所述,安禄山最后也是以陵墓的形式下葬的,其墓葬虽已不得而知,但从史思明陵墓来看,其形制恐去之不远。

附:史思明墓玉册录文

哀册

　　昭武皇帝崩于洛阳宫玉芝」
　　西阶□□□□□□□□」
　　李之交捽同蚌鹬之相倾击」
　　屋而不还乘白云而永逝呜」
　　艰难攸济悲毅林之超□□」（背有"哀"字）
　　□□〔岁〕□〔次〕□〔壬〕□〔寅〕□〔五〕月十八日丙」
（背有"七"字）

---

[1] 黄正建《唐代的"坐龙"与"伏龙"》,《中国文物报》2001年11月23日第7版。
[2] 崔世平、李海群《唐五代墓葬中的腰坑略论》,《江汉考古》2011年第1期,
　　96—100页。

申将迁座□〔于〕□□□〔陵〕□〔礼〕□〔也〕□」

□□□□仪之已矣固天道」（背有"哀"字）

□□□呜呼哀哉惟　　　」（背有"哀"字）

□□□□□□□夕野苍苍」（背有"哀"字）

□□□□□□□讬词于汗简」（背有"哀"字）

□□□□□□□付以大业」（背有"哀"字）

恋攀往驾之不留痛灵衣之」

帝朝义孝乃因心亲惟□□」

血未干唐有异端馋人冈极」

谥册

□□□□□□定天下知归」

濬惩谘达大度师克在和南」

迫于秉钺受□□□□□」

志在于开基□□□□□」

河为务开□□□□□□」

以别尊卑之□□□□□」

海内遂谥□□□□□□」

昭武皇帝庙称□□□□□」

□□□□□□唐未傅于翼」

□□□□□□与时消息人」

□□□□王业惟艰雄图克」

移乾坤改色□□□□□」

溺备经夷险振旅耀威宅中」

弊之术彼劳我逸□□□□」
发光烈其丘刺则□□□□」
帝克□□□□□□□□□」
□□□□□□瞻祖庭而增」
□□□□□□□方异俗」
□□□□□□□□愚以为」
□□□□□□□□□温恭」
辕几何熊黑十万所向倒戈」
□□□□□□□□为急拯」

另有几段玉册因字数极少而未能判断归属,附列于后:

□□□□□□□走刺亦委」
□□□□□史□□□□□」
□□□□□我□□□□□」
□□□□□野□□□□□」
祚羽翼□□□□□□□□」
□□□□□□□超忽伊」

附一　章怀太子墓壁画与李守礼

　　我们必须承认和充分肯定等级制度在考古学研究中的重要作用,它不仅成功地将看似无序的考古学材料,特别是墓葬和城址等整理成谱系学,而且成功地将这些研究对象跟社会权力等级相结合,从而使我们进一步触摸社会脉动成为一种可能。尽管我们的考古学研究往往只是停步于此。但是,对于丰富多彩的社会而言,这只能说我们把握了其中一个较为核心的问题。因为,等级制度毕竟只是社会制度中的一个组成,而非全部。何况长期以来形成的研究模式似乎已经淡化了研究可能达到的深度,几乎只是停留在模式化描述的层面上。我们应该有更为深入的分析。

　　制度的形成及运行本身是一动态的历史过程,有"运作"、有"过程"才有"制度",不处于运作过程之中也就无所谓"制度"[1],因此,只有在动态中进行研究才能更为准确地把握研究对象。恰好是这一点在我们现有的考古学研究中鲜有关注,我们更多的是用一个所谓的等级制度来观察考古材料,而这个等级制度是恒定不变的。事实上,包括等级制度在内的社会制度

---

[1]　邓小南《走向活的制度史——以宋代官僚政治制度史研究为例的点滴思考》,《浙江学刊》2003年第3期,100—101页。

存在着制度内部之间、制度与政治、社会因素之间的互动。但是，这又不易把握。实际上，也正是这一原因才使得前述方法成为勉为其难的最佳选择。于是，如何进一步分析研究成为我们必须思考的课题。

　　等级制度只是众多社会制度中的一个方面，不等于社会制度，更不等同于社会。制度内部之间、制度与政治、社会因素之间的互动以及作为主体的人的行为，构成鲜活的现实社会。换言之，考古学关于等级制度的研究只有跟政治史、社会史以及个人或群体的命运相结合，才是生动活泼的研究。但是，限于各种各样的因素，应该承认并非所有的考古学材料都有条件可以进行如此深入的剖析。我们只能从那些相对特殊的"新"材料入手。具体到墓葬的研究，我们可以选择墓主人清楚而墓葬形制或随葬品或壁画出现特殊元素的墓葬为研究的突破口。这样，我们才有可能结合主人公本人的传记、墓志等资料，将主人公的个人性格及命运置于当时的具体语境中，深入剖析并考察其内在机制和社会、政治以及宗教背景，以求可能的历史真实。

　　无疑地，章怀太子墓壁画[1]（图12-1、2）就是这样的一个案例。也正是有了同时期的懿德太子墓[2]、永泰公主墓[3]的比较（见表12-1），才凸显出它在唐墓壁画中的内容极其特殊，从而得到学术界的重视，相关的论著颇多。其中宿白认为懿德太子

---

[1]　（陕西省博物馆、乾陵文教局）唐墓发掘组《唐章怀太子墓发掘简报》，《文物》1972年第7期，13—25页。

[2]　（陕西省博物馆、乾陵文教局）唐墓发掘组《唐懿德太子墓发掘简报》，《文物》1972年第7期，26—32页。

[3]　陕西省文物管理委员会《唐永泰公主墓发掘简报》，《文物》1964年第1期，7—32页。

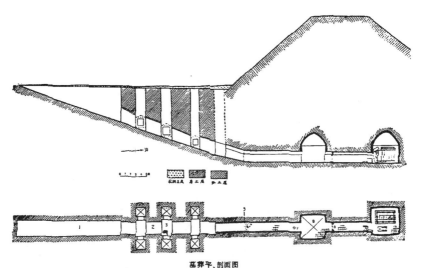

1.墓道　2.过洞　3.天井　4.盝洞　5.原木门处　6.发现门环、领、铜钉、铅块、弩机处　7.侗龛
8.前墓室　9.石门　10.雍王墓志　11.章怀太子墓志　12.石椁　13.后墓室

图12-1　章怀太子墓平剖面图

图12-2　章怀太子墓东壁壁画分布图

和章怀太子墓壁画在布局和内容上都属于唐墓壁画发展的第三
阶段,但二者等级不同,"懿德、永泰壁画似按一定制度和格式所
绘制,而章怀壁画则拘束甚少,题材多样"[1]。宿文能正确地将懿

[1]　宿白《西安地区唐墓壁画的布局与内容》,《考古学报》1982年第2期,144—
　　　145页。

德、永泰、章怀三座墓葬的壁画划分为同一个阶段。遗憾的是，文章没能进一步解释造成这种差别的原因，而且因为未能准确把握当事人的生存环境，而误以为章怀墓壁画的这种情况是甚少拘束所致。Mary H. Fong 认为章怀太子墓壁画"与永泰公主和懿德太子墓壁画相比，它的题材更多样，更具有现实主义风格（realism）"[1]。"现实主义风格"的判断无疑是敏感而正确的，这正是解读章怀墓壁画的关键，可惜作者亦没能就此进一步探讨。杨效俊则从壁画观赏视角的角度进行分析，认为章怀太子墓壁画有些画面脱离了墓室环境的规定性，注重各个画面独立的美学意蕴，墓室内各幅画面内容、形式、风格均不连贯，呈现不稳定、骚动和矛盾感[2]。这反映的正是章怀墓壁画的多样性，其分析角度颇具新意。事实上，这种不连贯、不稳定、骚动和矛盾感正是营墓者心理状态的真实反映。同样遗憾的是，这一点未能得到研究者的进一步发掘。张铭洽则认为章怀墓壁画题材的多样性与李贤本人复杂的身世经历有关，其身份的多样性决定了题材的多样性和不确定性，壁画的唯一主体是围绕着墓主人所生活过的皇室气氛和环境[3]。此外，还有不少论文对章怀墓都有涉及。归结到一点，这些研究大多将章怀墓壁画的特殊性归结

[1] Mary H. Fong, "Tomb Murals Reviewed in the Light of Tang Texts on Painting", *Artibus Asiae*, vol. XLV, I, p.57.
[2] 杨效俊《影作木构间的树石——懿德太子墓与章怀太子墓壁画的比较研究》，《陕西历史博物馆馆刊》第6辑，西安：陕西人民美术出版社，1999年，253—262页。
[3] 张铭洽《唐章怀太子墓壁画概述》，张铭洽主编《章怀太子墓壁画》，北京：文物出版社，2002年，5—8页。

到墓葬的等级制度上[1]。的确,正是与等级制度的错位才使得章怀墓壁画成为一个特例。总之,这些结论都为我们的进一步研究奠定了坚实的基础。

表12-1　懿德太子、永泰公主、章怀太子墓葬材料简表

		章怀太子墓	懿德太子墓	永泰公主墓
墓园部署[2]	范　围	南北180米 东西143米	南北256.5米 东西214.5米	南北363米 东西220米
	石　刻	石羊1对	石狮1对 石人2对 石柱1对	石狮1对 石人2对 石柱1对
	封　土	覆斗形	覆斗形	覆斗形
墓室结构	墓　长	71米	100.8米	87.5米
	墓道长	20米	26.3米	24米
	天　井	4个(1个在前甬道)	7个(2个在前甬道)	6个(2个在前甬道)
	过　洞	4个	6个	5个
	小　龛	6个	8个	8个
	前甬道	砖砌,14米	砖砌,20.30米	砖砌,20.80米
	后甬道	砖砌,9米	砖砌,8.45米	砖砌,7.25米

---

[1]　章怀墓在墓葬的规模、地面建制、列戟等方面都不符合等级制度。相关研究如:李求是《谈章怀、懿德两墓的形制等问题》,《文物》1972年第7期,45—50、58页(下文简称"李文");王仁波、何修龄、单暐《陕西唐墓壁画之研究》(上),《文博》1984年第1期,40—52页;孙新科《试论唐代皇室埋葬制度问题》,《中原文物》1995年第4期,41—48页;申秦雁《唐代列戟制度探析》,《陕西历史博物馆馆刊》第1辑,西安:三秦出版社,1994年,60—66、21页;陕西历史博物馆编《唐墓壁画研究文集》,西安:三秦出版社,2001年,137—145页。

[2]　对李贤、李重润、李仙蕙三墓墓园的重新钻探表明,三者的墓园存在围墙、角阙、围沟(兆沟)等现象,但是三墓墓园具体情况为何,因材料尚未公布而不清。

		章怀太子墓	懿德太子墓	永泰公主墓
	前室	砖砌,长4.5米、宽4.5米、高6.0米	砖砌,长4.45米、宽4.54米、高6.3米	砖砌,长4.7米、宽4.9米、高5.35米
	后室	砖砌,长宽5米、高6.5米	砖砌,长5米、宽5.3米、高7.1米	砖砌,长5.4米、宽5.3米、高5.5米
葬具		石椁	石椁	石椁
其他	志石	雍王志:长宽0.90米、厚0.90米 章怀志:长宽0.87米、厚0.17米 哀册:残	哀册:残,仅存11片	长宽1.19米、厚0.25米
	墓号	"雍墓不称陵"	"号墓为陵"	"号墓为陵"

（注：此表改自孙新科《试论唐代皇室埋葬制度问题》,《中原文物》1995年第4期,44页表一）

一　壁　画

　　要探讨章怀墓壁画,首先必须澄清的是章怀墓壁画重层的问题。李求是认为"从该墓发掘时的一些迹象观察,房氏灵柩是从第四天井（由南向北）东壁凿穴进入墓室的。就在这次合葬时,将前甬道以后的壁画重新进行了绘制,至今二次绘制的痕迹仍可清楚辨认"[1]。后来,乾陵文物保管所走访了发掘者赵学谦,得知这是在发掘墓道前,因不见盗洞的第三天井（即李文所言第四天井）夯土很乱,从而初步推测房氏的灵柩从此天井吊下去。但在后来墓道发掘后,发现有两层壁

---

[1]　参李求是上揭文,48页。

画,发掘者就把此设想推翻,并认为房氏灵柩是从墓道运进去的[1]。从这个表述可知两层壁画是从墓道到墓室的。其实,房氏的这一次入葬是跟李贤的再次追赠为章怀太子是相关联的,如此隆重实难以想象她的合祔是采取从天井进入墓室的方式。遗憾的是,我们今天所能看到的和讨论的仍然只是外层壁画。尽管此说已经纠正了李文的错误,但是,李文还是产生了一定的影响,如导致章怀墓壁画分成甬道前和甬道后两个部分,并成为论证的依据[2]。总之,无论如何,作为同一个墓葬中的壁画,壁画表现主题的同一性和统一性是确定无疑,不容忽视的。

图12-3　墓道东壁狩猎出行图

图12-4　墓道西壁打马球图

　章怀墓壁画的出行部分采用了形式较自由、更随意的狩猎出行图(图12-3)和打马球图(图12-4)。家居部分是生活化的场面和娱乐题材。大都属于享乐题材的内容和同时的懿德太子、永泰公主墓壁画不同(见表12-2)。

[1]　陕西省乾县乾陵文物保管所《对〈谈章怀、懿德两墓的形制等问题〉一文的几点意见》,《文物》1973年第12期,67页。

[2]　如:杨效俊上揭文,259页;张铭洽上揭文,8页。

表12-2 章怀太子、懿德太子、永泰公主地下图像内容

墓主	墓道	壁画内容				石椁线雕内容	随葬品
		过洞	天井	前、后甬道	墓室		
李贤 & 房氏	上部青龙、白虎,下部出行狩猎、击球,宾客与礼宾,仪卫与步卫	一：门厅(?)内有门吏 二：架载7竿 三：内侍,有作进谒状者 四：女侍		前甬道石门外,女侍有持乐器者,有进谒内侍,石门内有侍,前室有男装者。前室影作木构,四壁女侍间以禽鸟树石,女侍有持乐器者,后甬道女侍间以花木、器	影作木构南(前)：园林,内有女乐、舞 东(左)：北侧园林内有侍,面对众女侍;南侧一女坐榻上,环绕女侍与内侍 顶：天象	石门外侧：门楣上方半圆券面刻双朱雀；石椁外侧：分格,每格刻人物,东壁门扇,一持笏男胡,一女近侍	共发现600多件,绝大部分为陶器：三彩镇墓兽、武士俑、文臣俑,彩绘陶器,彩绘釉陶,绿釉陶罐座、绿釉花盆。伎乐骑马俑、侍立俑,伎乐男胡,家畜明器以及三彩的侍立俑、骆驼、马以及家畜明器。尚有炼丹器具。
李重润	青龙、白虎,山林城阙,步骑仪卫,犊车、辂车,东宫官署,鞍马与控者	一：胡人牵豹 二：男侍牵犬、驾鹰 三：以后,最前一人为女近侍	影作木构,二：架载12竿、步卫 三：牛车与女侍	前后甬道皆女侍,间绘花木草石,女侍中间有男装者,前室影作木构,东西两壁各组对立的捧物女侍,每组最前一人为女近侍	影作木构,东西两壁各立两组的捧物(包括乐器)女侍,内有男装者,每组最前一人为女近侍 顶：天象	石椁外侧东壁正中为门,门阙对立女官	共发现905件俑,包括：散骑甲男骑马俑、三彩釉男骑马俑,中间还有骑马乐俑,四周排列男风帽陶俑。此外,尚有三彩釉陶器,陶质的生活用具,以及马俑或漆木器。

续表

墓主	壁画内容					石椁线雕内容	随葬品
	墓道	过洞	天井	前、后甬道	墓室		
李仙蕙	步卫、青龙、白虎、城山林、步卫仪仗属、仪仗等6、鞍马与胡挖	一至三：顶平綦。四、五：顶云鹤。五：东壁九人"似在抬担子"	影作木构："有人物画"	前甬道人物花木山石、前室影作木构，顶天象，南壁属吏持笏进谒；东西壁各两组对立的捧物持烛女侍及男装女侍。每组最前一人为女近侍和男女近侍；后甬道女侍，同以花木山石，顶云鹤	影作木构 南（前）：东侧属吏持笏，西侧属女侍，中有男装者 东（左）：两组对立的捧物持烛木鸟木 北（后）：东侧"似为乐队"（女）顶：天象	石门外侧，持笏内侍，上有禽鸟。石椁外侧：分格，每格一女近侍，花鸟木石点缀其间。东壁门扇对立女近侍 石椁内侧：分格，每格一或二女近侍，也有捧物的男装女侍，花草禽鸟点缀其间	共发现878件俑，可分为陶俑、三彩俑、木俑三类。包括：镇墓武士俑，镇墓兽，男女骑俑，男女侍立俑，胡俑等。男侍立木俑33件，马具，玉器，锡器等。

（注：改自宿白《西安地区唐墓壁画的内容和布局》，《考古学报》1982年第2期，151页附表）

唐高宗至玄宗时期,唐代墓葬等级制度执行得极其严格[1]。懿德太子和永泰公主墓葬便是严格按照等级制度来执行的。章怀墓壁画为什么会出现这样的组合？如何理解其内部的连贯性？这要从墓主人的性格、政治命运以及墓葬的营建过程来分析。总的说来,章怀墓反映了当事人在当时政治环境中一个无奈而明智的抉择。

二 李贤与李守礼

在李贤墓中出土了两方墓志,其一是《大唐故雍王墓志铭》(简称"雍王志");另一是《大唐故雍王赠章怀太子墓志铭》(简称"章怀志")。《旧唐书·高宗本纪》载:"永徽五年(654)十二月戊午,发京师,谒昭陵。〔则天〕在路生皇子〔李〕贤。"章怀志称章怀太子"文明元年(684)二月廿七日终于巴州之公馆,春秋卅有一";雍王志亦称他"文明元年(684)二月廿日薨于巴州之别馆,春秋卅有一"。则李贤于永徽五年出生[2],终于文明元年(684)二月下旬,卒年三十一岁,可为定谳。

从章怀志得知,李贤原字"仁"。从其本传的叙述来看,后又先后易名为"贤"、"德"、"贤",他"容止端雅",还小的时候,高宗李治便对他评价甚高,从中我们可以评味章怀的性格一二。李治说:"此儿已读得《尚书》、《礼记》、《论语》,诵古诗赋复十余篇,暂经领览,遂即不忘。我曾遣读《论语》,至'贤贤易色',遂

---

[1] 齐东方《试论西安地区唐墓的等级制度》,301页。
[2] 孙楷第《唐章怀太子贤所生母稽疑》,所撰《沧州后集》,北京:中华书局,1985年,304—312页。

再三覆诵。我问何为如此,乃言性爱此言,方知凤成聪敏,出自天性。"[1]尽管难免有过誉之言,但是李贤聪敏、贤仁的天性和优雅、端庄的举止仍跃然纸上。他数次所改名字的寓意也正在此。后来,李贤还召集了儒家学者注范晔《后汉书》。《旧唐书》卷八六《章怀太子贤传》载:"上元二年(675),孝敬皇帝薨。其年六月,立为皇太子,大赦天下,寻令监国。"[2]自他为皇太子监国后,"留心政要,抚字之道,既尽于哀矜;刑网所施,务存于审察。加以听览余暇,专精坟典。往圣遗编,咸窥壶奥;先王策府,备讨菁华。好善载彰,作贞斯在,家国之寄,深副所怀"[3]。从李贤的这些行状可以说其墓葬壁画所表现的狩猎和马球以及侍女等享乐题材应该与他一贯的生活作风和情趣迥异。但是,它们却都集中出现在墓葬中,其中肯定另有原因。究竟这座墓葬是在怎样的情况下营建的?

　　从目前的迹象来看,第二次合祔房氏的行动保持了原先的墓葬形制和规模,于雍王志第一行覆刻"唐"字于"大周"之"周"上,但并没有对墓葬的形制进行扩建、补充。从李贤墓形制来看,所体现的等级要比懿德太子和永泰公主来得低。之所以要对李贤再次追赠为章怀太子并改"大周"为"大唐"于雍王志,是跟当时中宗、睿宗在武周革命后一直在寻求皇权合法性的建设有着密切的关系。历经武周革命、中宗及睿宗的反复,唐政府一直在进行皇权合法性的重建,到了玄宗朝显得益发重要和紧迫,并最终以一种

---

[1] 《旧唐书》,2831页。
[2] 同上。
[3] 《旧唐书》,2832页。

合乎天命的形式昭告天下[1]。睿宗继中宗即位，重新恢复李贤曾为皇太子的身份以及对他个人的高度评价无疑可以成为睿宗政府树立权威的有效手段。此与中宗以雍王葬李贤于乾陵的用意是丝毫无别的。从后来的历史可以看出，李贤的这个政治身份一直是政治家密切关注的对象，并且待机而趁，以他的名义起事。广德年间，李贤作为监国皇太子的政治身份仍然被利用。"广德元年，吐蕃凌犯上都，乘舆幸陕。蕃、浑之众入城，吐蕃宰相马重英立承宏为帝，以于可封、霍环等为宰相，补署百余人。旬余日，贼退，郭子仪率众入城，送承宏于行在，上不之责，上（止）于虢州，寻死。"[2]"上（止）于虢州，寻死"，或有两种可能，一种是李承宏忧心恐惧而死，但更可能是这样的情况，皇帝不便公开处死他，而是先通过外调，把李承宏调离帝都长安，再把他处死——大概也是赐死之类的，以免引起朝野关注。这样一来可以给皇室遮丑，另外，也便于掩盖皇帝赐死李承宏的行为，从而不损害皇帝德行于丝毫，因为李承宏当皇帝以及被朝廷赐死这毕竟都是皇室的丑事。朝廷的不好公开处决李承宏，恐怕在某种程度上也说明李贤宗枝的影响力。李贤的孙子李承宏仍有政治利用的价值，而当朝皇帝也并没有采取公开责备他的处理方式，这一切都应缘于李贤政治影响力之深远。总之，从不同政治力量都对李贤的利用，我们便可进一

[1] 葛兆光《盛世的平庸——八世纪上半叶中国的知识与思想状况》，荣新江主编《唐研究》第5卷，北京大学出版社，1999年，10页；后收入所撰《中国思想史第二卷·七世纪至十九世纪中国的知识、思想与信仰》，上海：复旦大学出版社，2000年，95页。沈睿文《关中唐陵陵地秩序研究》，荣新江主编《唐研究》第9卷，北京大学出版社，2003年，393—395页；后收入所撰《唐陵的布局：空间与秩序》，北京大学出版社，2009年，93—96页。
[2] 《旧唐书》，2834页。

步理解李贤的政治影响力和中宗、睿宗接连两度关照李贤的动机。既然李贤在政治上具有如此影响力，那为什么其墓葬却没有使用更高的等级呢？这座墓葬是由谁来主持的？无疑这是问题的又一个关键处。

《旧唐书》本传记载"神龙初，追赠（李贤）司徒，仍遣使迎其丧柩，陪葬于乾陵"。从"章怀志"可知中宗派遣到巴州迎李贤丧柩的特使正是他的儿子李守礼。志文称"神龙元年，宝历中兴，宸居反正，恩制追赠司徒；令胤子守礼往巴州迎柩还京，仍许陪葬乾陵柏城之内，自京给鼓吹仪仗送至墓所"。也就是说，章怀太子陪葬乾陵的丧事实际是由李守礼一手负责的。神龙二年七月一日（706年8月13日），李守礼将李贤陪葬乾陵后，仍继续为其父争取政治权益。《唐会要》卷一九《诸太子庙条》云：

> 旧制，诸赠太子庙令各一人，从八品上；丞一人，正九品下；录事以下，准隐陵署例。神龙二年十一月十九日（706年12月28日），嗣雍王守礼奏："敕赐臣父庙号'陟冈'，乞隶太常寺，仍请安国相王书额。"[1]

由此视之，尽管"雍王志"对此没有记录，但李守礼主持李贤迁葬乾陵的事宜应当是不争的事实。

关于李守礼的卒岁，《旧唐书·章怀太子贤传》称"七十余"。据《唐文拾遗》卷一二《雍王守礼》载："守礼，章怀太子贤子，高宗

---

[1]《唐会要校证》，324页。《诗·魏风·陟岵》云："陟彼冈兮，瞻望兄兮。"后因以"陟冈"为怀念兄弟之典。

孙。嗣封雍王。唐隆元年（710）追封邠王。薨年七十，赠太尉。"[1]
可知李守礼卒岁七十，则守礼生于咸亨三年（672）。开元二十九年
十一月庚戌（741年12月15日）[2]，李守礼薨，年七十，赠太尉，陪葬
乾陵。随即，天宝三载二月丁丑（744年3月7日），李守礼的儿子
李承宁，授率更令同正员，嗣邠王[3]。

如前所述，李贤为永徽五年（654）生人。据"章怀志"知咸亨
二年（671），贤徙封雍王。调露二年（680），李贤被废为庶人，幽于
别所。永淳二年（683）迁于巴州。据旧书本传的记载，文明元年
（684），李贤死于巴州后，武则天曾举哀于显福门，垂拱元年（685）
三、四月间[4]，追封李贤为雍王以及封李贤十四岁的儿子李守礼嗣
雍王。705年，中宗即位，李守礼才有邠王的封号[5]。此刻正是李守
礼迎丧巴州之时，这时李守礼三十四岁。

关于李守礼，在《旧唐书》中呈现给我们的形象并不佳。这段
记载是这样的：

----

[1] 《唐文拾遗》卷一二《雍王守礼》，《全唐文》，10494页下栏。
[2] 《旧唐书》卷八六《李守礼传》(2834页)称李守礼"〔开元〕二十九年薨，年
　七十余，赠太尉"，《旧唐书》卷九《玄宗本纪下》(214页)称"十一月庚戌，司
　空邠王守礼薨"，则李守礼薨于开元二十九年十一月庚戌（741年12月15日）。
[3] 《旧唐书》卷九《玄宗本纪下》，217页。
[4] "雍王志"称"垂拱元年（685）三月廿九日，恩制追赠雍王，谥曰悼，葬于巴州
　化城县境"；"章怀志"亦称"垂拱元年四月廿二日，皇太后使司膳卿李刊十
　持节册命，追封为雍王"。当是。而《旧唐书·章怀太子贤传》所载武则天
　于文明元年（684）追封李贤为雍王，应误。
[5] 《新唐书》卷五《睿宗本纪》(115—116页)载："景云元年六月壬午（710年
　7月3日），韦皇后弑中宗，矫诏立温王重茂为皇太子。……甲申（710年7月
　5日），乃发丧。又矫遗诏，自立为皇太后。皇太子即皇帝位，以睿宗参谋
　事，大赦，改元曰唐隆。太后临朝摄政，罢睿宗参谋政事，以为太尉。〔唐隆元
　年，710〕封嗣雍王守礼为邠王，寿春郡王成器宋王。"唐隆年间，李重茂政权
　重复了中宗时的改封，但该政权为期极为短暂。

〔章怀〕有三子：光顺、守礼、守义。

光顺，天授中封安乐郡王，寻被诛。

守义，文明年封犍为郡王。垂拱四年，徙封永安郡王，病卒。

守礼本名光仁，垂拱初改名守礼，授太子洗马，封嗣雍王。时中宗迁于房陵，睿宗虽居帝位，绝人朝谒，诸武赞成革命之计，深嫉宗枝。守礼以父得罪，与睿宗诸子同处于宫中，凡十余年不出庭院。至圣历元年，睿宗自皇嗣封为相王，许出外邸；睿宗诸子五子皆封郡王，与守礼始居于外。

神龙元年，中宗篡位，授守礼光禄卿同正员。神龙中，遗诏进封邠王，赐实封五百户。景云二年（711），带光禄卿，兼幽州刺史，转左金吾卫大将军，遥领单于大都护。先天二年（713），迁司空。开元初，历虢、陇、襄、晋、滑六州刺史，非奏事及大事，并上佐知州。时宁、申、岐、薛、邠同为刺史，皆择首僚以持纲纪。源乾曜、袁嘉祚、潘好礼皆为邠府长史兼州佐，守礼唯弋猎、伎乐、饮谑而已。九年已后，诸王并征还京师。

守礼以外枝为王，才识猥下，尤不逮岐、薛。多宠嬖，不修风教，男女六十余人，男无中才，女负贞称，守礼居之自若，高歌击鼓。常带数千贯钱债，或有谏之者曰："王年渐高，家累甚众，须有爱惜。"守礼曰："岂有天子兄没人葬？"诸王因内燕言之，以为欢笑。虽积阴累日，守礼白于诸王曰："欲晴。"果晴。愆阳涉旬，守礼曰："即雨。"果连澍。岐王等奏之，云："邠哥有术。"守礼曰："臣无术也。则天时以章怀迁谪，臣幽闭宫中十余年，每岁被敕杖数顿，见瘢痕甚厚。欲雨臣脊上即沉闷，欲晴即轻健，臣以此知之，非有术也。"涕泗沾襟，玄宗亦悯然。二十九年薨，年七十余，赠太尉。

子承宏，开元初封广武郡王，历秘书员外监，又为宗正卿同正员。广德元年（763），吐蕃凌犯上都，乘舆幸陕。蕃、浑之众入城，吐蕃宰相马重英立承宏为帝，以于可封、霍环等为宰相，补署百余人。旬余日，贼退，郭子仪率众入城，送承宏于行在，上不之责，上（止）于虢州。寻死。

承宁，天宝初授率更令同正员，嗣邠王。

承寀，至德二载封为敦煌郡王，加开府仪同三司。与仆固怀恩使回纥和亲，因纳其女为妃，册为毗伽公主。回纥著勋，承寀甚遇恩宠。乾元元年（758）六月卒，赠司空。[1]

我们之所以不惜泼墨如水地全文迻录，是因为它是全面了解李守礼的重要文本。它所描绘的李守礼的形象与苏颋所撰《章怀太子良娣张氏神道碑》迥异。后者在碑文中盛赞"典地司空邠王守礼，幼承法度，长被晖光，九仞之堂，咸曾氏而逾蹇"[2]（图12-5）。应该如何理解《旧唐书》中有关李守礼的相关记载？显然，解读这段文本自然离不开当时的政治环境和社会生活。

李守礼生活的所谓侈靡当与武则天时期及其后来唐宫廷的斗争有关，其父亲李贤的政治经历势必成为他的成长经验。兄弟光顺被武后诛杀、守义的病卒当也给他很多人生的启迪。李家宗室成为

---

[1]《旧唐书》卷八六《李守礼传》，2833—2834页。

[2]《全唐文》卷二五七，2602页下栏。又如睿宗《加邠王守礼实封制》称李守礼"器资文武，节蕴忠贞，容范霞轩，孝友天至"，详《全唐文》卷一八，29页上栏；又玄宗《加宋王成器等三公制》亦称邠王守礼等人"明德茂亲，崇儒乐善，为国翰屏，当朝羽仪"（详《全唐文》卷二〇，239页上栏）；同样的情况尚见于玄宗《授邠王守礼襄州刺史制》"德比闲平，贤于鲁卫。动不忘于仁恕，言必备于忠肃"之文，详《全唐文》卷二一，249页上栏。

图12-5　邠王李守礼书渤海细人高氏墓志及盖拓片

诸武又嫉妒又畏忌的对象，且屡遭以武后为首的诸武迫害的事实也迫使他面临一种生存哲学的抉择。但是，终究苦难还是降临了，"武后革命，畏疾宗室，而守礼以父得罪，与睿宗诸子闭处宫中十余年。睿宗封相王，许出外邸，于是守礼等始居外，改司议郎"[1]。在684年这一年逼死李贤之前，武则天便将守礼与睿宗诸子闭处宫中，至圣历元年（698）睿宗自皇嗣封为相王，许出外邸，前后历时15年，李守礼于宫中度过了他人生的13~27岁的时光。这段软禁生涯想必也让李守礼对个人生命与政治多少有些感悟。而李贤之死，武则天一方面让邱神勣代过受死，一方面举哀显福门，并追封李贤，且封软禁宫中的李守礼嗣雍王，这一系列的举措虽为武则天的帝王统治术，但亦可足见李贤的政治影响力及其死在当时朝野所引起的震动。

名号、正统的观念在中国古代政治中为首要，武则天也莫能外。武则天本人的政治生命也正是巧妙地利用名号。如上所言，

[1]《新唐书》卷八一《李守礼传》，3591页。

广德元年,吐蕃入京师还立李守礼的儿子李承宏(赞普弃隶蹜赞的妻舅)为帝的事实,正说明了这一支李唐宗室所具有的政治符号的意义。而事后,朝廷的不好公开处决李承宏,恐怕在某种程度上也说明李贤宗枝的影响力。这种政治意义也是当政者需要慎重考虑的。如,玄宗谒太庙、封泰山、祠后土、祭天等重大礼仪活动,便多安排邠王守礼与宁王宪并列亚献、终献。宁王宪为玄宗大哥,后玄宗谥之为"让皇帝"。由此亦可映衬邠王守礼在玄宗心目中的重要份量,以及他们兄弟之间的相处之道。

也正是这些政治处境才使得李守礼自始至终采取这种生活方式。在这种政治气氛下,此种生活方式的取舍可谓用心良苦、深谙老庄之道。只有如此,才有可能解除武则天等当权者的戒心,获得生命个体生存的权利。

三 守 礼 的 策 略

于是,李守礼采取了如下应对措施,其中心主旨是以老庄之道自保,可谓深得老庄三昧。

其一,便是改名。《旧唐书》载,"懿德太子重润,中宗长子也,本名重照,以避则天讳,故改焉"[1],可证武则天对名号的重视。据章怀志知,李贤字"仁",而李守礼本名为"光仁",看来李贤对李守礼实寄予厚望。这种厚望在武则天等当权者看来是一种潜在的威胁,是绝对不容许的。作为监国皇太子的儿子,又嗣封雍王。可是,这一切又都已时过境迁。这样便使得他的身份更加微妙。鉴于当时

---

[1] 《旧唐书》卷八六,2834页。

情势之下双方力量的对比，垂拱初(685)改名"守礼"看来也是不失为一种明智的明哲保身的做法[1]。改名时，其年龄尚小，看来其后有一高明之智囊团。我们推测此或跟道家、道教人物有关。不仅如此，李守礼的儿子名为李承宁，"承宁"典出"承宁诸侯以退"，意即承君意以宁静诸侯。李守礼给自己儿子取名的寓意仍然跟"守礼"是一脉相承的。从李承宁与李守礼的名字在文义上一脉相承，或许也可以推测承宁平日的言行当亦受到乃翁的影响不小。

其二，便是弋猎、伎乐、饮谑。只不过弋猎、伎乐、饮谑原本多为历代富贵豪门的日常生活状态，何以成为唐玄宗的借口？看来这正是需要我们进一步思考的。李守礼等人的政治身份继续为在位的唐玄宗所忌惮，唐玄宗对他的举动很是关注，因此专门指派所谓熟知礼仪的官员在礼仪上对他们的监督，这便是委派源乾曜、袁嘉祚、潘好礼等为邠府长史兼州佐，到邠王府监督李守礼，明的方面是要敦促、督导李守礼的行为符合礼仪，但是暗的方面则难免也有监控守礼一举一动的用意。实际上是以一种名正言顺的名义监察他们的政治动向，而李守礼等人的弋猎、伎乐、饮谑虽然不失为一种明智的自保策略，但在客观上也给唐玄宗的这种安排提供了借口。实际上，李守礼也正是通过"唯弋猎、伎乐、饮谑而已"的方式给统治者以某种暗示，告诉他们自己的不思上进，无心政治。于是乎，"九年已后，诸王并征还京师"[2]。正是这种策略的实施，才使李守礼在政治漩涡中不仅能全身而退，而且还得以陪葬乾陵。

从李守礼的生存策略知其确深谙老庄三昧。实际上，在政府崇

[1] 守礼尚有一兄名"光顺"，由此或可推测守礼另一手足李守义不是本名，或恐为"光□(义？)"才是。
[2]《旧唐书》，2833页。

道的空气下，社会自然相习成风。在微妙的政治氛围中，采取此道也是自然而然的。后来大家误解他的知雨旸为有术，似乎可以透露出这方面的某些信息，即他的生活里、他交往的人中或即有"术士"。

在李贤墓内发现六块"银渣块"，共重65公斤[1]，同样的"银渣块"亦出现在何家村窖藏中。该窖藏的陶瓮（W2）瓮口盖一块直径40厘米、最大厚度3厘米、重约8公斤的圆形灰白色金属渣块，包含物中有微量的硫和大量的氧化铅[2]。此"银渣块"并非炼银的孑遗，而恰恰是炼取铅精所得之铅丹，是进一步合炼长生不死之药金的重要原料。何家村窖藏是一处与道教有关的遗存[3]。基于此，我们推测章怀墓也随葬了一套炼丹器具（物），遗憾的是因该墓被盗已无从对证了。何家村窖藏位于唐长安城兴化坊中部偏西南，邠王府即在该坊，二处出现同样的情况应该不是偶然的事情。李守礼是章怀太子李贤之子，从前文已知他先后两次负责李贤墓的埋葬和合葬事宜，在二处都出现炼丹器具无疑将何家村窖藏指向了邠王府。但是，需要说明的是，从何家村窖藏的年代来看，窖藏应该是守礼子李承宁为邠王时所为或承宁子嗣所为。这实际上反映了李守礼一脉跟道教炼丹术的密切关系，说明了炼丹之风在李贤、李守礼、李承宁、李谞一脉的承袭。进一步说，这些炼丹的器物是至少从李守礼时期便有，李承宁时仍然有所增加。这表明了炼丹已经成为李贤及其后人日常生活中重要的一幕。

于是，两处都出土有铅块就不足为奇了。"邠哥有术"或许正

---

[1] （陕西省博物馆、乾陵文教局）唐墓发掘组《唐章怀太子墓发掘简报》，14页。

[2] 韩伟（一冰）《唐代冶银术初探》，《文物》1976年第2期，40页；后收入所撰《磨砚书稿——韩伟考古文集》，134页。

[3] 详本书第七章《炼丹与服食》。

是李守礼跟炼丹术士的过从甚密,而导致岐王等人这种想当然的美丽误会却是李守礼迷恋道教之实。

李唐以道教为国教。道士、道观都在唐朝的政治斗争中扮演着重要角色,他们尤其跟主流的政治力量过从甚密。且不去讨论唐朝诸帝如何沉湎于服丹,并为此所付出的代价,惟论初唐至玄宗时期宗室对此的趋之若鹜。

在李渊太原起兵的过程中,道教及相关人士纷纷为其制造神谶,反映了他们彼此之间的密切关系。值得注意的是,这种现象在初唐犹是。在秦王李世民夺权的过程中,道士同样以神谶的伎俩为秦王营造神话,自然这些道教力量也站在秦王的立场。如,解天文律历、尤晓杂占的滑州道士薛颐,"武德初,追直秦府,〔薛〕颐尝密谓秦王曰:'德星守秦分,王当有天下,愿王自爱。'"[1]

秦王夺权前夕,其亲信房玄龄、杜如晦被太子李建成谮于高祖,因而房、杜二人并被驱斥。后"隐太子(李建成)将有变也,太宗令长孙无忌召玄龄及如晦,令衣道士服,潜引入阁计事"[2]。此刻房、杜二人奉令谒见李世民,还须化装成道士,从中反映出道士经常出入秦王府,与李世民保持了较为密切的关系[3]。其实,在崇玄重道的唐代社会,一些道士号称"尊师",得以自如地出入宫廷禁闱之中。他们游刃有余地周旋于权贵之间,其身份颇为微妙。如《朝野佥载》卷五载:"道士史崇玄,怀州河内县缝�人也。后度为道士,侨假人也,附太平为太清观主。金仙、玉真出俗,立为尊师。每

---

[1]《旧唐书》卷一九一《薛颐传》,5089页。薛颐后上表请为道士,唐太宗为他置紫府观于九嵕山,后陪葬昭陵。
[2]《旧唐书》卷六六《房玄龄传》,2461页。
[3] 王永平《道教与唐代社会》,北京:首都师范大学出版社,2002年,22—23页。

入内奏,请赏赐甚厚,无物不赐。授鸿胪卿,衣紫罗裙帔,握象笏,佩鱼符,出入禁闱,公私避路。神武斩之,京中士女相贺。"[1]房玄龄、杜如晦在政治斗争的敏感时期化装成道士便得以出入秦王府,应该便是巧妙地利用了这种风尚。而在随即的"玄武门之变"中,秦王李世民也得到了王远知等道教徒的支持,并终得以功成登极。

在政治斗争中,有时候道观会成为密谋的政治场所。这是因为这个场所显然比在家中更为隐蔽,同时,在崇道的社会风尚之下,大臣到道观也是寻常之极的事情,自也不易引起注意。例如,位于唐长安城朱雀大街街东崇仁坊的景龙观,便曾在宫廷斗争中充当过这种角色。《资治通鉴》载:

> 初,太子之立,非〔李〕林甫意。林甫恐异日为己祸,常有动摇东宫之志。而〔韦〕坚,又太子之妃兄也。皇甫惟明尝为忠王(即太子,时为忠王)友,时破吐蕃,入献捷,见林甫专权,意颇不平。时因见上,乘间微劝上去林甫,林甫知之,使杨慎矜密伺其所为。会正月望夜,太子出游,与坚相见,坚又与惟明会于景龙观道士之室。慎矜发其事,以为坚戚里,不应与边将狎昵。[2]

但是,即便如此,还是被李林甫派人暗中盯梢了。这不仅说明政治斗争的复杂性,同时从某种程度上恐也反映了道观成为政治密谋之处在当时并非新奇,故李林甫能有预判,并及时采取措施,转而将此事巧妙地运用到随后的斗争之中。

---

[1]〔唐〕张鷟撰,赵守俨点校《朝野佥载》,《隋唐嘉话·朝野佥载》,114页。
[2]《资治通鉴》卷二一五唐玄宗天宝五载(746)"春,正月,乙丑"条,6870页。

四　唐皇室的道风

在上述事例中可知，道士、道观都在唐朝的政治斗争中扮演着重要角色，他们尤其跟主流的政治力量过从甚密。不惟如此，在唐朝统治者的寻常生活中，他们同样扮演着不可或缺的角色。这主要有祈祷治病和炼丹服饵等。下面稍举数例为证。

贞观五年（631），太子李承乾有疾，为道士秦世英祈祷获愈，太宗便于长安崇化坊东南隅敕立龙兴观[1]。道士秦世英的祈祷大概便是如同天师道祈祷中所谓"上章"、"首过"一般。《世说新语·德行篇》载：

王子敬病笃，道家上章应首过，问子敬："由来有何异同得失？"子敬曰："不觉有余事，惟忆与郗家离婚。"[2]

琅琊王氏世代信奉天师道，王子敬病笃而请道家上章首过，请祷之人正是五斗米师[3]。王羲之所撰《官奴帖》（图12-6）便是王羲之为孙女官奴请祷的上章首过之语[4]，大概秦世英为李承乾的祈祷也是这样的格式。

尊祖与崇道在唐代是联系在一起的。唐高宗敬崇老子，自然也看中道教。他曾下令在各州分别营建道观一所，以推广道教。在唐

[1] 《唐会要》卷五〇"观"条，《唐会要校证》，741页。《长安志》卷一〇，129页下栏。
[2] 〔南朝宋〕刘义庆著，〔南朝梁〕刘孝标注，余嘉锡笺疏，周祖谟等整理《世说新语笺疏》，北京：中华书局，2007年，48页。《晋书》卷八〇《王献之传》，2106页。
[3] 参余嘉锡上揭书，49页。
[4] 王永平、姚晓菲《中古时代琅邪王氏之天师道信仰及其影响》，《河南科技大学学报》（社科版）2007年第4期，7页脚注④。

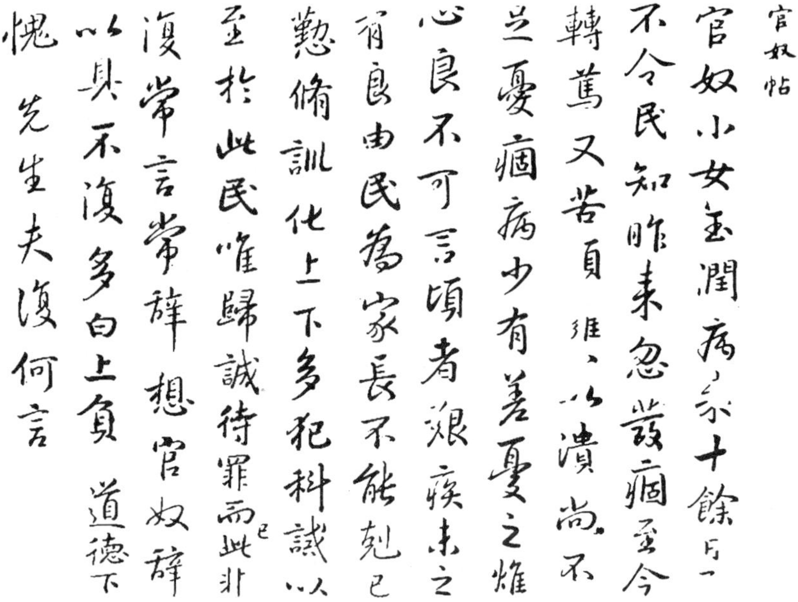

官奴帖

官奴小女玉润病来十餘日了
不令民知昨来忽发痼至今
转笃又苦头痈以溃尚不
足忧痈病少有差忧悬之
心良不可言顷者艰疾未之
有良由民为家长不能克己
勤修训化上下多犯科诫以
至于此民唯归诚待罪而已非
复常言常辞想官奴辞
以具不复多白上负道德下
愧先生夫复何言

图12-6 王羲之《官奴帖》

高宗的提倡和安排下,皇子、皇女们或建立宫观,或舍身为道[1]。

唐初皇室信道、奉道、服丹,可谓长盛不衰。濮王李泰便是游心于老庄及道术之人,其墓志文云:

〔贞观〕十七年〔李泰〕解职,降封东莱郡王,寻改封顺阳郡王,邑三千户,仍奉纶言,远令之/国,翘心魏阙等归;陈以责躬,齐志老庄,异□□□□药。廿一年,进封濮王,邑万户,方异/淮南道术,终控羽以高□。岂谓东海谦□,□□□□□恸!以永徽三年十二月十六日/薨于郧乡第,

---

[1] 李国荣《帝王与炼丹》,188页。

春秋卅三……[1]

可见，李泰之死跟他服食有关，墓志文称"方异淮南道术"，说的是他服食有误。

唐睿宗在藩邸时，就跟方士孟诜过从甚密。即位后，又欲召入京师。孟诜，汝州梁人也。举进士。垂拱初，累迁凤阁舍人。孟诜少好方术，实是一位精于药饵、能试药金的方士。尝于凤阁侍郎刘祎之家，见其敕赐金，谓祎之曰："此药金也。若烧火其上，当有五色气。"试之果然。则天闻而不悦，因事出为台州司马。后累迁春官侍郎。《旧唐书》卷一九一《孟诜传》载：

> 睿宗在藩，召〔孟诜〕充侍读。长安中，为同州刺史，加银青光禄大夫。神龙初致仕，归伊阳之山第，以药饵为事。诜年虽晚暮，志力如壮，尝谓所亲曰："若能保身养性者，常须善言莫离口，良药莫离手。"睿宗即位，召赴京师，将加任用，固辞衰老。景云二年，优诏赐物一百段，又令每岁春秋二时，特给羊酒糜粥。开元初，河南尹毕构以诜有古人之风，改其所居为子平里。寻卒，年九十三。[2]

武则天驾崩之后，睿宗将自己的两位女儿西城公主与隆昌公主度为道士，"以资天皇天后之福"，即为武则天追福。这就是金仙与玉真公主。睿宗的三子玄宗对道教及道术更是痴迷之至，甚而要将

---

[1]　根据国家文物局张凌女史提供的墓志石及拓片照片录文。于此，谨致谢忱！
[2]　《旧唐书》，5101 页。

自己的妹妹玉真公主嫁与张果。平时，玄宗亦赐丹药与诸位兄弟分享。《旧唐书》卷九五《李宪传》载：

> 〔玄宗〕尝与宪及岐王范等书曰："昔魏文帝诗云：'西山一何高，高处殊无极。上有两仙童，不饮亦不食。赐我一丸药，光耀有五色。服药四五日，身轻生羽翼。'朕每思服药而求羽翼，何如骨肉兄弟天生之羽翼乎！陈思有超代之才，堪佐经纶之务，绝其朝谒，卒令忧死。魏祚未终，遭司马宣王之夺，岂神丸之效也！虞舜至圣，拾象傲之愆以亲九族，九族既睦，平章百姓，此为帝王之轨则，于今数千岁，天下归善焉。朕未尝不废寝忘食钦叹者也。顷因余暇，妙选仙经，得此神方，古老云'服之必验'。今分此药，愿与兄弟等同保长龄，永无限极。"[1]

此上多被引用来说明唐玄宗对兄弟的深情厚谊，但是他至少还可以说明两点。其一，自然是唐玄宗对丹道的痴迷。其二，应该也是玄宗兄弟之间服丹之风盛行、对服丹存有共识的表现。否则，便不会有玄宗赐丹之举了。从服丹在唐初皇室的这种长盛不衰来看，这应该是不至于失之偏颇的论断。

李守礼13~27岁时与睿宗五子被幽禁在宫中长达15年。直到睿宗改封为相王时，受准许出宫居住，守礼方得以与睿宗诸子居于宫外。上面讲到睿宗与方士的交往，可以想象李守礼与睿宗等人的相互浸染成习，该也是自然之事。犹须注意的是，守礼的父亲李

贤与户奴等款狎便是缘于其道教信仰，欲图藉此以求长生之道[1]。

综上，李贤、李守礼一脉居家炼丹并非不可能。

明白了这个关节，上文所引李守礼"以外枝为王，才识猥下，尤不逮岐、薛。多宠嬖，不修风教，男女六十余人，男无中才，女负贞称，守礼居之自若，高歌击鼓"也就可以理解了。唐代宫闱不肃，帝王亦自放纵，有许多事实可以证明。皇帝、公主、外戚等做下许多好榜样，此自当成为宫中妃嫔、皇室等效颦的模范。更为重要的是，唐朝道风发达，不但帝王将相，学者文人，迷信神仙，一时风会所趋，连女子也被道家思潮所鼓励，不少女子借出家以便其交际自由。这些女子形成一个特殊的阶层，便是"半娼式的女道士"。这种半娼式女道士有住在家里的，也有住在寺观中的[2]。她们通过祭坛斋醮等宗教活动得以经常出入一些公共场所或权贵之宅院，从而发生不少肉体和感情之事。家妓亦多学女道士设醮。唐公主每每修道不嫁，见于史传的至少有11位之多。其中亦恐与躲避政治漩涡有关。王士禛《居易录》卷八引胡震亨云："唐公主多自请出家，与二教人媟近。（李）商隐同时如文安、浔阳、平恩、邵阳、永嘉、永安、义昌、安康诸主皆丐为道士。筑观于外，史即不言他丑，颇著微辞。"[3]若出家为女道士，那史家便不会直接攻击她的生活作风，即便攻击也只是采取微言大义的手法。也就是说社会上能容忍女道士的作风问题，见怪不怪，可见社会风习之一般。李守礼迷恋道教，想必邠王府经常开设祭坛斋醮，由此增加了王府内部与男、女道士往来的机会，从而出现有伤风化之事。而这其中又与三张米

---

[1] 详本书第五章《助情花香》。

[2] 苏雪林《玉溪诗谜正续合编》，台北：商务印书馆，1988年，5—6页。

[3] 王士禛《居易录》，景印文渊阁四库全书·子部·杂家类，869册，403页下栏。

道以来男女合气之术的泛滥有关。看来对李守礼的这段描写也有此等微言大义、颇著微辞的意味。

五 壁 画 的 成 因

到这里，我们回过头来考察章怀墓壁画内容，便可发现壁画内容实际上是跟李守礼的生存哲学一脉相承的。正是这种指导思路的一致性，才使得壁画表现的内容是以李守礼的生活为蓝本。壁画中的狩猎图、马球图正是"唯弋猎、伎乐、饮谑而已"的表现。其壁画人物除了侍女，还有内侍、侏儒（图12-7），姿态多样，画面有歌舞教习（图12-8）、观鸟扑蝉（图12-9）、树下憩息（图12-10）、游园（图12-11、12）等；侍女手持箫笛、琵琶（图12-13）等乐器和斗鸡（图12-14）、盆花、瓜果，这些则为"伎乐、饮谑"、"多宠嬖，不修风教，男女六十余人，男无中才，女负贞称，守礼居之自若，高歌击鼓"的写照。只是，其中并无女道士的形象。

图12-7 前室南壁西侧
宫女及侏儒图

图12-8 前室西壁北铺壁画
歌舞教习

图12-9 前室西壁南铺
观鸟扑蝉图

图12-10　后室东壁南铺壁画树下
　　　　　憩息

图12-11　后室东壁北铺壁画游园

图12-12　游园

图12-13　前室东壁南铺壁画
　　　　　局部持乐器之女侍

图12-14　前甬道西壁男侍、手捧斗鸡之侍女

图 12-15　墓道东壁狩猎出行图局部（李贤）

章怀墓墓室壁画中坐着的妇女（图 12-10），被推断为该墓女主人的画像[1]。但是，若是女主人房氏的画像，则从墓葬一般的构图分析墓室应还有李贤的画像，因为这是李贤、房氏夫妇二人的合葬墓，而且这一次房氏得以入葬李贤墓主要是缘于李贤从雍王改赠为章怀太子，故而应该是以李贤为主的表现形式，至少是夫妇宴乐的场面。不过，从其所处位置来看，该妇女图像应和其他一样，表现的是在王府的生活情状。也有认为狩猎图反映的是李贤生前外出狩猎的情景，图中骑着走马的应该是墓主人章怀太子李贤[2]（图 12-15）。同样的，这有悖于墓葬壁画布局的基本原则，包括内容和方向。依照章怀太子的等级，此处应该是绘制朝向墓道口的出行仪仗队列。而狩猎和马球图的运动方向则是朝向墓室，而且和"客使图"方向相对——"客使图"中迎接的对象显然并非李贤。因此，如果上述两个说法成立，则如此设计应该恰是李守礼矛盾骚动心态的反映。这种设计很可能还存在这样的意图，即朝墓室方向的狩猎图和马球图以及"客使图"，其意恐在章怀太子李贤，而后甬道之北的部分则恐意在靖妃。之所以将狩猎图和马球图的方向朝向墓室，则恐有暗指客死巴州的李贤魂归该处的意味。在迁葬中，除了死者的骨骸之外，更为

[1]　参宿白上揭文，145 页及该页脚注〔1〕。
[2]　申秦雁《谈谈唐代帝王的狩猎活动——兼谈章怀太子墓〈狩猎出行图〉》，《陕西历史博物馆馆刊》第 5 辑，西安：西北大学出版社，1998 年，276 页。

重要的是死者灵魂的随之移动。如，天授元年九月八日，濮王李泰妃阎婉死后，由嗣濮王妻周氏奉枢权窆于洛州龙门北原，开元十二年六月二日，又由嫡孙国子祭酒嗣濮王李峤迁赴郧县，祔葬于李泰墓西北隅。在其墓志铭有云："乃为铭曰：生荣死哀兮王之门，哀昔荣今兮赖哲孙，归来归来兮无留魂"，便特意指出祈愿阎婉之魂亦全然回归郧县李泰墓地。其实，这在今天的迁葬仪式中也是如此。如，甘肃天水一带的迁葬仪式，便要在新坟地和旧坟地之间的路段，插上五色的三角形纸旗，以引导迁葬之灵魂至新坟地。

此外，这里需要特别说明的还有下面两个地方。

其一，墓道东西两壁所谓的"客使图"（亦称"礼宾图"、"迎宾图"）（图12-16、17）。有关其内容的讨论很多[1]，有谓它表现的是参加李贤在乾陵的两次葬礼的外国使臣[2]，与昭陵十四君长石像、乾陵六十一蕃臣像都是以"吊唁"之名，来行"阐扬徽烈"之实[3]。或谓是与职贡图有关[4]。昭陵、乾陵在陵园地面树立石像（图12-18），后来的唐陵如崇陵等也有类似地面建筑的。唐陵所树蕃臣石像并非是前来吊唁的外国使臣，而"阐扬徽烈"实为其中的一

---

[1]　如王仁波《从考古发现看唐代中日文化交流》，《考古与文物》1984年第3期，104页；云翔《唐章怀太子墓壁画客使图中"日本使节"质疑》，《考古》1984年第12期，1142—1144、1141页；西谷正著，马振智译《唐章怀太子李贤墓〈礼宾图〉的有关问题》，《陕西历史博物馆馆刊》第4辑，西安：西北大学出版社，1997年，272—277页；王维坤《唐章怀太子墓壁画"客使图"辨析》，《考古》1996年第1期，65—74页；后收入所撰《中日文化交流的考古学研究》，西安：陕西人民出版社，323—357页；影山悦子，《サマルカンド壁画に見られる中国絵画の要素について：朝鮮人使節はワルフマーン王のもとを訪れたか》，《西南アジア研究》，vol.49, 1998, pp.17—33.

[2]　参西谷正上揭文，276页。

[3]　参王维坤上揭文，74页。

[4]　郑岩《"客使图"溯源——关于墓葬壁画研究方法的一点反思》，165—180页。

图12-16　墓道东壁"客使图"(摹本)

图12-17　墓道西壁"客使图"(摹本)

图12-18-1　乾陵神道东侧蕃臣像

图12-18-2　乾陵神道西侧蕃臣像

个用意。且从唐陵建制的形成过程来看,在陵前树置蕃臣像已成为唐陵制度的一个内容[1]。故章怀墓东西两壁"客使图"应该也承担着这样的功能,这样的安排跟章怀太子李贤生前的政治身份有关。只不过,章怀墓并没有像乾陵那样采取在地面列植客使石像的方式,而仅仅只是通过地下的两幅壁画来表示而已。

　　其二,考古发现证实了唐代哀册是皇帝、皇后和太子下葬时专

————————

[1]　沈睿文《唐陵的布局:空间与秩序》,210—226、237—243页。

用的,而一般的人物和文武大臣则于墓中放置石墓志。在章怀墓中既发现哀册,也发现有"章怀志",后者的存在也许正是李守礼生存心态的体现。而列戟数目亦按照王礼,而非太子礼。

　　此上正是墓葬营造者李守礼秉承老庄哲学的反映。同时,这个差异不仅跟政治环境有关,也恰说明李守礼在当时危机四伏的微妙的政治环境行为处事的一贯风格,深得道家三昧。于是,在第二次埋葬时也就没有对墓葬的地面建制进行扩建,仍旧保持作为雍王时入葬的原貌(见表12-1)。

※　　※　　※

　　上面的分析,只是对章怀墓壁画又提供了一种解释的可能,从中我们可以领略到其指导思想的内在连贯性,以及所体现的深刻的政治和社会因素。总的说来,章怀墓反映了李守礼宗奉老庄之道的生存哲学和道教信仰,它体现了一个具有特殊政治身份的人在政治漩涡中无奈而明智的抉择。

附二 唐章怀太子的两京宅邸

　　唐长安城兴化坊位于皇城附近,为朱雀门大街西第二街西侧从北往南第三坊,北当皇城南面之含光门。"兴化"典出《孔丛子》所谓"贤者所在,必兴化致治"之语[1]。唐韦述《两京新记》卷三"兴化坊"条载:"西门之北,今邠王守礼宅。宅南隔街有邠王府。"[2]宋敏求《长安志》[3]、徐松《两京城坊考》所载与此同[4]。可知,邠王李守礼宅及邠王府应即在此坊西门之南北。

　　著名的苑囿和府邸随着王朝的兴衰更迭和主人命运的起伏,往往成为新锐势力青睐和首选的目标。不仅前一个政权的苑囿和府邸的命运如此,即便是同一政权下也不例外。长安城中此类府邸苑

---

[1] 傅亚庶撰《孔丛子校释》卷五《执节》,北京:中华书局,2011年,372页。又《后汉书·桓谭传》称"夫有国之君,俱欲兴化建善,然而政道未理者,其所谓贤者异也"。详范晔《后汉书》,957页。

[2] 韦述撰,辛德勇辑校《两京新记辑校》,韦述、杜宝撰,辛德勇辑校《两京新记辑校·大业杂记辑校》,西安:三秦出版社,2006年,27页。

[3] 宋敏求《长安志》卷九"兴化坊"条,中华书局编辑部编《宋元方志丛刊》第1册,124页上栏。

[4] 徐松撰,李健超增订《增订唐两京城坊考》卷四"兴化坊"条,西安:三秦出版社,2006年,178页。

囿在社会上层的几易其主,已成共识[1]。那么,兴化坊的邠王府、宅其先为何、其后又是如何?

一　李　贤　居　所

邠王李守礼是章怀太子李贤之子,因此,若要考察邠王李守礼的宅第,则宜先梳理其父李贤之居所。

李贤是唐高宗李治与武则天的第二子。关于其生卒年,《旧唐书》载,永徽五年十二月"戊午(655年1月29日),发京师谒昭陵。在路生皇子〔李〕贤"[2]。1971~1972年间发掘的章怀太子墓出土了两方墓志[3],其一为《大唐故雍王赠章怀太子墓志铭》(简称"章怀志"),另一为《大唐故雍王墓志铭》(简称"雍王志")。"章怀志"称李贤"文明元年(684)二月廿七日终于巴州之公馆,春秋卅有一";"雍王志"亦称他"文明元年二月廿日薨于巴州之别馆,春秋卅有一"。则李贤于永徽五年(654)出生[4],终于文明元年二月下旬,卒年三十一岁,可为定谳。

李贤年寿虽短,命运坎坷,但亦曾显赫一时。《唐会要》卷四《储君上》"章怀太子"条载:"永徽六年(655)正月,〔李贤〕封潞王,龙朔元年九月二十日(661年10月18日),改封沛王。……〔咸

[1] 关于长安城宅邸的更迭易主,可参:孙英刚《隋唐长安的王府与王宅》,载荣新江主编《唐研究》第9卷,北京大学出版社,2003年,185—214页;蒙曼《唐代长安的公主宅第》,载《唐研究》第9卷,215—234页;荣新江《从王宅到寺观:唐代长安公共空间的扩大与社会变迁》,载所撰《隋唐长安:性别、记忆及其他》,香港:三联书店(香港)有限公司,2009年,115—148页。
[2] 《旧唐书》卷四《高宗本纪上》,73页。
[3] (陕西省博物馆、乾县文教局)唐墓发掘组《唐章怀太子墓发掘简报》,13—25页。
[4] 孙楷第《唐章怀太子贤所生母稽疑》,所撰《沧州后集》,304—312页。

亨〕三年（672）九月，改名德，徙封雍王。上元二年六月三日（675年7月1日），改名贤，册为皇太子。调露二年八月二十日（680年9月18日），废为庶人。"[1]庶人李贤，被幽于别所。永淳二年（683），又迁于巴州[2]。政治上的这般沉浮，不仅直接冲击了李贤个人的政治命运和人生际遇，同时也波及该宗枝及其两京宅邸。

根据韦述的记载[3]，在长安城中，李贤的宅邸原在安定坊东南隅[4]。安定坊位于长安宫城西第二列北起第一坊。咸亨四年，李贤舍安定坊宅立为千福寺。此举应该跟咸亨三年八、九月李贤从沛王徙封雍王有关。《旧唐书》载，龙朔元年九月"壬子（661年10月18日），徙封潞王〔李〕贤为沛王。……是日，敕中书门下五品已上诸司长官、尚书省侍郎并诸亲三等已上，并诣沛王宅设宴礼，奏《九部乐》。礼毕，赐帛杂彩等各有差"[5]。则李贤在安定坊的宅第实为沛王宅，他徙封雍王之后在此小住了几个月后，旋即舍该宅为千福寺。张彦远《历代名画记》卷三对该佛寺有载，其文曰：

〔千福〕寺额上官昭容书。……中三门外东行南，太宗皇帝撰《圣教序》，弘福寺沙门怀仁集王右军书。西行，楚金和尚《法

---

[1]《唐会要校证》，35页。按，李贤从沛王徙封雍王的时间，"雍王志"亦称"咸亨三年八月，改封雍王，食邑万户"，则李贤从沛王徙封雍王的时间在咸亨三年八、九月间，时年十九岁。对此，"章怀志"作"咸亨二年，徙封雍王，余如故，别食实封一千户"，恐误。

[2] 此即"章怀志"所谓"永淳二年，奉敕徙于巴州安置"之意。

[3]《两京新记辑校》卷三，43页；又《增订唐两京城坊考》卷四"安定坊"条，218页。

[4] 1987年，中国社会科学院考古研究所西安唐城工作队对唐长安城安定坊进行发掘，发现十字街以及井的遗址。详中国社会科学院考古研究所西安唐城工作队《唐长安安定坊发掘记》，《考古》1989年第4期，319—323页。

[5]《旧唐书》卷四《高宗本纪上》，82页。

华感应碑》，颜鲁公书，徐浩题额。碑阴，沙门飞锡撰，吴通微书。东塔
院额高力士书。《涅槃》、《鬼神》，杨惠之书（画）。门屋下内外面，
杨庭光白画鬼神，并门屋下两面四五间。西塔院，玄宗皇帝
题额。北廊堂内，《南岳》、《智顗》、《思大禅师》、《法华七祖
及弟子影》。弟子寿王主簿韩干敬貌，遗法弟子沙门飞锡撰颂并书。绕
塔板上，传法二十四弟子，卢稜伽、韩干画，里面吴生画时，菩萨现，吴
生貌。塔北，《普贤菩萨》、《鬼神》，似是尹琳画。相传云是杨庭
光画，画时笔端，舍利从空而落。塔院门两面内外及东西向里各四
间，吴画《鬼神》、《帝释》。极妙。塔院西廊沙门怀素草书。《天师
真》，韩干画。此东塔，玄宗感梦置之。《楚金真》，吴画。《弥勒
下生变》。韩干正面，细小稠闹。院门北边碑，颜鲁公书，岑勋撰。南
边碑，张芬书。向里面壁上碑，吴通微书，僧道秀撰。造塔人，木匠李
伏横，石作张爱儿。石井栏篆书，李阳冰，石作张爱儿。东阁，肃宗置
面东碑，韩择木八分书，王琚撰。《天台智者大师碑》，张芬书。佛殿东
院，西行南院。殿内有李纶画《普贤菩萨》，田琳画《文殊师利菩萨》。[1]

千福寺既然是由李贤舍宅而立，则其范围及内部的基本建筑应该
保留了宅邸的面貌。从引文中"中三门"可知，千福寺有前、中、后
三大庭院，而且每道庭院的大门分作左、中、右三道。从其东、西塔
院的描述来看，在中间这三大主体建筑的两旁，尚各附有一个院
落，引文所谓佛殿东院、西行南院便在此列。每院落南北向建有走

---

[1]〔唐〕张彦远著，俞剑华注释《历代名画记》，上海人民美术出版社，1964年，
65—66页。引文标点参照荣新江《盛唐长安：物质文明闪烁之都》，原载齐
东方、申秦雁主编《花舞大唐春——何家村遗宝精粹》，50页；后收入所撰
《隋唐长安：性别、记忆及其他》，13—14页。

廊,连接其北的廊、堂,而其门屋两面内外及东西向里各有四、五间。这些建筑很可能便是沿用了原来李贤宅邸的主体。遗憾的是,进一步的详情难以知晓了。

徙封雍王的李贤既舍宅为寺,那便表明李贤封雍王之后,很快另有雍王宅第,且并不在安定坊。上元二年六月三日,李贤升储,应入住东宫。那此前他为雍王的近三年时间里,其雍王宅可能在何处呢?

"章怀志"载:"〔雍王〕妃清河房氏,……,景云二年龙集荒落六月十六日(711年7月6日),构疾薨于京兴化里之私第,春秋五十有四。即以其年十月壬寅朔十九日庚申(711年12月3日),窆于太子之旧茔,礼也。"[1]可知雍王妃房氏出生于显庆三年(658),生前居于兴化坊[2]。

西安大唐西市博物馆所藏《大唐故左千牛将军赠左金吾大将军清河郡开国公房公(先忠)墓志铭》云:"时高宗从禽上苑,有鹿腾出,高宗追之,因入公第。见公女在庭,进止都雅,姿容绝众,踟蹰顾眄,称叹久之,因为子雍王(李贤)纳以为妃。……无何,雍王为太子,〔房先忠〕迁左千牛卫将军,兼判左骁卫事。……逮长安年中,则天大圣皇后察公非罪,悉令追复本官。皇上嗣夏配天,不失旧物,国除之伍,咸悉追封,时册公女为嗣雍王太妃。"则房氏乃李贤为雍王时所纳之妃。

前已述及,咸亨三年八、九月间,李贤从沛王徙封雍王。另据"章怀志"知,房氏"以上元年中,制命为雍王妃"。上元二年六月三日(675年7月1日)李贤被册为皇太子,则房氏被册为雍王妃的时间当在上元元年至二年六月三日之间。亦即房氏在十七八岁时

---

[1] 周绍良、赵超主编《唐代墓志汇编》(上),上海古籍出版社,1992年,1130—1131页。

[2] 孙英刚认为雍王妃房氏所居为邻王之宅,而非章怀太子所留下的遗产。详所撰《章怀太子妃房氏宅即邻王守礼宅》,载《唐研究》第9卷,236—237页。

嫁与二十一二岁的李贤。雍王妃应与雍王李贤共居一宅，此应无疑。雍王妃既薨于兴化里之私第，则很可能说明原来的雍王宅亦在此坊。而这是否便是后来邠王守礼的府、宅呢？

二　守礼的府宅

史载，开元二十九年，李守礼薨，年七十余[1]。又《唐文拾遗》卷一二《雍王守礼》载："守礼，章怀太子贤子，高宗孙。嗣封雍王。唐隆元年(710)追封邠王。薨年七十，赠太尉。"[2]可知李守礼生于咸亨三年，也就是李贤改封雍王的当年。

根据苏颋《章怀太子良娣张氏神道碑》[3]知，邠王李守礼的生母为张南阳，为隋上仪同甘泉府别将张严之曾孙、侍御史睦州刺史张详之孙、朝议郎行桂州都督府始安县令张明之女。显庆三年，张南阳十四岁时嫁与时为潞王、雍州牧的李贤。此即神道碑文所言"初章

[1]《旧唐书》卷八六，2834页。
[2]《唐文拾遗》卷一二《雍王守礼》，《全唐文》，10494页下栏。案，引文所言唐隆元年追封守礼邠王事，是指唐隆年间，李重茂政权重复了中宗时的改封，但该政权为期极为短暂。事见《新唐书》卷五《睿宗本纪》(115—116页)所载："景云元年六月壬午(710年7月3日)，韦皇后弑中宗，矫诏立温王重茂为皇太子。……甲申(710年7月5日)，乃发丧。又矫遗诏，自立为皇太后。皇太子即皇帝位，以睿宗参谋政事，大赦，改元曰唐隆。太后临朝摄政，罢睿宗参谋政事，以为太尉。〔唐隆元年〕封嗣雍王守礼为邠王，寿春郡王成器宋王。"
[3]《全唐文》卷二五七苏颋《章怀太子良娣张氏神道碑》，2602页上栏—2603页上栏。该神道碑文所谓"初章怀封于雍"当即"章怀志"之"明(显)庆元年，加雍州牧。龙朔元年，徙封沛王，雍州牧如故"，而非指咸亨三年八、九月李贤封雍王。因为，如果是后一种情况，便不可能有李守礼出生于咸亨三年之事。有关研究可参，小林岳《李贤の妃嫔·三子と章懷太子追谥について：主として「張氏神道碑」と「雍王」·「章懷」二墓誌による》，《中国出土资料研究》13号，2009年，163—192页。

怀封于雍，良娣选以入"之谓。永淳二年，又随李贤谪于巴州。景龙二载（708）孟夏之月，构疾弃养于长安延康第之寝。卒年六十四岁。景云二年十月十日（711年11月24日）[1]，金紫光禄大夫行鸿胪卿赵承恩、银青光禄大夫尚书左丞元暕持节册赠曰章怀皇太子良娣，祔于李贤陵邑。由上可知，张南阳出生于贞观十九年（645），先于雍王妃房氏嫁与李贤，比房妃大14岁。她嫁与李贤时，年方十四，而李贤则年方五岁。这个婚姻肯定有让张南阳来照顾年幼的李贤的意味。咸亨三年，李守礼出生时，生母张南阳二十八岁，继之，同年八、九月间，十九岁的李贤为雍王[2]。可知，房氏为雍王妃时，李守礼已三四岁了。

张良娣在死后三年，祔于李贤陵邑。据"章怀志"知，景云二年四月十九日（711年5月11日），李贤被追赠册命为章怀太子。房妃景云二年六月十六日（711年7月6日）薨，同年十月十九日（711年12月3日）合祔章怀太子墓中。而在此前的十月十日（711年11月24日）张良娣则祔于章怀太子陵邑。可见张良娣祔于李贤陵邑，应是李贤复以章怀太子改葬的系列行为中的一环。而这显然跟其生子守礼有莫大干系。此见下文。今在章怀太子墓园东有若干小封土堆，北百余米

---

[1] 张南阳追册良娣的时间，据沈佺期《追册章怀太子张良娣文》。册文云："维景云二年岁次辛亥十月壬寅朔十日辛亥（711年11月24日），皇帝若曰：'於戏！咨尔故章怀太子良娣张氏，家承峻阀，代袭徽猷，法度有章，言容克备。始应良选，入奉元储，柔规缉于上下，淑问扬于中国。恩绝宾帝，七日无归；义申从子，百龄先谢。言念奄岁，悯悼良深，追崇徽号，典故斯在。是用命某官某乙册尔为章怀太子良娣，魂而有灵，膺兹宠数。'"（详《全唐文》卷二三五，2376页下栏）据此亦可知张良娣的下葬最早不早于711年11月24日。

[2] 据此，李守礼最迟出生于咸亨三年七月。其上有一兄长李光顺，从史载来看，二人很可能为同母兄弟。如此则张南阳怀李光顺之时至迟不得晚于咸亨元年十月，时李贤年十七。换言之，李贤很可能在十六—十七岁的时候，张南阳怀上李光顺。此种情况较符合医学常识。综合可知，上引《唐文拾遗》卷一二《雍王守礼》所言李守礼"薨年七十"应可信。

处有一封土较东侧者大,从墓园东、北两侧封土的规模来看,推测张南阳的封土很可能是在章怀太子墓园北侧。若此,则在章怀太子墓园中,其宗枝墓葬的分布原则很可能跟郧县濮王李泰的家族墓园同[1]。

根据《旧唐书·章怀太子贤传》的记载,文明元年,李贤死于巴州后,武则天曾举哀于显福门,追封贤为雍王[2]。关于李贤死后,被追封为雍王的时间,"雍王志"则称"垂拱元年(685)三月廿九日,恩制追赠雍王,谥曰悼,葬于巴州化城县境";"章怀志"亦称"垂拱元年四月廿二日,皇太后使司膳卿李知十持节册命,追封为雍王"。当是。故前述《旧唐书》本传所载武则天于文明元年追封李贤为雍王,应误。综合李贤两墓志文可知,李贤文明元年死于巴州后,武则天于显福门举哀,垂拱元年三、四月间,武则天又追赠李贤为雍王。又《旧唐书·章怀太子贤传》载李守礼"垂拱初改名守礼,授太子洗马,封嗣雍王"[3]。由此看来,武则天对李贤的追封雍王和李守礼的封嗣雍王很可能是同时进行的。时,李守礼年方十四。

张良娣的卒所延康坊在兴化坊的西侧,二坊东西相毗邻。从李贤死于巴州之后,武则天举哀显福门并旋即追封李贤为雍王以及李守礼为嗣雍王来看,很可能此时张南阳也得以回京,并居于长安延康里第。可知,居于兴化坊的李守礼并未跟生母张南阳居于一处。从"章怀志"称,雍王妃房氏薨于京兴化里之私第,则雍王妃房氏跟嗣子李守礼同居一宅已无疑义。之所以如此,缘于李守礼为承嗣子。李守礼虽为张良娣庶出之子,但在"章怀志"中则称守礼为"嗣子"。这可能是因为兄弟光顺、守义的相继丧命,才使

[1] 沈睿文《唐陵的布局:空间与秩序》,291—294页。
[2]《旧唐书》卷八六,2832页。
[3]《旧唐书》卷八六,2833页。

得李守礼成为承嗣子,并得以成为李贤封爵的唯一继承人。而正是在宗枝中的这等身份,使得李守礼得以承继李贤的宅邸,并应跟雍王妃房氏住在一起。换言之,兴化坊曾有李贤雍王府宅之存在,李守礼所居便是此宅。而李守礼将生母安置在东邻兴化坊的延康坊,显然有出于方便照顾之考虑。即便作为嗣子,但却不得与庶母身份的生母同住。而百年之后虽在其生子主持下,也只能祔于李贤陵邑,不得如同房妃一样祔于墓中。宗法等级之森严可见一斑。

前知垂拱元年,年方十四的李守礼得以封嗣雍王,按理便应入主雍王宅。但是,这时李守礼却没有居于雍王宅。《旧唐书·章怀太子贤传》称"时中宗迁于房陵,睿宗虽居帝位,绝人朝谒,诸武赞成革命之计,深嫉宗枝。守礼以父得罪,与睿宗诸子同处于宫中,凡十余年不出庭院。至圣历元年(698),睿宗自皇嗣封为相王,许出外邸;睿宗诸子五人皆封郡王,与守礼始居于外"[1]。《旧唐书·中宗本纪》称"中宗迁于房陵"一事在嗣圣元年(684)五月。是年,武则天把李守礼与睿宗五子软禁于宫中。而继之文明元年李贤死后,武则天又恩威并施,事见前具。李守礼与睿宗诸子软禁宫中前后达十五年,在宫中,李守礼度过了他13~27岁的艰难时光。

史载,"神龙中,遗诏进封(李守礼)邠王"[2]。亦即李守礼进封邠王来自武则天之遗诏,故此"神龙中",当为神龙初年(705),是年,李守礼才有邠王的封号,故而邠王府亦当始于此时。时李守礼三十四岁,据"章怀志"所载"神龙元年,宝历中兴,宸居反正,恩制追赠司徒;令胤子守礼往巴州迎枢还京,仍许陪葬乾陵柏城之内,

---

[1] 《旧唐书》卷八六,2833页。
[2] 同上。

自京给鼓吹仪仗送至墓所",可知,正是其迎丧巴州之时。而此后的两次改葬事宜,应也由李守礼主持[1]。

实际上,神龙初年,将李守礼从嗣雍王改封为邠王,与中宗即位的态势有关,不能排除是中宗借武则天名义而采取的政治手段。这一年,中宗即皇帝位。而雍王的称号颇为显赫,且由于李贤的关系甚而跟皇位的继承似乎有某种内在的必然关联。如,后来的德宗李适也曾为雍王。李贤的政治影响力成为当朝皇帝不得不慎重处理的问题。广德元年(763),吐蕃入京师还立李守礼的儿子李承宏为帝的事实,正说明了这一支李唐宗室所具有的政治符号的意义。理解了这些,我们也就能明白为何中宗即位后便要马上改封李守礼为邠王了。

援引邠王有邠王府之例,则雍王亦有雍王府。垂拱元年至神龙初年,李守礼曾为嗣雍王,更进一步说明雍王府宅在兴化坊的存在。很显然,李守礼改封为邠王后,中宗并没有另外赐给宅第,其中的一个原因很可能便是邠王的名号已不如雍王显赫,更为重要的是因"邠王"的改名也割断了李守礼与"雍王"以及章怀太子李贤在文本上的种种关联,从而抹杀世人对二者之间血缘关系所引起的记忆,由此减弱该宗枝的政治影响力。另外一个原因是,王宅的性质,王府虽然要随着诸王兴废,但是王宅却是私产,还要唐政府拿钱来买[2]。这也是章怀太子李贤被废之后,其宗枝却一直得以居于兴化坊宅邸的重要原因。与李贤境遇相类的濮王李泰,其长安城延康坊宅邸的命运可为辅证。《两京新记》卷三载:"延康坊。西南隅,西明寺。……贞观中(627—649)赐濮恭

---

[1]　详本书附一《章怀太子墓壁画与李守礼》。
[2]　孙英刚《隋唐长安的王府与王宅》,190页。

王〔李〕泰。泰死后,官市之立寺。"[1]可知李泰虽遭谪谴,但其长安宅第却仍得以维持,待其死后,政府须先购买方能他用。又《唐两京城坊考》卷五载:"唐贞观中并〔道术坊〕坊地以赐魏王〔李〕泰,泰为池弥广数顷,号'魏王池'。泰死,后立为道术坊,分给居人。神龙中,并入惠训坊,尽为〔中宗女〕长宁公主第。"[2]可见李泰洛阳道术坊宅,在其谪谴期间同样也得以保持。而前述李贤巴州殁后,武则天对其宗枝的一系列优遇,对其长安兴化坊宅邸得以保持的论断也是一个有力支持。不过,随着,李守礼从雍王改封为邠王,雍王府的称呼也就被邠王府所替代。换言之,兴化坊的邠王府是从神龙元年开始有的,其前身为同在一处的雍王府。

前引《两京新记》卷三"兴化坊"条载"西门之北,今邠王守礼宅。宅南隔街有邠王府"。唐太宗和高宗前期曾以诸王外刺州郡,但许多人还是留居长安,而且不论他们在京还是在外,都在京城保有王府和王宅[3]。王府与王宅的分离以及诸王府的出现,是唐中后期抑制诸王势力的有效手段,此与十六王宅的出现是相辅相成的。史籍中关于王府与王宅关系的记载寥寥无几,但是有充分的证据相信,在开元十三年诸王进居十六王宅以前,诸王的王府和王宅是在一个地方的。如,长安亲仁坊的相王府同时也是相王宅[4]。据此,我们应可推知原来的雍王府(亦即雍王宅)很可能应包括后来的邠王宅和邠王府二处的范围。至于邠王府、宅分为两处,则恐为开元十三年之后的事情了。

[1] 《两京新记辑校》,《两京新记辑校·大业杂记辑校》,38页。
[2] 徐松撰,方严点校《唐两京城坊考》卷五"道术坊"条,北京:中华书局,1985年,152页。
[3] 荣新江《从王宅到寺观:唐代长安公共空间的扩大与社会变迁》,117页。
[4] 孙英刚《隋唐长安的王府与王宅》,196—200页。

综上所述，咸亨四年，李贤舍安定坊的沛王宅为寺后，入住了兴化坊的雍王府（亦即雍王宅），上元二年六月三日李贤册为皇太子后，入住东宫。调露二年，废为庶人，幽于别所。永淳二年，迁于巴州。文明元年，李贤死于巴州。垂拱元年三、四月间，武则天追赠李贤为雍王，并封李守礼为嗣雍王。但在嗣圣元年五月至圣历元年，武则天把李守礼与睿宗诸子软禁于宫中长达十五年之久。此后，嗣雍王李守礼方得人身自由。而其居所在此期间也应改为雍王府。到了705年，随着李守礼从雍王改封为邠王，雍王府亦相应改为邠王府。可见，尽管李贤的命运无常，但是，其宗枝却一直得以居于兴化坊的同一宅邸。此后只要"邠王"的封号在宗枝中得以保持，则邠王宅、府亦得以保留，其后人中的该爵位继承人对府邸的承继更是情理中事。开元二十九年（741），李守礼薨，年七十，赠太尉，陪葬乾陵。

在李守礼的众多子女中（表13-1），承宏、承宁、承寀三人终皆得以封王，并称为"邠王三男"[1]。李守礼死后三年，即天宝三载二月丁丑（744年3月1日）[2]，李承宁授率更令同正员，嗣邠王。也就是说，李守礼死后，入主邠王府的是他的儿子李承宁[3]。再往后，入住邠王府的是李承宁的儿子嗣邠王李谓，而这时恐也已到了德宗时期。

---

[1] 天宝十五载，邠王三男扈从唐玄宗至巴蜀，依例著紫。详《旧唐书》卷八六《李守礼传》，2834页。

[2] 《旧唐书》卷九《玄宗本纪下》，217页。

[3] 嗣邠王承宁，精通音律，尤擅小管，人称"邠二十五郎"。他与宁王长子汝阳王璡最得玄宗所爱，元稹《连昌宫词》有诗曰："〔念奴〕飞上九天歌一曲，二十五郎吹管逐"，元稹自注曰："念奴，天宝中名倡，善歌。每岁楼下酺宴，累日之后，万众喧隘。严安之、韦黄裳辈辟易不能禁，众乐为之罢奏。玄宗遣高力士大呼于楼上曰：'欲遗念奴唱歌，邠二十五郎吹小管逐，看人能听否？'〔李承宁〕未尝不悄然奉诏，其为当时所重也如此"。元稹撰，冀勤点校《元稹集》卷二四，北京：中华书局，1982年，270页。

表13-1 大郏章怀太子房世系表[1]

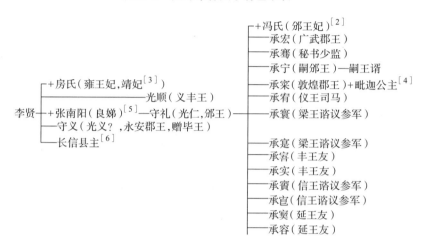

---

[1] 此表据《新唐书》卷七〇下《宗室世系下》(2132—2135页),订补以相关碑
铭、文献。

[2] 唐永贞元年(805)《唐恒岳故禅师影堂纪德之碑》碑文载:"禅师讳智力,俗
姓冯,长安人也。祖考季父,皆从容爵位,鸣玉拖绅。姐为郏王妃,实与玄宗
近属。"智力禅师大历九年(774)圆寂,享年八十六岁,可知出生于永昌元年
(689)。则其姊冯氏出生时间当在高宗晚年到武臣临朝之际,最迟应为垂拱
四年。又李守礼生于672年,冯氏为郏王妃,二者年龄应相去不远,则冯氏很
可能出生于咸亨、上元年间。前述李守礼13~27岁时,与睿宗诸子被武则天
软禁于宫中,从年龄上来看,冯氏应在此期间嫁与时为雍王的李守礼,而得封
郏王妃则应是在神龙元年之后的事情。此碑原在慧炬寺,现存曲阳北岳庙。
详王丽敏、张建锁《唐定窑遗址生产规模佐证》,《中国文物报》2006年11月
29日第7版;王丽敏、田韶品《曲阳发现〈唐恒岳故禅师影堂纪德之碑〉》,
《文物春秋》2009年第6期,57—60、64页。

[3] 沈佺期《章怀太子靖妃挽词》云:"彤史佳声载,青宫懿范留。形将鸾镜隐,
魂伴凤笙游。送马嘶残日,新萤落晚秋。不知蒿里曙,空见陇云愁。"《全唐
诗》卷九六,1040页。

[4] 《旧唐书》卷八六《李守礼传》,2833—2834页。

[5] 苏颋《章怀太子良娣张氏神道碑》,《全唐文》卷二五七,2602页上栏—第
2603页上栏。

[6] 《资治通鉴》卷二〇四,6473页。

续 表

```
├──承突（荣王谘议参军）
├──承窜（荣王谘议参军）
├──承斿（永王友）
├──承寫（永王友）
├──承寓（济王谘议参军）
├──承奂（济王谘议参军）
├──+细人高淑媕[1]——承宽
├──金城公主+弃隶蹜赞[2]
├──华亭县主（第二女）[3]
└──建宁县主+薛坚[4]
```

---

[1]《大唐邠王故细人渤海高氏（淑媕）墓志铭》,《全唐文补遗》第六辑,西安:
三秦出版社,1999年,58—59页。据该墓志铭知,高淑媕,讳婚奴,渤海蓨人,
她与邠王守礼有一子承宽。开元五年七月廿七日（717年9月6日）高氏从嫁
邠王为妾,开元廿三年十一月七日（735年11月25日）死于昌言县公馆,时年
三十六岁。开元廿四年八月廿三日（736年10月2日）归葬东都偃师县首阳
之原。则高氏为圣历三年或久视元年（700）生人,她18岁为侍妾时,李守礼
已46岁;她死时,李守礼64岁。相关研究请参:郭洪涛《唐邠王守礼书〈大
唐邠王故细人渤海郡高氏墓志之铭〉释读》,《洛阳大学学报》2002年第1期,
9—12页。
[2]《旧唐书》卷一九六上《吐蕃上》(5226—5228页)载:"中宗神龙元年(705),
吐蕃使来告丧,中宗为之举哀,废朝一日。俄而〔弃隶蹜赞〕赞普之祖母遣其
大臣悉薰热来献方物,为其孙（时年七岁）请婚,中宗以所养雍王守礼女为
金城公主许嫁之。自是频岁贡献。景龙三年（709）十一月,又遣其大臣尚赞
吐等来迎女,中宗宴之于苑内毬场。"景云元年正月己卯（《资治通鉴》卷二〇
九,"上命纪处讷送金城公主适吐蕃"条,第6639页）,中宗幸始平县送金城公
主时,命吐蕃使近前,谕以公主孩幼,割慈远嫁之旨,并悲泣歔欷久之（《旧唐
书》卷一九六上《吐蕃上》,5228页）。神龙元年,弃隶蹜赞来求婚时年方七
岁,景云元年,迎娶金城公主出降时年方十二岁。这说明金城公主出降时恐
尚不及十二岁。景云二年岁次辛亥〔闰六月甲辰〕二十日癸亥（711年8月8
日）,中宗又遣使持节往吐蕃将金城公主册为长女（沈佺期《册金城公主文》,
《全唐文》卷二三五,2376页下栏—2377页上栏）。天宝十载,弃隶蹜赞卒
（《全唐文》卷九九九《吐蕃赞普弃隶蹜赞》,10343页上栏）。又,《全唐文》卷
一〇〇"金城公主"条误作"金城公主太和中归国,薨",此详1030页上栏。
[3]《全唐文》卷二一《封邠王守礼第二女华亭县主制》,245页下栏。
[4]《旧唐书》卷一八七下《薛愿传》(4899页)载:"〔薛〕坚,武德功臣玉之玄
孙。初娶邠王守礼女建宁县主。"

三　李贤宗枝的洛阳宅第

除了在长安兴化坊的宅邸之外,李贤宗枝在东都洛阳是否尚有宅第?《长安志》卷一〇《修仁坊》条载:

> 宏道观坊内旧有隋国子学及右屯卫大将军麦铁杖宅。显庆二年,尽并一坊,为雍王(李贤)第。王升储,永隆元年(680),立为观。[1]

此坊在长安城中未见,宋敏求亦怀疑它是改易坊名。隋代正道(佚姓)墓志载,开皇三年十月十九日,正道薨于洛阳修仁里。此时隋唐东都洛阳尚未建,李健超据此认为该坊应为洛阳故城之里,或为乡里之里[2]。若据《河南志》"次北修文坊"条[3]所载,可知该坊实为东都洛阳定鼎门街东之修文坊[4]。洛阳故城时,该坊称修仁坊,隋初因立国子学于此而改名修文坊。后因该坊立为弘道观而改名弘道坊。北宋初避庙讳,又改作修文坊。但是,此坊并非曾为李贤府邸。根据《大唐弘道观主故三洞法师侯尊师(敬忠)志文》以及《中岳体玄先生潘尊师碣文》所载,可知李哲(李显原名)于永隆元年取代李贤成为太子,遂舍旧宅建立道坛,至第二年正式建为弘道观[5]。调露二年即永隆元年,这年八月二十日李贤被废。三天之后,

---

[1]　《长安志》卷一〇,130页上栏。

[2]　《增订唐两京城坊考》,452页。

[3]　徐松辑,高敏点校《河南志》,北京:中华书局,1994年,7页。

[4]　宿白《张彦远和〈历代名画记〉》,北京:文物出版社,2008年,29页。

[5]　张勋燎、白彬《三件唐代道教石刻和唐代佛道之争》,收入所撰《中国道教考古》,北京:线装书局,2006年,1840页。

英王李哲被立为皇太子，改元为永隆。可见，舍宅为观的并不是章怀太子李贤，而《唐会要》所谓"显庆二年，尽并一坊为雍王第"，"雍王第"或许是"周王第"之误[1]。

据《唐两京城坊考》卷五载，东都洛阳履信坊有"邠王守礼宅，本霍王元祥宅"[2]。从长安兴化坊，李守礼宅承自李贤雍王宅邸的情形来看，似乎不能排除履信坊邠王守礼宅亦承自李贤。从高宗、武则天对东都的着力经营来看，这种可能性并非没有。但是，若对所谓"霍王元祥"作进一步的辨析，则可发现该表达是有问题的。

首先，李元祥并无"霍王"之封号。《新唐书》本传称"江安王"，"始王许，后徙王"[3]。对此，《大唐故郑州刺史上柱国赠司徒并州大都督江王（李元祥）墓志铭》所载更为详细，志文称李元祥"贞观初封许王，食邑二千户。……贞观十一年，徙封江王，以本官检校岐州刺史。……永徽三年，迁使持节金州诸军事、金州刺史。……〔永徽〕六年，迁使持节邓州诸军事、邓州刺史。……龙朔三年（663），授使持节鄜州诸军事、鄜州刺史。……上元二载，诏幸伊瀍，封埒千里，宜先惠化，况成皋严邑，国之外原，前华右雒，且惟襟带。乃诏王以本官兼检校郑州刺史，俄而即授，三良旧族，十邑遗黎，僻俗难持，豪家易扰。……以调露二年七月廿七日（680年8月26日）构疾，薨于〔郑〕州馆，春秋五十有五。……粤以开耀元年岁次辛巳十月景寅朔廿五日庚寅（681年12月14日），陪葬于献陵之侧，太常考行，谥曰安王，礼也"[4]。

————————

[1] 雷闻《唐洛阳大弘道观考》，中国人民大学国学院主编《国学的传承与创新：冯其庸先生从事教学与科研六十周年庆贺学术文集》，上海古籍出版社，2013年，1234—1248页。

[2] 《唐两京城坊考》卷五"履信坊"条，164页。

[3] 《新唐书》卷七九《江安王元祥传》，3559页。

[4] 赵文成、赵君平编选《新出唐墓志百种》，杭州：西泠印社出版社，2010年，44—45页。

可知,李元祥终其一生并无"霍王"之封号,且他是死于郑州官舍的。

又《大唐江国太妃杨氏墓志铭》云:"以显庆二年十二月廿八日(658年2月6日),薨于邓州之官舍,春秋年五十有六。粤以三年岁次戊午十二月己酉朔十二日庚申(659年1月10日),窆于献陵之隅。"[1]《大唐江国故妃上官氏墓志铭》云:"妃讳孩娘,字幼贞。……以总章二年八月十八日(669年9月18日)薨于鄜州之官舍,春秋有三年。……粤以咸亨元年十一月三日(670年12月20日),安窆雍州三原县,陪葬献陵,礼也。"可知李元祥为邓州刺史时,江王太妃杨氏死于该州官舍;李元祥为鄜州刺史时,上官氏亦死于该州官舍。换言之,李元祥外刺时,其宗枝随行,并未在京城居住。故而,他本人也是死于郑州官舍。而且从江王太妃、江王妃以及江王死后便即得以陪葬献陵来看,应该不会出现将其宅邸转由他人居住的情况。

那么霍王又是何人?霍王乃李元轨,当无疑义。根据《新唐书》本传的记载,唐高祖死后,他进司徒,出为襄、青二州刺史。待越王李贞事败,坐尝同谋,徙黔州,槛车载至陈仓,薨[2]。因与越王李贞同谋事败,而遭遣薨于途中。作为主谋的越王李贞,其墓志铭载"以垂拱二年九月十一日(686年10月3日)遇害,薨于州馆,春秋六十二。……以开元五年五月廿日(717年7月3日)旧封建谥曰敬王,以开元六年正月廿六日(718年3月1日)诏陪葬于昭陵"[3]。故李元轨虽后来也得以陪葬献陵[4],但很可能也是开元年间

[1]《新出唐墓志百种》,18—19页。

[2]《新唐书》卷七九,3554页。

[3]《唐故太子少保豫州刺史越王(李贞)墓志铭》,见昭陵博物馆《唐越王李贞墓发掘简报》,《文物》1977年第10期,47页。

[4]《唐会要》卷二一《陪陵名位》,《唐会要校证》,354页。

的事情了，而其遭遣则至早也应在垂拱二年九月之后。关于越王
李贞遇害的具体时间，《旧唐书·则天皇后本纪》载垂拱四年九月
"丙寅，斩〔李〕贞及冲等"，是年九月丙寅，即九月十一日（688年
10月10日），故李贞墓志所言"垂拱二年九月十一日"应误[1]。换
言之，李守礼的入住霍王宅应在垂拱四年之后。同样地，霍王元轨
在洛阳安业坊尚有一处宅邸[2]，该宅恐也难逃没官、易主之命运。
惜其详不知。

　　史载，越王李贞在长安延福坊东南隅的宅邸，在起事失败被杀
后改为乾封县治；同样，其长安永乐坊西南隅宅，亦成为明堂县县
廨。到了中宗时期，前者成为中宗女新都公主宅，后者被赐予中宗
女宜城公主驸马都尉裴巽宅[3]。结合前述李泰、李贤在京宅邸的情
状，则可知唐政府对贬谪宗室在京之宅第仍作保留，而对因谋反遭
戮或连坐之宗室在京之宅第则没官处置。应无疑义。由此视之，
霍王李元轨因李贞事遭武则天处分，其霍王宅亦应被没官处置。
若再参照上文所言神龙年间，对魏王李泰道术坊宅的处置，则可知
中宗即位后，便对唐太宗以来直至武则天时期在宫廷政治斗争中
被贬谪或杀戮的诸王在两京的宅邸重做处置，且其规模不小。在
上引诸例中，易主的王宅，皆转由中宗子女入住，此皆中宗即位所
致之直接结果。

　　由此态势视之，李守礼履信坊原霍王宅的获赠，也该在中宗即

[1]　对此问题具体的辨析，详张沛《〈越王李贞墓志铭〉案语》，载张沛编著《昭陵
　　碑石》，西安：三秦出版社，1993年，214页。
[2]　详《唐两京城坊考》卷五"安业坊"条，147页。
[3]　《唐两京城坊考》卷四"延福坊"条及卷二"永乐坊"条，112、44页。对此二
　　宅易主的梳理，详孙英刚《隋唐长安的王府与王宅》，190页。

位之后。而这是跟其宗枝的政治影响力分不开的,此已前具。若联系神龙元年,刚即位的中宗便改李守礼嗣雍王的封号为邠王,则中宗的这两个举措很可能是同时进行。此乃政治运作中刚柔相济、一阴一阳之运用,亦在情理之中。不过,情况是否如此,则有待今后材料的进一步证明。

此上探讨了章怀太子李贤及其宗枝的两京宅第,两京宅邸与个人政治命运之关系由此个案得以揭橥。要言之,其西京兴化坊王宅一直在其宗枝中承继,而东都守礼宅则本自霍王元轨宅。其间虽有政治之跌宕起伏,王宅的名号亦随之变更易主,但李贤之后,该宗枝地位之稳定可从其两京宅第获证。从邠王封号的承嗣(表13-1)来看,其两京宅第至少可嬗递至李守礼的孙子嗣邠王李谓。此时很可能也已经到了德宗时期。德宗即位之前得封久未出现的"雍王"封号,恰可说明李贤宗枝影响力的真正丧失。而从李谓之后文献记载的缺失来看,其两京宅第当复轮回于此后王朝政治与个人命运的错综复杂之中,以至于湮没无闻。

参考文献

（以汉语拼音为序）

一　历　史　文　献

《安禄山事迹》,《开元天宝遗事·安禄山事迹》,〔唐〕姚汝能撰,曾贻芬点校,北京:中华书局,2006年。

《白居易集笺校》,〔唐〕白居易著,朱金城笺注,上海古籍出版社,1988年12月。

《宝铁斋金石文跋尾》,〔清〕韩崇撰,丛书集成初编据滂喜斋丛书本排印,上海:商务印书馆,1936年,1531册。

《抱朴子内篇校释》,王明著,北京:中华书局,1980年1月。

《北齐书》,〔唐〕李百药撰,北京:中华书局点校本,1972年11月。

《北史》,〔唐〕李延寿撰,北京:中华书局点校本,1974年10月。

《备急千金要方校释》,〔唐〕孙思邈撰,李景荣等校释,北京:人民卫生出版社,1997年。

《本草纲目》,〔明〕李时珍,北京:人民卫生出版社,1982年11月。

《册府元龟》,〔宋〕王钦若等编,北京:中华书局影印本,1960年6月。

《长安志》,〔宋〕宋敏求,中华书局编辑部编《宋元方志丛刊》第1册,北京:中华书局,1990年。

《长安志图》,〔元〕李好文编绘,《长安志·长安志图》,中华书局编辑部编《宋元方志丛刊》第1册,北京:中华书局,1990年。

《朝野佥载》,《隋唐嘉话·朝野佥载》,〔唐〕张鷟撰,赵守俨点校,北京:中华书局,1979年10月。

《初学记》,〔唐〕徐坚等著,北京:中华书局,2004年。

《次柳氏旧闻》,〔唐〕李德裕编,丁如明校点,上海古籍出版社编《唐五代笔记小说大观》(上册),上海古籍出版社,2000年3月。

《大金国志校证》,〔宋〕宇文懋昭撰,崔文印校证,北京:中华书局,1986年。

《大唐新语》,〔唐〕刘肃撰,许德楠、李鼎霞点校,北京:中华书局,1984年6月。

《帝鉴图说》,〔明〕张居正,东京图书馆藏(WA7-9)。

《东坡全集》,〔宋〕苏东坡撰,景印文渊阁四库全书,台北:台湾商务印书馆,1986年3月,1108册。

《法苑珠林校注》,〔唐〕释道世著,周叔迦、苏晋仁校注,北京:中华书局,2003年12月。

《封氏闻见记校注》,〔唐〕封演撰,赵贞信校注,北京:中华书局,2005年11月。

《复庄诗问》,〔清〕姚燮,周劭标点,上海古籍出版社,1988年5月。

《感气十六转金丹》,〔宋〕佚名,《道藏》,北京:文物出版社/上海书店/天津古籍出版社,1996年,19册。

《高僧传》,〔梁〕慧皎撰,汤用彤校注,北京:中华书局,1992年。

《格致镜原》,〔清〕陈元龙,景印文渊阁四库全书,台北:台湾商务印书馆,1986年3月,1031册。

《葛洪肘后备急方》,〔晋〕葛洪撰,北京:人民卫生出版社,

1963年10月。

《古今通韵》,〔清〕毛奇龄,景印文渊阁四库全书,台北:台湾商务印书馆,1986年3月,242册。

《关中胜迹图志》,〔清〕毕沅撰,张沛校点,西安:三秦出版社,2004年12月。

《广川画跋》,〔宋〕董逌,十万卷楼丛书本。

《广弘明集》,〔唐〕释道宣,《大正藏》第52卷,台北:新文丰出版公司,No. 2103,1983年1月。

《癸辛杂识》,〔宋〕周密撰,吴企明点校,北京:中华书局,1988年1月。

《桂苑笔耕集校注》,〔新罗〕崔致远撰,党银平校注,北京:中华书局,2007年8月。

《海药本草》(辑校本),〔五代〕李珣著,尚志钧辑校,北京:人民卫生出版社,1997年8月。

《韩昌黎文集校注》,〔唐〕韩愈撰,马其昶校注,上海古籍出版社,1986年12月。

《河南志》,〔清〕徐松辑,高敏点校,北京:中华书局,1994年6月。

《弘明集》,〔唐〕释道宣,《大正藏》第52卷,台北:新文丰出版公司,No. 2102,1983年1月。

《后汉书》,〔南朝宋〕范晔撰,〔唐〕李贤等注,北京:中华书局点校本,1965年5月。

《化书》,〔南唐〕谭峭撰,丁祯彦、李似珍点校,北京:中华书局,1996年。

《淮南子集释》,何宁撰,北京:中华书局,1998年。

《混元圣纪》,〔宋〕谢守灏编,《道藏》,北京:文物出版社/上海书店/天津古籍出版社,1996年,17册。

《江淮异人录》,〔宋〕吴淑撰,景印文渊阁四库全书,台北:台湾商务印书馆,1986年3月,1042册。

《金匮要略校注》,〔汉〕张仲景撰,何任主编,北京:人民卫生出版社,1990年8月。

《金石萃编》,〔清〕王昶,西安:陕西人民美术出版社据扫叶山房民国十年(1921)石印本影印,1990年。

《旧唐书》,〔后晋〕刘昫撰,北京:中华书局点校本,1975年5月。

《居易录》,〔清〕王士禛,台北:台湾商务印书馆,1986年3月,869册。

《剧谈录》,〔唐〕康骈撰,徐凌云、许善述点校,《唐宋笔记小说三种》,合肥:黄山书社,1991年6月。

《开天传信记》,〔唐〕郑綮撰,丁如明校点,上海古籍出版社编《唐五代笔记小说大观》(下),上海古籍出版社,2000年3月。

《开元天宝遗事》,〔五代〕王仁裕撰,曾贻芬点校,《开元天宝遗事·安禄山事迹》,北京:中华书局,2006年。

《孔丛子校释》,傅亚庶撰,中华书局,2011年6月。

《冷斋夜话》,〔宋〕释惠洪,丛书集成初编据津逮本排印,长沙:商务印书馆,1939年,2549册。

《李太白全集》,〔清〕王琦注,北京:中华书局,1977年。

《历代名画记》,〔唐〕张彦远著,俞剑华注释,上海人民美术出版社,1964年。

《历代名画记》,〔唐〕张彦远撰,杭州:浙江人民美术出版社,2011年。

《梁书》,〔唐〕姚思廉撰,北京:中华书局点校本,1973年5月。

《两京新记辑校》,《两京新记辑校·大业杂记辑校》,〔唐〕韦述、杜宝撰,辛德勇辑校,西安:三秦出版社,2006年。

《列仙传校笺》,〔汉〕刘向撰,王叔岷,北京:中华书局,2007年。

《刘禹锡集》,〔唐〕刘禹锡撰,卞孝萱校订,北京:中华书局,1990年3月。

《柳宗元集》,〔唐〕柳宗元撰,北京:中华书局,1979年9月。

《洛阳伽蓝记校注》,〔魏〕杨衒之撰,范祥雍校注,上海古籍出版社,1978年12月。

《茅亭客话》,〔宋〕黄休复,景印文渊阁四库全书,台北:台湾商务印书馆,1986年3月,1042册。

《明皇杂录》,〔唐〕郑处诲撰,田廷柱点校,《明皇杂录·东观奏记》,北京:中华书局,1994年。

《廿二史札记校证》,〔清〕赵翼著,王树民校证,北京:中华书局增订本,2001年。

《佩文韵府》,〔清〕张玉书等编,北京:中华书局,1983年6月。

《齐民要术今释》,〔北魏〕贾思勰著,石声汉校释,北京:中华书局,2009年6月。

《千金翼方校注》,〔唐〕孙思邈撰,朱邦贤、陈文国等校注,上海古籍出版社,1999年5月。

《全后魏书》,〔清〕严可均辑,《全上古三代秦汉三国六朝文》,北京:商务印书馆,1999年。

《全唐诗》,〔清〕董诰等编,北京:中华书局,1960年4月。

《全唐文》,〔清〕董诰等编,北京:中华书局影印本,1983年11月。

《入唐求法巡礼行记校注》,〔日〕圆仁撰,白化文等校注,石家庄:花山文艺出版社,1992年。

《三朝北盟会编》,〔南宋〕徐梦莘撰,台北:大化书局,1977年。

《三国志》,〔晋〕陈寿撰,〔宋〕裴松之注,陈乃乾校点,北京:中华书局点校本,1959年12月。

《山海经校注》,袁珂校注,上海古籍出版社,1980年。

《山堂肆考》,〔明〕彭大翼撰,台北:台湾商务印书馆,1986年3月,977册。

《少室山房笔丛》,〔明〕胡应麟,上海书店出版社,2001年8月。

《神农本草经》,吴普等述,孙星衍、孙冯翼辑,载王云五主编《神农本草经及其他一种》,丛书集成初编本据问经堂丛书本排印,上海:商务印书馆,1937年12月,1428—1429册。

《神相全编》,〔宋〕陈抟撰,金志文译,北京:世界知识出版社,2011年10月。

《升庵全集》,〔明〕杨慎,王云五主编国学基本丛书本,1937年3月。

《史记》,〔汉〕司马迁,北京:中华书局点校本,1959年9月。

《世说新语笺疏》,〔南朝宋〕刘义庆著,〔南朝梁〕刘孝标注,余嘉锡笺疏,周祖谟等整理,北京:中华书局,2007年。

《水经注校证》,〔北魏〕郦道元,陈桥驿校证,北京:中华书局,2007年。

《说郛》,〔明〕陶宗仪,北京:中国书店据涵芬楼1927年11月版影印,1986年7月。

《说文解字注》,〔汉〕许慎撰,〔清〕段玉裁注,上海古籍出版社,1988年。

《四库全书总目提要》,〔清〕永瑢等撰,北京:中华书局,1965年6月。

《宋朝事实类苑》,〔宋〕江少虞,上海古籍出版社,1981年。

《宋高僧传》,〔宋〕赞宁撰,范祥雍点校,北京:中华书局,1987年。

《苏轼诗集》,〔清〕王文诰辑注,孔凡礼点校,北京:中华书局,1982年。

《隋书》,〔唐〕魏徵等撰,北京:中华书局点校本,1973年8月。

《太平广记会校》,〔宋〕李昉等编,张国风会校,北京燕山出版社,2011年11月。

《太平寰宇记》,〔宋〕乐史撰,王文楚等点校,北京：中华书局,2007年。

《太平经合校》,王明编,北京：中华书局,1960年。

《太平御览》,〔宋〕李昉等撰,北京：中华书局影印本,1960年2月。

《太清神鉴》,〔后周〕王朴撰,丛书集成初编据墨海金壶本排印,上海：商务印书馆,1939年12月,720册。

《唐国史补》,〔唐〕李肇,《唐五代笔记小说大观》(上),上海古籍出版社,2000年3月。

《唐会要校证》,〔宋〕王溥撰,牛继清校证,西安：三秦出版社,2012年5月。

《唐两京城坊考》,〔清〕徐松撰,方严点校,北京：中华书局,1985年8月。

《唐六典》,〔唐〕李林甫等撰,陈仲夫点校,北京：中华书局,1992年1月。

《唐律疏议》,〔唐〕长孙无忌等撰,刘俊文点校,北京：中华书局,1983年11月。

《唐语林》,〔宋〕王谠撰,上海古籍出版社,1978年6月。

《通典》,〔唐〕杜佑撰,王文锦等点校,北京：中华书局,1988年12月。

《通雅》,〔明〕方以智,北京：中国书店,1990年2月。

《通志》,〔宋〕郑樵,北京：中华书局,1987年1月。

《图经本草》,〔宋〕苏颂等编撰,福州：福建科学技术出版社,1988年8月。

《外台秘要》,〔唐〕王焘,北京：人民卫生出版社影印,1955年9月。

《魏书》,〔北齐〕魏收撰,北京:中华书局点校本,1974年6月。

《文献通考》,〔元〕马端临,北京:中华书局,1986年9月。

《文选》,〔梁〕萧统编,〔唐〕李善注,北京:中华书局,1977年。

《文苑英华》,〔宋〕李昉等编,北京:中华书局,1966年5月。

《西夏纪事本末》,〔清〕张鉴,台北:文海出版社,1981年。

《新唐书》,〔宋〕欧阳修、宋祁撰,北京:中华书局点校本,1975年2月。

《修炼大丹要旨》,《道藏》,北京:文物出版社/上海书店/天津古籍出版社,1996年,19册。

《宣和画谱》,王群栗点校,杭州:浙江人民美术出版社,2012年。

《学林》,〔宋〕王观国,景印文渊阁四库全书,台北:台湾商务印书馆,1986年3月,851册。

《雅歌堂文集》,〔清〕徐经撰,载北京师范大学图书馆编《北京师范大学图书馆藏稀见清人别集丛刊》第19册,桂林:广西师范大学出版社,2007年。

《盐铁论校注》〔西汉〕桓宽撰,王利器校注,北京:中华书局,1992年。

《医心方》,〔日〕丹波康赖撰,翟双庆、张瑞贤等校注,北京:华夏出版社,1993年7月。

《艺文类聚》,〔唐〕欧阳询撰,汪绍楹校,上海古籍出版社,1999年5月。

《逸周书汇校集注》,黄怀信、张懋镕、田旭东撰,李学勤审定,上海古籍出版社,1995年12月。

《银海精微》,〔唐〕孙思邈,景印文渊阁四库全书,台北:台湾商务印书馆,1986年3月,735册。

《雍录》,〔宋〕程大昌撰,黄永年点校,北京:中华书局,2002年。

《酉阳杂俎》,〔唐〕段成式撰,方南生点校,北京:中华书局,1981年12月。

《寓简》,〔宋〕沈作喆撰,丛书集成初编知不足斋丛书本排印,长沙:商务印书馆,1937年,296册。

《渊鉴类函》,〔清〕张英、王士禛等撰,上海古籍出版社,2008年。

《元和郡县图志》,〔唐〕李吉甫撰,贺次君点校,北京:中华书局,1983年6月。

《元史类编》,〔清〕邵远平,台北:文海出版社据扫叶山房刊本影印,1988年。

《元史》,〔明〕宋濂撰,北京:中华书局点校本,1976年4月。

《元稹集》,〔唐〕元稹撰,冀勤点校,北京:中华书局,1982年8月。

《云笈七签》,〔宋〕张君房,济南:齐鲁书社,1988年9月。

《云溪友议》,〔唐〕范摅撰,丁如明等校点,《唐五代笔记小说大观》(下册),上海古籍出版社,2000年。

《增订唐两京城坊考》,〔清〕徐松撰,李健超增订,西安:三秦出版社,1996年。

《赵飞燕外传》,〔汉〕伶玄撰,《五朝小说大观》,郑州:中州古籍出版社据1926年上海扫叶山房石印本影印,1991年11月。

《正字通》,〔明〕张自烈,〔清〕廖文英,北京:中国工人出版社,1996年。

《证类本草》(原名为《重修政和经史证类备用本草》),〔宋〕唐慎微撰,尚志钧、郑金生、尚元藕、刘大培点校,北京:华夏出版社,1993年5月。

《周书》,〔唐〕令狐德棻等撰,北京:中华书局点校本,1971年11月。

《宙载》,〔明〕张合,上海书店《丛书集成续编》据《云南丛书》本影印,1994年,89册。

《诸病源候论校注》,〔隋〕巢元方著,丁光迪等校注,北京:人民卫生出版社,1992年1月。

《资治通鉴》,〔宋〕司马光编著,北京:中华书局,1956年6月。

《紫微集》,〔宋〕张嵲,景印文渊阁四库全书,台北:台湾商务印书馆,1986年3月,1131册。

二　研　究　著　作

〔法〕爱弥儿·涂尔干著,渠东、汲喆译《宗教生活的基本形式》,上海人民出版社,1999年11月。

北京市文物研究所编《北京考古四十年》,北京燕山出版社,1990年1月。

蔡鸿生《唐代九姓胡与突厥文化》,北京:中华书局,1998年12月。

蔡鸿生《学境》,香港:博士苑出版社,2001年12月。

曹寇《藏在箱底的秘密性史》,广州:花城出版社,2011年2月。

陈春声主编《学理与方法——蔡鸿生先生执教中山大学五十周年纪念文集》,香港:博士苑出版社,2007年5月。

陈国符《中国外丹黄白法》,上海古籍出版社,1997年12月。

陈海涛、刘慧琴《来自文明十字路口的民族——唐代入华粟特人研究》,北京:商务印书馆,2006年8月。

陈明《殊方异药:出土文书与西域医学》,北京大学出版社,2005年6月。

陈寅恪《陈寅恪集·元白诗笺证稿》,北京:三联书店,2001年4月。

邓小南《祖宗之法——北宋前期政治述略》,北京:三联书店,2006年9月。

敦煌文物研究所编《中国石窟:敦煌莫高窟》第一卷,北京:文物出版社,1982年。

敦煌文物研究所编《中国石窟·敦煌莫高窟》第二卷,文物出版社/〔日〕株式会社平凡社,1984年10月。

敦煌文物研究所编《中国石窟:敦煌莫高窟》第五卷,北京:文物出版社,1987年。

范家伟《大医精诚——唐代国家、信仰与医学》,台北:东大图书股份有限公司,2007年11月。

范淑英《唐墓壁画中的仪仗出行图及相关问题研究》,北京大学硕士学位论文,1999年5月。

冯庚武、周天游主编《三秦瑰宝——陕西新发现文物精华》,西安:陕西人民出版社,2001年6月。

傅亚庶《中国上古祭祀文化》,长春:东北师范大学出版社,1999年12月。

〔日〕高楠顺次郎、木村泰贤著,高观庐译《印度哲学宗教史》,台北:商务印书馆,1971年10月。

格勒等编著《藏北牧民——西藏那曲地区社会历史调查》,北京:中国藏学出版社,1993年6月。

葛兆光《屈服史及其他:六朝隋唐道教的思想史研究》,北京:三联书店,2003年8月。

龚方震、晏可佳《祆教史》,上海社会科学出版社,1998年8月。

郭宏珍《突厥语诸族社会组织研究》,北京:社会科学文献出版社,2008年10月。

郭沫若《十批判书》,北京:东方出版社,1996年。

国家文物局主编《中国文物地图集·北京分册(下)》,北京:科学出版社,2008年7月。

韩光辉《从幽燕都会到中华国都——北京城市嬗变》,北京:商务印书馆，2011年5月。

黄宝生《印度古典诗学》，北京大学出版社，1999年1月。

黄正建《敦煌占卜文书与唐五代占卜》，北京：学苑出版社，2001年1月。

黄正建主编《中晚唐社会与政治研究》，北京：中国社会科学出版社，2006年7月。

江绍原《江绍原民俗学论集》，上海文艺出版社，1998年10月。

姜伯勤《敦煌吐鲁番文书与丝绸之路》，北京：文物出版社，1994年2月。

雷明光《中国少数民族婚姻家庭法律制度研究》，北京：中央民族大学出版社，2009年7月。

李斌城等《隋唐五代社会生活史》，北京：中国社会科学出版社，1998年7月。

李国荣《帝王与炼丹》，北京：中央民族大学出版社，1994年4月。

李零《中国方术考》（修订本），北京：东方出版社，2000年4月。

李零《中国方术续考》，北京：东方出版社，2000年10月。

〔俄〕李特文斯基主编，马小鹤译《中亚文明史》第三卷，北京：中国对外翻译出版公司，2003年1月。

李养正《道教概说》，北京：中华书局，1989年2月。

李有义《今日的西藏》，天津：知识书店，1951年5月。

廖芮茵《唐代服食养生研究》，台北：学生书局，2004年5月。

〔法〕列维·施特劳斯著，陆晓和等译《结构人类学——巫术·宗教·艺术·神话》，北京：文化艺术出版社，1991年。

林幹《突厥与回纥史》，呼和浩特：内蒙古出版社，2007年7月。

〔日〕林巳奈夫著，唐立国译《刻在画像石上的故事》，北京：商务印书馆,2010年9月。

林悟殊《波斯拜火教与古代中国》,台北：新文丰出版公司,
1995年10月。

林悟殊《中古三夷教辨证》,北京：中华书局,2005年6月。

刘文瑞《唐玄宗评传》,苏州大学出版社,2001年10月。

刘锡蕃《岭表记蛮》,上海：商务印书馆,1935年。

刘学锴、余恕诚著《李商隐诗歌集解》,北京：中华书局,1998年12月。

吕宗力《汉代的谣言》,杭州：浙江大学出版社,2011年10月。

罗二虎《汉代画像石棺》,成都：巴蜀书社,2002年5月。

骆希哲编著《唐华清宫》,北京：文物出版社,1998年10月。

〔英〕玛丽·博伊斯著,张小贵、殷小平译《伊朗琐罗亚斯德教村
落》,北京：中华书局,2005年7月。

南京中医药大学《中药大辞典》,上海科学技术出版社,2006年4月。

齐东方《唐代金银器研究》,北京：中国社会科学出版社,1999年5月。

齐东方、申秦雁主编《花舞大唐春——何家村遗宝精粹》,北京：
文物出版社,2003年5月。

任继愈主编《中国道教史》,上海人民出版社,1990年6月。

荣新江《中古中国与外来文明》,北京：三联书店,2001年12月。

荣新江《学术训练与学术规范》,北京大学出版社,2011年4月。

荣新江《中古中国与粟特文明》,北京：三联书店,2014年8月。

荣新江、张志清主编《从撒马尔干到长安——粟特人在中国的文
化遗迹》,北京图书馆出版社,2004年。

容志毅《中国炼丹术考略》,上海：三联书店,1998年5月。

山西省考古研究所、太原市考古研究所、太原市晋源区文物旅游
局《太原隋虞弘墓》,北京：文物出版社,2005年。

陕西省博物馆、陕西省文物管理委员会编《唐李贤墓壁画》,北京:文物出版社,1974年。

陕西省考古研究所编著《西安北周安伽墓》,北京:文物出版社,2003年8月。

陕西省考古研究所、富平县文物管理委员会《唐节愍太子墓发掘报告》,北京:科学出版社,2004年6月。

陕西历史博物馆编《唐墓壁画研究文集》,西安:三秦出版社,2001年10月。

苏雪林《玉溪诗谜正续合编》,台北:商务印书馆,1988年。

宿白《张彦远和〈历代名画记〉》,北京:文物出版社,2008年12月。

汤一介《魏晋南北朝时期的道教》,西安:陕西师范大学出版社,1988年4月。

唐耕耦《敦煌社会经济文献释录》(一),北京:书目文献出版社,1986年。

田余庆《拓跋史探》,北京:三联书店,2003年3月。

田余庆《拓跋史探》(修订本),北京:三联书店,2011年10月。

王承文《敦煌古灵宝经与晋唐道教》,北京:中华书局,2002年11月。

王利华《中古华北饮食文化的变迁》,北京:中国社会科学出版社,2000年11月。

王永平《道教与唐代社会》,北京:首都师范大学出版社,2002年1月。

魏庆征编《古代伊朗神话》,太原:北岳文艺出版社/山西人民出版社,1999年4月。

吴真《为神性加注:唐宋叶法善崇拜的造成史》,北京:中国社会科学出版社,2012年4月。

向达《唐代长安与西域文明》,北京:三联书店,1987年4月。

谢宗万、余友芩主编《全国中草药名鉴》，北京：人民卫生出版社，1996年5月。

徐刚《孔子之道与〈论语〉其书》，北京大学出版社，2009年1月。

杨军凯《北周史君墓》，北京：文物出版社，2014年1月。

云冈石窟文物保管所《中国石窟·云冈石窟》，北京：文物出版社，1994年9月。

〔英〕詹·乔·弗雷泽著，徐育新等译《金枝——巫术与宗教之研究》，北京：大众文艺出版社，1998年1月。

张沛编著《昭陵碑石》，西安：三秦出版社，1993年12月。

张庆捷《胡商、胡腾舞与入华中亚人——解读虞弘墓》，太原：北岳文艺出版社，2010年8月。

张庆捷《民族汇聚与文明互动——北朝社会的考古学观察》，北京：商务印书馆，2010年9月。

张小贵《中古华化祆教考述》，北京：文物出版社，2010年3月。

赵复兴《鄂伦春研究》，呼和浩特：内蒙古出版社，1987年。

赵文成、赵君平编选《新出唐墓志百种》，杭州：西泠印社出版社，2010年11月。

郑炳林、王晶波《敦煌写本相书校录研究》，北京：民族出版社，2004年12月。

郑岩《魏晋南北朝壁画墓研究》，北京：文物出版社，2002年12月。

郑州市文物考古研究所编著《巩义芝田晋唐墓葬》，北京：科学出版社，2003年5月。

中国社会科学院考古研究所编《偃师杏园唐墓》，北京：科学出版社，2001年10月。

周绍良、赵超主编《唐代墓志汇编》，上海古籍出版社，1992年11月。

周伟洲《唐代党项》,桂林:广西师范大学出版社,2006年6月。

祝平一《汉代的相人术》,台北:学生书局,1980年。

三　研　究　论　文

Jiang HE1, Li X, Zhao YX, Ferguson DK, Hueber F, Bera S, Wang YF, Zhao LC, Liu CJ, Li CS, "A new insight into Cannabis sativa (Cannabaceae) utilization feom 2500-year-old Yanghai Tombs, Xinjiang, China," *Journal of Ethnopharmacology*, 108(2006), pp.414–422.

安阳市博物馆《唐杨偘墓清理简报》,《文物资料丛刊》1982年第6期,130—133页。

北京市文物工作队《北京房山县考古调查简报》,《考古》1963年第3期,115—129页;后收入北京市文物研究所编《北京考古四十年》,北京燕山出版社,1990年1月,95—96页。

北京市文物研究所《北京丰台史思明墓》,《文物》1991年第9期,28—39页。

蔡鸿生《九姓胡礼俗从考》,载所撰《唐代九姓胡与突厥文化》,北京:中华书局,1998年12月,18—46页。

曹元宇《中国古代金丹家的设备和方法》,《科学》第17卷第1期(1933年),31—54页。

陈国符《道藏经中外丹黄白术材料的整理》,《化学通报》1979年第6期,78—87页。

陈海《G点与西汉女用性玩具考》,《考古与文物》2004年第3期,62—67页。

陈凌《突厥毗伽可汗宝藏及相关问题》,载余太山、李锦绣主编

《欧亚学刊》第七辑,北京:中华书局,2007年6月,73—86页;后收入所撰《突厥汗国与欧亚文化交流的考古学研究》,上海古籍出版社,2013年1月,180—192页。

陈明《沙门黄散:唐代佛教医事与社会生活》,载荣新江主编《唐代宗教信仰与社会》,上海辞书出版社,2003年8月,252—295页。

陈尚君《〈安禄山事迹〉的成书年代》,《中华文史论丛》2008年第2期,48页。

陈寅恪《三国志曹冲华佗传与佛教故事》,所撰《陈寅恪集·寒柳堂集》,北京:三联书店,2001年4月,176—181页。

陈寅恪《唐代政治史述论稿·统治阶级之氏族及其升降》,载所撰《陈寅恪集·隋唐制度渊源略论稿·唐代政治史述论稿》,北京:三联书店,2001年4月,219—220页。

陈寅恪《以杜诗证唐史所谓杂种胡之义》,所撰《陈寅恪集·金明馆丛稿二编》,北京:三联书店,2001年4月,57—59页。

陈尊祥《西安何家村唐代窖藏钱币考》,《陕西金融》1984年第1期,26页。

陈尊祥《西安何家村唐代窖藏钱币的研究》,《中国钱币》1984年第3期,30—32页。

陈尊祥《唐代货币对日本货币的影响及其它》,《陕西金融(钱币专辑(9)—唐代钱币)》(增刊),1988年,29—30页。

程越《从石刻史料看入华粟特人的汉化》,《史学月刊》1994年第1期,22—27页。

仇鹿鸣《五星会聚与安史起兵的政治宣传——新发现燕〈严复墓志〉考释》,《复旦学报》(社科版)2011年第2期,114—123页。

丛坤《北方民族婚姻伦理初探》,《学习与探索》1993年第2期,

132—138页。

崔明德《安禄山出生年代考》,《史学月刊》1986年第2期,117页。

崔世平、李海群《唐五代墓葬中的腰坑略论》,《江汉考古》2011年第1期,96—100页。

〔法〕德凯琳、黎北岚著,施纯琳译《巴黎吉美博物馆展围屏石榻上刻绘的宴饮和宗教题材》,《4~6世纪的北中国与欧亚大陆》,北京:科学出版社,2006年12月,108—125页。

邓小南《走向活的制度史——以宋代官僚政治制度史研究为例的点滴思考》,《浙江学刊》2003年第3期,99—103页。

丁煌《道教的"沐浴"探究》,原载郑志明主编《道教文化的精华》,台湾嘉义:南华大学宗教文化研究中心,2000年,413—442页;此据所撰《汉唐道教论集》,北京:中华书局,2009年1月,233—245页。

杜文靖《古西安长乐宫遗址发现地下室》,http://www.lihpao.com/?action-viewnews-itemid-68816。

段鹏琦《西安南郊何家村唐代金银器小议》,《考古》1980年第6期,536—541、543页。

方晓阳《"蒙汗药"一词新释》,《中华医史杂志》2001年第4期,210—212页。

冯国《考古发现:汉代二元政治太后地位与皇帝不相上下》,新华网,2004-02-03。

冯继钦《我国阿尔泰语系诸族的收继婚述略》,《黑龙江社会科学》1995年第1期,59—62页。

冯金忠《河北正定出土唐成德节度使王士真墓志初探》,《中国国家博物馆馆刊》2013年第5期,80—98页。

冯金忠、赵生泉《唐成德军节度使李宝臣残碑考释》,《中国历史文物》2009年第4期,59—65页。

高文文《唐河北藩镇粟特后裔汉化研究——以墓志材料为中心》,中央民族大学博士论文,2012年。

葛承雍《唐华清宫沐浴汤池建筑考述》,载荣新江主编《唐研究》第2卷,北京大学出版社,1996年,437—454页;此据所撰《唐韵胡音与外来文明》,北京:中华书局,2006年5月,292—307页。

葛承雍《崔莺莺与唐蒲州粟特移民踪迹》,《中国历史文物》2002年第5期,67页;后收入所撰《唐韵胡音与外来文明》,44—59页。

葛兆光《盛世的平庸——八世纪上半叶中国的知识与思想状况》,载荣新江主编《唐研究》第5卷,北京大学出版社,1999年,1—33页;后收入所撰《中国思想史第二卷·七世纪至十九世纪中国的知识、思想与信仰》,上海:复旦大学出版社,2000年12月,80—116页。

耿鉴庭《西安南郊唐代窖藏里的医药文物》,《文物》1972年第6期,55—60页。

官桂铨《安禄山出生于七〇三年》,《史学月刊》1986年第4期,39页。

郭崇华、骆希哲《唐华清宫遗址出土木建筑构件保存环境因素分析》,《文物》1996年第11期,26—28页。

郭洪涛《唐邠王守礼书〈大唐邠王故细人渤海郡高氏墓志之铭〉释读》,《洛阳大学学报》2002年第1期,9—12页。

郭沫若《日本银币〈和同开宝〉的定年》,载所撰《出土文物二三事》,北京:人民出版社,1972年,34—38页。

郭沫若《释祖妣》,《郭沫若全集·考古编》第1卷,北京:科学出版社,1982年9月,19—64页。

郭淑云《致幻药物与萨满通神体验》,《西域研究》2006年第3期,71—77页。

郭正谊《从〈龙虎还丹诀〉看我国炼丹家对化学的贡献》,《自然科学史研究》第2卷第2期(1983年),112—117页。

邯郸市文管所《河北大名县发现何弘敬墓志》,《考古》1984年第8期,721—729页。

韩建武《西安何家村唐代窖藏几个问题的再探讨》,《收藏家》2007年第7期,39—44页。

韩伟《唐代冶银术初探》,《文物》1976年第2期,40—44页;收入镇江市博物馆、陕西省博物馆主编《唐代金银器》,北京:文物出版社,1985年,38—43页;后收入所撰《磨砚书稿——韩伟考古文集》,北京:科学出版社,2001年8月,134—139页。

韩伟《唐成德军节度使王元逵墓志跋》,《考古与文物》1983年第1期,52—54页;后收入所撰《磨砚书稿——韩伟考古文集》,192—195页。

韩香《唐代外来宗教与中亚文明》,原载《陕西师范大学学报》(哲社版)2006年第5期,57—62页;此据所撰《隋唐长安与中亚文明》,北京:中国社会科学出版社,2006年12月,316—328页。

河北省文物研究所等《河北省安国市梨园唐墓发掘简报》,《文物春秋》2001年第3期,27—35页。

贺新生、张玲、康晓慧《神经致幻毒菌及其毒性》,《中国食用菌》2004年第2期,10—12页。

贺新生、张玲、康晓慧《神经致幻毒菌及其毒性》(续),《中国食用菌》2004年第3期,9—11页。

厚墉《从法门寺一通碑石看我国古代佛寺的洗浴卫生》,载王君、宁润生主编《中国传统医学与文化》,西安:陕西科学技术出版社,1993年,230—236页。

黄红英、骆军、卞杰松、黄玉兰《致幻蘑菇及其毒素》,《湘南学院学报》2006年第10期,57—61页。

黄兰兰《唐代秦鸣鹤为景医考》,《中山大学学报》(社科版)2002年第5期,61—67、99页。

黄正建《唐代的"坐龙"与"伏龙"》,《中国文物报》2001年11月23日第7版。

霍本撰,陈昊译《苏摩-豪麻问题——有关这个讨论的导言性概说和评论》,载朱玉麒主编《西域文史》第一辑,北京:科学出版社,2006年12月,256—293页。

〔日〕吉田丰《西安新出土史君墓志的粟特文部分考释》,载《法国汉学》第十辑"粟特人在中国——历史、考古、语言的新探索"专号,2005年12月,26—42页。

姜伯勤《敦煌白画中的粟特神祇》,中国敦煌吐鲁番学会编《敦煌吐鲁番学研究论文集》,上海:汉语大词典出版社,1990年;后收入所撰《中国祆教艺术史研究》,北京:三联书店,2004年4月,237—248页。

姜伯勤《高昌胡天祭祀与敦煌祆祀》,所撰《敦煌艺术宗教与礼乐文明》,477—505页。

姜伯勤《西安北周萨宝安伽墓图像研究——伊兰文化、突厥文化及其与中原文化的互动与交融》,载所撰《中国祆教艺术史研究》,95—120页。

姜伯勤《于阗木板画所见粟特祆教美术的影响》,载所撰《中国祆教艺术史研究》,195—202页。

姜伯勤《入华粟特人萨宝府身份体制与画像石纪念性艺术》,载《法国汉学》第十辑"粟特人在中国——历史、考古、语言的新探索"专号,2005年12月,43—48页。

金正耀《唐代道教外丹》,原载《历史研究》1990年第2期,此据所撰《道教与炼丹术论》,北京:宗教文化出版社,2001年2月,91页。

金正耀《外丹黄白术》,牟钟鉴、胡孚琛、王葆玹主编《道教通论——兼论道家学说》,济南:齐鲁书社,1991年11月,584—621页;后收入所撰《道教与炼丹术论》,北京:宗教文化出版社,2001年2月,128—168页。

滿平《何家村出土鎏金货布质疑》,《钱币研究》1991年第1期,1页。

〔波斯〕拉施特主编,余大均译《史集》第3卷,北京:商务印书馆,1986年11月。

雷闻《割耳劗面与刺心剖腹——从敦煌158窟北壁涅槃变王子举哀图说起》,《中国典籍与文化》2003年第4期,95—104页;后该文题作《割耳劗面和刺心剖腹——粟特对唐代社会风俗的影响》,载荣新江、张志清主编《从撒马尔干到长安——粟特人在中国的文化遗迹》,北京图书馆出版社,2004年,41—48页。

雷闻《杨贵妃与安禄山“三日洗儿”的仪式解读》,中国社会科学院历史研究所隋唐宋辽金元史研究室编《隋唐辽宋金元史论丛》第一辑,北京:紫禁城出版社,2011年2月,196—201页。

雷闻《唐洛阳大弘道观考》,中国人民大学国学院主编《国学的传承与创新:冯其庸先生从事教学与科研六十周年庆贺学术文集》,上海古籍出版社,2013年,1234—1248页。

李百进《唐兴庆宫平面布局和勤政务本楼遗址复原研究》,《古建园林技术》1999年第1期,23—35、60页。

李炳海《劗面风俗文献拾零》,《文献》1990年第3期,281—283页。

李零《东汉魏晋南北朝房中经典流派考(下)》,所撰《中国方术续考》,北京:东方出版社,2000年10月,368—393页。

李求是《谈章怀、懿德两墓的形制等问题》,《文物》1972年第7期,45—50、58页。

李协民《试论安禄山和史思明的微妙关系》,《河北大学学报》1983年第3期,103—105、98页。

李永平、周银霞《围屏石榻的源流和北魏墓葬中的袄教习俗》,《考古与文物》2005年第5期,72—77页。

李遇春《新疆吐鲁番发现古代银币》,《考古通讯》1957年第3期,70页。

李振奇、辛明伟《河北南和东贾郭唐墓》,《文物》1993年第6期,28—33页。

林悟殊《西安北周安伽墓葬式的再思考》,《考古与文物》2005年第5期,60—71页。

林沄《中国北方长城地带游牧文化带的形成过程》,《燕京学报》新第14期,北京大学出版社,2003年,95—145页。

令狐楚《大唐回元观钟楼铭》,《全唐文补遗》第1辑,西安:三秦出版社,1994年,8页。

刘疆《神奇的致幻植物》,《知识就是力量》2002年第4期,58页。

刘朴兵《唐宋时期的饮子》,《中华饮食文化基金会会讯》(台北)2008年第2期。

刘友恒、樊子林、程纪中《唐成德军节度使王元逵墓清理简报》,《考古与文物》1983年第1期,46—51页。

刘昭瑞《从考古材料看道教投龙仪——兼论投龙仪的起源》,载陈鼓应、冯达文主编《道家与道教:第二届国际学术研讨会论文集》,广州:广东人民出版社,2001年,475—501页;后收入所撰《考古发现与早期道教研究》,北京:中华书局,2007年6月,235—261页。

刘之光、周恒《北京市周口店区窦店土城调查》,《文物》1959年第9期,56—57页。

卢兆荫《何文哲墓志考释——兼谈隋唐时期在中国的中亚人》,

《考古》1986年第9期,844—845页。

吕宗力《汉代开国之君神话的建构与语境》,《史学集刊》2010年第2期,11—18页。

罗丰《隋唐间中亚流行中国胡旋舞——以新获盐池石门胡舞为中心》,原载《传统文化与现代化》1994年第2期,50—59页;此据所撰《胡汉之间——"丝绸之路"与西北历史考古》,北京:文物出版社,2004年9月,280—298页。

罗丰、荣新江《北朝时期统万城的西国胡人——翟曹明墓出土文物初探》,2003年"沙漠古都统万城学术研讨会"论文。

马得志《唐长安城发掘新收获》,《考古》1987年第4期,329—336、310页。

马骥《西安新出柳书"唐回元观钟楼铭碑"》,《文博》1987年第5期,3—4页,封二、封三。

蒙曼《唐代长安的公主宅第》,载荣新江主编《唐研究》第9卷,北京大学出版社,2003年,215—234页。

孟乃昌《中国炼丹术"还丹"的演变》,《自然科学史研究》1987年第6卷第2期,123—130页。

孟原召《唐至元代墓葬中出土的铁牛铁猪》,《中原文物》2007年第1期,72—79页。

那顺布和《论斯基泰剺面习俗的东传及其意义》,《北方文物》1992年第4期,67—72页。

倪润安、张占民《唐梁晅夫妇墓志释读》,《碑林集刊》第21辑,西安:三秦出版社,2015年,14—19页。

宁夏回族自治区博物馆《宁夏盐池唐墓发掘简报》,《文物》1988年第9期,43—56页。

潘玲《劈面习俗的渊源和流传》,《西域研究》2006年第4期,100—104页。

齐东方《试论西安地区唐代墓葬的等级制度》,载北京大学考古系编《纪念北京大学考古专业三十周年论文集(1952—1982)》,北京:文物出版社,1990年6月,286—310页。

齐东方《略论西安地区发现的唐代双室砖墓》,《考古》1990年第9期,858—862、789页。

齐东方《隋唐环岛文化的形成和展开——以朝阳隋唐墓研究为中心》,载王小甫主编《盛唐时代与东北亚政局》,上海辞书出版社,2003年8月,133—160页。

齐东方《虞弘墓人兽搏斗图像及其文化属性》,《文物》2006年第8期,78—84页。

饶宗颐《塞种与Some——不死药的来源探索》,载刘东主编《中国学术》2002年第3辑,北京:商务印书馆,2002年,1—10页。

任士英《安禄山生年小考》,《唐史论丛》第四辑,西安:三秦出版社,1988年,177—179页。

荣新江《祆教初传中国年代考》,原载《国学研究》第3卷,北京大学出版社,1985年;后收入所撰《中古中国与外来文明》,北京:三联书店,2001年12月,277—300页。

荣新江《安禄山的种族与宗教信仰》,原载《第三届唐代学术研讨会论文集》,1997年;收入所撰《中古中国与外来文明》,北京:三联书店,2001年12月,222—237页;后增订以《安禄山叛乱的种族与宗教背景》为题,收入中国社会科学院历史所隋唐宋辽金元史研究室编《隋唐辽宋金元史论丛》第一辑,北京:紫禁城出版社,2011年2月,86—103页。

荣新江《北朝隋唐粟特人之迁徙及其聚落》,原载袁行霈主编《国学研究》第6卷,北京大学出版社,1999年;入所撰《中古中国与外来文明》,北京:三联书店,2001年12月,37—110页。

荣新江《粟特祆教美术东传过程中的转化》,提交"汉唐之间——文化的互动与交融学术研讨会"论文,2000年;后收入所撰《中古中国与外来文明》,北京:三联书店,2001年12月,301—325页。

荣新江《安史之乱后粟特胡人的动向》,纪宗安、汤开建主编《暨南史学》第2辑,广州:暨南大学出版社,2003年,102—123页;此据北京大学中国古代史研究中心编《未名中国史(2001—2007)》,北京大学出版社,2009年7月,241—267页。

荣新江《佛像还是祆神?——从于阗看丝路宗教的混同形态》,《九州学林》第1卷第2期,2003年冬季,103—110页。

荣新江《何谓胡人——隋唐时期胡人族属的自认与他认》,载樊英峰主编《乾陵文化研究》第4辑,西安:三秦出版社,2008年12月,3—9页。

荣新江《从王宅到寺观:唐代长安公共空间的扩大与社会变迁》,载所撰《隋唐长安:性别、记忆及其他》,香港:三联书店(香港)有限公司,2009年,115—148页。

〔日〕森部丰《略论唐代灵州和河北藩镇》,史念海编《汉唐长安与黄土高原》(《中国历史地理论丛》1998年增刊),西安:陕西师范大学中国历史地理研究所,1998年,258—265页。

山西省文管会、山西省考古所《山西长治北石槽唐墓》,《考古》1962年第2期,63—68页。

(陕西省博物馆、乾陵文教局)唐墓发掘组《唐懿德太子墓发掘简报》,《文物》1972年第7期,26—32页。

(陕西省博物馆、乾陵文教局)唐墓发掘组《唐章怀太子墓发掘简报》,《文物》1972年第7期,13—25页。

陕西省博物馆、文管会革委会写作小组《西安南郊何家村发现唐代窖藏文物》,《文物》1972年第1期,30—42页。

陕西省博物馆文管会写作小组《从西安南郊出土的医药文物看唐代医药的发展》,《文物》1972年第6期,52—55页。

陕西省博物馆、文管会钻探组《唐长安城兴化坊遗址钻探简报》,《文物》1972年第1期,43—46页。

陕西省考古研究所《西安北郊北周安伽墓发掘简报》,《考古与文物》2000年第6期,28—35页。

陕西省考古研究所《西安发现的北周安伽墓》,《文物》2001年第4期,4—26页。

陕西省乾县乾陵文物保管所《对〈谈章怀、懿德两墓的形制等问题〉一文的几点意见》,《文物》1973年第12期,67—68页。

陕西省文物管理委员会《唐永泰公主墓发掘简报》,《文物》1964年第1期,7—32页。

邵方《试论西夏的婚姻制度》,《民族研究》1998年第4期,86—92页。

邵方《西夏婚姻制度的特征——兼论女性在西夏婚姻中的地位》,《宁夏社会科学》2003年第5期,81—84页。

申秦雁《唐代列戟制度探析》,《陕西历史博物馆馆刊》第1辑,西安:三秦出版社,1994年,60—66、21页。

申秦雁《谈谈唐代帝王的狩猎活动——兼谈章怀太子墓〈狩猎出行图〉》,《陕西历史博物馆馆刊》第5辑,西安:西北大学出版社,1998年6月,272—277页。

申秦雁《重见天日的遗宝》,载齐东方、申秦雁主编《花舞大唐春——何家村遗宝精粹》,北京:文物出版社,2003年5月,2—10页。

沈睿文《关中唐陵陵地秩序研究》,荣新江主编《唐研究》第9卷,北京大学出版社，2003年，377—402页；后收入所撰《唐陵的布局：空间与秩序》，北京大学出版社，2009年4月，40—98页。

沈睿文《章怀太子墓壁画与李守礼》，《艺术史研究》第6辑，广州：中山大学出版社，2004年，293—308页。

沈睿文《夷俗并从——安伽墓和北朝烧物葬》，《中国历史文物》2006年第4期，7—11页。

沈睿文《重读安菩墓》，《故宫博物院院刊》2009年第4期，34—39页。

沈睿文《唐镇墓天王俑与毗沙门信仰推论》，樊英峰主编《乾陵文化研究》第5辑，西安：三秦出版社，2010年9月，138—152页。

沈睿文《元载的奢侈生活》，《装饰》2010年第12期，19—23页。

沈睿文《吉美博物馆所藏石重床的几点思考》，载《三夷教研究——林悟殊先生古稀纪念论文集》，兰州大学出版社，2014年12月，426—483页。

沈睿文《服散、散发与下石》，《装饰》2016年第2期，96—99页。

宋兆麟《人祖神话与生育信仰》，载王孝廉等编《神与神话》，台北：联经出版事业公司，1988年3月，211—246页。

宿白《西安地区唐墓壁画的布局与内容》，《考古学报》1982年第2期，137—154页。

孙福喜《西安史君墓粟特文汉文双语题铭汉文考释》，载《法国汉学》第十辑"粟特人在中国——历史、考古、语言的新探索"专号，2005年12月，18—25页。

孙机《论西安何家村出土的玛瑙兽首杯》，《文物》1991年第6期，84—97页；后题为《玛瑙兽首杯》，收入所撰《中国圣火——中国古文物与东西文化交流中的若干问题》，沈阳：辽宁教育出版社，1996年，178—197页。

孙凯、杨丽敏《山莨菪碱的药理和临床研究进展》，《世界临床药物》2010年第3期,182—186页。

孙楷第《唐章怀太子贤所生母稽疑》,所撰《沧州后集》,北京:中华书局,1985年,304—312页。

孙新科《试论唐代皇室埋葬制度问题》,《中原文物》1995年第4期,41—48页。

孙英刚《隋唐长安的王府与王宅》,载荣新江主编《唐研究》第9卷,北京大学出版社,2003年,185—214页。

孙英刚《章怀太子妃房氏宅即邠王守礼宅》,载荣新江主编《唐研究》第9卷,北京大学出版社,2003年,236—237页。

唐长孺《跋唐天宝七载封北岳恒山安天王铭》,所撰《山居存稿》,北京:中华书局,1989年7月,273—292页。

唐华清宫考古队《唐华清宫汤池遗址第一期发掘简报》,《文物》1990年第5期,10—20页。

唐华清宫考古队《唐华清宫汤池遗址第二期发掘简报》,《文物》1991年第9期,1—14页。

唐华清宫考古队《秦汉骊山汤遗址发掘简报》,《文物》1996年第11期,4—25页。

唐华清宫考古队《唐华清宫梨园、小汤遗址发掘简报》,《文物》1999年第3期,25—42页。

天津市文化局考古发掘队《天津军粮城发现的唐代墓葬》,《考古》1963年第3期,147—148页。

天水市博物馆《天水市发现隋唐屏风石棺床墓》,《考古》1992年第1期,46—54页。

童恩正《试论我国从东北至西南的边地半月形文化传播带》,文物出版社编辑部编《文物与考古论集》,北京:文物出版社,1986年12

月,17—43页。

王策《〈唐归义王李府君夫人清河张氏墓志〉考》,北京市文物研究所编《北京文物与考古》第6辑,北京:民族出版社,2004年,167—192页。

王策、程利《燕京汽车厂出土的唐代墓葬》,《北京文博》1999年第1期,封面二和彩版一。

王春瑜《明朝轶文拾零·荒淫的宣德皇帝》,载所撰《喘息的年轮——王春瑜随笔》,上海:东方出版中心,1997年1月,227页。

王纪潮《唐太宗与箭毒》,《读书》2003年第6期,157页。

王纪潮《中国古代巫、毒关系之演变——战国秦汉简帛材料中有关毒的人类学观察》,西北大学《毒理学史研究文集》第二集,2003年,10—18页。

王纪潮《毒品与神圣》,西北大学《毒理学史研究文集》第三集(2004年),10—15页。

王纪潮《中国古代萨满昏迷中的药物问题》,《自然科学史研究》2005年第1期,13—28页。

王晶波《唐宋相书的著录与种类》,《图书与情报》2006年第6期,103—107页。

王晶波、王璐《唐代相痣书残卷P.3492v研究》,《敦煌研究》2005年第1期,15—19页。

王静《唐代长安社会史研究——从社会流动的角度来观察》,北京大学历史系博士论文,2004年4月。

王静《唐长安城中的节度使宅第——中晚唐中央与方镇关系的一个侧面》,《人文杂志》2006年第2期,125—133页。

王静《节愍太子墓〈升仙太子图〉考——兼论薛稷画鹤的时代背景》,《北京大学学报》(哲社版)2007年第4期,110—118页。

王静《唐墓石室规制及相关丧葬制度研究——复原唐〈丧葬令〉第25令文释证》，荣新江主编《唐研究》第14卷，北京大学出版社，2008年，421—446页。

王静《大兴城与杨隋代周》，所撰《中古都城建城传说与政治文化》，北京：社会科学文献出版社，2013年4月，75—100页。

王丽敏、田韶品《曲阳发现〈唐恒岳故禅师影堂纪德之碑〉》，《文物春秋》2009年第6期，57—60、64页。

王丽敏、张建锁《唐定窑遗址生产规模佐证》，《中国文物报》2006年11月29日第7版。

王敏之、高良谟、张长虹《河北献县唐墓清理简报》，《文物》1990年第5期，28—33、53页。

王仁波《从考古发现看唐代中日文化交流》，《考古与文物》1984年第3期，100—108页。

王仁波、何修龄、单暐《陕西唐墓壁画之研究》（上），《文博》1984年第1期，40—52页。

王维坤《唐章怀太子墓壁画"客使图"辨析》，《考古》1996年第1期，65—74页；收入所撰《中日文化交流的考古学研究》，西安：陕西人民出版社，323—357页。

王小甫《拜火教与突厥兴衰——以古代突厥斗战神研究为中心》，《历史研究》2007年第1期，24—40页；此据所撰《中国中古的族群凝聚》，北京：中华书局，2012年8月，11—29页。

王永平、姚晓菲《中古时代琅邪王氏之天师道信仰及其影响》，《河南科技大学学报》（社科版）2007年第4期，5—12页。

王育成《都兰三号墓织物墨书道符初释》，载北京大学考古文博学院、青海省文物考古研究所编著《都兰吐蕃墓》，北京：科学出版社，

2005年1月,135—142页。

王育龙《唐长安城东出土的康令恽等墓志跋》,载荣新江主编《唐研究》第6卷,北京大学出版社,2000年12月,395—406页。

闻一多《朝云考》,载所撰《闻一多全集》第3卷,武汉:湖北人民出版社,1993年,35—49页。

闻一多《高唐神女传说之分析》,《闻一多全集》第3卷,3—34页。

吴德铎《何家村出土医药文物补证》,《考古》1982年第5期,528—531页。

西安市文物保护考古所《西安北周凉州萨保史君墓发掘简报》,《文物》2005年第3期,4—33页。

西安市文物保护考古所《西安市北周史君石椁墓》,《考古》2004年第7期,38—49页。

〔日〕西谷正著,马振智译《唐章怀太子李贤墓〈礼宾图〉的有关问题》,《陕西历史博物馆馆刊》第4辑,西安:西北大学出版社,1997年6月,272—277页。

《西汉后宫地下数条密道 为储藏还是政治需要?》,http://news.sohu.com/20100721/n273662438.shtml。

夏鼐《中国最近发现的波斯萨珊朝银币》,原载《考古学报》1957年第2期,49—60页;此据所撰《夏鼐文集》(下),北京:社会科学文献出版社,2000年9月,18—31页。

夏鼐《新疆吐鲁番最近出土的波斯萨珊朝银币》,原载《考古》1966年第4期,211—216页;此据所撰《夏鼐文集》(下),39—45页。

筱原典生《毗沙门天图像的起源与演变》,《青年考古学家》第18期,北京大学考古文博学院,2006年,52—62页。

谢明良《希腊美术的东渐? 从河北献县唐墓出土陶武士俑谈

起》,《故宫文物月刊》第15卷第7期,1997年,32—53页。

辛明伟、李振奇《河北南和唐代郭祥墓》,《文物》1993年第6期,20—27、61页。

新疆文物考古研究所、吐鲁番地区文物局《新疆都善县洋海墓地的考古新收获》,《考古》2004年第5期,3—7页。

信立祥《定县南关唐墓发掘简报》,文物编辑委员会编《文物资料丛刊》第6辑,北京:文物出版社,1982年,110—116页。

邢义田《赫拉克利斯(Heracles)在东方——其形象在古代中亚、印度与中国造型艺术中的流播与变形》,荣新江、李孝聪主编《中外关系史:新史料与新问题》,北京:科学出版社,2004年1月,15—48页;增订后收入所撰《画为心声:画像石、画像砖与壁画》,北京:中华书局,2011年1月,458—513页。

徐苹芳《考古学上所见中国境内的丝绸之路》,《燕京学报》新一期,1995年8月,291—344页。

扬之水《行障与挂轴》,载所撰《终朝采蓝:古名物寻微》,北京:三联书店,2008年11月,28—41页。

杨军凯《西安北周史君墓石椁图像初探》,载《法国汉学》第十辑"粟特人在中国——历史、考古、语言的新探索"专号,北京:中华书局,2005年12月,3—17页。

杨效俊《影作木构间的树石——懿德太子墓与章怀太子墓壁画的比较研究》,《陕西历史博物馆馆刊》第6辑,西安:陕西人民美术出版社,1999年,253—262页。

姚崇新《唐宋时期巴蜀地区的火祆教遗痕》,所撰《中古艺术宗教与西域历史论稿》,北京:商务印书馆,2011年5月,325—347页。

姚崇新《敦煌及其周边的祆教艺术》,姚崇新、王媛媛、陈怀宇《敦煌三夷教与中古社会》,兰州:甘肃教育出版社,2013年11月,111—116页。

〔日〕影山悦子《粟特人在龟兹:从考古和图像学角度来研究》,载《法国汉学》第十辑"粟特人在中国——历史、考古、语言的新探索",北京:中华书局,2005年,191—204页。

尤李《〈悯忠寺宝塔颂〉考释——兼论安禄山、史思明宗教信仰的多样性》,《文史》2009年第4期,107—132页。

余嘉锡《寒食散考》,载所撰《余嘉锡论学杂著》,北京:中华书局,1963年1月,181—226页。

余迎《安禄山之死与糖尿病考辨》,《兰台世界》2009年第7期,35—36页。

袁翰青《从道藏里的几种书看我国的炼丹术》,《化学通报》1954年第7期,339—350页。

袁进京《唐良乡县范围考略》,北京市文物研究所编《北京文物与考古》第3辑,1992年,178—181页。

袁进京《唐史思明玉册试释》,载《跋涉集——北京大学历史系考古专业七五届毕业生论文集》,北京图书馆出版社,1998年4月,252—258页。

云翔《唐章怀太子墓壁画客使图中"日本使节"质疑》,《考古》1984年第12期,1142—1144、1141页。

张广达《吐鲁番出土汉语文书中所见伊朗地区宗教的踪迹》,《敦煌吐鲁番研究》第四卷,北京大学出版社,1999年,1—16页;后收入所撰《张广达文集·文本、图像与文化流传》,桂林:广西师范大学出版社,2008年9月,224—239页。

张广达《关于唐史研究趋向的几点浅见》,原载《中国学术》2001年第4辑;又载胡戟等主编《二十世纪唐研究·序一》,北京:中国社会科学出版社,2002年1月,1—10页;后收入所撰《张广达文集·史

家 史学与现代学术》,229—249页。

张广达《再读晚唐苏谅妻马氏双语墓志》,原载《国学研究》第10卷,北京大学出版社,2002年;此据所撰《张广达文集·文本、图像与文化流传》,250—273页。

张铭洽《唐章怀太子墓壁画概述》,张铭洽主编《章怀太子墓壁画》,北京:文物出版社,2002年9月,5—8页。

张庆捷《虞弘墓石椁图像中的波斯文化因素》,叶奕良主编《伊朗学在中国论文集》(第三集),北京大学出版社,2003年1月,237—255页。

张庆捷《"劓面截耳与椎心割鼻"图解读》,载《乾陵文化研究》第4辑,西安:三秦出版社,2008年12月,85—92页。

张铁宁《唐华清宫汤池遗址建筑复原》,《文物》1995年第1期,61—71页。

张小贵《胡裔墓葬与入华祆教葬俗》,中山大学人类学系、中国社会科学院边疆考古研究中心《边疆民族考古与民族考古学集刊》第一集,北京:文物出版社,2009年11月,173—186页;后收入所撰《中古华化祆教考述》,北京:文物出版社,2010年3月,182—195页。

张小贵《中古祆教半人半鸟形象考源》,《世界历史》2016年第1期,131—143页。

张勋燎、白彬《三件唐代道教石刻和唐代佛道之争》,收入所撰《中国道教考古》,北京:线装书局,2006年1月,1835—1874页。

张玉春《秦始皇容貌考辨》,《暨南学报》(哲社版)2003年第5期,104—107页。

昭陵博物馆《唐越王李贞墓发掘简报》,《文物》1977年第10期,41—49页。

昭陵文物管理所《唐尉迟敬德墓发掘简报》,《文物》1978年第5

期,20—25页。

赵丰《魏唐织锦中的异域神祇》,《考古》1995年第2期,179—183页。

赵康民《唐华清宫调查记》,《考古与文物》1983年第1期,32—38页。

赵匡华《中国炼丹术的丹药观与药性论》,《化学通报》1983年第7期,52—56页。

赵其昌《唐幽州村乡初探》,原载中国考古学会编辑《中国考古学会第一次年会论文集》(1979年),北京:文物出版社,1980年,407—420页;此据所撰《京华集》,北京:文物出版社,2008年7月,36—52页。

赵其昌《唐良乡城与史思明墓》,《中国国家博物馆馆刊》(总第六期),1984年,60—64页;后收入所撰《京华集》,60—66页。

赵其昌《唐幽州村乡再探》,首都博物馆编辑委员会编辑《首都博物馆丛刊》第9辑,1994年,1—5页;此据所撰《京华集》,53—59页。

赵衍勇《唐东都药园与乐园辨析》,《文献》2011年第2期,195—197页。

郑淑华《昨日北京开掘唐代古墓》,《北京青年报》1998年12月13日第1版。

中国社会科学院考古研究所、河北省文物管理处《满城汉墓发掘报告》,北京:文物出版社,1980年。

中国社会科学院考古研究所西安唐城工作队《唐长安安定坊发掘记》,《考古》1989年第4期,319—323页。

钟焓《安禄山等杂胡的内亚文化背景》,《中国史研究》2005年第1期,67—84页。

周一良《崔浩国史之狱》,所撰《魏晋南北朝史札记》,北京:中华书局,1985年3月,342—350页。

朱晟《我国古代关于铅的化学知识》,《化学通报》1978年第3期,52—55页。

四　外　文　著　作

（一）日文

Roderick Wtitfield原著，上野日文翻译《西域美术》，东京：讲谈社，1982年。

东京国立博物馆《シルクロード大美术展》，东京：1996年。

护雅夫《東突厥国家内部におけゐソグド人》，载所撰《古代トルコ民族史研究Ⅰ》，东京：山川出版社，1967年，61—93页。

栗田功《ガソダーラ美術Ⅱ：仏陀の世界・解説》，东京：二玄社，298—301页。

妹尾达彦《唐长安城の仪礼空间——皇帝仪礼の舞台を中心に——》，《东洋文化》第72号，1992年，1—35页。

妹尾达彦《帝国的宇宙论——中华帝国の祭天仪礼》，水林彪、金子修一、渡边节夫主编《王権のコスモロジー》，弘文堂，1998年。

森部丰《「唐魏博节度使何弘敬墓志铭」试释》，吉田寅先生古稀记念论文集编集委员会《吉田寅先生古稀記念アジア史論集》，1997年2月28日，125—147页。

森部丰《ソグド人の東方活動と東ユーラシア世界の歴史的展开》，吹田：关西大学出版社，2010年，291—311页。

山本忠善《围屏石床の研究》，《中国考古学》2006年第6号，45—67页。

松本荣一《敦煌画の研究》，东京：东方文化学院东京研究所，1937年。

小林岳《李賢の妃嬪・三子と章懷太子追謚について：主として「張氏神道碑」と「雍王」・「章懷」二墓誌による》，《中国出土资料研究》13号，2009年，163—192页。

398 | 安禄山服散考

影山悦子《サマルカンド壁画に見られる中国絵画の要素につ
いて：朝鮮人使節はワルフマーン王のもとを訪れたか》,《西南アジ
ア研究》,vol.49, 1998年, 17—33頁。

影山悦子《東トルキスタン出土のオッスアリ（ゾロアスター教
徒の納骨器）について》,《オリエント》,40—1, 73—89頁。

《中国石窟・安西楡林窟》,东京：平凡社,1990年。

（二）英文

A. Stein, *Ancient Khotan*, Oxford, 1907.

B. T. Anklesaria transl., *Greater Bundahišn*, Bombay, 1956.

Edwin G. Pulleyblank, *The Background of the Rebellion of An Lu-shan*, London, Oxford University Press, 1955.

F. Grenet, "Vaiśravaṇa in Sogdiana— About the origins of Bishaman-ten", *Silk Road Art and Archaeology*, 4, 1995/1996, pp.277–297.

G. Azarpay, *Sogdian Painting, The Pictorial Epic in Oriental Art*, Berkeley: University of California Press, 1981.

Jacobs B. I., "How Hallucinogenic Drugs Work," *American Scientist*, 75, pp.387–390.

M. Mode, "Sogdian Gods in Exile-Some icongraphic evidence from Khotan in the light of recently excavated material from Sogdian," *Silk Road Art and Archaeology*, vol.2, Kamakura, Japan, 1991/92, pp.179–214.

Mary Boyce, *A History of Zoroastrianism*, vol. I , Leiden/köln: Brill, 1975.

Mary Boyce, *Zoroastrians: Their Religious Beliefs and Practices*, London etc., Routledge and Kegan Paul, 1979.

Mary Boyce, "Great Vayu and Greater Varuna," *Bulletin of the Asia Institute*, 7, 1993, pp.35-40.

Mary Boyce, T*extual Sources for the Studies of Zoroastrianism*, Edited and Translated by Mary Boyce, The University of Chicago Press, 1999.

Mary H. Fong, "Tomb Murals Reviewed in the Light of Tang Texts on Painting", *Artibus Asiae*, 1984, pp.35-72.

Qi Dongfang, "The Burial Location and Dating of the Hejia Village Treasures", *Orientations*, vol.34, no.2, Feb., 2003, pp.20-24.

The Zend-Avesta, in *Sacred Books of The East*, Edited by Max Müller, Motilal Banarsidass, 1988.

The Zend-Avesta, in *Sacred Books of the East*, vol. IV, Translated by James Darmesteter, The Oxford University Press, 1887.

Valuerie Hansen, "The Hejia Village Hoard: A Snapshot of China's Silk Road Trade", *Orientations*, vol.34, no.2, Feb., 2003, pp.14-19.

（三）法文

Frantz Grenet, *Les pratiques funéraires dans l'Asie centrale sédentaire de la conquête grecque à l'islamisation*, Paris, CNRS, 1984.

Frantz Grenet, Les pratiques funéraires dans l'Asie centrale préislamique, Grand atlas de l'archologie, Paris, *Encyclopaedia universalis*, 1985, pp.236-237.

（四）俄文

Ф Гренэ(F. Grenet), Знание Яштов Авесты в Согдеи Бактрии по данньм иконографии Вестник древней истории., 1997, IV〔207〕.

再版说明

    本书出版之后，承蒙一些朋友的关心，善意提出意见和建议，十分感念。此次再版据以修改，同时修订原来若干重复、错讹和遗漏之处，并做了一些补充说明。希望今后能继续得到诸位先生的不吝指教。

作　者

2016年2月24日